인간의 탐험

BEYOND THE KNOWN

인간의 탐험

앤드루 레이더
지음

민청기
옮김

너머의 세계를 탐하다

소소의책

위험을 감수하고 선을 넘는 사람만이
얼마나 멀리 갈 수 있는지 알게 될 것이다.

T. S. 엘리엇

| 서문 |

2015년 12월 21일, 얼마 전 지구 궤도에 위성을 성공적으로 올려 놓았던 스페이스X의 재사용 로켓이 지상에 무사히 착륙했다. 유례가 없는 역사상 최초의 위업이었다. '팰컨Falcon 9호'라는 그 로켓은 지금 캘리포니아 주 호손의 스페이스X 본사 외부에 자랑스럽게 전시되어 있다. 나는 사무실로 갈 때마다 그 로켓 앞을 지나간다.

그 일이 왜 중요할까? 다르게 질문해보면, 1492년에 역사적으로 무슨 일이 있었는지 기억하는가? 1492년 1월에는 스페인에 남아 있던 무어인들의 마지막 왕국이 멸망했다. 한때 전 유럽을 공포에 떨게 했으며 781년간 스페인을 지배했던 이슬람 세력의 종말이었다. 3월에는 스코틀랜드와 프랑스가 200년 전에 체결했던 반反잉글랜드 동맹을 다시 연장했다. 3월 말, 스페인에서는 자국 영토에 거주하는 모든 유대인을 추방한다고 발표했다. 10만 명이 넘는 숫자였다. 5월에는 네덜란드에서 폭동이 일어나 232명이 사망했고, 8월에는 탐욕스러운 후보자가 뇌물을 써서 교황이 되었는데 첩이 여럿일 뿐 아니라 아이도 여럿이라는 추문에 시달렸다. 10월에는 일찍이 도버 해협을 건너 프랑스를 침공했던 잉글랜드의 헨리 7세가 마침내 프랑스와 평화협정을 체결했다. 11월에는 프랑스의 어느 밀밭에 운석이 떨어져 160킬로미터 밖에서도 보일 만큼 커다란 구덩이가 생겼다.

이런 일들은 당시 수백만 명의 삶을 뿌리째 흔들었다. 하지만 정작 '1492년'이라고 했을 때 우리에게 가장 먼저 떠오르는 일은 무엇인가? 콜럼버스가 바다를 건너 신대륙을 발견한 것이 바로 그해였다. 지금부터 아주 멀리 500년 후를 생각해보면 사소한 정치적 충돌이나 유명 인사의 뒷이야기, 주식시장의 변동 따위는 묻히겠지만 탐험만큼은 그렇지 않다. 콜럼버스가 중요한 이유는 그가 성취한 개인적인 업적 때문이 아니라 새로운 탐험의 세계를 열어 세상 사람들을 연결했기 때문이다. 콜럼버스는 우리가 알고 있는 세상의 경계를 밖으로 넓힌 사람이었다.

2015년 스페이스X의 공학자들도 마찬가지였다. 세상의 경계를 최소한 조금이라도 넓히는 데 첫걸음을 내디딘 것이다. 한번 발사한 로켓을 다시 땅 위에 착륙시키는 기술이 중요한 이유는 지구가 중력이 강하고 바위가 많은 거대한 행성이기 때문이다. 지구에서 어떤 물체를 우주로 내보내는 건 정말 어려운 일이다. 로켓은 전체 무게의 90퍼센트에 달하는 연료를 실은 채 극한 상황에서 비행해야 한다. 지금까지는 추진력을 극대화하기 위해 로켓을 한 번 쓰고 버리는 것이 당연했다. 비유하자면, 여객기를 한 번 운항하고 폐기했던 것이다. 하지만 재사용이 가능한 로켓은 우주여행에 드는 비용을 낮춰준다. 이것은 장차 인류의 우주 진출을 가능하게 해줄 혁신 중 하나다.

모든 탐험은 결국 미래에 대한 투자다. 인간이 우주 진출로 얻을 수 있는 이익은 대부분 미래 세대가 누리게 된다. 역사적으로 인간이 한계를 넘겠다고 마음먹을 때마다 항상 그랬다. 왜 지구 밖으로 탐험을 떠나야 하느냐고 묻는 것은 인류의 조상에게 왜 아프리카의 리프트 밸리를 떠나야 했느냐고 묻는 것과 같다. 별달리 부족한 게 없는데도 왜 떠나야 하는 걸까? 그것은 언덕 너머에 새로운 먹을거리가 있을 수 있고, 우리가 당면한 문제들에 대해 미지의 세계를 탐험해야만 얻을 수 있는 해답이 있기 때문이다.

무엇보다 중요한 점은, 우리 자신을 가능성의 극단에 세움으로써 그때까지 풀지 못했던 문제들의 해결을 위한 동력을 전혀 예측하지 못한 방식으로 창출해낸 적이 많았다는 사실이다. 콜럼버스가 탔던 배는 거친 대서양을 건너기에 너무나 형편없었다. 당시만 해도 대양을 건너는 데 적합한 배가 없었기 때문이다. 바다 건너에 신대륙이 있다는 사실을 알지 못했다면, 대양을 건너는 배는 세상에 나오지 않았을 것이다. 그리고 대양을 건너지 않았다면 대형 유람선이나 대륙을 오가는 항공기도 등장하지 않았을 것이다. 냉전 시대 초기만 해도 미국에는 유인 우주 비행 기술이 없었다. 하지만 미국항공우주국NASA은 그에 대한 연구를 수행하면서 생명 유지 기술과 정수장치, 무선 전동공구, 방화복, 무선데이터 전송, 태양광 패널, 인슐린 감시 장치, 원격조종장치, 일기 예보, 의료 검진 기술 등 2,000가지가 넘는 파생 기술을 개발했다.

이 책은 탐험이 어떻게 인류를 풍요롭게 만들었는지 살펴보는, 발견과 모험, 부와 정복, 편견과 관용의 이야기다.

제1부는 유라시아로 향한 인류 대이동의 첫 번째 물결에서 시작한다. 그리고 폴리네시아인으로부터 이집트인, 그리스인에 이르기까지 고대인의 항해를 따라가면서 로마의 멸망까지 살펴본다. 나중에 설명하겠지만, 이들 문명의 주역들은 탐험과 무역, 사상의 교류가 문명의 발전에 매우 중요하다는 사실을 잘 알고 있었다.

제2부는 로마 제국의 멸망 후 바이킹 이야기에서 시작하여 마젤란의 세계 원정으로 이어진다. 바로 이 '대항해 시대'에 지구의 거의 모든 곳이 서로 연결되면서 우리의 근대적 국제 공동체가 탄생했다.

제3부는 인간이 비행 기술을 완성하면서 하늘로 과학 탐험을 떠나고 최근까지 우주 경쟁을 벌였던 이야기를 다룬다. 세상이 그 어느 때보다 가깝게 연결된 요즘, 혹시나 이런 의문이 들지도 모르겠다. '아직도 발견할 것이 남아 있을까?' 그 의문에 대한 대답은 너무나 당연하게도 '그렇다'이다. 최근 '케플러 우주망원경' 같은 행성 탐사 사업의 성과물을 보면 지구와 비슷한 행성이 우리 은하에만 수십억 개가 있다.

그리고 우주에는 그런 은하가 수천억 개다. 따라서 탐험 이야기의 대부분은 사실 아직 텅 비어 있는 상태로 우리 앞에 놓여 있는 셈이다.

제4부에서는 미래의 '지구 밖' 탐사 여행이 어떤 모습일지 보여주려 한다. 여러 의문 중에서도 나는 이런 의문에 답할 생각이다. '왜 화성이 단기적으로 가장 중요한 목적지인가? 그리고 그곳에 인류가 어떻게 가서 거주하고 번성할 것인가? 화성 다음의 목적지는 어디일까? 인류가 다른 항성으로 여행하는 것이 가능하긴 할까? 인류의 최종 목적지는 어디일까?'

그런 의문의 답이 무엇이건 간에 우리 문명이 지금 중대한 갈림길에 놓여 있다는 것만은 틀림없다. 아주 오랜 세월 동안 우리는 작은 집단을 이루어 지구 전역에 퍼져 살았다. 주변 지역 너머에 무엇이 있는지 전혀 알지 못한 채 말이다. 인류라는 종족이 다시 모여 공동의식을 갖게 된 지는 불과 몇백 년밖에 되지 않았다. 그리고 인류는 인구 증가나 환경오염, 자원 고갈 같은 심각한 문제에 직면해 있다. 그런데 우리의 가장 중요한 대처 수단은 지금의 우리를 있게 한 호기심이나 충동, 협력을 통한 문제 해결, 상상력 같은 것들이다. 나는 인류의 미래가 밝다고 믿는다. 우리에게는 탐험해야 할 더 많은 것이 남아 있기 때문이다.

차례

세상의 끝을
향한 열망

제3부

제4부

우주여행
시대를
열다

그들은
왜 떠났을까?

제1부

1

인류의 이동

태초에 인류는 지구의 한곳에서 처음 생겨났다. 인류는 모두 동아
프리카의 그레이트 리프트 밸리에서 수백만 년 동안 진화했던 소규모
영장류 집단의 후손이다. 그런 우리가 수십만 년 전부터 전 세계로 펴
져나갈 수 있었던 것은 우리가 가진 기술 덕분이었다. 먼 옛날, 원시인
류가 대규모로 이동했다는 것은 틀림없는 사실이다. 요람에서 맨 처음
벗어난 원시인류는 '호모 에렉투스'였으며 유라시아 대륙을 향해 대략
150만 년 전부터 이주가 시작되었다. 인류 계통도에서 현생인류의 사
촌뻘인 호모 에렉투스는 중동과 중국, 동남아시아에 처음 도달했으며
불을 처음 사용했다. 또한 대형 동물을 처음 사냥하고 복잡한 도구를
만들었으며 뗏목으로 큰 강을 건넜다. 그들은 한번 요람을 떠난 후 다
시는 그곳으로 돌아가지 않았다. 다만 그들은 현생인류가 아니기에 우
리와는 큰 관계가 없다.

그 뒤를 이어 80만 년 전에 아프리카를 떠난 원시인류는 '선행자先
行者'를 의미하는 '호모 안테세소르'였다. 이 방랑자들이 우리의 조상인
지, 아니면 우리의 가까운 사촌인 네안데르탈인의 조상인지는 불분명

하다. 이들의 계통이 아직 명확하게 규명되지 않았기 때문이다. 호모 안테세소르는 기본적으로 우리와 비슷하게 생겼지만 키가 작고 몸이 다부지며 두개골과 뇌의 크기도 약간 작았다. 뇌가 작으면 몇 가지 유리한 점이 있는데, 회백질이 큰 우리의 뇌보다 에너지가 훨씬 적게 소비되며 더 빠르게 성장하고 성숙한다. 현대 인류는 12세 정도가 되어야 생식능력이 생기지만 호모 안테세소르는 보통 8~9세가 되면 성인과 같은 생식능력이 생겼다.

호모 안테세소르는 약 60만 년 전에 '호모 하이델베르겐시스'로 이어졌다. 호모 하이델베르겐시스는 완전하게 소리로 표현되는 언어와 죽은 사람을 매장하는 의식, 동굴 예술(염료의 흔적은 발견했지만 그림은 발견하지 못했다) 등의 세련된 문화를 갖춘 최초의 인류였다. 그들은 도구나 불, 동물 가죽으로 만든 옷 같은 발전된 기술을 이용해 유럽과 시베리아의 냉대 기후 지역까지 영역을 확대했다. 그리고 유라시아에 진출하면서 이미 그곳에 살고 있던 호모 에렉투스나 그 후손들과 마주쳤을 것이다. 사실 유사 이래로 수많은 종의 인류가 지구에 출현했다. 지금 지구에 호모 사피엔스라는 한 종류의 인류만 존재한다는 것은 어떻게 보면 정말 놀라운 일이다. 이런 상황이 시작된 것은 고작 3만 년밖에 안되었는데, 3만 년은 인류 역사에서 1퍼센트도 안 되는 시간이다. 당연하게도 옛날에는 서로 다른 종의 인류끼리 활발히 교류했다. 과연 그들의 만남은 어떠했을까?

서로 다른 종의 인류는 대체적으로 상대를 외면했을 것으로 추정되지만 함께 협력하고 교류했을 수도 있다. 서로를 사냥했을지 모른다는 극단적인 의견도 있다. 실제로 침팬지 집단의 경우, 다른 영장류 집단은 물론 동족의 다른 집단까지 습격해서 죽이고 잡아먹는 것으로 알려져 있다. 원시인류에게 식인 풍습이 있었다는 증거도 있다. (물론 식인 풍습은 현생인류에게도 있다.) 서로 다른 종의 인류는 서로를 '사람' 으로 보았을까, 아니면 '짐승'으로 보았을까? 아마 둘 다 아니었을 것이 다. 다양한 동물이 평화롭게 물웅덩이에 곧잘 모이듯이, 다른 종의 인 류는 서로에게 살짝 호기심을 보이는 정도였을 것이다.

유라시아 대륙 전역에서 호모 하이델베르겐시스와 호모 에렉투스 의 만남이 이루어지는 동안 우리의 직계 조상은 여전히 동아프리카의 좁은 지역에 머물고 있었다. 나중에 누가 여러분에게 어디서 왔느냐고 물어본다면 '투르카나 호수 근처'라고 대답하면 된다. 그때는 인구가 많 지 않았고 크게 번성하는 종족도 아니었다. 가끔은 전체 인구가 수천 명 까지 줄어들었다. 우리 조상의 번성을 가로막은 장애물 중 하나로 7만 5,000년 전 수마트라 섬의 토바 초화산 폭발을 꼽을 수 있다. 그 거대한 화산의 폭발은 대기 중에 엄청난 화산재를 배출하여 이후 6년간 '화산 폭발로 인한 겨울'이 닥쳤을 정도였다. 이런 장애물들로 인해 인류의 유전적인 종 다양성은 지구 생물 중에서 가장 낮다. 전 세계 사람들은 겉으로 달라 보이지만, 따지고 보면 서로 매우 비슷하다. 우리는 이것 을 유전자 분석을 통해 알 수 있는데, 그 방법은 시간이 흐르면서 인류 의 종이 분화할 때 생기는 미토콘드리아 DNA의 다양성을 측정하는 것 이다.*

인류 계통도상에서 현생인류가 갈라져 나온 시기는 명확하지 않 다. 현생인류의 것으로 여겨지는 화석 중에서 가장 오래된 것은 19만 5,000년 전의 화석이며 1975년 케냐에서 발굴되었다. 하지만 그보다 더 좋은 지표는 문화 유적이라고 할 수 있다. 남아프리카에 있는 블롬 보스 동굴은 현생인류의 거의 모든 행동양식을 볼 수 있는 가장 오래된

---

* 미토콘드리아 DNA는 부모 양쪽에서 받는 세포 DNA와 달리 모계를 통해서만 전해진다. 세대 간 차이가 크 지 않기 때문에 역사적으로 혈통을 따질 때 훌륭한 근거가 된다.

유적지이며, 10만 년 정도 된 것으로 추정된다. 유적을 보면 당시 인류가 다양한 자원을 사용하고 여러 재료로 각종 도구를 만들었으며, 복잡한 예술 활동과 사회조직, 제사 의식 등이 있었던 것으로 보인다. 조개껍데기나 새, 거북, 타조알, 황토색 염료, 문양이 새겨진 뼈, 꼼꼼하게 만들어진 석기石器, 몸을 치장한 조개껍데기 구슬 등의 잔해가 발견되었다. (동굴에 살았던 사람들이 얼마나 '현대적'이었는지를 판단하려면, 그들이 얼마나 다양한 동물을 먹고 얼마나 사치를 부렸는지 보면 된다.)

현생인류의 조상 중 일부가 아프리카에서 벗어나 이주한 것을 두고, 그보다 먼저 호모 에렉투스가 처음 아프리카를 벗어난 '아프리카 기원설'에 이어 '2차 아프리카 기원설'로 부르기도 한다. 하지만 이주라고 해서 인간 무리가 아프리카 대륙의 경계에 모여 누군가의 출발 신호를 기다리는 모습을 상상하지는 마시길. 이주가 시작된 날짜는 불분명하고, 이주민의 수는 아주 적었으며, 이주민들은 아주 광범위한 지역을 거쳐 이동했으니 말이다. 그리고 이동을 뒷받침하는 증거들 중에서 아직 논란 중인 것도 많다. 과학자들은 대부분 '호모 사피엔스'가 아프리카 밖으로 두 차례에 걸쳐 이주했다고 주장한다. 첫 번째 이주는 12만 년 전이었는데, 가장 멀리 간 이들은 중동까지 갔을 것으로 추정한다. 두 번째 이주는 첫 번째 이주에서 5만 년이 지난 후였다. 그렇게 12만~7만 년 전에 두 차례 일어난 현생인류의 집단 이주는 모두 소규모였으며, 일단 이주한 후에는 원래 거주하던 곳으로 돌아가지 않았다. 그리고 5만 년 전에는 최소한 그중 일부가 오스트레일리아까지 도달했다. 해수면의 높이가 지금보다 낮았던 시기에 인도네시아에서 육로를 이용하거나 배를 타고 건너갔을 것이다. 약 4만 년 전에는 유럽과 시베리아까지 퍼져나갔다. 일부는 중동을 거쳐, 또는 지브롤터 해협을 건너 스페인으로 들어갔다. 그리고 1만 4,000년 전에는 시베리아에서 알래스카로 건너가 아메리카 대륙에 첫발을 들여놓았다.

현생인류는 오스트레일리아와 아메리카 대륙에 도달한 최초의 인류였다. 하지만 그 외의 모든 지역에서는 먼저 이주한 다른 종의 인류와 마주쳤을 것이다. 유럽과 중동에서는 이미 그곳에서 수십만 년간 살아온 네안데르탈인과 의미심장한 만남을 가졌고 그 관계는 지속적으로 이어졌다. 네안데르탈인은 현생인류와 크게 다르지 않았다. 다만 더 강인하고 아마도 더 영리했을 것이다. 네안데르탈인은 복잡한 도구를 만들어 사용했으며 음성언어를 사용했던 것으로 보인다. 단순한 형태의 조각배를 만들고 매머드 같은 대형 동물을 사냥했다. 다부진 체격에 가슴이 발달했으며 힘이 장사였던 네안데르탈인은 개별적으로 현생인류와 결혼하기도 했다. 그렇게 네안데르탈인과 호모 사피엔스는 가까운 관계를 유지하며 두 개의 부족처럼 서로 교류하며 살았을 것이다.

최근에 나온 증거를 보면 네안데르탈인은 우리 조상이 도착했을 당시 이미 인구가 줄어들고 있었다. 그리고 호모 사피엔스가 같은 지역으로 들어와 땅을 점유하자, 초기에는 최소한 몇 차례 충돌했던 것으로 보인다. 우리 조상이 네안데르탈인에게 생소한 질병을 퍼뜨렸다는 재미있는 학설도 있다. 먼 훗날 구대륙 사람들과 신대륙 사람들이 만났을 때 그랬던 것처럼 말이다. 하지만 그보다는 네안데르탈인이 경쟁에서 뒤처졌다는 주장이 더 설득력 있다. 우리 조상의 기술이 더 뛰어났기 때문에 더 효율적으로 동물을 사냥하고 식량을 마련할 수 있었던 것이다. 그 주장이 특히나 더 사실처럼 보이는 이유는, 네안데르탈인이 몸집과 뇌가 더 커서 음식을 더 많이 필요로 했으며, 그래서 굶주림에 더 취약했을 것이기 때문이다.

이유가 무엇이건 간에 네안데르탈인은 4만~2만 8,000년 전에 자취를 감추었다. 물론 완전히 사라지지는 않았다. '네안데르탈인 게놈

프로젝트'의 연구 결과를 보면 현생인류에게도 네안데르탈인의 DNA 가 상당 부분 남아 있다. 남아 있는 DNA의 양은 지역에 따라 다르지만 (현생인류의 최초 발생지인 아프리카를 떠나지 않고 계속 살아온 사람에게서는 적게 나온다), 많 은 사람이 네안데르탈인에게서 유래한 DNA를 많게는 4퍼센트까지 갖 고 있다.* 그 정도의 비율로는 현생인류가 네안데르탈인과 완전히 섞였 다고 말할 수 없지만, 당시에 두 종족이 섞여 살고 있었다는 것만큼은 분명하다. 여러분의 조상이 아프리카 밖에서 살던 사람들이라면, 좋지 않은 무릎 관절이나 의지박약으로 매번 다이어트에 실패하는 이유가 네안데르탈인에게서 물려받은 유산 탓이라며 발뺌할 수도 있을 것이 다. 물론 그래 봤자 달라지는 건 없겠지만.

현생인류인 '호모 사피엔스'는 아프리카를 벗어난 후 육지에서 멀 리 떨어진 섬과 남극 대륙을 제외한 지구의 구석구석으로 퍼져나가 정 착했다. 그 과정에서 인류는 불의 사용법을 완전히 습득하고 동물 가죽 으로 옷을 만들거나 움막을 지었으며 돌이나 동물 뼈로 도구를 만들었 다. 또한 개를 길들여 사냥에 활용하고 주거지를 지키게 했다. 어쩌면 개들이 자발적으로 인간에게 와서 길들여졌는지도 모른다.** 인류는 조각품이나 동굴 벽화, 매장 의식에 사용하는 물건 등 여러 문화 요소 를 만들었다. 약 2만 5,000년 전에는 토기나 밧줄, 작살, 톱, 옷을 꿰매는 바늘, 밧줄을 꼬아 만든 아기 포대기, 바구니, 고기잡이용 그물 등을 만 들었다. 그리고 그 무렵, 체코공화국의 돌니 베스토니체에서 발굴된 유

---

* 다른 종의 인류와 DNA가 섞인 사례는 또 있다. 동남아시아인의 DNA 중 3~5퍼센트는 네안데르탈인보다 조금 더 일찍 현생인류에서 갈라져 나간 데니소바인(약 4만 년 전까지 현재의 동남아시아와 시베리아 지역에서 살았을 것으로 추정되는 인류의 한 종 - 옮긴이)의 것으로 보인다.

** 가장 대담하고 참을성 있는 늑대들이 먹이를 찾아 인간 거주지에 접근한 뒤 충분한 시간 동안 주변을 맴돌 면서 두 다리로 걷는 이 이상한 생명체와 과연 함께 지낼 만한지 살펴보았을 것이다. 이런 선구자적인 늑대들 은 먹이를 얻을 수 있다는 이유로 인간과 더 쉽게 친해졌을 것이다. 개는 근본적으로 인간이 먹다 남긴 음식을 좋아하는 유순한 늑대다. 그러니 여러분의 개가 한밤중에 쓰레기통을 뒤지더라도 화내지 말길. 그것이 개의 천 성인데 어쩌겠는가.

적지처럼 바위와 매머드 뼈로 만들어진 구석기시대의 영구 정착지가 처음 생겨났다.

인류의 생활 방식을 대규모로 변화시킨 것은 농업이었다. 농업은 중동이나 중국, 중앙아메리카 지역에서 수렵과 채집으로 살아가던 인류가 자연적으로 생긴 초원에 오랫동안 머물면서 시작되었다. 당시 초원에서 자라던 야생 곡물은 밀이나 보리, 귀리, 벼, 옥수수 등 현재 우리가 알고 있는 모든 곡물의 조상이었다. 자연스럽게 사람들은 이듬해에 수확하기 위해 야생 곡물들 중에서 좋은 것을 골라 땅에 심었을 것이다. 이렇게 아주 우연하게 초기 인류는 유랑에서 정착으로 생활 방식을 바꾸게 되었다. 그것이 과연 잘한 일이었을까? 개개인의 입장에서는 수렵과 채집을 하는 사람이 더 건강하고 더 다양한 음식을 먹지만, 단점은 먹을거리가 풍부할 때만 충분한 식량을 얻는다는 것이다. 곡물을 먹으면 더 많은 사람이 지속적으로 식량을 얻을 수 있다. 오늘날 지구에서 인류가 소비하는 칼로리 중 절반이 옥수수와 쌀, 밀 등 세 가지 곡물에서 나온다. 농업은 예나 지금이나 문명의 필수 요소이며, 함께 모여 사는 많은 인구를 먹여 살리는 수단이다.

인류는 처음 등장한 이후 지금까지 살아온 시간 중에서 97퍼센트의 기간 동안, 대가족으로 구성된 100명 미만의 작은 유랑 집단으로 살았다. 낯선 사람들과 함께 살면서부터 우리는 권력 구조와 법률 체계를 발전시켜야 했다. 여전히 폭력적인 성향이 남아 있는 인류라는 종족의 습성을 다스려야 했기 때문이다. 공동체 내의 상호작용은 생산 활동의 전문화와 협력을 통한 문제 해결, 생각을 주고받는 능력 등을 증진시켜 기술 혁신의 속도를 한층 빨라지게 했다. 우리는 동물을 대규모로 길들여 가축으로 만들고 금속 가공법을 배웠으며 이웃 집단과 재정적·문화적·군사적으로 충돌하는 가운데 경제, 종교, 군대를 발전시켰다. 농업을 시작하면서 유랑 생활은 막을 내리고 대규모로 기술 발전을 촉진시킬 수 있는 환경이 조성되었다. 그로 인해 인류는 두 번째 탐험의 물결을 일으켜 다시 한 번 밖으로 나아갈 수 있게 되었다.

2

미지의 땅

　다른 초기 인류와 달리 호모 사피엔스는 최초로 오스트레일리아와 아메리카 대륙에 도달했다. 오스트레일리아에 먼저 도착했는데, 약 5만 년 전의 일이었다. 당시에는 남극 빙하에 지금보다 더 많은 물이 갇혀 있어서 지구의 해수면이 지금보다 낮았을 것으로 추정된다. 지금은 인도네시아와 오스트레일리아가 480킬로미터 정도 떨어져 있는데, 아무리 맑은 날씨라도 서로 보이지 않을 정도로 먼 거리다. 하지만 당시에는 해수면이 지금보다 낮아서 더 많은 육지가 해수면 위로 솟아 있었기 때문에 인도네시아와 오스트레일리아의 거리도 지금보다 가까웠을 것이다. 그렇더라도 여전히 160킬로미터 정도의 바다를 건너야 했는데, 그 정도는 유럽인과 접촉하기 전 오스트레일리아 원주민이 단순한 나무 뗏목이나 통나무배를 타고 충분히 갈 수 있었던 거리다. 수천 년이라는 세월 동안 의도했건 그렇지 않건 간에 인도네시아에서 티모르해를 건너 오스트레일리아로 간 사람들이 분명 있었을 것이다. 사실 지금도 인도네시아 난민들이 원시적인 뗏목을 타고 같은 뱃길로 바다를 건너다닌다.

오스트레일리아에 정착한 사람들은 각 지역의 자원에 따라 다른 집단으로 분화되었다. 오스트레일리아는 대체로 건조하지만 지역에 따라 열대우림부터 온대 초원, 냉대 산악 지역, 드넓은 사막 지역까지 기후가 다양하다. 대부분의 오스트레일리아 원주민은 유랑 생활을 하면서 식물의 뿌리나 과일, 씨앗, 벌레 등을 먹었다. 그리고 창으로 도마뱀이나 오스트레일리아 왕쥐, 새, 주머니쥐, 뱀 등을 사냥했다. 곤봉이나 부메랑을 던져 캥거루 같은 큰 동물을 사냥하는 경우도 많았다. 원주민 사냥꾼들은 능숙하고 끈질긴 추적자이며 위장을 하거나 바람을 안고 다가가거나 냄새를 감추는 방법으로 사냥감에 접근했다. 동물 가죽으로 위장하거나 동물 흉내를 내어 호기심 많은 사냥감을 끌어들인 뒤 기습하기도 했다. 또한 사냥터를 확장하고, 특정 작물의 성장을 촉진하기 위해 불을 지르고, 진흙 바닥을 손으로 휘저어 도망가는 물고기를 찾거나 독초의 이파리를 으깬 뒤 물에 넣어 물고기를 마비시키는 등 맨손으로 물고기를 잡았다.

작살이나 그물, 버들가지 올가미 등과 같은 발전된 어업 기술이 등장하면서 남부 오스트레일리아의 일부 지역에서는 정착 마을이 생겨나기 시작했다. 마을 사람들은 강을 따라 바다로 이어지는 거대한 습지에 댐이나 저수지, 수로를 만들었다. 그러한 양어 시설을 통해 더 많은 물고기를 잡을 수 있었는데, 가뭄이 들어도 물고기의 씨가 마르지 않을 정도였다. 이런 혁신으로 인구가 늘어나면서 교역 또한 활발해졌다. 이렇게 점진적인 발전이 거듭되면서 마침내 더욱 발전된 기술을 지닌 복잡한 사회가 등장하게 되었을 것이다. 그러다가 고립되어 있던 오스트레일리아의 원주민이 세상을 탐험하고, 오스트레일리아의 일부 지리학자들이 천구의 균형을 유지시킨다고 믿었던 '미지의 북녘땅Terra Borealis Incognita'을 찾아 떠났을 것으로 상상해볼 수 있다.

인류가 활동 영역을 넓히면서 새로운 땅에 발을 들이게 된 또 다른 중요한 사건으로 아메리카 대륙의 발견을 꼽을 수 있다. 과학자들 사이에서 아메리카 대륙에 정착한 이주민들이 아시아에서 왔다는 데에는 이견이 없다. 하지만 이주의 형태나 시기, 이주민의 정확한 출신 지역 등은 여전히 논란거리다. 아이들이 교과서에서 배우는 가장 유력한 이론은 이주민들이 1만 4,000년 전에 시베리아에서 알래스카로 걸어서 이동했다는 것이다. 당시 양 대륙은 서로 붙어 있거나 얇은 빙판으로 연결되어 있었으며, 이주민들이 짐승을 사냥하느라 그 빙판 위를 지나다녔다고 한다. 지구에 찾아온 '마지막 최대 빙하기'에는 그것이 가능했을 수도 있다. 당시에는 지구의 기온이 극도로 낮았으며, 그로 인해 가뭄이 발생하고 사막의 면적이 크게 늘어나고 해수면은 낮아졌다. 그때 해수면이 125미터 정도 내려가면서 영국과 유럽 대륙, 시베리아와 알래스카를 비롯해 인도네시아의 섬들도 대부분 연결되었을 것으로 추정된다.

그런데 이주민들이 시베리아에서 알래스카로 걸어서 이동했다는 주장에는 한 가지 문제가 있다. 마지막 최대 빙하기에 두께가 수 킬로미터에 달하는 거대한 빙판이 북반구 대륙을 뒤덮었다. 오늘날 우리가 상상할 수조차 없는 규모다. 현재 지구에서 가장 높은 마천루에 올라도 당시의 빙판 윗면을 볼 수 없을 정도이니 말이다. 당시 시카고를 덮었던 빙판의 두께는 윌리스 타워(예전에는 '시어즈 타워'로 불렸고, 시카고 시내의 서쪽에 솟아 있는 110층 건물로 높이가 443미터다 - 옮긴이) 높이의 세 배에 달했을 것이다. 토론토와 몬트리올의 경우에는 빙판의 두께가 도시에서 가장 높은 건물 높이의 다섯 배에 달했다. 이런 대륙 규모의 빙판은 무게 또한 엄청나서 오대호를 포함하는 북아메리카 대륙의 수로가 아마도 그때 생성되었을 것이다. 기본적으로 캐나다와 알래스카, 시베리아의 고원 전체가 빙판이었을 거라고 추정되는데, 빙판에서는 식물이 자랄 수 없고 떼로 이동하는 짐승들이 먹을 만한 풀도 없다. 사람이 먹을 만한 것은 더더욱 없다. 따라서 인류가 그런 빙판 위를 걸어서 북아메리카로 갔을 가능성은 낮아 보인다.

아마도 그 주장은 사실이 아니었을 것이다. 요즘 알래스카에서는 빙하가 바다 쪽으로 확장하고 있지만 해안가의 날씨는 상대적으로 온화하고 포근하다. 최대 빙하기에는 알래스카의 해안선 전체가 태평양 쪽으로 수백 킬로미터씩 확장되어 있었을 것이며, 해안선을 따라 얼음이 없는 길도 있었을 것이다. 육지를 통해 건너갈 수는 없었겠지만, 해안 쪽에는 군데군데 초목이 자라는 땅과 섬이 있었을 것이다. 더욱이 태평양 연안을 따라 해초가 무성하게 자라 먹을거리가 풍부해지면서 물고기나 연체동물, 바닷새, 물개, 바다코끼리, 수달 등 요즘 사람들에게도 큰 도움이 되는 생물이 많아졌을 것이다. 따라서 유목 생활을 하던 인류가 초식동물을 사냥하면서 대륙을 건너갔다는 기존의 개념은 바뀌어야 할 것 같다. 그보다는 어부들이 물고기를 잡거나 열매를 따 먹으면서 해안을 따라 이동했다거나, 아니면 작은 배를 타고 해안을 따라 이 섬 저 섬을 오가면서 이동했다고 생각해볼 수 있다.

얼음이나 땅으로 연결되지 않았다고 해도, 어차피 아메리카 대륙에는 언제든 정착민이 생겼을 것이다. 우리는 시베리아와 알래스카 사이에 있는 베링 해가 실제로 얼마나 좁은지 깜빡하는 경우가 많다. (텔레비전의 풍자극에 나왔던 것과 달리) 전직 알래스카 주지사의 집에서는 러시아가 보이지 않을지도 모르지만(2008년 미국 대선에서 공화당의 부통령 후보였던 전직 알래스카 주지사 세라 페일린이 부시 정부의 대외 정책에 대한 생각을 묻는 질문에 "러시아는 우리의 이웃 국가이며 알래스카의 섬에서도 러시아가 보인다"는 다소 황당한 답변을 했다. 텔레비전 방송에서 이를 풍자하여 페일린 역을 맡은 연기자가 "우리 집에서 러시아를 볼 수 있어요"라고 말했는데, 이 말이 더 유명해졌다 - 옮긴이), 맑은 날에는 알래스카 본토에서 정말 러시아가 보인다. 알래스카와 러시아 사이의 실제 거리는 80킬로미터가 채 안 되며, 중간에 있는 섬까지 포함하면 배로 건너야 하는 거리는 40킬로미터를 넘지 않는다. 그리고 앞으로 다리나 터널이 생기거나 미국과 러시아 사이에 고속철도가 놓일지도 모를 일이다. 사실 인류가 처음 시베리아에서 알래스카로 이주하고 아주 오랜 시간이 흐른 뒤, 바다를 통해 또 다른 사람들이 건너갔다. 그들은 흔히 '에스키모'라고 부르는 이누이트족의 조상인데, 최초의 이주민인 아메리카 원주민과는 별개로 비교적 최근에 이주하여 알래스카에 정착했다. 그들은 수천 년 전에 아시아에서 배를 타고 바다를 건너갔으며, 시베리아에 사는 동포인 추크치족 사람들과 지금까지도 교류하고 있다.

이누이트족은 약 1,000년 전에 캐나다의 북극지방 전역으로 퍼지면서 그곳에 살고 있던 사람들의 문화를 바꿔놓았다. 그들이 아시아에서 가져온 기술은 훨씬 더 발전된 것이었다. 그중에는 카약이나 우미악 (나무 뼈대에 바다코끼리 등의 가죽을 덮어씌워 만든 가죽배 - 옮긴이)*도 있었는데, 동물 가죽을 씌워 물이 새지 않게 만든 커다란 배였으며 나무 뗏목이나 통나무 카누보다 항해에 더 적합했다. 또한 기존의 정착민들이 쓰던 것보다 더 발전된 도구와 무기가 있었으며, 날카로워서 훨씬 더 사용하기 편리한 돌칼과 창날, 화살, 작살을 만들 수 있었다. 이누이트족은 철과 구리로 만든 작살이나 창으로 무게가 100톤이나 되는 거대한 북극고래를 사냥했다.** 그들이 사용한 금속은 청동기 이전 시대의 다른 문명들에서처럼 운석에서 채집된 것이었다. (북극에서는 운석 같은 우주의 잔해

---

* '카약'은 '남성용 배'라는 뜻이고 '우미악'은 '여성용 배'라는 뜻이다. 그 의미처럼 카약은 남성, 우미악은 여성이 타는 배다.
** 이누이트족의 다른 중요한 기술로는 뼈로 만든 눈 안경(초현대적인 선글라스처럼 생겼다), 갈고리, 바늘, 송곳, 삽, 얼음송곳, 사냥한 고래를 수면 위로 뜨게 하는 물개 가죽 부표 등이 있다.

물을 다른 곳보다 쉽게 찾을 수 있는데, 융단처럼 깔린 흰색 눈과 얼음 속에서 운석이 눈에 잘 띄기 때문이다.) 이누이트족에게는 또한 기존의 정착민들에 비해 큰 이점이 있었는데, 그것은 바로 '개'였다. 그들은 썰매를 끌고, 집을 지키고, 사냥감을 추적하는 등 여러 가지 목적으로 개를 길렀다. 그렇게 더욱 발전된 기술 덕분에 이누이트족은 몇백 년 만에 캐나다의 북극지방에서 살던 최초의 정착민들을 전멸시키거나 쫓아버렸다.

어디서 많이 들어본 이야기 같지 않은가?

북아메리카 대륙에 도착한 최초의 유럽인은 아마도 바이킹이었을 것이다. 하지만 그들이 북아메리카에 간 사람들 중에서 가장 첨단 기술을 보유한 최초의 유라시아인이었다고 보긴 어렵다. 바이킹의 가장 큰 특징은 글자를 사용하고 제철 기술이 있었으며 가축을 길러 식량을 얻었다는 점이다. 그런데 북아메리카에 도착한 소규모의 바이킹 집단에는 그런 기술이 있었을 것 같지 않다. 따라서 조금 애매하지만, 아메리카 대륙에 이주한 뒤 대륙을 탐험하고 정착 생활을 하면서 정복 활동을 벌인 최초의 구대륙 사람이라는 명예는 분명 이누이트족에게 돌아가는 것이 마땅해 보인다. 이누이트족은 서기 1300년에 그린란드 서부에 도착한 뒤 해안을 따라 내려가 1400년에는 그린란드 동부에 도달했다. 그런데 이 시기가 그린란드 동부에서 바이킹 정착지가 사라진 시기와 완벽하게 일치한다. 바이킹 정착지가 이누이트족과의 경쟁, 그리고 갈수록 추워지는 기후 탓에 종말을 맞았다는 것은 거의 분명한 사실이다. 이누이트족에게는 북극 환경에 적응할 수 있는 훨씬 앞선 기술이 있었다. 예를 들어 바다에서 유빙을 헤치고 항해할 수 있는 더 좋은 배를 만들거나 덩치 큰 바다 동물을 사냥할 수도 있었다. 유라시아 출신의 이누이트족에게는 유럽 출신의 바이킹을 압도하고 최초이자 유일한 아메리카인이 될 만한 탁월한 능력이 있었던 것이다.

유럽인과 접촉하기 전의 아메리카 원주민이라고 하면 흔히 소규모로 모여 살던 수렵채집민을 떠올린다. 하지만 그것은 사실과 거리가 멀다. 유럽인이 오기 전까지 아메리카 원주민이 아메리카 대륙에서 살았던 1만 4,000년이라는 시간은 아주 긴 시간이다. 유럽인이 수렵채집 사회에서 근대사회로 이행하는 데는 그 시간의 4분의 1도 걸리지 않았다. 아메리카 원주민은 고립되어 생활하는 동안 수십 개의 언어권과 수백 개의 고유 문화권으로 갈라졌다. 그리고 유럽인이 도착했을 때는 대부분 농경 사회를 이루어 정착 생활을 하고 있었다. 중앙아메리카나 안데스 산악 지역뿐 아니라 북아메리카 대륙 전역에 대도시가 형성되어 있었고, 콜럼버스가 도착했을 무렵에 아메리카 대륙의 인구는 1억 명을 훨씬 웃돌았다. 1492년 당시 아메리카 대륙의 인구는 유럽보다 더 많았을 것이다.*

우리가 당시의 아메리카 원주민을 떠돌이 수렵채집민으로 착각하는 주된 이유는 원주민의 약 90퍼센트가 유럽인을 보기도 전에 질병으로 목숨을 잃었기 때문이다. 아메리카 원주민은 수천 년 동안 유럽인이나 아프리카인과 격리된 채 진화했다. 물론 유럽인도 질병에 완벽하게 면역성을 갖춘 것은 아니다. 1347~1351년에 흑사병으로 인해 유럽 인구의 3분의 1이 감소했는데, 흑사병이 유라시아 대륙을 휩쓴 것은 그때뿐이 아니었다. 하지만 역병에서 살아남은 유럽인들은 더 강한 면역성을 갖게 되었다. 전염병은 주로 유라시아와 아프리카에서 시작되었는데, 그곳 사람들이 가축과 함께 살았기 때문이다. 인간을 공격하는 병원균의 75퍼센트 정도는 가축으로부터 온다. 그런데 아메리카 대륙에는

---

* 아메리카 대륙의 일부 지역은 최근에야 콜럼버스가 도착하기 전의 인구수를 회복했다. 예를 들어 멕시코의 인구는 1960년대에 들어서야 콜럼버스 도착 전의 수준인 4,000만 명을 회복했다.

야마를 제외하면 널리 기르는 가축이 없었다. 야마도 그나마 소규모로 길렀으며 직접 접촉하는 경우가 많지 않았다. 게다가 아메리카인은 유럽인이 오기 전까지 구대륙의 미생물과 접촉한 적이 없었다.

아메리카 원주민이 질병에 취약했던 또 다른 이유는 서로 유전적으로 비슷했기 때문이다. 유전적 다양성이 높을수록 질병이 퍼지기 어렵다. 질병이 그 유전적 차이에 적응해야 하기 때문이다. 북아메리카에 정착한 이들의 조상은 아시아에서 넘어온 소규모 집단이었기 때문에 그 후손들의 유전적 다양성이 낮을 수밖에 없었다. 전 세계 사람들의 혈액형이 다양하게 분포되어 있는 반면, 북아메리카인은 거의 대부분 O형인 이유가 그 때문이다. 유럽인과 접촉한 아메리카 원주민은 서로 유전적으로 비슷했던 탓에 거의 전멸하고 말았다.

유럽인이 퍼뜨린 질병 외에 아프리카에서 건너온 질병도 많았다. 아메리카 원주민이 대규모로 죽어나가자 식민 지배를 하던 유럽인들은 아프리카인을 노예로 데려와 부려먹었다. 물론 지금의 미국 남부 지역에서도 노예를 대규모로 부려먹었지만, 그보다 더 노예를 많이 부렸던 곳은 카리브 해와 남아메리카 지역이었다. 특히 브라질에서는 대규모의 사탕수수 농장에서 일하는 아프리카 노예가 400만 명이 넘을 정도였다. 이는 당시 아메리카 대륙 전체에 있는 아프리카 노예의 절반에 가까운 숫자였다. 1500~1800년에 아프리카 노예들은 유럽보다 아메리카 대륙으로 더 많이 이송되었으며, 대부분 쇠사슬에 묶인 채로 이송되었다. 이들은 아메리카 대륙에 말라리아나 황열병 같은 전염병을 옮겼고, 이 같은 전염병은 아메리카의 열대 지역에서 풍토병으로 자리잡았다. 이렇게 아메리카 원주민은 유럽과 아프리카 양쪽에서 전염병이 유입되면서 큰 위기를 맞게 되었다.

그런데 세균전은 보통 한 방향으로만 진행되지 않는다. 반대 방향으로 전염된 질병이 최소한 하나가 있었던 것으로 추정되는데, 바로 매독이었다. 유럽인이 도착하기 전부터 아메리카 대륙에 매독이 존재했다는 사실이 확인되었으며, 구대륙의 기록에 처음 등장한 것은 1494~1495년, 겨울철의 나폴리에서였다. 이탈리아인은 프랑스군이 처음 매독을 퍼뜨렸다고 주장했다. 그래서 매독이 '프랑스 병'으로 알려지기도 했다. 매독은 그 후로 오랫동안 유럽에서 골칫거리였지만, 첫 100년 동안 특히나 치사율이 높았다. 대유행 초기에 '독한 천연두Great Pox'로 불렸던 매독은 돌연변이나 자연면역 등으로 독성이 약해질 때까지 유럽인 500만 명의 목숨을 앗아갔다.* 유럽인이 신대륙을 발견하자마자 유럽에 매독이 등장한 것은 우연의 일치로 보이지 않는다. 그보다는 신대륙에서 구대륙으로 전염된 것으로 보이며, 그 시기는 빠르면 콜럼버스의 첫 항해 무렵이었을 것이고 전파자는 콜럼버스가 유럽으로 데려온 원주민 포로이거나 선원들이었을 것이다. 그리고 그들 중 일부가 이탈리아 침공에 참여하여 매독에 대한 첫 기록이 이탈리아에서 나오게 되었을 것이다.

오랫동안 흩어져 살다가 다시 통합되는 과정에서 인류는 비극을 겪을 운명이었는지도 모른다. 그 과정에서 엄청난 재앙을 감내해야 했던 이들은 아메리카 원주민이었다. 유럽 학자들에 따르면 유럽인과의 접촉 초기부터 아메리카 원주민은 대규모로 죽어나가기 시작했다. 하지만 그 재난의 실제 규모는 제대로 파악되지 않았다. 유럽의 탐험가들이 처음 아메리카에 상륙할 무렵, 전염병이 탐험가들보다 훨씬 더 빠르게 퍼져나가 전 대륙의 인구를 급감시켰기 때문이다. 구대륙의 전염병

---

* 매독은 성관계를 통해서만 전염되기 때문에 당시 유럽인들의 사생활이 어떠했는지 짐작할 수 있다. 종교적으로 더 엄숙하고 성적으로 더 억압적인 사회였다면 성병이 그렇게까지 빠르게 확산되지 않았을 것이다. 하지만 유럽 사회의 실상은 전혀 그렇지 않았던 것 같다.

은 20세기까지 아메리카 원주민에게 지속적으로 크고 작은 피해를 주었지만, 그중 대다수는 유럽인과 처음 접촉한 후 100년 이내에 죽었을 것으로 추정되는데 정작 유럽인은 그 사실을 알지 못했다. 전염병의 대유행으로 아메리카 대륙의 인구가 줄어든 후, 아무도 없는 땅을 처음 밟은 유럽인들은 아메리카 대륙에는 원래부터 원주민이 많지 않았다고 생각하게 되었다.

3

지상 최대의 바다를 누비다

글자와 지도, 전 세계로 사람들을 수송하는 기술이 등장하기 전에는 지리에 관한 인류의 지식이 단편화되어 있었고 체계적이지도 않았다. 그렇다고 해서 초기 탐험가들에게 도전 정신이나 기술이 부족했다고 생각하면 안 된다. 뛰어난 업적을 남긴 탐험가도 있었는데, 글자가 없는 당시 상황을 고려하면 그만큼 더 놀라운 성과였다. 인류의 탐험 역사에서 가장 놀라운 업적은 아마도 하와이와 이스터 섬, 뉴질랜드를 연결하는 '폴리네시아 삼각지대'에 정착한 일일 것이다. 폴리네시아 삼각지대의 면적은 아프리카와 거의 비슷하고 미국의 네 배에 달하는데, 그 넓은 곳에서 불과 1,000년 남짓한 시간에 단일 문화권이 형성되었다. 폴리네시아인은 혁신적으로 설계한 배에 가축과 농작물, 사람들, 문화를 싣고 지구에서 가장 큰 바다를 가로지르며 거의 모든 섬에 정착했다.

태평양은 엄청나게 넓다. 지구 표면적의 3분의 1을 차지하며 지구의 모든 육지를 합친 것보다도 넓다. 유럽인이 태평양 탐험을 시작했을 때, 거의 모든 섬에 사람이 살고 있는 모습을 보고 깜짝 놀랐다. 유럽인이 보기에 섬 원주민의 배는 장거리를 항해하기엔 너무나 엉성했다. 이

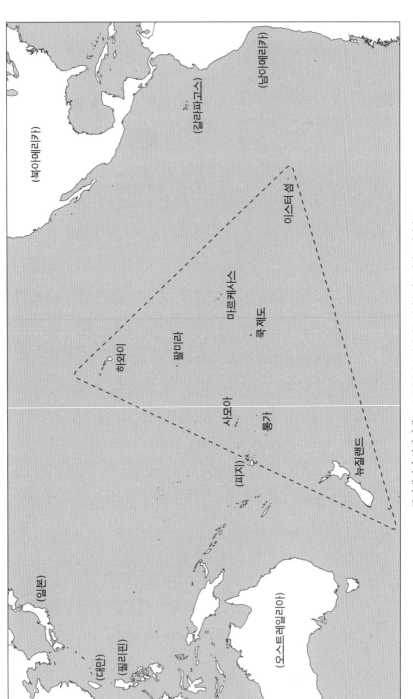

폴리네시아 삼각지대(폴리네시아에 속하지 않는 지역은 괄호 안에 표기했다).

스터 섬 같은 곳의 원주민에게는 특별한 항해 기술이 없었고, 갖고 있는 배도 바다에 떠다니는 나무를 대충 묶어서 만든 카누뿐이었다. 그런데도 무슨 조화인지 이 '원시적인' 사람들은 그런 조잡한 배로 지구에서 가장 넓은 망망대해를 수천 킬로미터씩 항해하면서 원하는 지점에 한 번도 아니고 몇 차례나 안전하게 도착했다. 그것은 마치 콜럼버스가 스페인에서 카누를 타고 수천 킬로미터의 대서양을 건너 존재조차 알지 못했던 버뮤다 제도의 아주 작은 섬에 상륙한 뒤, 그런 항해를 수백 번 반복하는 것과 같았다.*

원주민들의 그런 신비로운 능력에 대해 온갖 해괴한 주장이 난무했다. 태평양이 한때 거대한 대륙이었다는 주장도 있었다. 거대한 화산 폭발이나 지진 같은 대재앙이 발생하여 대륙 대부분이 물에 잠기고 일부 섬만 물 위에 남았으며, 그래서 폴리네시아 원주민은 원래 대륙에서 살던 주민들 중에 살아남은 생존자이고, 대재앙으로 인해 바다 곳곳에 흩어진 수백여 개의 집단으로 격리되었다는 것이다. 유럽인들이 보기에 이 대재앙은 분명 최근에 일어났기 때문에 폴리네시아인들이 여전히 같은 언어와 문화를 갖고 있다는 주장이었다. 뉴질랜드에 도착한 영국 탐험가 제임스 쿡James Cook은 항해와 통역을 담당했던 타히티 출신의 투파이아Tupaia를 불렀다. 투파이아는 밑져야 본전이라는 생각으로 마오리 원주민과 대화를 시도했다. 그런데 투파이아와 마오리 원주민의 언어가 본질적으로 같다는 데에 사람들은 깜짝 놀랐다. 타히티와 뉴질랜드는 물리적으로 4,800킬로미터나 떨어져 있기 때문이다. 그것은

---

* 유럽인에게 (육지에서 멀리 떨어져 대서양 한가운데에 있는) 버뮤다 제도를 발견하기란 그만큼 어려운 일이었다. 그래서 근처를 지나다니면서도 버뮤다 제도의 존재를 알지 못했다. 유럽인은 지나가던 배가 섬에 부딪히는 사고가 일어난 뒤에야 비로소 버뮤다 제도를 발견했다. 그때가 1609년이었으며, 당시 영국 탐험대의 선박 아홉 척이 제임스타운으로 향하다가 암초에 걸렸다. 셰익스피어는 이 사건에서 영감을 받아 『템페스트The Tempest』를 썼다.

마치 배를 타고 바르셀로나에서 출발해 페르시아 만에 도착한 스페인 사람이 현지에서 스페인어를 모국어로 사용하는 이란 사람을 만난 것이나 마찬가지였다.

폴리네시아인의 선조는 약 3,000년 전 대만에서 건너온 것으로 추정된다. 글자가 발명되기 전이었지만 농경 사회가 시작된 후였으므로 그 선조들은 빵나무나 토란, 얌, 바나나, 코코넛을 싣고 와서 섬을 발견할 때마다 농작물을 심었다. 또한 식량으로 쓰려고 돼지와 닭, 개를 길렀는데 대부분의 단백질은 물고기나 조개에서 얻었다. 그들은 장거리 무역의 전문가였으며, 도구를 만드는 데 필요한 부싯돌이나 흑요석을 찾는 고객들을 찾아다녔다. 그리고 비록 글자는 없었지만 폴리네시아인의 문화는 입을 통해 아주 상세하게 전해졌다. 예를 들어 하와이 섬의 족장들은 20대가 넘는 선조들의 이름을 줄줄이 암송했기 때문에, 유럽 대부분의 왕족들보다도 더 먼 옛날의 조상까지 이름을 댈 수 있었다.

기원전 900년경 폴리네시아인의 선조는 통가와 사모아에 도착했고 그곳에서 고유의 항해 기술이 발달했다. 정확한 날짜는 알 수 없지만, 서기 300년경에 북쪽으로 가서 하와이를 발견하고 700년경에는 동쪽으로 이스터 섬까지 갔으며 1300년경에는 남쪽으로 뉴질랜드에 이르렀다. 폴리네시아에 속하는 섬만 수천 개에 달하며, 수백 개의 섬으로 이루어진 군도도 있지만(피지에는 최소한 332개 이상의 섬이 있다) 대부분의 섬들은 서로 거리가 멀어서 맑은 날에도 눈에 보이지 않는다. 예를 들어 이스터 섬은 지구에서 가장 고독한 곳이며 사람이 사는 가장 가까운 섬에서 거의 2,000킬로미터나 떨어져 있다. 대략 아프리카에서 브라질만큼 떨어져 있는 것이다. 그래서 폴리네시아 항해사들은 무조건 앞으로 가면서 육지가 나오길 바라는 식으로는 항해할 수 없다. 1521년 유럽인 최초로 태평양을 횡단했던 마젤란은 폴리네시아 지역을 동에서 서로 관통하면서 단 하나의 섬도 발견하지 못했다. 그러니 도대체 폴리네시아인은 지구의 가장 넓은 바다에서 어떻게 사람이 살 수 있는 섬을 전부 찾아낸 것일까?

이 의문에 유럽인이 내놓은 또 다른 이론은 폴리네시아 뱃사람들이 길을 잃고 표류하다가 우연히 새로운 섬을 발견했다는 것이다. 물론 어쩌다 그런 경우가 있었겠지만, '길을 잃는 바람에 우연히 새로운 땅을 발견했다'는 것은 폴리네시아의 전체 면적을 감안했을 때 제대로 설명되지 않는다. 배로 여행을 떠날 때도 당일치기인 경우와 수천 킬로미터를 이동하며 대양을 횡단하는 경우의 준비는 크게 달라진다.* 따라서 대책 없이 길을 잃었다가는 금방 식량과 물이 바닥나 위험한 상황에 빠질 것이다. 만에 하나 표류하다가 섬을 발견했다고 하자. 그러면 길을 잃은 뱃사람이 왔던 길을 되짚어 자기 마을로 돌아가 새로운 섬을 알렸다는 말인데, 그게 가능했을지는 논외로 하더라도 정말 그랬다면 그 사람이 조난당했다고 할 수 있을까? 따라서 그보다는 폴리네시아 정착민들이 항해에 알맞은 큰 배에다 가족과 가축, 어린 묘목을 싣고 새로운 땅을 찾아 아주 신중하게 항해했다고 결론 내릴 수밖에 없다.

이런 결론이 폴리네시아인의 선박 기술과도 맞아떨어진다. 그들의 배는 겉모습이 특별할 게 없지만 장시간의 항해에 매우 적합하기 때문이다. '현외 장치'가 달린 폴리네시아인의 카누는 길이가 15미터에 이를 정도라서 20명이 넘는 선원을 태우고 몇 주 동안 바다를 항해할 수 있다. 현외 장치란 기다란 카누에 가로로 긴 막대를 붙이고 그 막대 양쪽 끝에 3~4.5미터의 작은 카누를 달아놓은 것이다. 그런 형태의 카누를 상상해보라. 작은 카누는 현외 장치를 한쪽으로 하나만 달지

---

* 영어로 '여행'을 뜻하는 'journey'는 하루 동안 이동할 수 있는 거리를 뜻하는 프랑스어 'journée'에서 유래했지만, 추가적으로 특별하거나 중요한 이동이라는 의미가 담겨 있다.

만, 커다란 카누는 안정성을 높이기 위해 보통 양쪽에 단다. 경우에 따라 카누 두 척을 막대로 묶어 쌍둥이 배를 만들기도 한다. 일반 카누와 달리 현외 장치가 달린 카누는 항해할 때 매우 안정적이어서 큰 파도에도 끄떡없으며 선폭이 넓은 배의 안정성과 선폭이 좁은 배의 민첩성을 모두 갖추었다. 지금도 하와이와 타히티, 사모아, 뉴질랜드에서는 카누 경주를 할 때 현외 장치가 달린 카누를 많이 사용한다.

폴리네시아의 각 섬에서는 명망 있는 해양 탐험가가 많이 나왔다. 그들 덕분에 수천 킬로미터나 떨어진 섬이 발견되었으며 수백 년 동안 섬사람들 간의 무역망이 지속될 수 있었다. (물론 이스터 섬처럼 무역이 끊긴 섬도 있다.) 탐험가들은 스승으로부터 제자에게로 구전되는 지식을 활용해 섬과 섬 사이를 항해했다. 그런 구전 지식은 노래 형태로 전해지는 경우가 많았다. 방향을 찾을 때는 별의 움직임, 해와 달이 이루는 각도, 섬 위에 모여 있는 구름의 형태, 밀물과 썰물의 흐름 등을 활용했다. 그리고 섬과 충돌하면서 생긴 파도의 형태 변화를 보고 주변에 있는 열도의 크기와 방향을 예측했다. 때로는 무리 지어 이주하는 새를 따라갔으며* 수평선 너머를 보기 위해 군함조를 새장에 넣어 데리고 다녔다. 새장에서 풀려난 군함조는 하늘로 날아오른 뒤, 육지가 보이면 육지를 향해 날아가고 육지가 보이지 않으면 몸이 젖지 않도록 다시 카누로 돌아오곤 했다.

첫 태평양 항해에서 쿡 선장은 폴리네시아 항해 탐험가인 투파이아를 고용했다. 투파이아는 지도를 본 적이 없었지만, 순전히 기억력만으로 고향인 타히티 섬 인근의 라이아테아 섬에서 북쪽과 서쪽으로

---

* 이동하는 새를 따라간다는 생각은 제2차 세계대전 중에 오스트레일리아의 항해사 해럴드 게티Harold Gatty가 미군을 대상으로 만든 생존 가이드에도 실려 있다. 게티는 바다에서 조난당한 연합군 병사들에게 도움을 주기 위해 폴리네시아인의 항해술을 간략하게 설명해놓았다.

3,200킬로미터 이내에 있는 주요 섬을 해도에 그렸다. 이것은 비유하자면 도로가 생기기도 전에 디트로이트에서 로스앤젤레스까지 가는 길을 상세하게 그려낸 셈이다. 투파이아는 해도에 130개의 섬을 그렸고 74개의 섬에는 이름까지 적어놓았다. 투파이아가 해도에 그렇게 많은 섬을 그렸지만 실제로 가본 섬은 극히 일부였다는 사실은 우리에게 많은 것을 알려준다. 그의 고향 섬에 있는 항해 탐험가들은 조상보다 더 멀리 가본 적이 없지만 조상의 항해 지식을 대대로 물려받았다. 그리고 모닥불 주변에 모여 서쪽 섬들에 관해 노래하면서 기억하기 쉽도록 보통 사실을 크게 과장해서 말하곤 했다.

폴리네시아 항해 탐험가들은 바다에서 무모하게 항해하지 않았다. 그리고 바람을 거슬러 항해하는 법을 대부분 알고 있었으므로 항해 중에 문제가 생겨도 늘 안전하게 복귀할 수 있었다. 장거리를 항해할 때는 서로 독자적인 판단을 할 수 있도록 일정한 거리를 유지하면서 항해했다.* 그리고 다른 선원들과도 (카누 안에서 가능한 한 멀리) 떨어져서 독자적으로 항해 거리와 현재 위치, 그리고 진행 방향을 파악하는 데 집중했다. 단거리를 항해할 때는 그렇게 수집한 정보를 잊지 않기 위해 잠을 자지 않는 것이 일반적이었다. 낮에는 태양을 기준으로 방향을 판단했으며, 흐린 날에도 구름에서 스며 나오는 뿌연 빛으로 태양의 위치를 알아냈다. 밤에는 달과 별을 보고 방향을 가늠했다.

항해사이자 개척자였던 폴리네시아인들은 여러 척의 대형 카누에 가족과 개, 닭, 돼지를 싣고 바다를 누볐다. 항해 중에는 빗물을 모아 식수로 사용하고 물고기를 잡아 배를 채웠다(바닷물고기는 신장에서 소금을 걸러내기 때문에 사람에게 중요한 식수 공급원이 된다). 그리고 빵나무와 토란, 얌, 바나나

---

* 이렇게 여러 사람이 독자적으로 상황을 판단하여 서로 비교하는 개념은 배나 비행기, 심지어 우주에서 로켓을 조종하는 현대의 유도장치에서도 오류를 보정할 때 아주 긴요하게 쓰인다.

같은 식물의 묘목, 다양한 도구, 필요한 도구를 만들 수 있는 질 좋은 돌덩이*를 갖고 다녔다. 그러니 길을 잃는 경우는 없었을 것이다. 섬을 찾아 이주하는 폴리네시아인들의 사전 준비는 훗날의 유럽인들보다 훨씬 더 철저했다. 그에 비해 나중에 아메리카 대륙에 상륙한 유럽인들에겐 굶주림 아니면 약탈이라는 두 가지 선택밖에 없었다.

시간이 흐르면서 폴리네시아인은 서로 밀접하게 관련된 다양한 문화로 갈라지면서 사모아와 통가에서 쿡 제도와 마르케사스 제도에 이르는 수천 개의 섬으로 퍼져나갔다. 피지에서는 더 오래된 문화인 멜라네시아 문화와 섞였다. 북쪽으로 올라간 사람들은 하와이 원주민이 되었고 남쪽으로 내려간 사람들은 뉴질랜드 마오리족이 되었다. 뉴질랜드 남단에서 480여 킬로미터 떨어져 있으며 겨울(6~9월)에는 기온이 영하로 내려가는 오클랜드 제도에서도 정착민의 유적이 발견되었다. 폴리네시아인의 것으로 보이는 유적은 멀리 떨어진 매쿼리 섬에서도 발견된다. 매쿼리 섬은 오클랜드 제도에서 다시 남쪽으로 480여 킬로미터 떨어져 있으며, 뉴질랜드와 남극 중간에 있다. 그 유적이 진짜라면, 탐험대를 이끌고 남쪽으로 내려가 '단단한 바다에서 솟아오른 구조물이 있는 지독하게 추운 곳'을 발견했다는 위대한 마오리 탐험가의 전설이 설득력을 얻게 될 것이다. 그 전설에서 말하는 구조물은 남극에 있는 세계 최대의 빙붕인 '로스 빙붕'이거나 남극 대륙 자체일 수도 있지만, 그냥 떠다니는 빙산일 수도 있다. 어느 쪽이든 폴리네시아인은 대항해 시대 이전의 지구에서 남쪽으로 그 누구보다도 멀리 탐험했다.

폴리네시아인은 700~1100년 사이에 그들이 탐험한 지역 중에서 가장 동쪽에 있는 이스터 섬에 도착했다. 그 섬은 키 큰 나무숲이 빽빽

---

* 3D프린터의 선사시대 버전이라고 할 수 있다.

이 들어선 비옥한 곳이었으며 칠레산 공작야자의 먼 친척뻘인 나무(지금은 멸종되었다)도 있었다. 그 야자나무는 높이가 30미터, 지름이 1.5미터에 달해서 지금까지 알려진 야자나무들 중에서 가장 컸다. 이스터 섬에 상륙한 사람들은 아마도 서쪽으로 2,000킬로미터 넘게 떨어진 마르케사스 제도에서 왔을 것이다. 그렇게 이스터 섬에 정착한 사람들은 처음에는 번성해서 열두 개의 종족과 마을로 구성된 문명을 건설했으며 인구가 1만 5,000명까지 늘어났다. 이스터 섬의 전체 면적은 163제곱킬로미터로 현재의 하와이 섬보다 컸으며, 1제곱킬로미터당 인구도 92명으로 현재의 하와이 섬보다 많았다. 그 말은 섬 외부에서 식량을 가져오지 않으면 생존할 수 없었다는 뜻이다. 인구밀도가 그렇게나 높았으므로, 분명 환경문제가 생겼을 것으로 추정된다.

이스터 섬에서 가장 눈에 띄는 유적은 887개의 '모아이' 석상이다. '거대한 머리' 모양의 석상인 모아이는 섬 전역에 흩어져 있다. 일부 석상의 비율은 참으로 놀라운데, 가장 거대한 '파로' 석상의 높이는 9미터가 넘으며 과장된 머리의 크기는 '자유의 여신상' 머리와 비슷하다. 가장 무거운 석상은 86톤으로, 다 자란 아프리카코끼리 20마리와 맞먹는 무게다. 미완성인 한 석상의 비율은 더욱 엄청나서, 완성되었다면 높이 18미터에 무게가 270톤에 달했을 것으로 추정된다. 석상을 어떻게 옮겼는지는 논외로 하더라도, 이런 거대 석상을 제작한 것만 봐도 이스터 섬에는 분명 복잡한 형태의 사회가 존재했을 것이다. 그런데 이렇게 멋진 석상들은 1722년 유럽인이 섬을 발견했을 당시에 모두 넘어진 상태였다. 섬에 어떤 재난이 일어나 원주민들 스스로 석상을 파괴한 것으로 보인다.

재레드 다이아몬드가 자신의 저서 『문명의 붕괴Collapse』에서 설명했듯이, 이스터 섬은 파괴되기 쉬운 생태계를 남용한 대표적 사례다.

토양은 비옥했지만 토양층이 두껍지 않아 나무가 베어지고 나면 쉽게 유실되었다. 게다가 원주민과 공존했던 쥐가 야자나무 열매를 먹어치워 새로운 야자나무가 자라지 않는 바람에 환경 파괴가 한층 악화되었다. 숲이 사라지면서 카누를 만들 수 없게 된 섬 주민들은 물고기를 잡지 못할 뿐 아니라 외부 세계와의 접촉도 완전히 끊겼다. 생존을 위한 몸부림은 끝없는 전쟁과 지속적인 식인 행위를 더욱 부추겼을 것이다. 1722년 유럽인이 섬에 도착했을 때는 3,000명이 채 못 되는 주민들이 궁핍한 삶을 이어가고 있었다. 엎친 데 덮친 격으로, 질병과 노예상들로 인해 주민 대부분이 죽거나 납치되는 바람에 1877년 섬에 남아 있는 생존자는 고작 111명에 불과했다. 지금은 인구가 극적으로 증가했지만, 섬 주민들은 생계를 정부의 지원과 관광산업에 전적으로 의존하고 있다. 우리는 이스터 섬의 사례를, 한정된 곳에서 인구가 그곳의 자원보다 더 많이 증가할 때 어떤 일이 벌어지는지를 알려주는 경고로 삼아야 한다. 이스터 섬에서 벌어진 일이 전 세계적인 규모로 일어나지 않도록 조심해야 하는 것이다.

먼 옛날, 폴리네시아인 외에도 바다를 누비던 사람들이 있었다. 폴리네시아인들이 태평양 전역으로 퍼져나가던 무렵, 인도네시아의 순다 열도에 사는 그들의 사촌뻘 되는 사람들은 반대 방향으로 5,600킬로미터에 달하는 놀라운 여정을 시작했다. 순다 열도의 원주민들은 폴리네시아인과 비슷한 항해 기술을 사용해 말레이시아부터 남아프리카에 이르는 인도양 전역을 탐험하고, 세이셸 제도와 차고스 제도에 정착지를 만들었다.* 특히 기원전 200년부터 서기 500년까지(서구의 로마 제국과 같은

---

* 차고스 제도는 인도양의 한가운데, 적도 근처에 있다. 나폴레옹 전쟁 이후 영국령이 되었으며, 1966년부터는 미국 해군이 차고스 제도에서 가장 큰 디에고가르시아 섬을 임차해 사용하고 있다. 전략적으로 중요한 위치이기 때문에 첨단 위성추적기지와 군사기지가 있으며, 이곳에서 B-52 폭격기가 아프가니스탄까지 출격하기도 한다.

시기였다) 왕성하게 활동했던 이 '인도양의 폴리네시아인'들은 아프리카에서 인도네시아에 이르는 무역망을 운영했다. 그리고 포르투갈이 등장하기 오래전부터 계피나 후추 같은 향신료를 유럽으로 실어날랐다.

이들의 후손이 오늘날 마다가스카르 섬에 남아 있다. 인류는 아프리카에서 진화했고 지구에서 살았던 시간의 약 97퍼센트를 오직 아프리카에서 살았지만, 초기 인류는 마다가스카르에 가본 적이 없었다. 그렇게 마다가스카르는 1억 6,000만 년 동안 아프리카 본토에서 소외되어 있었다. 또한 그렇게 오랫동안 고립되었기 때문에 마다가스카르에는 독특하고 흥미로운 생명체가 가득했고 지금도 그렇다. 마다가스카르 생물의 75퍼센트 이상은 오직 마다가스카르에서만 볼 수 있다. 원숭이가 없는 대신 여우원숭이가 폭발적으로 증가하면서 현기증이 날 정도로 많은 종류의 여우원숭이가 생태계의 공백을 메웠다. 작은 퓨마처럼 생겼지만 실제로는 몽구스의 사촌인 '포사'라는 동물은 여우원숭이의 천적이 되었다. 수백 종의 카멜레온도 서식하는데, 지구상에 있는 모든 카멜레온 종의 절반 이상이 마다가스카르에 있다. 인간이 섬에 처음 도착했을 때 눈에 띄었던 것은 키가 3미터가 넘고 체중이 45킬로그램에 달하는 코끼리새였다. 코끼리새의 알은 너비가 90센티미터(타조알 여섯 개 또는 달걀 160개에 해당한다)를 넘을 만큼 커서, 코끼리새가 한 차례 낳은 알로 오믈렛을 만들면 마을 사람 모두가 먹을 수 있을 정도다. 오래된 유적지에서 발견한 알껍데기 조각으로 미루어보건대, 실제로도 그런 일이 자주 있었던 것 같다. 이 거대한 새는 굶주린 포식자와 알 사냥꾼에 쫓기다가 400년 전에 멸종하고 말았다.

오늘날의 마다가스카르는 아프리카와 아라비아, 인도, 중국, 유럽에서 온 문화가 한데 섞인 용광로다. 하지만 그곳에 처음 정착한 이들은 1,000년 전에 현외 장치가 달린 카누를 타고 온 뱃사람들이었다. 지금도 마다가스카르에는 언어적 뿌리나 음악, 춤, 죽은 사람을 카누에 태워 바다로 보내는 '장례식', 토란과 코코넛 재배 등 폴리네시아인과 관련된 문화가 많이 남아 있다. 그런데 이런 문화는 아프리카에서 동남 아시아를 거쳐 태평양까지 도달했던 사람들이 탐험을 통해 남긴 유산 중 일부에 지나지 않는다. 그 숙련된 항해사들은 유럽인이 오기 전부터 지구 면적의 4분의 1을 차지하는 인도양이라는 광활한 바다를 탐험하고 그곳에 정착해 살고 있었다.

4

기록되지 않은, 놀라운 탐험

이름에서 알 수 있듯이, 글자 그대로 '지구의 중앙에 있는 바다'인 지중해는 한때 거대한 소금밭이었다. 600만 년 전, 유라시아 대륙과 아프리카 대륙이 충돌하면서 지중해에서 대서양으로 나가는 길목이 육지로 막히는 '메시니안 염분 위기Messinian Salinity Crisis'가 발생했다. 그로 인해 지중해에 갇힌 바닷물이 증발하면서 소금이 두껍게 쌓이고 해양생물은 대부분 멸종했다. 그러다가 시간이 흘러 500만 년 전에는 스페인과 모로코 사이에 갑자기 지브롤터 해협이 생기면서 바닷길이 열렸고 그곳으로 대서양의 바닷물이 쏟아져 들어왔다. 그 물줄기는 한동안 세계에서 가장 높고 가장 위풍당당한 폭포를 형성했을 것이다. 말라붙은 지중해 바닥에 아마존 강 유량의 1,000배에 달하는 폭포가 거의 1.6킬로미터 높이로 떨어져 내렸다.* 그리고 얼마 지나지 않아, 새롭게 생겨난 바다의 해안가에 첫 인류의 조상이 도착했을 것이다. 유럽과 아

---

* 흑해도 이와 비슷하게 생성되었을 것이다. 수만 년간 육지로 둘러싸여 있다가 기원전 5600년 전에 보스포루스 해협이 열리면서 지중해의 바닷물이 밀려들었다. 이로 인해 청동기 이전 시대의 사람들이 마을을 이루고 살던 이 지역에 '노아의 방주' 같은 홍수 신화의 원형이 생겨났을 것이다.

프리카, 아시아를 나누는 지중해는 장차 문화 교류의 고속도로가 될 운명이었다.

지중해와 관련된 인류의 역사는 아주 오래되었다. 13만 년 전으로 거슬러 올라가는 크레타 섬의 석기 유물은 (네안데르탈인도 마찬가지인 듯하지만) 초기 인류가 원시적인 배로 바다를 항해했음을 보여준다. 사방에서 강물이 흘러드는 지중해는 상업의 중심지가 되었다. 사방이 트인 대양에 비해 파도가 잔잔해서 뱃사람들은 육지가 항상 보일 정도로 해안에 가까이 붙어 비교적 안전하게 먼 곳까지 갈 수 있었다. 게다가 가로로 길기 때문에 기후가 일정해서 식물이나 동물, 사람들, 여러 문명이 퍼져나가기 좋은 조건이었다. 지중해의 건조하고 온화한 기후는 각종 곡물이나 포도, 올리브를 재배하고 염소나 양떼를 방목하는 데 안성맞춤이었다. 고대에는 스페인에서부터 이탈리아, 그리스, 터키, 이집트, 모로코에 이르는 '지중해'가 곧 '올리브가 자라는 지역'을 의미했다.

지중해의 동남쪽 구석에 있는 이집트는 비옥한 나일 강 주변에서 문명의 싹이 텄다. 이집트인에게 나일 강은 깨끗한 물을 공급하고, 매년 범람하면서 에티오피아 고원으로부터 광물질이 풍부한 흙을 실어다주는 생명의 강이었다. 나일 강이 없었다면 이집트는 사람이 살 수 없는 사막에 불과했을 것이다. 지금도 이집트는 나일 강에 전적으로 의존하고 있다. 나일 강은 아프리카에서 세 번째로 많은 인구(9,000만 명 이상)의 생존을 책임지고 있으며, 이집트 인구의 95퍼센트 이상은 걸어서 나일 강에 닿을 수 있는 거리에 살고 있다. 이집트인은 너그러운 나일 강의 은혜 속에서 농업과 글자, 도예, 석조건축, 법률 등을 발전시켰고 3,000년 넘게 지중해의 남동부를 다스린 일련의 왕조를 건설했다. 이집트 건축가들은 고대 불가사의 중에서 유일하게 남아 있는 피라미드, 그리고 단 하나의 바위를 깎아 만든 석상으로는 지금도 세계에서 가장 큰 스핑크스 같은 기념비적인 건축물을 남겼다.

고대 이집트인은 아주 특출한 탐험가는 아니었다. 그렇게 된 데에는 생명의 근원인 나일 강에 가까이 머물러야 환생할 수 있다는 신화의 영향도 일부 있었다. 강에서 멀리 떨어진 곳에서 죽으면 영원히 살 수 없을 뿐더러 죽어서도 계속 위험에 처한다고 믿었던 것이다. 그럼에도 이집트는 전략적 요충지였으므로 상업의 중심지로 발전할 수 있었다. 북아메리카처럼 이집트도 자연적으로는 서로 연결되지 않은 두 개의 대양 사이에 있다. 1869년 수에즈 운하가 건설되기 훨씬 이전부터 파라오들은 운하를 건설해 홍해와 나일 강을 연결했으며, 그 운하는 다시 지중해와 연결되었다. 즉 이론상으로는 당시에도 배가 아프리카 대륙을 우회하지 않고 지중해에서 이집트를 거쳐 동아시아로 갈 수 있었던 것이다. 다만 홍해의 염분이 나일 강으로 넘어와 농작물을 말려 죽이고 식수를 오염시키는 등 문제가 끊이지 않았기 때문에 실제로 사용하기는 어려웠다. 그런데 클레오파트라의 조상인 프톨레마이오스 1세 소테르 재위 기간에 그리스 공학자들이 현대적인 방법으로 문제를 해결했다. 운하에 갑문을 설치하여 수로의 높낮이에 따라 배를 위아래로 움직일 수 있게 만든 것이다.*

고대 이집트에서 선단을 꾸려 장거리 항해를 떠났다는 증거는 아주 많지만, 그 선단이 정확히 어디로 갔는지는 알 수 없다. 고대 이집트인이 살던 시기는 아주 먼 옛날이었다. 시간적으로 클레오파트라부터 현재까지의 간격보다 피라미드 건설부터 클레오파트라까지의 간격이 더 크다. 피라미드가 한창 건설되던 시기는 털북숭이 매머드가 아직 지

---

* 나일 강과 홍해를 잇는 운하는 결국 토사가 쌓여 막히는 바람에 사용할 수 없게 되었다.

구를 활보하던 4,500여 년 전이었다. 이집트 문명은 다른 어떤 문명보다도 오래되었기 때문에 그들이 배를 타고 어디로 갔는지는 알 도리가 없다. 당시 그리스에는 청동기 이전 시대의 유랑민과 염소를 치는 목동이 많이 살았고 이탈리아와 프랑스, 스페인은 그보다 훨씬 더 낙후되어 있었다. 중동 지방에는 일부 문명이 있었고 이집트가 지중해 동부 지역과 무역을 하여 (현재 레바논 국기에 나오는) 삼나무를 수입했다는 증거가 남아 있지만, 그 당시 지중해 지역은 대부분 낙후된 황무지나 다름없었다. 이집트인이 배를 타고 지중해의 구석구석을 가보았을 수도 있지만, 관련된 기록은 남아 있지 않다.

대신 이집트인이 다른 방향, 그러니까 홍해를 지나 그들이 '펀트 Punt'라고 불렀던 지역으로 아주 열심히 오갔다는 기록은 남아 있다. 펀트라는 지역이 정확히 어디였는지는 알 수 없지만, 기록으로 추정해보면 홍해와 인도양이 만나는 '아프리카의 뿔'(아프리카 동부의 소말리아 인근 지역 - 옮긴이) 근처였던 것 같다. 펀트에서 고대 이집트로 옮겨졌다가 지금은 영국박물관에 보관되어 있는 개코원숭이 미라의 유전자 분석 결과가 이를 뒷받침한다.* 이집트에서 '아프리카의 뿔'까지는 대략 3,200킬로미터로, 고대 여행자에게는 꽤나 먼 거리다. 기록에 남아 있는 가장 오래된 펀트 탐험대가 조직된 시기는 이집트 고왕국 시절, 기자의 대피라미드가 건설되었던 기원전 2560년경이었다. 중왕국(기원전 2050~기원전 1650년) 시절에는 펀트 원정이 흔한 일이 되었다. 펀트는 국력이나 문화 수준이 이집트와 대등한 정도는 아니었던 것 같지만, 아프리카 내륙과 무역망을 유지한 부유한 왕국이었다.

---

* 이집트인에게 동물, 특히 고양이나 개, 원숭이, 새 등을 미라로 만드는 것은 흔한 일이었다. 이것은 종교의식과 상관없었으며, 사랑하는 애완동물을 추모하기 위해서였다. 사랑하는 강아지를 기억하고 싶어서 미라로 만들어 벽난로 위에 두고 계속 함께 지낸다고 문제될 건 없은가?

이렇게 이집트에서 외국으로 가는 항해가 남긴 문화적 영향은 세계에서 가장 오래된 소설 작품으로 남아 있다. 약 4,000년 전에 파피루스 두루마리에 기록된 『난파된 선원의 이야기The Tale of the Shipwrecked Sailor』는 난파를 당해 무인도에 상륙한 이집트 선원의 이야기를 담고 있다. 그 선원은 무인도에서 마법의 힘을 가진 뱀(나중에 자신이 '펀트의 신'이라며 신분을 밝힌다)을 만난다. 그리고 뱀의 힘을 파라오에게 알리고 뱀의 존재를 널리 알리겠다고 약속한다. 뱀은 그 대가로 선원에게 향과 각종 향신료, 코끼리 상아, 살아 있는 개코원숭이, 그레이하운드 같은 귀한 선물을 준다. 선원이 이집트로 귀국해 선물을 바치자, 만족한 파라오는 선원에게 귀족 작위와 많은 재산을 하사한다. 이 이야기에는 탐험가들이 생각하는 독특한 동화적 요소가 모두 들어 있다. 신출내기 선원인 주인공이 마법의 땅을 발견하고 괴물과 대적하여 승리하며 끝까지 살아남아 한층 더 경험 많은 선원이 되는 것이다. 오늘날과 마찬가지로 고대에도 대담한 항해 이야기뿐 아니라 이런 항해 '소설'이 대중에게 인기가 많았다.

하트셉수트 여왕* 치세였던 기원전 1500년경에는 이집트 선박이 정기적으로 홍해를 오갔다. 그리고 육로를 통해 아카바 만** 입구에 있는 에일라트까지 운송된 구리와 청동, 보석 같은 상품을 거래했다. 하트셉수트 여왕은 가장 유명한 펀트 탐험대에 직접 참여하기도 했는데, 디르 엘 바흐리의 사원에 상형문자로 된 기록이 남아 있다. 펀트 탐험대는 상품을 구입하는 데 쓸 황금을 가져갔을 뿐 아니라 이집트의 힘을 과시하기 위해 강력한 군대도 데려갔다. 이 무렵 이집트의 영토는 나일

---

* 역사적으로 가장 오래된 여성 군주 중 한 명이다. 이전의 여성 군주로는 수메르의 쿠바바 여왕, 그리고 수백 년 전의 이집트를 짧게 통치했던 소벡네페루 여왕이 있다.

** 지금도 홍해로 나가는 이스라엘의 유일한 항구이자 전략적으로 매우 중요한 곳이다. 아라비아의 로렌스가 터키 수비대를 공격한 지역인데 역사적으로, 그리고 할리우드 영화를 통해 널리 알려졌다.

강을 따라 남쪽으로 확장되어 누비아 문명과 섞였고,* 이로 인해 이집트인은 아프리카 내륙 사람들과 더 많이 접촉하게 되었다. 이집트인이 내륙의 어느 곳까지 갔는지는 확실하지 않지만, 최소한 그들의 기록에는 남쪽으로 1,600킬로미터 떨어진 하르툼에서 나일 강이 두 개의 지류로 갈라진다는 말이 나온다. 훗날 프톨레마이오스 왕조 시절에는 탐험대가 청나일 강을 따라 에티오피아 고원까지 갔다. '나일 강의 수원을 발견했다'고 주장하는 유럽인보다 2,000년 이상 앞섰던 것이다.

이집트인이 아프리카 내륙 깊숙이 들어갔다는 근거는 그뿐만이 아니다. 벽화에서 볼 수 있듯이, 이집트 왕자들은 청백색 금속 염료로 눈화장을 했다. 미라가 들어 있는 관에서 시료를 채취하여 분석해보니 그 금속 염료는 안티몬이었는데, 그 옛날 안티몬 산지로 알려진 곳은 멀리 남아프리카에 있는 일부 노천 광산밖에 없었다. 또 다른 근거로 오카피okapi를 들 수 있다. 오카피는 기린의 친척뻘인 동물로, 다리에 얼룩무늬가 있어 얼룩말과 교배된 것으로 보인다. 지금은 오카피를 찾아보기 어렵지만, 당시에는 지금보다 흔한 동물이었다. 그렇더라도 수단의 광활한 평원은 오카피가 서식하기에 적합하지 않았으며, 오카피가 중앙아프리카의 밀림에서 벗어나지도 않았을 것이다. 그리고 그 밀림은 이집트에서 3,200킬로미터나 떨어져 있었다. 그럼에도 고대 이집트인은 오카피를 알고 있었고 신화에도 오카피가 등장한다. 물론 이것이 이집트인이 내륙 깊숙이 들어갔다는 결정적인 근거라고 말하기는 어렵다. 무역을 통해 안티몬이나 오카피를 수입했을 수도 있기 때문이다. 설령 그렇더라도 이런 근거를 통해 고대 이집트인이 빅토리아 여왕 시절

---

* 누비아인은 이집트인과 뚜렷이 구별되지만 비슷한 점도 있다. 사실 그들은 이집트인보다 피라미드를 더 많이 건설했기 때문에, 피라미드의 수는 이집트보다 수단이 더 많다(물론 수단의 피라미드는 이집트의 피라미드만큼 크지 않다).

의 유럽인보다 아프리카 내륙으로 더 깊이 들어갔다고 짐작할 수 있다.

기원전 1200년경에는 지중해 동쪽에서 강력한 해양 문명인 '페니키아'가 새롭게 부상했다. 페니키아는 파라오가 지배하는 육상 문명이 아니라 문화적으로 유대 관계인 도시국가의 연합체였다. 시간이 흐르면서 페니키아인은 최초로 지중해 해상권을 장악했다. 해상 무역망을 기반으로 해양 왕국을 형성했던 것이다.* 페니키아의 각 도시는 정치적으로 독립되어 있었으며, 어느 정도까지 서로를 같은 민족으로 생각했는지는 알 수 없다. 페니키아인은 그리스의 도시국가들처럼 공통된 문화를 공유하고 위기에 함께 맞서면서도 각각의 독립성만큼은 철저하게 지켰다. 그리고 언어를 사용하면서 최초로 알파벳 문자를 만들었다. 그들의 문자는 오늘날 모든 유럽인이 사용하는 그리스 알파벳과 라틴 알파벳의 조상이라고 할 수 있다. 서구 문명의 수많은 문화 규범이 사실상 페니키아인으로부터 비롯되어 그들의 해상 무역로를 따라 퍼져 나갔다.

페니키아인은 최초로 지중해 서부에 대규모의 식민지를 건설했다. 그들이 없었다면 서구 문명은 존재하지 못했거나 최소한 크게 달라졌을 것이다. 그들은 무역소와 마을을 건설함으로써 로마 제국까지 이어지는 무역망을 구축했다. 그리고 고대 그리스인에게 유리와 직물, 가장 유명한 상품인 보라색 염료를 팔았고 이집트인에게는 포도주와 목재를 팔았다. 그리스가 페니키아의 해양 문화를 받아들이면서 두 문화권은 지중해를 사실상 양분하게 되었고, 페니키아인은 북아프리카에서 스페인에 이르는 남쪽 해안을 지배하고 그리스는 이탈리아와 프랑

---

* '페니키아Phoenicia'라는 말은 '보라색'을 뜻하는 그리스어에서 유래했다. 페니키아인의 무역 상품으로 유명한, 조개껍데기를 으깨어 얻는 보라색 염료에서 비롯된 것이다. 아주 귀한 대접을 받았던 이 고대 염료는 역사적으로 왜 보라색이 왕을 상징하는 색깔인지 말해준다. 페니키아인이 스스로를 어떻게 불렀는지는 모르지만, 그들은 '케나아니Kenaani'에서 온 사람들이었다. 케나아니는 성서에 나오는 '가나안Canaan' 땅을 말한다.

스 남부를 식민지로 삼았다. 그 중간에 있는 시칠리아는 둘로 나누어 페니키아가 서쪽을, 그리스가 동쪽을 점유했다. 이런 힘의 균형은 로마가 부상하여 그리스를 정복하고 페니키아의 뒤를 이은 카르타고와 해상권을 두고 충돌할 때까지 계속되었다.

노가 달린 대형 범선을 최초로 만들었던 페니키아인은 이후 유럽의 모든 전함 건조 기술의 기반을 닦았다. 탐험가들은 그 배를 타고 처음으로 지브롤터 해협을 통해 잔잔한 지중해를 벗어나 대서양으로 모험을 떠났다. 기원전 500년경 페니키아 탐험가들은 견고한 원양선을 타고 영국 브리튼 섬까지 가서 주석과 납을 물물교환으로 거래했다. 로마가 아직 생존을 위해 힘겹게 투쟁하는 작은 마을이던 시절, 페니키아인은 브리튼 섬의 콘월 지방에 무역소와 광산을 세웠다. 기원전 425년경 페니키아의 식민지인 카르타고에서는 '항해자 한노 Hanno'라는 탐험가가 선박 60척으로 구성된 탐험대를 이끌고 대서양 탐험에 나섰다. 한노는 대서양으로 1,600킬로미터를 항해하여 카나리아 제도에 상륙했고 멀리 마데이라 섬까지 갔던 것으로 보인다. 그리고 모로코에 무역소를 몇 군데 설치한 뒤 아프리카 해안을 따라 다시 남쪽으로 내려갔다. 한노가 얼마나 멀리까지 갔는지는 알 수 없지만, 항해 기록을 보면 최소한 아프리카 대륙의 가장 서쪽 지점인 현재의 세네갈까지 갔을 것으로 추정되며, 중앙아프리카의 밀림 지역까지 갔을 가능성도 있다.

약 2,000년 후 포르투갈인이 등장하기 전까지, 한노는 유럽인 중에서 가장 멀리까지 간 탐험가였다. 그리스 역사가인 헤로도토스의 이야기나 카르타고 유적의 벽화를 보면, 한노는 항해 중에 원주민과 화산, 그리고 고릴라로 추정되는 이국적인 동물과 마주쳤다. 헤로도토스는 페니키아인이 아프리카 해안을 따라 내려가면서 '침묵교역 silent trade'을 했다고 설명했다. 언어가 통하지 않고 서로 신뢰할 수 없는 상황에서 무역을 하기 위해, 페니키아인은 현지 원주민 마을에서 가까운 해안에 거래할 상품을 일렬로 늘어놓았다. 원주민들은 그들이 거래를 원한다는 것을 눈치채고 페니키아인의 상품과 충분히 교환할 만하다고 여기는 상품을 그 옆에 늘어놓았다. 그러면 페니키아인이 다시 돌아와 상품을 일부 더하거나 빼는 방식으로 서로가 물물교환에 만족할 때까지 협상을 이어갔다.

이집트인의 경우처럼, 페니키아인이 어느 지역까지 원정을 다녔는지도 알 길이 없다. 수천 년이 흐르면서 고대의 기록이 대부분 사라졌기 때문이다. 고대 페니키아인의 선박 건조 기술은 아주 유명했으며, 콜럼버스가 등장하기 전까지 유럽에서 그들의 원양선보다 뛰어난 선박은 없었다. 페니키아인의 배는 밖으로 불룩하게 튀어나온 선체에 내부가 여러 층이었고 용골(선박 바닥의 중앙을 받치는 길고 큰 재목 - 옮긴이)이 있었다. 또한 밧줄과 도르래로 돛을 올릴 수 있었고 판자 사이의 틈을 막아 물이 새지 않았다. 그들이 만든 가장 큰 배는 배수량이 450톤에 이르렀는데, 콜럼버스 선단의 배들 중 가장 컸던 산타마리아 호보다도 컸다. 페니키아인은 장거리 항해에도 능했다. 이들이 대서양을 건너 아메리카 대륙까지 갔다는 주장이 나올 정도다. 그들의 능력으로는 분명 가능해 보이지만, 증거가 부족하기 때문에 그들이 아메리카 대륙에 갔다고 할 수는 없으며 설령 그랬더라도 우연이었을 것이라고 추정할 수밖에 없다. 그래도 500년이 넘는 시간과 충분한 기술이 있었으므로, 우연이든 아니든 그들이 아메리카 대륙에 갔다는 주장을 완전히 배제할 수는 없다.*

---

* 수년간 미국에서 페니키아인의 것으로 추정되는 유물이 발견되었는데, 1889년 테네시 주의 무덤에서 발견된 '배트 크릭Bat Creek' 석판도 그중 하나였다. 하지만 이런 유물들은 모두 위조되었거나 잘못 감정한 것으로 판명되었다.

적어도 하나의 기록이 남아서 먼 옛날 이집트인과 페니키아인이 공동으로 장거리 항해를 했다는 사실을 전한다. 헤로도토스의 기록에 따르면 기원전 600년경 이집트의 네코 2세가 페니키아인 선원을 고용해서 아프리카 해안을 한 바퀴 도는 탐험을 시작했다. 『역사 The Histories』에서 헤로도토스는 그 선단이 홍해를 따라 내려가서 '아프리카의 뿔'을 지나 아프리카 대륙을 한 바퀴 돈 뒤 지브롤터 해협을 통해 다시 지중해로 들어왔다고 기록했다. 그런데 당시 아프리카 남단을 돌던 중 이상한 일이 생겼다. 서쪽으로 항해하는 동안 배의 오른쪽 뒤에서 떠오른 태양이 하늘을 지나 배의 왼쪽으로 지는 것이 아니라 다시 오른쪽 앞으로 지는 것이었다. 유럽에서는 볼 수 없는 현상이었다. 당시 사람들은 선원들이 꾸며낸 이야기라면서 믿지 않았으며 헤로도토스마저도 꾸며낸 이야기라고 일축했다. 하지만 뒤늦게나마 꾸며낸 이야기가 아님을 알게 되었을 것이다. 아프리카 주변에서 서쪽으로 항해하는 선원들은 누구나 태양이 실제로 배의 오른편에서 떴다가 지는 모습을 보았을 테니까. 그 이유는 선원들이 적도의 남쪽에 있었기 때문이다. 페니키아 선원들의 이야기는 배로 아프리카 둘레를 한 바퀴 돌 수 있다는 지리적 사실을 정확하게 담아낸 것이다. 그리고 헤로도토스가 그 이야기를 무심코 지어낸 것 같지도 않아 보인다.

대항해 시대에 와서야 유럽인에게 알려진 어떤 일을 고대의 항해사들이 이미 할 수 있었다는 것이 그렇게 믿기 어려운 일일까? 특히 고대인이 대항해 시대의 유럽인과 본질적으로 같은 기술을 사용했다고 한다면 말이다. 당시에 필요한 것은 단지 고대 탐험가의 용감한 선원들과 미지의 세계를 탐험하려는 의지였을 것이다. 다만 남아 있는 유적이 결론을 내리기엔 그 수가 너무 적기 때문에 진실은 결코 알 수 없을 것이다. 고대의 수많은 탐험 중에는 기록이 전혀 남아 있지 않거나 오랜 세월이 흐르면서 기록이 사라진 경우도 분명 있을 것이다. 예를 들어 미래의 사람들이 링컨과 제퍼슨 기념관에 있는 기록만으로 우리의 현대 문명을 평가한다면, 우리가 달에 갔다는 사실은 상상조차 못할 것이다. 비록 고대인들의 업적 중 일부는 명확히 알 수 있고 일부는 추정해볼 수 있겠지만, 그들의 업적 전체를 정확하게 알 길은 없다.

그런 상황은 생각보다 훨씬 더 좋지 않다. 고대의 지식은 그리스와 로마 시대에 집대성되었지만, 로마가 멸망하면서 대부분 사라졌다. 529년 유스티니아누스 황제는 철학을 논하던 그리스 학당을 폐쇄했다. 동로마 제국의 종교를 하나로 통일하기 위한 조치였다. 당시 알렉산드리아 도서관에는 10만 권이 넘는 두루마리 책이 있었지만, 기원전 48년 율리우스 카이사르의 포위 공격이 시작된 이후 서기 391년 콥트 기독교의 테오필로스 대주교가 철거령을 내릴 때까지 계속된 약탈과 방화로 사라졌다. 얼마나 많은 두루마리 책이 사라졌는지는 아무도 모를 것이다. 그리스 극작가 에우리피데스는 90편이 넘는 희극을 썼지만, 남아 있는 것은 5분의 1도 안 된다. 헤로도토스의 방대한 역사 저술을 통해 사라진 희극의 일부를 추정할 뿐이다. 그리스 사상가 데모크리토스는 처음으로 원자의 존재를 주장하여 과학의 기초를 다진 인물로 존경받지만, 우리가 아는 모든 것은 그의 이론 중에서 흥미로운 것들만 소문으로 전해진 결과일 뿐이다. 그 밖에 우리가 모르는 유명한 철학자들이 있었다 해도 우리는 전혀 알 도리가 없다.*

우리가 아는 것은 고대의 문명인이 매우 열정적인 탐험가이자 과

---

* 고대의 저술 중 일부가 살아남아 전해질 수 있었던 것은 당시에 양피지가 매우 비쌌기 때문이다. 시간이 흐르면 사람들은 양피지를 재사용하기 위해 기존에 적혀 있는 고대의 글을 지웠는데, 그때 완전히 지워지지 않은 덕분에 복원할 수 있었다. 아르키메데스와 키케로, 세네카의 유명한 기록이 모두 그런 식으로 복원되었다. 양피지를 재사용하기 위해 그런 기록을 지우는 것은, 비유하자면 식료품 목록을 만들기 위해 헤밍웨이가 쓴 글을 지우는 것이나 마찬가지였다.

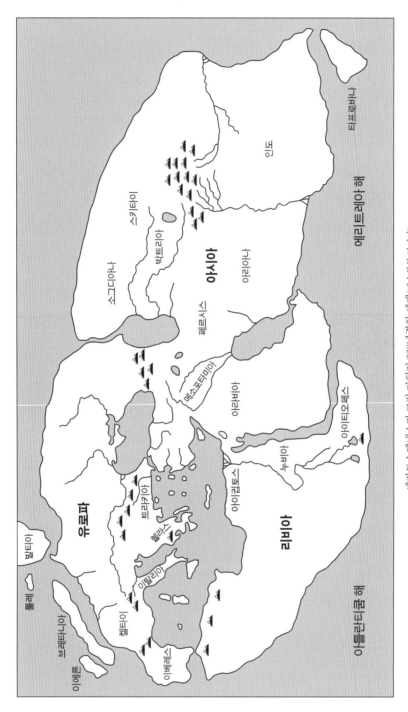

에라토스테네스가 그린 기원전 220년경의 세계 (단순화한 것이다).

학자였고, 지금의 우리만큼이나 세상에 호기심이 많았다는 것이다. 알렉산드리아 도서관의 초대 학예사였던 에라토스테네스(기원전 276~기원전 195)는 당대의 탁월한 학자였다. 정말로 박학다식했던 그는 과학과 수학, 천문학에서부터 시, 음악, 정치철학, 역사에 이르기까지 다방면에 두루 관심이 많았던 듯하다. 심지어 희곡을 쓰기도 했다. 전문 지식의 폭이 워낙 넓어서 당시 사람들은 농담 삼아 그를 (그리스 문자에서 알파 다음으로 두 번째 글자인) '베타'라고 불렀다. 다방면에서 2인자라는 뜻이었다. 하지만 몇몇 분야에서만큼은 분명 베타가 아니라 알파였다. 지리학의 아버지인 그는 명저 『게오그래피카Geographika』에 세계지도를 그리면서 400개가 넘는 도시를 표시하고 기후에 따라 지구를 다섯 지역으로 나누었는데, 그 분류법은 지금도 참고가 되고 있다. 그 다섯 개 지역은 지구의 양극에 있는 한대 지역 두 곳과 온대 지역 두 곳, 그리고 적도 주변의 열대 지역이었다.*

에라토스테네스는 오늘날 우리가 인정할 수 있는 최초의 세계지도를 그렸다. 그 지도에는 유럽과 아시아, 아프리카를 비롯해 지중해 주변의 대륙이 상세하게 나와 있는데 북쪽과 남쪽, 동쪽으로 갈수록 상세한 정도가 떨어졌다. 나일 강은 전체 경로가 나와 있으며, 심지어 18~19세기 유럽의 탐험가들이 찾으려고 100여 년 넘게 애썼던 나일 강의 수원인 두 개의 호수까지 그려져 있다. 유럽과 아시아의 주요 강들도 자세하게 나와 있으며 로마 제국보다 더 옛날에 그렸는데도 영국뿐 아니라 아일랜드까지 대략적인 윤곽이 나와 있다. 에라토스테네스

---

* 에라토스테네스의 또 다른 업적으로는 소수를 찾는 방법(에라토스테네스의 체), 투석기의 탄도 계산, 태양까지의 정확한 거리 계산, 지구 지름에 대한 다소 부정확한 계산(하지만 태양의 크기를 고려하면 그 정도의 오차는 나쁘지 않은 결과였다) 등이 있다. 그리고 1년을 365일로 확정하고 4년마다 윤년을 둔 그에게 우리는 감사해야 한다. 또한 에라토스테네스는 우리가 지금 사용하는 것과 비슷한 날짜 체계를 만들었다. 다만 다른 것은 트로이를 정복한 해를 원년으로 삼았다는 것이다.

는 참고 목적으로 지도에 수직선과 수평선을 그려 넣어 위도와 경도 개념을 창시하기도 했다. 그리고 2,000년 전에 이미 아프리카 대륙 주변을 배로 일주할 수 있음을 알았으며, 그래서 세계가 둥그런 공 모양이고 배를 타고 서쪽으로 가면 아시아에 닿을 수 있다는 것도 알았다.

에라토스테네스는 지구를 지도에 옮겼을 뿐 아니라 지구의 둘레도 측정했다. 특히 놀라운 점은 이집트를 벗어나지 않고 둘레를 쟀다는 것이다. 어느 날 한 상인이 그에게 시에네(알렉산드리아에서 나일 강을 따라 정남향에 있는 도시)에서 하짓날 정오에 누군가가 깊은 우물을 들여다보았더니 우물물에 비친 태양이 자신의 그림자에 가려지더라는 얘기를 했다. 그렇다면 하짓날 그곳에서는 태양이 머리 바로 위에 있다는 말이 된다. 에라토스테네스는 상인이 한 말과 비교하기 위해 하짓날 알렉산드리아에서 태양의 각도를 쟀다. 그랬더니 머리 바로 위에서 원둘레의 50분의 1 정도, 그러니까 약 7도가 기울어 있었다. 그래서 그는 지구가 둥글다고 가정한 뒤 지구의 둘레가 알렉산드리아에서 시에네까지 거리의 50배라고 결론지었다.* 이 방법으로 에라토스테네스는 지구의 둘레를 오차 10퍼센트 이내의 정확도로 계산해냈다. 약 2,000년 후 크리스토퍼 콜럼버스는 에라토스테네스가 측정한 지구의 둘레를 알고 있었지만, 실제로 사용한 것은 지구의 둘레가 에라토스테네스 측정값의 3분의 1에 불과한 엉터리 지도였다. 지구가 실제로 에라토스테네스의 측

---

* 에라토스테네스가 알렉산드리아에서 시에네까지의 거리를 어떻게 쟀는지는 알려져 있지 않다. 그냥 사막을 건너는 대상에게 시에네까지 가는 데 얼마나 걸리는지 물어보았을 수도 있다. 미국의 천문학자 칼 세이건은 에라토스테네스가 한 남자를 고용해 시에네까지 걸어가게 한 뒤 그 남자의 보폭과 걸음 수로 거리를 계산했을 것이라고 말했다. 어떤 방법을 썼건, 에라토스테네스는 시에네까지의 거리를 5,000스타디아로 계산했다. (지금도 들어가서 걸어볼 수 있는) 고대 그리스 경기장의 육상 트랙을 기준으로 계산하면, 1스타디아는 약 177미터가 된다. 이 수치를 기준으로 지구의 둘레를 계산하면 약 4만 4,337킬로미터인데, 이 수치는 현재 공인된 지구의 둘레인 4만 72킬로미터와 10퍼센트도 차이가 나지 않는다. 그리고 최근 에라토스테네스의 측정 방법으로 좀 더 면밀하게 지구의 둘레를 측정해보니 4만 307킬로미터였는데, 이는 0.16퍼센트에도 못 미치는 놀랄 만큼 작은 오차를 보인 것이다.

정값처럼 크다는 것을 알았다면, 콜럼버스는 아예 항해를 시작하지 않았을지도 모른다. 그리고 설령 항해를 시작했더라도 자신이 발견한 땅이 아시아가 아니라 신대륙임을 분명히 알 수 있었을 것이다.

5

멈출 줄 모르는 탐험 욕망

    고대 이집트와 비슷한 시기에 지중해 건너편의 크레타 섬에서는 미노스 왕국이 작지만 번영을 누리며 떠오르고 있었다. 미노스 왕국은 상인과 예술가, 건축가, 철학자들이 이룬 초기 청동기 문명이었으며 장차 그리스와 로마로 이어지는 문명의 첫 번째 연결고리였다. 뱃사람인 미노스인들은 먼 옛날 피라미드를 건설한 고대 이집트와 교역하고, 시리아 해안과 에게 해의 그리스 섬들을 식민지로 삼았으며, 페니키아 문명과 그리스 문명을 촉발시켰다. 그런데 기원전 1400년경 미노스 왕국은 돌연 자취를 감추었다. 아마도 지진이나 화산 폭발이 일어나 크노소스 왕궁이 파괴되고 크레타 섬이 폐허가 되었을 것으로 추정한다. 그로부터 얼마 지나지 않아 그리스 본토 사람들이 크레타 섬으로 대거 건너왔다. 그렇게 미노스 왕국의 문화는 크게 훼손되지 않은 채 그리스인에게 계승되었다. 그리스인은 이내 미노스의 문화와 종교, 예술을 되살리고 미노스 해양 문명의 전통을 이어갔다.

    미노스 왕국은 가장 널리 알려진 그리스 신화 중 하나인 미노타우로스 이야기에 배경으로 등장한다. 그 이야기에서 미노스 왕은 아테네를 정복한 뒤, 9년마다 한 번씩 괴물 미노타우로스에게 제물로 바칠 소년과 소녀를 각각 일곱 명씩 요구한다.* 미노타우로스는 인간의 몸에 소의 머리를 가진 괴물이었다. 그런데 이때 아테네의 영웅 테세우스가 스스로 제물이 되겠다며 나선다. 테세우스는 자신에게 반한 미노스 왕의 딸 아리아드네가 준 실타래를 풀어 되돌아 나올 길을 표시하면서 미궁에 들어가 마침내 미노타우로스를 죽인다.** 그 미궁을 설계한 사람은 다이달로스였는데, 미노스 왕은 미궁의 비밀이 누설되지 않도록 그를 탑에 가두었다. 타고난 발명가인 다이달로스는 밀랍과 깃털로 만든 날개를 달고 아들 이카로스와 함께 탈출하는데, 하늘을 날고 싶은 인간의 욕망이 잘 드러나는 부분이다. 그런데 이카로스는 태양에 너무 가까이 가는 바람에 날개가 녹아내려 바다에 빠지고 만다.***

그리스인은 미노스인으로부터 항해사 정신을 물려받았다. 「이아손과 아르고호의 영웅들」 이야기에서는 한 무리의 영웅들이 (훗날 하늘에서 양자리가 되는) 날개 달린 양의 황금 양모를 찾아 흑해를 항해한다. 그리고 또 다른 그리스 고전인 호메로스의 『오디세이아Odysseia』

---

* 소설 『헝거 게임Hunger Games』을 보면 작가들의 글이 전혀 새로운 이야기가 아니라 고전에 나오는 이야기를 재활용한 것임을 알 수 있다.

** 미노타우로스는 알고 보니 미노스 왕의 사생아였다. 따라서 아리아드네는 남자친구가 오빠를 죽이도록 도운 셈이다. 다소 찜찜하지만, 어쨌든 그 뒤로 다들 행복하게 살았다. 다만 벼랑에서 스스로 몸을 던진 테세우스의 아버지는 예외였다. 테세우스는 무사히 돌아오게 되면 배에 흰 돛을 달겠다고 아버지와 약속했지만, 이를 깜빡 잊고 검은 돛을 달고 돌아오는 바람에 그렇게 된 것이었다. 어떤 이유에서인지 테세우스는 아테나 여신의 명령에 따라 아리아드네를 크레타 섬에 버려둔다. 그러니 사실 따지고 보면 행복한 사람은 아무도 없다. 아니, 여기서 유일하게 행복한 이가 있었는데 바로 아테나 여신의 형제이며 버림받은 아리아드네를 데려간 디오니소스다. 이 모든 일이 두 신이 꾸민 계략은 아니었는지 의심할 수밖에 없다.

*** 다이달로스가 탈출한 뒤 미노스 왕은 시칠리아까지 그를 추적하지만 속임수에 넘어가 물이 펄펄 끓는 함정에 빠지고 만다. 그리스 신화에는 항상 과도하게 성적이거나 폭력적인 이야기가 등장하는데, 그랬기 때문에 그렇게 오랫동안 사람들이 즐겼는지도 모른다. 비유하자면, 그리스 신화는 미국의 인기 드라마인 「왕좌의 게임」의 고대 버전이라고 할 수 있다. 그리스 신화에서 다이달로스는 기계의 천재로 그려지며, 일개 목수가 제작했다고 보기 힘든 발명품을 만들었다. 그 발명품은 또한 혼자 만들었다고 보기엔 방대했지만, 한편으로는 아주 기초적인 발명품이었다. 다이달로스는 노년에 조카인 페르딕스에게 기술을 가르쳤는데, 조카의 천재성을 시샘한 나머지 아테네의 아크로폴리스를 함께 방문했을 때 신전 꼭대기에서 밀어 조카를 죽이고 만다. 사상 최악의 가족 여행이었다.

는 역사상 가장 유명한 모험담이라고 할 수 있다. 오디세우스는 트로이를 멸망시킨 것을 참회하면서(트로이에 목마를 침투시킨 사람이 바로 그였다) 선원들과 함께 미지의 세계로 가는 10여 년간의 혹독한 여정을 감내한다. 일행이 가장 먼저 들른 로토파고스 섬에서는 주민들이 준, 기력을 떨어뜨리고 집에 대한 기억을 지우는 나무 열매를 먹는다. 그다음에는 외눈박이 키클롭스에게 붙잡혀 먹이가 될 뻔한다. 그리고 마녀 키르케의 마법으로 일행이 돼지로 변하지만, 키르케는 오디세우스의 사랑을 얻는 대가로 일행을 풀어준다. 마지막으로 오디세우스 일행은 세이렌이 사는 섬을 지나간다. 세이렌은 매혹적인 노래로 뱃사람을 유혹해 목숨을 앗아가는 마녀. 일행은 노랫소리를 듣지 않기 위해 밀랍으로 귀를 막는다. 다만 오디세우스는 귀를 막지 않고 돛대에 몸을 묶은 채 세이렌이 내는 천상의 목소리를 들을 수 있었다. 마침내 오디세우스는 살아남은 소수의 선원들과 한층 숙련된 뱃사람이 되어 그리스로 돌아온다. 그리고 'odyssey'는 영어에서 '경험이 가득한 긴 여정'이라는 의미를 가진 말이 되었다.

서구 문명의 뿌리라고 하면 단연 그리스 문화를 꼽을 수 있다. 그 중에서 가장 중요한 것은 기원전 508년* 아테네 시민들이 폭군을 몰아내는 과정에서 거의 우연히 시작된 민주주의지만 사회적으로 연극이나 시, 철학, 문학, 언어생활 등에도 영향을 미쳤다.** 2,000년 전에 쓰인 그리스의 걸작들이 현대사회에서도 공감을 받는 것은 참으로 놀라운

---

* 그 전까지 아테네는 독재자 드라콘('가혹한'이라는 뜻의 영어 단어 'draconian'이 여기서 나왔다)이 무자비한 법을 시행하고 있었다. 당시 아테네에서는 투표할 때 손을 들거나 색깔을 칠한 돌로 의사표시를 했다. 때로는 문제를 일으킨 시민을 추방할 때 '오스트라콘'('국외로 추방하다'라는 뜻의 영어 단어 'ostracize'가 여기서 나왔다)이라는 도자기 조각에 그 시민의 이름을 새기는 방식으로 투표했다.
** 영어 단어의 60퍼센트 정도가 그리스어나 라틴어에서 비슷한 비율로 유래했다. 크세노폰 졸로타스라는 그리스 교수는 두 차례에 걸쳐 그리스어에서 유래한 영어 단어만 사용해 그리스어와 영어를 사용하는 사람들 모두가 알아들을 수 있는 연설을 했다.

일이다. 소포클레스와 에우리피데스, 아이스킬로스, 이솝, 호메로스의 작품은 권력과 겸손, 인내, 진실성, 자제력이라는 주제로 인간의 영혼을 파고든다.

그리스 사상은 지중해를 통해 그들과 무역하는 여러 해양 제국으로 퍼져나갔다. 그리스인은 기원전 1000년경부터 에게 해의 자국 영토를 넘어 지중해와 흑해까지 식민지를 넓혔다. 해안에 무역소를 설치해 내륙의 현지 주민들과 거래했고 그들에게 그리스 문화와 언어를 전파했다. 이런 수많은 무역소는 훗날 우리가 알고 있는 지중해의 여러 도시로 성장했다. 그리스의 영향력이 프랑스와 이탈리아, 아드리아 해로 확산하는 동안 흑해는 그리스의 호수가 되었고 호수 둘레의 식민지에는 풍부한 어장과 소금밭이 생겼다. 그리고 몇백 년이 지나지 않아 그리스 국내보다 500여 곳의 국외 식민지에 사는 그리스인의 수가 더 많아졌다. 이주한 그리스인이 원주민보다 많은 곳도 생겼는데, 이탈리아의 시라쿠사나 시칠리아 같은 곳은 인구가 아테네를 넘어서면서 세계에서 가장 큰 그리스 도시가 되었다.

그리스의 도시국가와 식민지는 철저하게 독립적으로 운영되었다. 도시국가들은 평시에 서로 경쟁하고 싸웠지만, 위기가 닥치면 연대해서 공동의 적과 맞섰다. 그 당시에 가장 큰 위협은 동쪽에 있었다. 인구비율상 페르시아는 사상 최대의 제국이었다. 전성기에 페르시아 제국의 인구는 세계 인구의 거의 절반이었고 영토는 지중해에서 인도까지 이르렀다. 찬란했던 고대 그리스와 비교하여 독재국가로 그려지는 경우가 많지만, 사실 페르시아는 매우 포용력 있는 국제적 사회공동체였다. 하나의 국가라기보다는 다민족 연합체에 가까웠던 것이다. 페르시아는 도로와 교량을 건설하고 효율적인 사회제도를 수립했다. 넓은 영토 안에서 원활한 의사소통을 위해 (헤로도토스의 말에 따르면) 효율적인 우편제도를 도입하기도 했다. 그리고 미국의 우체국은 그 효율성에서 영감을 받아 비공식 표어('눈비가 오거나 날이 아무리 더워도……')를 만들기도 했다.

페르시아가 그리스를 정복했더라도 서구 문명이 소멸하지는 않았을 것이다. 세금을 내고 페르시아 군대에 군인을 보내기만 하면, 삶은 평소와 다를 바 없었을 것이기 때문이다. 하지만 곧 시작된 그리스의 황금시대는 그리스가 페르시아에 정복당했다면 시작되지 못했을 수도 있다. 기원전 500년경 소아시아의 그리스 식민지는 이미 페르시아가 장악한 뒤였고, 그리스는 그 식민도시의 반군을 지원하면서 페르시아와 충돌했다. 기원전 490년에 시작된 다리우스 1세의 1차 침공은 페르시아군이 마라톤 전투*에서 완패함으로써 실패로 돌아갔다. 다리우스 1세의 아들인 크세르크세스는 아버지의 복수를 하기 위해 전국에서 약 10만의 병력을 모아 당시로서는 가장 큰 군대를 조직했다.** 기원전 480년에 감행된 크세르크세스의 침공에서는 세계 전쟁사에서 가장 극적인 순간이 연출되었다. 300명의 스파르타 병사가 승산이 없는 줄 알면서도 테르모필라이의 좁은 길목에서 열 배가 넘는 페르시아군과 4일간 전투를 벌인 끝에 전멸한 것이다.

페르시아군은 결국 그리스군을 물리치고 아테네를 불태워버렸지만(지금도 땅을 파면 불에 탄 재가 발견된다), 300명의 병사가 시간을 벌어준 덕분에 아테네 시민들은 무사히 탈출할 수 있었다. 탈출한 그리스인들이 피

---

* 아테네가 홀로 거둔 승리였으며, 스파르타군은 숙련된 병력이 있었지만 전장에 늦게 도착했다. 이 마라톤 전투를 기념하여 오늘날 마라톤 경기를 개최하고 있다. 출처가 불분명하지만, 그리스 전령인 페이디피데스가 마라톤 평원에서 아테네까지 약 42킬로미터를 달려 승전보를 전한 뒤 탈진한 나머지 쓰러져 숨을 거두었다고 한다.

** 정확한 숫자는 불분명하다. 헤로도토스는 100만 명이 넘는다고 했지만, 과장된 숫자임에 틀림없다. 현대의 역사가들은 6만 명 또는 20만~30만 명으로 어림짐작하고 있다. 어느 쪽이든, 페르시아군은 페르시아인과 아시리아인, 페니키아인, 바빌론인, 이집트인, 리비아인, 유대인, 마케도니아인, 그리스인, 체르케스인, 아프가니스탄인, 인도인 등 언어와 문화가 서로 다른 10여 개 나라에서 모인 연합군이었다.

신한 곳은 폭이 몇 킬로미터밖에 안 되는 좁은 해협을 통해서만 접근할 수 있는 펠로폰네소스 반도였다. 크세르크세스는 해군을 보내 그들의 앞을 가로막으려 했지만, 수심이 낮은 살라미스 해협에서 벌어진 해전에서 그리스군의 함정에 빠져 궤멸되고 말았다. 살라미스 해전은 거의 모든 면에서 사상 최대의 해전*이었지만, 사실 알고 보면 그리스군끼리 맞대결한 것이나 다름없었다. 페르시아 함대의 대부분은 이집트와 페니키아 정예군을 태운 소아시아 도시국가들의 함선이었기 때문이다. 살라미스 해전에서 완전히 패배함으로써 페르시아군의 공세가 꺾이긴 했지만, 페르시아가 결정적으로 그리스 정복을 단념한 것은 이듬해인 기원전 479년에 벌어진 플라타이아 전투에서 패배한 이후였다. 플라타이아 전투는 살라미스 해전만큼이나 중요하지만 훨씬 덜 알려져 있다.

페르시아를 꺾은 그리스는 지중해의 최강자가 되었지만, 곧 내전이 벌어졌다. 50년간 전례 없는 확장세를 이어가던 그리스의 도시국가들은 펠로폰네소스 전쟁(기원전 431~기원전 404년)에서 아테네 중심의 제국과 스파르타 중심의 그리스 도시국가들로 양분되어 싸웠다. 스파르타는 육상에서 우위를 점한 뒤 얼마 지나지 않아 아테네를 포위했지만, 아테네는 바다 건너 식민지에서 식량을 들여오면서 한동안 계속 저항했다. 하지만 아테네는 시칠리아 원정에서 대패하고 굶주림과 전염병에 시달렸다. 스파르타 내부에서는 아테네를 불태워 없애자는 주장도 나왔지만, 그리스가 위기에 처했을 때 용감하게 싸웠던 과거의 동맹을

---

* 전함의 수(그리스는 300척이 넘었고 페르시아군은 그 두 배였다)나 해군 병력(20만 명 이상), 침몰한 전함의 수(300척 이상)로 미뤄보았을 때 그렇다. 또 다른 후보로는 로마와 카르타고의 에크노무스 해전(기원전 256년)과 기독교 도인과 오스만 제국의 레판토 해전(1571년), 20세기 들어서는 제1차 세계대전 중 영국과 독일이 벌인 유틀란트 해전(1916년), 제2차 세계대전 중 미국과 일본이 벌인 레이테 해전(1944년) 등이 있다. 크세르크세스는 아마도 살라미스 해협이 내려다보이는 산 위에서 해전을 지켜보았을 것이다.

불태울 수 없다는 의견이 우세했다.* 그리스 사회는 그렇게 계속 유지되었지만, 전쟁으로 인해 남부 도시들은 회복하지 못할 정도로 약화되었고 주도권은 새로운 세력이 부상하는 북부로 넘어갔다.

그리스 북부의 마케도니아는 반도국인 그리스에서 보자면 후미진 곳에 있는 산간벽지였다. 그런데 전략의 대가인 아버지와 아들이 잇달아 왕위에 올라 세력을 확장하면서 그리스를 통일하고 당시 알려져 있던 세계의 대부분을 정복해나갔다. 아버지인 필리포스 2세는 기원전 359년 왕위에 올라 군대를 재편하는 데 온 힘을 쏟았다. 수백 년간 그리스의 전투 방식은 창병이 대형을 유지하며 진군하는 형태였는데, 필리포스 2세는 기존의 창보다 길이가 훨씬 긴 6미터짜리 창으로 보병을 무장시키고 훈련을 통해 정예병으로 키워냈다. 줄지어 밀집한 창병들은 전투 대형으로 전진하면서 서로를 보호하는 동시에 앞에 있는 모든 적병을 창으로 꿰뚫어버렸다. 필리포스 2세는 전쟁을 벌이거나 동맹을 맺으면서 기원전 336년경 마케도니아의 영토를 그리스 전역으로 확대했다.** 약관 20세의 나이에 왕위를 물려받은 필리포스 2세의 아들은 아버지를 능가하여 역사상 가장 위대한 전투 천재이자 고대 세계에서 타의 추종을 불허하는 군사적 모험가가 되었으니, 그가 바로 알렉산드로스 대왕이다.

알렉산드로스 대왕은 서른 살의 나이에 그리스에서 인도에 이르는 사상 최대의 제국을 건설했다. 그는 (늘 옆에 끼고 다니던) 『오디세

---

* 펠로폰네소스 전쟁의 말기를 그린 아테네 희극 「리시스트라타Lysistrata」를 보면, 희극 제목과 이름이 같은 주인공이 남자들이 전쟁을 멈출 때까지 잠자리를 거부하자며 그리스의 여인들을 설득한다. 실제로 그랬다는 근거를 찾을 수는 없지만, 최근 들어 아프리카의 라이베리아에서도 여성들이 조직적으로 그와 비슷한 운동을 벌이고 있다.

** 필리포스 2세는 스파르타에 '만약 내가 너희 땅에 가면, 농장을 파괴하고 사람들을 죽이고 도시를 잿더미로 만들 것이다'라며 위협했다고 한다. 스파르타는 그 위협에 'If(그건 만약일 뿐)'라고 짧게 대답한 것으로 유명하다. 여기서 '말을 많이 하지 않는, 간결한'이라는 뜻의 영어 단어 'laconic'이 나왔는데, 당시 스파르타가 그리스의 라코니아Laconia 지역에 있었기 때문이다.

이아』에 나오는 그리스 선원들처럼 끊임없이 전진했다. 왜 그렇게 끊임없이 전진했을까? 처음 페르시아 원정에 나설 때만 해도 대왕의 목적은 여전히 페르시아의 지배를 받는 소아시아 지역의 그리스인을 해방하는 것이었지만, 워낙 시작부터 연전연승하다 보니 탄력이 붙었고 결국 집착으로까지 이어졌던 것이다. 그것은 복수에 대한 열망이 아니라 세상을 둘러보고 이해하려는 대왕의 끝없는 욕망 때문이었다. 동방원정은 그리스인들이 그때까지 들어본 적이 없고 지금 봐도 너무나 먼 곳을 향한 탐험이었다. 알렉산드로스 대왕을 끝없이 전진하게 한 원동력은 '세상의 끝과 그 너머에 있는 거대한 바다'에 가려는 열망이었다.

알렉산드로스 대왕이 건설한 대제국은 대왕이 죽은 뒤 오래가지 못했지만, 처음으로 동양과 서양을 연결하는 등 세상에 아주 큰 영향을 미쳤다. 그 전까지는 사람들이 가끔 이웃 왕국을 여행할 뿐, 그보다 멀리 가는 경우는 거의 없었다. 하지만 알렉산드로스 대왕은 군대뿐 아니라 문명 전체를 아시아로 가져갔으며 머나먼 아시아의 지식을 그리스로 가져왔다. 그리스의 철학자나 과학자, 행정가는 대왕의 뒤를 따라 대대적으로 아시아 문화를 받아들였다. 심지어 대왕의 옷차림을 흉내내기도 했다. 이전까지 대부분의 남자는 수염을 길렀지만 대왕은 깨끗하게 면도를 했는데, 제국의 시민들은 그런 대왕의 취향에 관심이 많았고 로마인들은 똑같이 따라 했다. 깔끔하게 면도하는 것이 남자답다는 이미지를 처음 만든 사람이 알렉산드로스 대왕이었다고 해도 과언은 아니다.*

알렉산드로스 대왕은 10년간의 원정(기원전 334~기원전 324년)에서 몇 차례 큰 전투를 벌인 끝에 페르시아 제국을 격파했지만, 완전히 멸망시

---

* 폼페이 유적에서 발견된 로마 시대의 모자이크에 알렉산드로스 대왕의 모습이 유일하게 남아 있는데, 그 모자이크에 그려진 대왕은 잘생긴 젊은이일 뿐 아니라 본문에서 설명했듯이 깨끗하게 면도한 모습이었다.

켜 흡수하지는 않았다. 다만 전투에서 승리할 때마다 대왕의 명성은 올라간 반면, 상대인 다리우스 3세의 명성은 땅에 떨어졌다. 페르시아 제국은 다민족 연합체였기 때문에 대부분의 시민은 페르시아인이 아니었고, 각 지역의 군주들은 편을 바꾸어 다리우스 3세 대신 알렉산드로스 대왕에게 충성을 맹세했다. 대왕의 군대는 터키를 지나 시리아 해안으로 내려가 이집트에 이르렀고, 그곳에서 사막을 가로질러 메소포타미아와 페르시아 본토까지 간 뒤 중앙아시아를 지나 아프가니스탄과 인도까지 진출했다. 무모할 정도인 그의 대담함은 (사실이 아닌 듯하지만) 이야기 하나를 통해 짐작할 수 있다. 소아시아의 고르디움이라는 마을에는 밧줄로 아주 단단하게 묶어서 도저히 풀 수 없는 매듭이 있었다. 예언에 따르면 장래에 '아시아의 통치자가 될 사람'만이 그 매듭을 풀 수 있었다. 그런데 행동가인 알렉산드로스 대왕은 매듭을 푸는 방법은 중요하지 않다면서 칼로 매듭을 잘라버렸다.

알렉산드로스 대왕의 모험에서는 모든 것이 즉흥적이었다. 이집트에서는 페르시아의 지배에서 이집트를 해방시켜 신으로 추앙받았으며, 알렉산드리아를 건설하고 그곳에 웅장한 도서관을 지었다. 그러고는 다리우스 대왕을 쫓아 중동을 가로질러 바빌론으로 간 뒤, 다시 페르시아의 쌍둥이 수도인 수사와 페르세폴리스로 가서 국고를 강탈했다. 페르세폴리스에는 5개월간 머물렀는데, 난잡하기로 유명한 파티를 벌이다가 술에 잔뜩 취해 돌발적으로 궁전에 불을 지르고 말았다. 그 와중에 한 페르시아 총독이 다리우스 왕을 살해하고 반란을 일으키자 대왕은 즉시 반란을 진압하기 위해 출발했다. 이 출정은 아시아에서 수천 킬로미터를 이동하면서 아주 멀리 떨어진 새로운 땅을 지나는 거대한 여정으로 변모했다. 그 과정에서 대왕은 여러 도시를 건설했는데, 도시마다 모두 자신의 이름을 붙였다(누가 대왕의 그 지극히 겸손한 태도를 비난할 수 있으라).* 대왕은 새로 얻은 영토에 사는 사람들과 관계를 다질 목적으로 (아프가니스탄에 있는) 박트리아 왕국의 록사나 공주와 결혼한 뒤, 이번에는 인도로 눈을 돌렸다.

기원전 326년 그리스군은 인더스 강을 건너 히다스페스 전투에서 인도의 대군을 격파했다. 전투 코끼리가 100마리 넘게 동원된 전투였다. 승리를 거둔 후 대왕은 인도에 두 개의 도시를 건설했는데, 그중 하나를 자신의 애마인 부케팔로스의 이름을 따서 부케팔라로 명명했다. 두 도시는 지금까지 남아 있다. 그곳에서 대왕은 중국까지 계속 진군하고 싶었지만, 전투가 끝없이 이어지는 것을 염려한 병사들이 대왕의 뜻을 거부했다. 원정이 거의 10년 동안 이어지면서 고향이 그리워졌던 것이다. 대왕은 병사들을 설득해 원정을 이어가려 했지만, 결국 말머리를 돌리기로 하고 인더스 강을 따라 바다가 나올 때까지 남쪽으로 내려갔다. 그리고 해안에 다다르자 네아르코스 장군에게 함선을 타고 귀국하면서 인도의 해안과 페르시아 만을 둘러보라고 지시했다. 그렇게 일부 병사들은 네아르코스 장군의 함대와 함께 바다를 통해 페르시아로 돌아갔지만, 나머지 대다수는 게드로시안 사막을 지나는 고된 행군을 감내해야 했고, 그 와중에 많은 병사가 목숨을 잃었다.

알렉산드로스 대왕은 결국 그리스로 돌아가지 못하고, 기원전 323년 인도에서 바빌론으로 돌아온 직후 많은 술을 마신 뒤 서른두 살의 나이로 세상을 떠났다. 병으로 죽었는지, 아니면 독살되었는지는 알 길이 없지만 대왕이 갑작스럽게 세상을 떠나면서 제국에는 채울 수 없는 권력의 공백이 생겼다. 대왕의 아들과 형제들은 곧 암살되었고, 뒤이어 벌어진 혼란 속에서 권력 다툼이 계속되었다. 그리고 마침내 그리스와 이집트,

---

* 알렉산드로스 대왕이 건설한 도시 중에는 아프가니스탄의 칸다하르('칸다하르'는 나중에 바뀐 이름이다)와 중국 국경에 있는 알렉산드리아 에스카테('가장 먼'이라는 뜻이다)도 있다.

바빌론 등 세 지역에 새로운 정권이 들어섰고 대왕의 휘하에 있던 장군들이 각각 권력을 잡았다. 대왕의 제국은 분할되었지만, 분할된 나라들은 수백 년 동안 동서양의 교류를 계속 유지했다. 현재의 아프가니스탄과 인도에 있었던 그리스-박트리아 왕국과 인도-그리스 왕국은 그리스 문화를 일부 받아들여 발전시켰으며, 중국으로 처음 특사를 보내고 유럽과 중국의 상품과 사상이 오가는 통로인 실크로드를 건설했다.

알렉산드로스 대왕이 최초로 동서양을 연결함으로써 문화 교류가 촉발되었고, 그로 인해 비로소 세상이 그 모습을 갖추게 되었다. 그리스의 사상이 아시아로 확산되고 아시아의 사상도 지중해 세계에 알려지면서 예술과 문학, 건축, 음악, 수학, 과학 발전에 영향을 미쳤다.* 그리스어는 서양에서 1,000년 동안 학술어로 사용되었다. 성서에 나오는 사람도 그리스 이름인 경우가 많았다. 예수와 제자들은 아람어(고대에 일부 셈족이 사용한 언어였으며, 예수의 시대에는 히브리어를 제치고 유대인의 주류 언어가 되었다 - 옮긴이)를 사용했지만, 당시에는 그리스어가 공용어였기 때문이다. 지금의 할리우드처럼 당시 그리스는 알려진 세계의 모든 곳에 문화적으로 영향을 미쳤으며, 야심이 큰 부모는 자식에게 그리스 이름을 지어주었다. 심지어 로마 제국에서도 절반 가까운 사람들이 그리스 이름을 사용했으며, 로마인은 그리스인보다 더 열성적으로 그리스 사상을 전파했다. 로마의 학자들은 그리스어로 말하고 그리스어로 읽고 아이들에게 그리스인 가정교사를 붙여주었다. 많은 로마 황제가 실제로 그리스인이었으며 나중에는 권력이 콘스탄티노플로 넘어감에 따라 '모든' 황제가 그리스인이었다.

---

* 많은 그리스인이 불교로 개종했으며 성자나 향 태우기, 헌화 같은 개념이 불교에 더해졌다. 알렉산드로스 대왕을 보고 만든 것처럼 보이는 불상도 있다. 그리스의 천문학 기구들이 아프가니스탄에서 발견되었으며, 천체에 대한 그리스인의 개념이 인도의 천문학 서적에서 일부 발견되기도 했다.

알렉산드로스 대왕의 동방원정이 끝나자 찬란한 과학적 발견의 시대가 시작되었다. 적어도 르네상스 시대 이전까지는 과학적 발견이 가장 화려하게 꽃핀 시기였다. 알렉산드리아 대도서관의 후원자였던 이집트의 프톨레마이오스도 이 시기의 사람이었다. 그는 세금을 돈이 아닌 지식으로 받았는데, 항구에 들어오는 배를 구석구석 수색하여 두루마리 책자가 나오면 사본을 만들어 도서관에 보관했다. 사실상 모든 학문 분야가 이 시기에 탄생하고 체계화되었다. 그리스의 천문학자인 히파르코스는 삼각법을 발명하여 일식을 예측하고 천체의 목록을 작성했다. 그리고 별들이 태어나고 나중에는 결국 소멸한다고 주장하면서 우주에 명확한 시작과 끝이 존재한다고 말했다.* 트라키아의 디오니시오스는 문법을 만들어 (명사, 동사, 형용사 같은) 말의 요소를 분류하고 정리했다. 의학자인 헤로필로스는 인체의 소화기와 신경계, 정맥, 동맥을 그림으로 그리고 심장이 일종의 펌프이며 뇌가 의식의 중추 기관이라고 말했다. 아르키메데스는 원주율을 계산하고 포물선 모양의 오목거울, 나선식 펌프, 도르래, 투석기 같은 기계장치를 발명했다.

그중에는 아주 현대적인 발명품도 있었다. 아리스토텔레스는 적국의 항구를 염탐하는 잠수함을 고안했고, 페르게의 아폴로니오스는 발사체의 탄도나 행성 간의 우주선에 관련된 타원, 포물선, 그리고 쌍곡선에 관한 수학을 창안했다. 알렉산드리아의 헤론은 톱니바퀴를 사용한 동력전달장치, 기계식 로봇, 자동문, 의료용 주사기, 증기기관**, 동전을 넣으면 일정량의 성수를 제공하는 자동판매기 등을 발명했다.

---

* 우주가 영원하지 않다는 것은 힌두교 우주론의 특징인데, 히파르코스가 인도에서 영향을 받았는지는 알 수 없다.

** 그리스인들은 증기기관과 철도를 모두 발명했지만, 그 두 가지를 결합할 생각까지는 못했다. 코린트 지방의 디올코스에 있는 철도는 선로 위로 상품을 운송할 때 동물의 힘을 이용했다. 어쩌면 당시에 기차가 발명될 수도 있었던 것이다.

1902년에는 2,000년 전에 가라앉은 그리스의 난파선에서 '안티키테라 기계'라는 장치가 발견되었는데, 최초의 아날로그 컴퓨터로 알려진 그 기계는 37개의 기계식 톱니바퀴를 이용해 천체의 위치를 수십 년 앞서 예측할 수 있었다. 역사에 만약이란 없지만, 이런 기술이 계속 발전되었다면 그리스 우주인*들이 아폴로 우주인들보다 정확하게 1,000년 앞선 969년 7월 20일에 먼저 달에 갔을지도 모른다.

하지만 애석하게도 역사는 그렇게 흘러가지 않았다. 그리스 사회는 결국 계층화가 심각해지면서 권력이 극소수에 집중되었다. 아테네의 모든 시민에게 투표권이 있었지만, 시민권만큼은 토지가 있는 남성 자유민에게만 주어졌고 그 수는 전체 인구의 10퍼센트에 불과했다. 인구의 3분의 1이 노예인 상황에서 사회·경제적으로 계층이 분리되었으며, 창조적인 일에는 극소수의 계층만 참여할 수 있었다. 게다가 인종차별의 그늘도 있었다. 이집트의 경우 그리스인 왕과 지식인 계층이 통치했으며, 대다수의 이집트인에게는 신분 상승의 기회가 많지 않았다. 당시만 해도 세계는 그리스와 나머지로 구분되었다. 그리스인은 이방인을 '바바리언(야만인)'이라고 불렀는데, 이는 그리스어를 사용하지 않는 사람들이 '바-바-바' 같은 이해할 수 없는 소리를 낸다면서 낮춰 부르는 멸칭이었다. 유감스럽지만 우리 문명에도 그와 비슷한 사례가 너무나 많다.

그런 야만인을 적극적으로 찾아다닌 그리스인도 있었다. 알렉산드로스 대왕이 아시아를 정복하러 진군하던 무렵, 전혀 다른 그리스인 한 명이 순수한 호기심에 끌려 세상의 다른 쪽으로 여행을 시작했다. 그는 북유럽을 지나 브리튼 섬을 한 바퀴 돈 다음 게르만족의 땅을 거쳐 한밤중에도 태양이 떠 있는(이 현상을 처음 기록한 사람도 바로 그였다) 북극에

---

* '우주'를 뜻하는 영어 단어 'cosmos'는 원래 러시아어에서 유래했으며, 그 기원은 그리스어다. 사실 러시아어와 러시아 글자는 영어나 영어 알파벳보다 그리스어의 영향을 더 많이 받았다.

도달했다. 그의 이름은 '피테아스'였다. 피테아스는 알렉산드로스 대왕보다 몇 년 늦게, 그리스의 식민지인 마살리아(지금의 프랑스 마르세유)에서 태어났다. 그리고 15년에 걸쳐 그때까지 지중해 사람들에게 잘 알려지지 않은 북쪽 땅을 탐험했다. 피테아스는 그리스로 돌아오는 길에 최소 열여덟 편의 유명한 저술을 남겼는데, 그의 저술은 이후 수백 년간 북유럽 지리학의 기반이 되었다.*

피테아스의 탐험은 순수 학술 탐험으로는 사상 최초였을 것이다. 그는 탐험하면서 거리를 정확히 기록하고, 지도를 자세히 그렸으며, 자연현상도 매우 상세하게 설명했다. 태양의 각도를 측정해 북쪽으로 얼마나 멀리 와 있는지도 계산했다.** 피테아스가 생존해 있을 때 남긴 기록만으로 전체 여정을 재구성할 수는 없지만, 어쨌든 그는 브리튼 섬에 갔다. 그런 다음 무역로를 따라 프랑스를 가로질렀는지, 아니면 그리스나 카르타고의 배를 타고 대서양을 항해했는지는 알 수 없다. 그 당시에 북유럽이라고 하면 흔히 '원시적인 야만인이 사는 어두컴컴한 땅'으로 여겼다. 대다수의 그리스인이 그랬던 것처럼. 하지만 피테아스가 살았던 시절에는 북유럽에서 문명이 조금씩 싹트고 있었다. 켈트족과 브리튼족은 한곳에 정착하여 농경 사회를 이루었고, 바다를 항해하는 견고한 배를 만들었으며, 브리튼 섬 전역에 무역망을 구축했다. 따라서 피테아스가 탐험에 사용할 배와 탐험에 적극적으로 참여할 선원을 구하는 데는 어려움이 없었을 것이다.

피테아스는 남부 브리튼인과 함께 살면서 더 먼 곳까지 길을 안내

---

* 유감스럽게도 그 저술 중에서 남아 있는 것은 없다. 그저 후대의 그리스와 로마 학자들을 통해 알 수 있을 뿐이다.

** 역사적으로 이런 고도 계산 방법을 사용한 이들은 뱃사람이었다. 누구나 직접 해볼 수 있는데, 우선 한쪽 팔로 북극성을 가리키고 다른 팔로 수평선을 가리킨다. 그러면 두 팔 사이의 각도가 (북반구에서) 현재 위치에서의 위도가 된다. 위도 1도의 거리는 약 111킬로미터다. 한편 경도 계산은 위도 계산과 완전히 다른데, 1735년이 되어서야 영국의 시계 제조공이 실용적인 경도 계산법을 알아냈다.

할 사람을 구했다. 브리튼인은 카르타고 상인들과 오랫동안 교류했기 때문에, 아마도 피테아스는 카르타고어로 브리튼인과 대화했을 것이다. 피테아스는 브리튼인을 소박하고 호의적이며 인생을 즐기는 사람들이라고 설명했는데, 특히 곡물과 꿀로 만든 현지 음료(맥주와 벌꿀술)를 추천했다. 초가지붕을 올린 소박한 집에 살았던 브리튼인은 창고에 쌓아놓은 곡물로 빵을 구워 먹었다. 족장이 마을을 다스렸으며 대부분 평화롭게 살았다. 전쟁을 할 때는 (훗날 로마인들도 언급한) 전차를 사용했는데, 지중해에서 전차는 이미 오래전에 사라진 장비였다. 피테아스를 안내한 브리튼인은 그를 브리튼 섬 서쪽 해안으로 안내한 다음 스코틀랜드의 북쪽 끝으로 데려갔다. 그곳에서 피테아스는 곰이 돌아다니는 추운 땅을 보았다고 기록했다. (오늘날 영국 브리튼 섬에는 곰이 없기 때문에 피테아스의 말이 이상해 보일지 모르지만, 아마도 당시에는 있었던 것 같다.*)

피테아스는 현재의 아일랜드인 '이에른' 섬에 관한 이야기도 들었지만 직접 가보지는 않았던 것 같다. 아일랜드인을 식인종이라고 이야기하기도 했는데, 사실이라기보다는 브리튼인이 거짓말을 했을 가능성이 높다. 스코틀랜드에서는 주민들이 얼굴에 파란 염료를 칠했다고 적었다. 스코틀랜드 전사들에게 얼굴을 파랗게 칠하는 것은 로마 시대부터 중세까지 이어진 관행이었다.** 스코틀랜드 북단의 오크니 섬에서는 조수 간만의 차가 80큐빗(약 36미터)에 이른다고 말했는데, 실제로는 15미터를 넘지 않았을 테지만, 그래도 조수 간만의 차가 몇 센티미터인 지중해와 비교하면 매우 컸을 것이다. 여기서 피테아스는 주기적

---

* 북극 기후와 곰은 서로 연관되어 있는 것 같은데, 'Arctic(북극)'이 그리스어 'arctos(곰)'에서 유래했기 때문이다. (불곰의 학명 'Ursus arctos'는 라틴어와 그리스어가 섞인 말로 '곰 곰'이라는 뜻이다.)

** 영화 「브레이브하트」에도 얼굴을 파랗게 칠한 모습이 나온다. 로마인들은 스코틀랜드인을 '픽트족Picts'이라고 불렀는데, '(얼굴에) 색깔을 칠한 사람들'이라는 뜻이다.

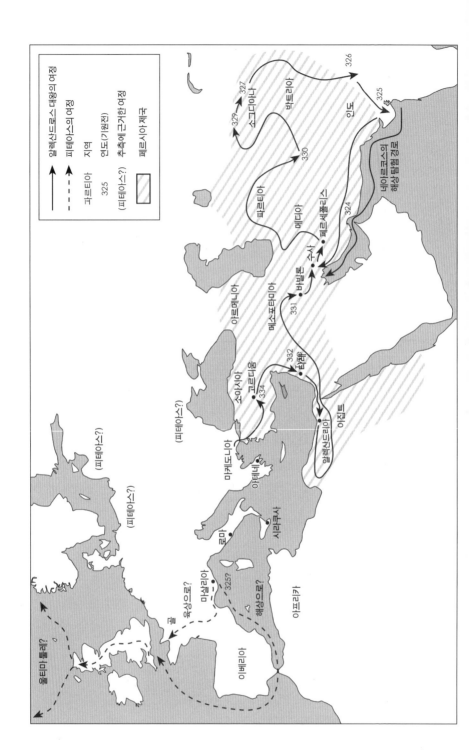

알렉산드로스 대왕의 여정
피테아스의 여정
파르티아   지역
325   연도(기원전)
(피테아스?)   추측에 근거한 여정
                페르시아 제국

울티마 툴레?

(피테아스?)

(피테아스?)

갈리아

육상으로?

마살리아

3257

해상으로?

로마

시라쿠사

이베리아

아프리카

마케도니아

아테네

소아시아

아르메니아

고르디움
334

타르수
332

메소포타미아

바빌론
331

수사

메디아

페르세폴리스
324

파르티아
330

박트리아

소그디아나
329 → 327

326

인도

325

알렉산드리아

이집트

네아르코스의
해상 탐험 경로

인 밀물과 썰물이 달의 형태와 관련되어 있다고 처음으로 생각했다. 물론 중력에 관한 공식적인 기록은 2,000년이 흘러 뉴턴이 등장한 이후에야 나왔지만, 피테아스는 현실 세계에서 관찰한 내용을 이론화하는 과학적 방법을 이미 사용하고 있었다.

피테아스는 스코틀랜드에서 북쪽으로 6일간 항해한 끝에 '세상의 끝'인 '울티마 툴레Ultima Thule(최북단의 땅)'라는 곳에 도착했다고 기록했다. 그곳은 현재의 그린란드나 아이슬란드, 노르웨이, 혹은 스코틀랜드와 아이슬란드 사이에 있는 페로 제도 중 하나로 추정된다. 그곳에서 만난 사람들에 관한 설명을 보면 아이슬란드나 그린란드는 아닌 듯하다. 그 두 곳은 당시에 정착민이 없었기 때문이다. 울티마 툴레에서는 여름에 해가 지지 않고 겨울에는 어둠만 계속되며 바다는 얼어붙어서 '걷거나 배를 타고 이동할 수 없었다'고 기록했다. 당시 그리스인들은 서리나 산악 빙하, 그리고 이따금 내리는 눈은 본 적이 있지만 연중 얼음으로 덮여 있는 북부의 추운 땅은 상상하기 어려웠으므로 피테아스의 말을 믿지 않았다. 하지만 지금 우리가 알고 있듯이, 피테아스는 북극지방을 정확히 묘사하고 있으며 그의 말이 사실임을 알 수 있다.

그 후 피테아스는 보석의 일종인 호박 무역이 수백 년간 이어져온 소위 '호박길'을 따라 동유럽에 갔다. 그리스인들이 '엘렉트론 elektron'이라 불렸던 호박은 정전기가 일어나는 성질(여기서 전기를 뜻하는 영어 단어 'electricity'가 나왔다) 덕분에 신비한 치유 효과가 있는 것으로 알려졌다. 피테아스는 동유럽 여행을 통해 지중해 사람으로는 최초로 지금의 덴마크와 독일, 그리고 (어쩌면) 폴란드까지 가서 '테우토네스족 Teutones'(게르만족 중 하나로 지금의 독일, 네덜란드, 스칸디나비아 등 북유럽 민족이 되었다 - 옮긴이) 같은 이민족을 만났다. 이 동유럽 여행이 이전 여행의 일부였는지, 아니면 새로운 여행이었는지는 알 수 없다. 당시 피테아스의 여행 기록에 남부 러시아의 우크라이나와 돈 강 주변까지 나오는데, 그 지역은 그리스 식민지인 흑해를 통해서 가는 편이 더 수월하기 때문이다. 어쨌든 피테아스는 고대 세계에서 가장 많은 곳을 여행한 사람이었고, 순수하게 과학 탐구 목적으로 여행한 최초의 탐험가였다.

알렉산드로스 대왕과 피테아스로부터 100년이 지나지 않아, 지중해에서는 새로운 세력이 떠오르기 시작했다. 암컷 늑대*가 보살핀 것으로 알려진 로물루스와 레무스 형제가 기원전 753년에 건설했다는 전설이 있는 로마였다. 로마는 아테네보다 정확하게 1년 앞선 기원전 509년에 마지막 왕을 쫓아냈다. 다만 아테네는 당시 번성하던 그리스 문화에서 중심축이었지만, 로마는 그 뒤로도 수백 년간 문명의 변두리에 머물렀다. 로마라는 이 작은 도시가 성장하여 지중해의 패자가 되리라고 생각한 사람은 아무도 없었지만, 로마인에게는 중요한 장점 하나가 있었으니, 바로 '호기심'이었다. 로마는 새로운 생각에 개방적이었고 그것을 바로 현실에 적용했다. 적이 더 나은 무기나 전술을 사용하면 똑같이 따라 했고, 더 좋은 통치제도를 발견하면 곧바로 채택했다. 이런 개방성을 통해 로마는 최소한의 노력으로 광대한 제국을 다스렸다. 세금을 잘 내고 독립할 생각만 하지 않으면 지방의 일에 거의 개입하지 않았던 것이다.

로마 제국에는 '그리스-로마 제국'이라는 이름이 더 잘 어울릴지도 모른다. 로마는 기원전 146년에 그리스를 정복했지만, 정복자인 로마가 오히려 그리스에 더 많이 동화되었다. 그리스 문화가 월등했기 때문에 로마 제국 전성기에도 라틴-그리스 문화가 공존했으며 로마는 행

---

* 로마라는 이름이 옛 에트루리아어로 형제를 양육한 암컷 늑대의 '유선乳腺'을 의미한다는 주장도 있다. 그렇다면 역사적으로 출처가 가장 이상한 도시명이 아닐 수 없다. 「스타트렉」 팬들은 로물란인들의 고향인 '로물루스'와 '레무스'라는 쌍둥이별을 알고 있을 것이다. 그곳 사람들은 이름뿐 아니라 계급이나 지위에 모두 로마식 이름을 사용한다.

정 분야, 그리스는 학술 분야의 토대를 제공했다. 그리스어는 교육 분야에서 여전히 주류 언어였으며 이탈리아 출신인 로마인들도 널리 사용했다. 이런 문화적 동화 현상은 훗날 '야만인들'이 로마를 침략한 후 사실상 로마인으로 변화하면서 다시 되풀이되었다. 당시 그리스-로마 문화는 현재의 프랑스와 영국, 스페인, 독일 영토로 확산되었으며 지금까지 서유럽은 물론 북아메리카에서도 여전히 영향력을 발휘하고 있다. 미국에서 국회의사당 건물을 고전 양식으로 짓고, 제우스 신전이 있는 로마의 '캄피돌리오 언덕Capitoline Hill'의 이름을 따서 '캐피톨Capitol'로 부르게 된 것도 그 때문이다. 여러 나라에서 로마의 독수리 문장을 국가 문장으로 선택한 것 또한 마찬가지다. 오늘날의 달력에 나오는 각 달의 이름도 로마식 이름이며,* 우리가 사용하는 로마자 알파벳은 라틴족과 그리스족, 게르만족의 언어가 융합해서 탄생한 로마의 라틴 문자다.

로마는 영토를 확장하면서 카르타고와 충돌하게 되었다. 카르타고는 페니키아인이 건설한 도시국가로 남부 지중해를 장악하고 있었다. 로마는 포에니 전쟁(카르타고를 의미하는 영어 단어 'Punic'은 카르타고의 로마식 이름인 '포에니Poeni'에서 유래했다)에서 카르타고를 격파했다. 카르타고의 한니발 장군이 코끼리 부대를 이끌고 스페인에서 알프스 산맥을 넘어 로마로 진군하는 등 영웅적인 활약을 펼쳤지만 소용이 없었다. 로마가 승리한 비결은 시민들**로 구성된 예비 병력을 이용할 수 있었고 상황에 유연하게 대처했기 때문이다. 로마는 육상 왕국이었지만, 이탈리아 해안에서 난파된 카르타고 선박의 잔해를 연구하여 선박 건조 기술까지 습

---

* 요일명도 로마에서 비롯되었지만, 일부는 앵글로색슨족의 신 이름으로 대체되었다(예를 들어 화요일은 로마식으로 'dies Martis', 즉 '(전쟁의 신) 마르스의 날'이었지만, 앵글로색슨족이 그들 고유의 신인 'Tiw'에 '날'을 의미하는 단어를 붙여 'tiwesdaeg(영어로 'Tuesday')'로 바꿔 불렀다).

** 고전학자인 메리 비어드는 자신의 저서 『로마는 왜 위대해졌는가SPQR』(2016년)에서 공화정 말기에 로마 남성 중 절반 이상이 군인이 되어 그리스나 스페인, 아프리카, 중동에 나가 있었다고 추정했다. 따라서 로마인은 사상 최고의 여행자였을 것이다.

득했다. 그리고 불과 9년 후 해군을 조직하여 시칠리아의 에크노무스 곶에서 카르타고 함선 300척을 격파했다. 이때 획득한 카르타고 전함 두 척을 끌고 로마까지 행진함으로써 해상 세력으로서 로마의 부상을 알렸다. 로마는 결국 지중해 연안 지역을 모두 지배하게 되었으며 지중해를 '마레 노스트룸Mare Nostrum(우리의 바다)'이라고 불렀는데, 1930년대에 무솔리니는 그 이름을 되살리려고 애썼다.

새로운 천년을 맞이했던 아우구스투스 카이사르의 재위 기간에 로마 제국의 영토는 470만 제곱킬로미터(오스트레일리아나, 알래스카와 하와이를 제외한 미국 본토 면적의 3분의 2에 육박한다)까지 확대되었다. 전국은 효율적인 무역망으로 연결되었으며, 당시 건설된 도로와 교량은 워낙 기술이 뛰어나 다수가 지금까지 사용되고 있다. 포장도로는 총길이가 8만 킬로미터(현재 미국 영토를 좌우로 스무 번 횡단하는 거리)를 넘었다. 오늘날 유럽의 주요 고속도로는 그 옛날 로마 제국의 도로를 기반으로 건설된 것이다. 로마 제국은 다민족 사회였으며 다양한 문화권의 사람들이 공존했다. 그리고 로마는 아주 국제적인('국제적'이라는 뜻의 영어 단어 'cosmopolitan'은 그리스어에서 유래했다) 도시였다. 인구가 100만 명에 달한 최초의 도시였으며, 로마 이후로 인구 100만 명이 넘은 도시는 19세기의 런던이 처음이었다. 아프리카인이나 중동인이 로마에 거주하면서 무역업에 종사하는 경우는 드물지 않았고, 인도나 중국 같은 먼 나라에서 온 여행자를 찾는 것도 불가능하지 않았다. 누구나 로마 시민이 될 수 있었고, 실제로 많은 외국인이 로마 시민이 되었다. 그들 중 일부는 유명한 극작가나 철학자, 장군, 정치가가 되었고, 심지어 황제가 되기도 했다.*

---

* 로마 제국 말기에는 이탈리아 출신보다 외부 출신의 원로원 의원이 더 많았다. 212년에 (아프리카 출신인) 카라칼라 황제는 제국의 영토 안에 있는 모든 자유민에게 시민권을 주었다. 이는 시민권을 부여한 사례로는 사상 최대 규모였고 2,000만 명이 시민권을 받았다.

바다 너머로 구축된 무역망을 통해, 로마인들은 1,000년 후 대항해 시대가 도래하기 전까지 유럽의 그 어느 나라보다도 세계에 관해 더 많은 지식을 축적했다. 기원전 30년 클레오파트라와 마르쿠스 안토니우스가 염문을 뿌리는 동안, 로마는 이집트를 정복한 뒤 홍해를 넘어 인도까지 무역로를 확장했다. 당시의 로마 지리학자 스트라보에 따르면 매년 100여 척이 넘는 로마 선단이 인도와 동남아시아를 향해 떠났다. 먼 훗날의 포르투갈인들처럼, 로마인들은 계절풍이 부는 시기에 맞춰 항해를 시작했다. 사자나 호랑이, 코뿔소, 코끼리, 코브라 같은 아프리카와 인도의 이국적인 동물이 서커스와 검투사 경기를 위해 수입되었고, 로마의 상류층 여성들은 인도에서 수입한 숄이나 진주, 인디고색으로 염색한 스카프를 걸쳤다.

부유한 로마인들은 주방에 인도산 설탕과 허브, 향신료를 갖춰 놓았다. 특히 후추는 로마 요리에서 빼놓을 수 없는 향신료였다. 로마의 정치가이자 군인이며 학자인 대大플리니우스는 자신의 저서 『자연사 Natural History』에서 '흰 후추는 파운드당 7데나리우스인 반면, 검은 후추는 15데나리우스'라면서 '로마 제국에서 매년 5,000만 세스테르티우스가 인도로 유출된다'고 불평했다. 대략 환산하면 1데나리우스는 8,000원, 1세스테르티우스는 2,000~3,000원인데, 이렇게 계산하면 검은 후추는 1파운드, 그러니까 약 450그램당 11만 원이 넘었고 후추 무역량은 매년 1,100억 원이 넘었다.* 이 말은 매년 600톤의 후추를 인도에서 수입했다는 뜻으로, 1500년대 중반에 포르투갈과 베네치아가 고대 무역로를 되살리기 전까지는 단연 압도적인 무역 규모였다. 인도 전

---

* 로마의 화폐가 궁금한 사람들을 위해 좀 더 설명하자면 다음과 같다. 1아우레우스 Aureus 금화=2퀴나리우스 Quinarius 금화=25데나리우스 Denarius 은화=50퀴나리우스 은화=100세스테르티우스 Sestertius 청동주화=200듀폰디우스 Dupondius 청동주화=400아스 As 구리주화=800세미스 Semis 구리주화=1,600콰드란스 Quadrans 구리주화.

역에서 발굴된 로마 주화가 두 나라 간의 무역을 증명하고 있다.*

로마는 미약하나마 중국과도 교류했다. 아우구스투스 황제가 '세레스Seres'로 사절단을 보냈다는 기록이 있는데, 원래 '세레스'라는 말은 동아시아 전체를 가리키지만 그 기록에서는 아마도 중국을 의미했던 것 같다.** 중국의 기록에 등장하는 최초의 로마 사절단은 서기 160년경에 마르쿠스 아우렐리우스 황제가 보낸 사람들이었다. 그들은 배를 타고 간 뒤 베트남을 통해 중국으로 들어간 것 같으며, 선물로 코끼리 상아와 코뿔소 뿔, 거북딱지 등을 가져갔다고 한다. 개별적으로 중국을 방문한 로마 시민도 몇 명이 있었다. 마에스 티티아누스라는 여행자는 서기 75년경에 실크로드를 따라 최소한 중국 서부 지역까지 갔던 듯하다. 서기 220년경에는 로마 상인이 (당시 중국 왕조 중 하나인) 오나라를 방문했다. 오나라의 황제 손권이 친히 그 상인을 맞아 로마에 관해 물어보았으며, 상인이 고국으로 돌아갈 수 있도록 해상 원정대를 꾸려주었다.

이런 일들은 1,000년 후 마르코 폴로의 여정과 놀랍도록 비슷하다. 그리고 훗날 이어지는 유럽인의 아시아 탐험이 완전히 새로운 발견이 아니라 로마인이 이미 알고 있던 세상을 재발견한 것임을 알 수 있다. 로마와 중국의 교류가 산발적이기는 했지만 꾸준히 계속되었고 가끔 무역을 했다는 것만큼은 분명해 보인다. 한편 중국은 로마를 '대제국'이라는 뜻인 '대진大秦'***으로 부르면서 사절단을 보냈다. 그리고 로마를 유라시아 대륙의 서쪽 끝에 있는, 중국과 동등한 균형추로 보았으

---

* 예수의 열두 제자 중 한 명인 도마St. Thomas가 서기 52년에 인도를 방문했고, 로마 시대에는 기독교도와 유대인들이 인도에 가서 공동체 사회를 건설했다. 선교사들도 개별적으로 중국까지 갔던 것으로 보인다.

** 로마에서 만든 지도에는 육상 실크로드 끝에 있는 비단의 나라 세리카Serica(중국)와 바다를 통해 갈 수 있는 진나라Sinae가 별개로 표시되어 있는데, 사실 두 나라 모두 중국이었다.

*** 직역하면 '대大중국'인데 당시 '중국'과, 중국에 있던 '제국'은 실질적으로 같았다.

며, 그로 인해 세상의 균형이 효과적으로 유지된다고 생각했다. 로마에 관한, 현존하는 가장 자세한 기록은 후한의 감영甘英이 남긴 것이다. 감영은 서기 97년에 서쪽으로 여행을 떠났는데, 로마 제국의 변방인 페르시아 만까지 갔던 것으로 보인다. 그리고 아마도 다른 학자의 자료를 근거로 로마의 통치 구조를 다소 과장해서 설명했던 것 같은데, 로마에서는 황제가 영구 집권하지 않고 최적임자가 황제가 되며 더 훌륭한 사람이 나타나면 기존의 황제는 쉽게 교체된다고 말하기도 했다.*

중국에 갔던 로마인에 관한 또 다른 이야기도 있다. 로마는 기원전 53년에 파르티아와 벌인 '카르하이 전투'에서 대패하여 최소 1만여 명의 병사가 포로로 끌려갔다. 파르티아는 메소포타미아와 아프가니스탄에 걸쳐 있던 제국이었다. 이때 포로들 중 일부가 파르티아군에 들어가 동쪽으로 이동했고 17년 후에 벌어진 '질지 공성전郅支攻城戰'에서 중국 전한의 군사들과 맞서 싸웠다. 질지 공성전에 관한 전한의 기록에는 이상하게 생긴 병사들이 '어린진'(물고기의 비늘처럼 진형을 만들어, 중앙부가 적에 가까이 다가가는 진법 - 옮긴이)을 쳤다고 나와 있는데, 이는 가까이 붙어 방패를 서로 겹치게 하는 로마의 '테스투도testudo'(라틴어로 '거북'이라는 뜻이다) 대열을 연상시킨다. 공성전이 벌어졌던 지역에 전해지는 이야기에는 이 이상하게 생긴 병사들이 전한군의 포로가 되어 감숙성의 '리첸'이라는 곳에 정착했다고 나온다. 그리고 그 병사들의 '후손'이 로마의 후예를 자처했다고도 전해진다.** 사실 이것은 복잡하게 얽히고설킨 정복전의 끝자락에서 일어난 일이라 다르게 설명할 여지가 많다. 전한에 포로로 잡힌 이상하게 생긴 병사들은 알렉산드로스 대왕의 후예였고, 훗날 중

---

* 이 부분은 감영이 로마의 원로원 선거를 자의적으로 해석한 듯하다. 사실 원로원은 로마 제국보다 더 오래 지속되어 서로마에서는 적어도 603년까지, 동로마 비잔틴 제국에서는 1204년까지 유지되었다.
** 그 지역 주민들의 DNA를 검사한 결과, 다른 DNA가 일부 섞여 있었지만 로마인과 관련되어 있다는 결론을 내리지는 못했다.

앙아시아의 왕국들을 수 세기 동안 다스렸으며, 일련의 정복전이 모두 끝나고 60년 넘게 흐른 뒤 인도와 중국의 국경에서 최후의 한 사람까지 모두 자취를 감추었다고 설명할 수도 있는 것이다. 자세한 내용은 알 수 없지만, 고대인이 아주 먼 곳까지 여행했고 이후 1,000년 동안 지구에 살았던 그 어떤 사람들보다 세계를 더 잘 알았다는 것만큼은 틀림없는 사실이다.

알려진
세상
너머로

제2부

6

새로운 정착지를
찾아나서다

로마의 멸망을 단 하나의 사건으로 설명할 수는 없다. 그럼에도 서기 117년에 전성기를 맞은 뒤 로마가 내리막을 걷는 동안 일어났던 가장 중요한 사건은 312년에 콘스탄티누스 황제가 기독교를 국교로 정한 일이었다. 그로 인해 395년에 로마 제국은 동로마와 서로마로 영구히 분리되었고 410년에는 서고트족이, 455년에는 반달족이 로마를 약탈했으며 476년 8월 28일에는 로마의 마지막 황제가 폐위되었다. 이 무렵 로마 제국은 이후로 1,000년 동안 지속된 동로마 제국*을 비롯해 최소 20여 개의 나라로 쪼개졌다. 하지만 여러모로 로마 제국의 명맥이 결코 끊겼다고 할 수는 없다. 스페인의 서고트 왕국과 이탈리아의 동고트 왕국, 북아프리카의 반달 왕국, 서유럽의 프랑크 왕국 등 로마 제국의 영토를 나누어 가진 후계자들은 로마를 정복했다기보다 로마의 언

---

* '비잔틴 제국'이라고도 불리는 동로마 제국은 그리스어를 사용했다는 점만 빼면 지금까지도 명실상부한 로마 제국으로 평가된다. 동로마 제국은 이탈리아를 되찾고 로마를 한동안 탈환하기도 했다. 초기의 러시아 왕들은 동로마 제국의 황제와 혼인 관계를 맺으면서 황제를 뜻하는 '차르tsar'(로마 황제 '카이사르'에서 유래했다)라는 명칭을 사용했다. 독일도 근거는 빈약하지만 신성 로마 제국을 내세우면서 황제를 뜻하는 '카이저kaiser'(이 말역시 '카이사르'에서 유래했다)라는 명칭을 사용했다.

어와 문화, 종교를 받아들이면서 동화되었다. 로마 제국이 작은 독립국가로 나뉘었을 뿐이며, 각 나라는 저마다 로마의 유산을 이어나갔다.

'야만인'이라고 하면 흔히 정복욕에 불타는 난폭한 유랑민을 떠올리지만, 사실 그들 대부분은 오랫동안 로마 제국의 영토에서 살아온 유목민이었다. 그들 대다수는 로마 시민이 되길 원했으며 로마군에서 용병으로 복무한 사람도 많았다. 로마와 맞서 싸운 사람도 있었지만, 로마를 위해 싸운 사람도 있었다. 예를 들어 서고트 왕국의 테오도리쿠스 1세는 로마와 동맹을 맺고 아틸라가 이끄는 훈족의 공격을 막아냈다.* 로마와 '야만인'의 기술 수준은 생각보다 차이가 크지 않았다. 로마의 기술이 수백 년간 제국의 경계를 넘어 널리 퍼져나갔기 때문이다. 기원전 54년에 브리튼 섬을 침공한 율리우스 카이사르가 본 것은 인구가 수백만 명에 이르는 철기 문명이었다. 브리튼 섬에서는 이미 동전과 문자를 사용하고 있었으며 지중해 세계와 무역까지 하고 있었다.

북유럽인은 수백 년 동안 바다를 누비는 견고한 배를 만들었다. 1992년 영국의 도버에서는 로마군이 상륙하기 수백 년 전에 건조된 청동기시대의 선박이 발굴되었다. 참나무과의 판재로 만들어진, 길이가 9미터 정도인 그 배에는 열 명 남짓한 선원이 탈 수 있었다. 기원전 56년에 카이사르는 프랑스 해안에서 베네티족과 양측에서 각각 100여 척의 배가 동원된 해전을 벌였다. 카이사르는 베네티족의 배가 로마의 배보다 훨씬 더 항해에 적합하다면서, 그들의 배가 단단한 참나무 판자를 '엄지손가락 굵기'의 쇠못으로 고정시켜 대서양의 가혹한 환경에 견딜 수 있게 제작되었다고 말했다. 베네티족의 배는 선체가 두꺼워서 (당시 지

---

* 테오도리쿠스 1세는 '카탈라우눔 전투'에서 로마와 함께 아틸라에 맞서 싸우다가 전사했으며 유럽에서는 문명의 구원자로 추앙받았다. 『반지의 제왕』에 나오는 로한 왕국의 세오덴 왕은 J. R. R. 톨킨이 테오도리쿠스 1세에게서 영감을 얻어 만들어낸 인물이다.

중해 해군의 가장 보편적 전술인) 들이박기 공격에도 잘 버텼으며, 기동성이 뛰어나 적군이 배에 올라타기가 어려웠다. 그리고 전투 중에 베네티족은 높은 돛대에서 로마의 갤리선에 화살 세례를 퍼붓곤 했다. '야만인'이었던 이들의 해군에 큰 위협을 느낀 로마는 그 뒤로 북해에서 해적 소탕 함대를 운용했다.

로마인은 아일랜드를 정복한 적이 없었지만, 그곳을 '히버니아'라고 부르며 무역 관계를 유지했다. 로마 상인들이 아일랜드를 드나들었고, 아일랜드에서 발굴된 로마 유물로 판단해보면 로마 원정군이 소규모로 몇 차례 그곳까지 갔던 것 같다. 로마 제국이 5세기 초에 멸망하는 과정에서 파트리치우스라는 로마 시민이 아일랜드 해적에 납치된 뒤 아일랜드로 끌려가 노예 생활을 하게 되었다. 파트리치우스는 몇 년 후 탈출하여 브리튼 섬에서 성직자가 되었으며, 이후 다시 아일랜드로 돌아가 기독교의 가르침을 전파했고 나중에는 성자 패트릭이 되었다. 아일랜드인들은 새로운 종교에 열광했고 아일랜드의 수도원은 고대 그리스와 로마의 필사본을 보존하는 데 중요한 역할을 했다. 그 필사본은 이교도의 유물이었지만, 아일랜드인들은 크게 신경 쓰지 않았다. 그리고 당시 수도사들 중에 아일랜드인의 여행에 관해 단서가 될 만한 글을 남긴 성 브렌던도 있었다.

성 브렌던은 5세기 말, 성 패트릭보다 몇 년 늦게 태어난 것으로 보인다. 그의 여행에 관한 기록인 『수도사 성 브렌던의 항해Voyage of St. Brendan the Abbot』*는 조금씩 다른 여러 버전의 이야기가 담겨 있지만, 대부분은 그가 6세기 초반에 선원 열여섯 명과 함께 나무와 황소 가죽으로

---

* 성 브렌던이 세상을 떠난 뒤에 쓰였거나, 아니면 가상의 인물을 기반으로 삼았을 수도 있는 이 이야기는 다양한 언어로 번역되어 중세 유럽에서 베스트셀러가 되었다. 콜럼버스도 이 책을 갖고 있었으며 영향을 많이 받았던 것으로 추정된다.

만든 아일랜드의 전통 배 '쿠라크currach'를 타고 항해를 떠났다고 전한다. 그것은 영적인 여정이었고, 미지의 땅으로 항해하다가 그야말로 완전히 길을 잃었으며, 그래서 결과적으로 확고한 종교적 신념을 보여준 여행이기도 했다.* 일행은 여행 중에 열 개 남짓한 섬을 발견했는데, 사람이 사는 섬을 비롯해 양들이 사는 섬, 신화에 나오는 그리핀이나 낙원의 새들이 사는 섬도 있었다. 성 브렌던의 이야기는 대부분 비현실적이고 상징으로 가득하지만, 몇 가지 흥미로운 이야기만큼은 실제로 본 것을 토대로 썼을 가능성도 있다. '불의 산에서 바위를 던지는 악마'나 '얼어붙은 바다에서 솟아오른 수정 기둥'은 화산이나 빙하와 아주 비슷해 보인다. '물에 잠긴 섬'은 물속으로 잠수하는 고래일 수도 있는데, 고래의 배 속에 들어간 「요나 이야기」나 「신밧드의 모험」 등 뱃사람들 사이에서 전해지는 옛이야기와 유사한 면이 있다.

성 브렌던이 실제로 어딘가를 여행했더라도 그곳이 정확히 어디인지는 알 수 없다. 가장 유력한 후보지는 아이슬란드이며 그린란드일 수도 있다. 포르투갈 인근의 아조레스 제도나 아프리카 북서해안의 카나리아 제도라고 말하는 이들도 있다. 이런 곳들은 아일랜드의 남쪽에 있기 때문에 쉽게 갈 수 있다고 생각하는 듯하다. 성 브렌던이 어디에 갔건 가지 않았건 간에 사람들은 그의 탐험을 진짜라고 믿었으며, 중세 유럽의 지도 제작자들은 성 브렌던의 설명을 기반으로 대서양 지도에 섬을 그려 넣었다. 콜럼버스가 항해할 때 사용한 지도에는 대서양의 먼 곳, 대략 북아메리카 정도 떨어진 거리에 '성 브렌던 섬'이 있었다. 실제로 많은 유럽인이 대서양의 먼 곳에 미지의 땅이 있다고 여겼다. 다만 그 땅이 단순히 섬인지, 아니면 아시아 대륙의 일부인지가 궁금할 따름이었다.

---

* 켈트족의 전통에서는 바다 건너 서쪽으로 가는 것을 천국행으로 생각한다. 톨킨의 『반지의 제왕』에서 엘프족을 위한 테마음악이 「서쪽으로into the west」인 것도 그 때문이다.

성 브렌던은 과연 아메리카 대륙에 갔을까? 성 브렌던이나 그 옛날 아일랜드 항해사들이 그렇게까지 멀리 갔다는 증거는 남아 있지 않다. 설령 갔다고 해도 항상 금욕적으로 생활했던 수도사들이 그곳에 확실한 고고학적 증거를 남겼을 것 같지는 않다. 당시에도 북아메리카까지는 충분히 갈 수 있었다. 아일랜드 수도사들은 그 무렵 아이슬란드를 탐험했는데, 아이슬란드에서 그린란드 해안까지는 320킬로미터가 되지 않는다. 그리고 그린란드에서 캐나다의 배핀 섬까지도 320킬로미터밖에 떨어져 있지 않고, 래브라도는 800킬로미터 거리에 있다. 오늘날 성 브렌던 선교회에서는 전통 방식에 따라 배를 만들어 그 옛날 아일랜드인이 아메리카 대륙에 갔다는 주장을 뒷받침하고 있다. 1976년 팀 세버린이라는 탐험가가 이를 증명하기 위해 6세기 초반의 기술만 사용해 약 11미터 길이의 아일랜드 전통 배를 만들었다. 그는 '브렌던'이라는 별명을 붙인 그 '거대한 가죽 바나나' 모양의 배를 타고 스코틀랜드 인근의 페로 제도에서 캐나다의 뉴펀들랜드까지 항해했다.*

먼 옛날 확실하게 아메리카 대륙에 갔던 북유럽의 탐험가들이 있었으니, 바로 바이킹이었다. 그들은 793년 6월 8일에 갑작스레 유럽으로 밀려들었다. 그리고 바로 그날 북부 잉글랜드에 상륙한 스칸디나비아의 바이킹 기습부대는 린디스판 수도원의 수도사들을 학살하고 값진 물건을 남김없이 약탈했다. 수수께끼 같은 전사들이 평화로운 종교 공동체에 저지른 이 잔혹 행위는 전 유럽에 큰 충격을 주었고, 그 여파는 아헨에 있는 샤를마뉴 대제의 궁정에까지 미쳤다. 이 학살 사건을 추모하는 의미로 '운명의 날 비석Domesday Stone'이 세워졌는데, 한쪽에는

---

* 스페인의 기독교 주교들이 무어인의 침공을 피해 교인들을 이끌고 대서양을 건넜다는 이야기도 있다. 그들은 중세 지도에 나와 있는 섬인 '안틸리아'에 정착했는데, 오늘날 카리브 해의 앤틸리스 제도는 안틸리아에서 이름을 따온 것이다.

흉포한 전사들이 칼과 도끼를 휘두르고 다른 한쪽에는 세상의 종말이 그려져 있다. 중세 유럽인들은 그 뒤로 계속된 바이킹의 약탈에 속수무책이었고 '신의 분노' 외에는 달리 설명할 길이 없었다. 바야흐로 바이킹 시대가 시작된 것이었다.

본국에서 치열하게 영토 다툼을 벌이던 이 스칸디나비아의 해상 전사들은 그 뒤로 200년 동안 유럽 대륙을 공포에 몰아넣지만, 결국 기독교를 받아들이고 현지인들과 섞이면서 정착하게 된다. 고향인 덴마크나 노르웨이, 스웨덴을 출발해 러시아부터 아이슬란드에 이르는 유럽 전역에서 약탈을 하거나 거래를 하면서 정착했던 것이다. 남쪽으로는 지중해의 시칠리아나 북아프리카까지 내려갔으며 러시아의 강을 따라 흑해까지 진출했다. 그리고 그곳에 정착지를 만들고 왕국을 세웠는데, 지금까지도 여전히 번성하고 있다. 바이킹의 이동은 고대 이후 가장 대규모로 이루어진 문화 교류였으며 유럽인이 최초로 대서양을 건너는 계기가 되었다.

바이킹의 이미지를 사람들에게 각인시키는 데 린디스판 수도원 습격만큼 큰 영향을 준 사건은 없었다. 스칸디나비아 밖의 학자들은 1890년대 중반이 되어서야 비로소 바이킹의 기술이나 선박 조종술, 탐험 성과 등을 진지하게 재평가하기 시작했다.* 바이킹은 그리스인처럼 개성이 강하고 호기심이 많았다. 바이킹 신화의 주된 내용은 용기와 대담성이다. 바이킹이 죽으면 발할라로 가게 되는데, 그곳에서 그들은 영원히 전투와 연회를 즐긴다. 그리고 전투 중에 죽은 전사는 다음 날 환생하여 모든 일을 다시 반복한다(이 말은 지옥에 대한 설명과 거리가 아주 멀어 보이

---

* '바이킹'이라는 말은 '바다의 작은 만'을 뜻하는 'vik'에서 유래한 듯하다. 그래서 '바이킹' 간다는 것은 배를 타고 만이나 강 연안으로 들어가 약탈하는 것을 의미한다. 바이킹은 하나의 통일된 집단이 아니었으므로 사는 곳에 따라 이름도 달랐다. 예를 들어 아일랜드에 정착한 바이킹들은 스스로를 서쪽 사람이라는 뜻의 '오스트멘Ostmen'으로 불렀는데, 아일랜드가 스칸디나비아의 서쪽에 있었기 때문이다.

지 않는다). 바이킹은 자신들의 전투 기술에 자부심이 있었고 잔뜩 흥분하여 두려움을 잊은 듯한 모습은 'berserk(미친 듯이 날뛰는)'라는 단어로 남아 있다. 이 말은 '곰 가죽'을 뜻하는 스칸디나비아어에서 유래했는데, '곰처럼 된다'는 의미를 내포하고 있다.

바이킹은 인간과 비슷한 성격을 가진 수많은 신을 믿었는데, 그중 대부분은 앵글족이나 색슨족이 믿는 신과 동일했다. 앵글족과 색슨족은 브리튼 섬에 정착한 종족으로, 오늘날 우리가 사용하는 영어식 요일 이름에 그들의 신 이름을 집어넣었다. 화요일 Tuesday은 하늘의 신 '티우Tiw'에서 왔고 수요일 Wednesday은 최고의 신 '보탄Wotan'에서 왔으며 목요일 Thursday은 천둥의 신 '토르Thor'에서, 금요일 Friday은 결혼과 다산의 신 '프리가Frigga'에서 왔다.* 한편 바이킹은 매우 폭력적이었던 것으로 추정되지만, 바이킹 사회는 최소한 당시 기준으로 매우 자유로웠다. 비록 '야를jarls'이라는 귀족 계급과 '카를karls'이라는 자유민 계급, '트랄thralls'이라는 노예 계급으로 나뉜 계급사회였지만,** 모든 계급이 섞여 살았고 법에 따라 최소한의 보호를 받았다. 자유민은 귀족보다 부유하지 않지만 귀족과 동등한 권리와 자유를 누렸는데, 이는 바이킹 사회가 상당한 규모의 중류 계급을 가진 최초의 사회였음을 시사한다. 노예들은 보통 약탈하러 나가 포로로 잡아온 사람이었다. 그들은 훗날의 다른 노예들보다 훨씬 더 대우받았는데, 재산을 소유할 수 있고 자유민 지위를 사거나 주인을 잘 섬긴 대가로 자유민이 되기도 했다. 바이킹 여성은 아버지의 결정에 따라 어린 나이에 결혼했지만 상당한 권리를

---

* 바이킹이 숭배한 신들 중에는 스키의 신 '울르Ullr'처럼 잘 알려지지 않은 신도 있다. 울르는 죽은 자를 기리기 위해 세운 룬스톤(룬 문자가 적혀 있는 돌 기념비 – 옮긴이)에 왕관과 예복을 입고 산비탈에서 스키를 타는 모습으로 그려져 있다.
** 노예 계급인 '트랄thralls'에서 영어 단어 'enthrall(노예로 삼다)'이 유래했다. 'entralled'는 '누군가의 무력 아래 놓이다'라는 뜻이다.

갖고 있었다. 재산을 물려받거나 소유하고 사업을 벌일 수 있었으며 법적 권리를 행사했다. 심지어 폭력적인 남편과 이혼하면서 위자료를 받기도 했다.

배는 바이킹 문화의 중심이었다. 죽은 사람은 배에 소지품과 함께 싣고 장사를 지내주는 것이 관례였는데, 발할라로 가는 채비를 갖춰주는 의미였다(그래서 유물이 가득 실린 배가 종종 온전한 형태로 발굴된다). 바이킹이 사용하는 가장 대표적인 배는 '롱십longship'(좁고 길게 생긴 배로, 바이킹어로는 '드라카르'라고 한다 - 옮긴이)이었다. 이 배는 날렵하고 깊이가 얕아서 상류로 거슬러 올라가 약탈하기에 안성맞춤이었다. 돛과 노를 이용해 전진하는 롱십 중에는 길이 36미터에 100여 명의 선원이 탈 정도로 큰 것도 있었다. 장거리를 항해하거나 무거운 짐을 나르는 데는 '크나르knarr'라는 폭이 넓고 깊게 들어간 배를 사용했다. 또한 '크나렌knarren'이라는 배는 콜럼버스가 탔던 배만큼 컸으며, 화물열차보다 더 길고 폭이 넓었다. 바이킹은 이런 배로 지중해를 항해하고 대서양을 건넜다. 롱십과 크나렌은 앞쪽에 용머리를 다는 경우가 많았는데, 바다 괴물이나 악령은 물론 적에게 겁을 주기 위해서였다.* 현재 해군에서 사용하는 용어 중에는 바이킹으로부터 전해진 것이 많은데, 예를 들어 'keel(용골)'이나 'raft(작은 고무보트)', 그리고 배의 한쪽 편에 있는 'steering board(거대한 방향타)'에서 비롯된 'starboard(배의 우현)' 등이다[참고로, 'starboard'의 반대편은 배가 정박하는 방향이라고 해서 나중에 'port(항구)'로 불리게 되었다].

긴 항해 동안 배의 갑판은 선원과 보급품으로 발 디딜 틈이 없었고 소나 양, 개, 말 등 가축들이 살기도 했다. 배를 불태우는 경우를 제외하

---

* 용머리는 떼어낼 수 있게 만들었는데, 우방국 사람들에게 겁주는 일이 없도록 하기 위해서였다. 해적들이 전투를 시작하기 전에 올리는 해골 깃발과 비슷한 셈이다. 바이킹은 대부분 배를 장식하는 데 많은 노력을 기울였는데, 일부는 적에게 공포를 주려는 목적이었고 일부는 선원들의 개성을 표현하기 위해서였다.

면 배 안에서 불을 피우는 것은 금지되었다. 그 때문에 말리거나 소금에 절이거나 식초에 재운 음식만 먹었다. 그런데 알고 보니 바로 이런 식단이 바이킹의 비밀 무기였다. 양파나 무, 사우어크라우트(소금에 절인 발효 양배추 - 옮긴이)가 비타민 C 공급원이라서 다른 나라의 선원들이 18세기 후반까지 시달렸던 괴혈병에 걸리지 않았던 것이다. 또한 바이킹은 노련한 항해사여서 태양과 달, 별의 위치를 보면서 항해했다. 폴리네시아인처럼 밀물과 썰물, 파도, 조류, 바람, 구름, 새 등 자연현상이나 동물에 의지하기도 했다. 당시는 중국에서 발명된 나침반이 유럽에 들어오기 전이었는데, 바이킹은 해시계의 원리와 비슷하게 태양의 각도에 따라 방향을 계산했다. 그리고 '일장석sunstone'도 사용했던 것 같다. 투명한 광물인 일장석은 마치 편광필터처럼 반사광을 제거하는 특성이 있어서 구름이 많은 날에도 태양의 위치를 정확히 찾을 수 있었다.

바이킹이 고향인 스칸디나비아를 떠나 모험을 시작한 것은 서기 800년경이었다. 처음에는 산발적으로 약탈에 나섰지만, 시간이 지나면서 외지에 머무는 바이킹의 수가 늘어났다. 850년에는 바이킹 군대가 잉글랜드에서 겨울을 보냈고 870년에는 덴마크 족장들이 잉글랜드에 영구적인 왕국을 건설했다. 잉글랜드의 앵글로색슨족과 전쟁을 벌이다가 교착 상태에 빠지면서 사실상 영토를 분할해 살게 된 것이었다. 지금까지도 브리튼 섬 동부의 소위 '데인로Danelaw'(당시 덴마크인이 시행한 법을 뜻하는 동시에 그 법이 시행된 덴마크인 거주 지역을 말한다 - 옮긴이)에 있는 마을과 도시의 이름은 대부분 덴마크어에서 온 것이다. 마침내 잉글랜드는 1016년 노르웨이와 덴마크까지 다스리던 크누트 대왕 시절에 통일되었지만, 1066년 '정복왕' 윌리엄*이 이끄는 노르만족에 멸망하고 만다. 노르만족

---

* 윌리엄은 영국을 정복하기 전까지만 해도 '서자 윌리엄'으로 알려졌다. 그리 멋진 이름은 아니었다.

의 정복으로 영국의 영토는 브리튼 섬이라는 거대한 용광로에 프랑스의 일부 지역까지 추가되었다. 그런데 노르만족 자체도 원래는 수시로 센 강까지 내려와 노략질을 일삼던 바이킹이었다. 그러다가 파리에서 노략질을 멈추는 대신 프랑스 땅에 정착해도 좋다는 허가를 받은 것이다.*

바이킹은 동쪽으로 발트 해를 지나 서로 연결되어 있는 러시아의 여러 강을 따라 퍼져나갔다. 그곳에서 '슬라브Slavs'라고 불리는 사람들과 마주쳤는데, 그들을 동원해 강에서 강으로 배를 옮기게 했다(여기서 노예를 뜻하는 영어 단어 'slave'가 유래했다고 한다). 바이킹 상인들은 배를 타고 볼가 강을 따라 당시 전 세계에서 가장 부유한 도시였던 바그다드까지 내려가 돈을 벌었다. 바그다드의 시장인 '바자bazaar'에는 이국적인 물건이 가득했으며 멀리 인도와 중국에서 온 물건도 있었다. 바이킹 족장들은 러시아에서 강을 따라가다 발견한 전략적 요충지에 왕국을 건설했다. 당시 드네프르 강가의 키예프에 건설한 왕국이 나중에 키예프 공국이 되었는데, 1598년까지 류리크 왕조의 통치가 이어지면서 현대 러시아의 기반이 되었다. 러시아라는 나라 이름도 바이킹으로부터 비롯되었다. 러시아Russia의 앞 글자 '루스Rus'는 바이킹어로 '노'를 뜻하는 단어에서 온 것이다. (동로마 제국을 계승한) 비잔틴 제국에서는 바이킹을 '바랑기아인Varangian'으로 불렀다. 처음에 바이킹은 러시아와 우크라이나의 강가에서 출발해 비잔틴 제국이 다스리는 흑해 연안의 마을을 약탈했다. 동로마 제국의 황제가 그들을 용병으로 쓰겠다고 하자 비로소 바이킹은 공격을 멈추고 황제의 근위병이 되었다. 그리고 그때부터 '바랑기아인 경비대'로 알려지게 되었다.

800년경 노르웨이에서 출발해 서쪽으로 간 바이킹은 셰틀랜드 제

---

* 845년 바이킹은 최대 규모의 인원으로 파리를 습격하면서 약 2.5톤의 금과 은을 주면 물러가겠다고 제안했다. 이 약탈을 주도한 사람이 아마도 바이킹의 전설인 '털바지Shaggy Pants' 라그나 로스브로크였을 것이다.

도와 페로 제도에 정착했다. 셰틀랜드 제도는 스코틀랜드 바로 북쪽에 있는데,* 그곳에서 바이킹은 황금 어장과 목초지를 발견했다. 현재 셰틀랜드 제도는 몸집이 작은 여러 동물의 고향이다. 그중에는 고품질 양털로 유명한 난쟁이 양, 큰 개보다 조금 더 큰 조랑말, '셸티'라는 애칭으로 불리는 조그만 양치기 개, 세계에서 몸집이 가장 작은 소(몸집이 작은 가축은 생태계에서 보통 개체수가 감소하게 마련이지만, 셰틀랜드 섬 주민들은 남에게 자랑할 목적으로 더 작은 동물을 키우는 데 열을 올린다) 등이 있다. 더 멀리 스코틀랜드와 아이슬란드 사이에 있는 페로 제도는 셰틀랜드보다 더 바위가 많고 날씨가 습하며 흐린 곳이다. 사실 지구에서 안개가 가장 많은 곳이기도 하다. 날이 습하기로 유명한 미국의 시애틀과 비교해도 맑은 날은 절반밖에 안 되고 비가 오는 날은 60퍼센트나 더 많다. 그래서 페로 제도는 농업보다 어업에 더 적합하지만, 셰틀랜드와 마찬가지로 몸집이 작은 양이나 소, 조랑말이 있다. 다만 관계자의 말에 따르면 페로 제도 가축의 몸집이 셰틀랜드 가축보다 조금 더 크다고 한다. 페로 제도의 사람들이 사용하는 언어는 현대 언어 중에서 옛 바이킹의 언어에 가장 가깝다.

841년 바이킹은 게일족 주거지에서 강을 따라 바로 아래쪽에 있는 더블린에 무역소를 세웠다. 그리고 그곳에서 해안을 따라 주민들과 무역을 하거나 약탈을 했다. 그들 중 일부는 현지 주민과 결혼해서 정착했고, 나머지는 아일랜드 전설에 나오는 땅을 찾아 서쪽으로 계속 항해했다. 전설에 따르면 868년 플로키라는 이름의 바이킹이 '스넬란트(눈

---

* 셰틀랜드 제도는 스코틀랜드에서 석유로 인해 호황을 누렸지만 오래가지 못했던 듯하다. 원래 덴마크 영토였는데 1486년에 덴마크의 마르그레테 공주가 스코틀랜드의 제임스 3세와 결혼하면서 스코틀랜드 땅이 되었다. 다만 덴마크가 결혼지참금 1만 크로네를 지불하면 언제든지 셰틀랜드 제도를 돌려받을 수 있다는 조건이 붙어 있었다. 1579년 스코틀랜드 측에서 그 계약에 관한 모든 기록을 폐기했지만, 현 덴마크 여왕은 그 계약 문서의 사본이 있다고 주장하고 있다. 그 말이 사실이라면 덴마크는 스코틀랜드가 투표를 통해 영국에서 독립하는 경우 지참금을 갚고 셰틀랜드를 돌려받겠다고 주장할 수 있다. 1만 크로네를 현재 가치로 환산하면 얼마나 될까? 인플레이션을 고려하면 약 4조 3,000억 원으로 추정된다. 아주 큰 액수 같지만, 현재 셰틀랜드의 원유 매장량에 따라서는 헐값일 수도 있다.

의 땅'라고 불리는 커다란 섬(지금의 아이슬란드)을 발견하고 그곳에서 겨울을 지냈다. 그런데 봄이 되자 눈밭이 풀이 무성한 푸른 초원으로 바뀌는 것을 보고 그 섬이 생각보다 따뜻하다는 것을 알게 되었다. 플로키는 서쪽으로 320여 킬로미터를 더 항해하여 그린란드를 발견한 뒤 노르웨이로 돌아가 아무도 살지 않으며 정착하기 좋은 땅을 발견했다고 사람들에게 알렸다. 874년부터 이주민들이 노르웨이 왕의 폭정을 피해 아이슬란드의 레이캬비크('증기가 피어오르는 해안'이라는 뜻이다)로 몰려들었다. 주변에 증기가 뿜어져 나오는 구멍이 있어서 그런 이름이 붙었다. 그 후 900년대 초반에는 쓸 만한 땅이면 어디에나 사람들이 터를 잡고 살 정도가 되었다.

당시 아이슬란드에는 부족장 협의회가 조직되어 분쟁을 조정했지만,* 왕 같은 권력자가 없었기 때문에 사람들이 판결에 불복하는 경우가 잦았고 결국에는 수많은 무력 충돌과 피를 부르는 반목이 일어났다. 그 와중에 머리카락과 수염이 마치 불에 타는 것 같다고 해서 '붉은 털' 에릭으로 불린 사람이 있었다. 에릭은 몇 사람을 살해한 죄로 982년경 아이슬란드에서 3년 동안 추방되었다. 사건의 발단은 당시 에릭이 노르웨이에서 가져온 화려한 장식의 나무판이었다. 그 나무판은 에릭이 집을 짓게 되면 천장에 붙이려고 보관하던 것이었다. 에릭은 집 지을 준비가 될 때까지 그 나무판을 토르길이라는 사람에게 맡겨두었는데, 에릭이 나무판을 찾으러 가자 토르길은 그 나무판이 자기 것이라고 발뺌했다(그 말이 사실이었을지도 모르지만, 옛이야기에는 이 부분이 확실하게 나와 있지 않다). 나중에 에릭은 토르길이 집을 비운 사이에 그의 집으로 들어가 벽에서

---

* 930년에 조직된 부족장 협의회는 현재의 아이슬란드 의회로 발전했다. 아이슬란드 의회는 현존하는 가장 오래된 의회로 여겨진다. 협의회에서는 그 옛날부터 법률을 논의하고 통과시켰지만, 지금까지 기록으로 남아 있는 것은 없다. 선거로 선출되어 중재자 역할을 했던 '법률 암송가'가 모든 법을 암송했기 때문이다. 요즘의 법률가들이 그런 식으로 일한다면 어떻게 될까?

나무판을 떼어낸 뒤 모습을 감춘다. 집에 돌아온 토르길은 에릭의 뒤를 쫓기 시작한다. 그리고 이어진 싸움에서 에릭은 결국 토르길의 아들과 '다른 몇 사람'을 살해한다. 참으로 어이없는 이야기다.

그런데 그런 불화나 반목은 에릭 가문의 가풍이었다. 에릭의 아버지는 과거에 경쟁자였던 사람을 살해하여 노르웨이 왕으로부터 추방된 뒤 어린 에릭을 포함해 가족을 모두 데리고 아이슬란드로 달아났다. 그런데 이제는 에릭이 추방당하는 처지가 된 것이다. 에릭은 새로운 땅을 발견하고 돌아온 플로키의 말을 듣고 서쪽으로 향했다. 지구에서 가장 큰 섬인 그린란드 해안을 따라 이리저리 항해하던 에릭은 남쪽에서 아이슬란드와 달리 얼음이 없는 협만과 푸른 목초지를 발견했다. 그리고 아이슬란드로 돌아가 정착하기에 알맞은 녹지를 발견했다고 알렸다. 에릭은 노골적인 거짓말까지는 아니지만, 대놓고 그 땅을 홍보하면서 척박한 느낌을 주는 '아이슬란드'*와 달리 호감이 가도록 '그린란드'라는 이름을 붙였다. 당시에 가뜩이나 흉년을 겪으면서 (이를테면) 푸른 목초지 같은 곳을 찾던 아이슬란드인들은 에릭을 따라 새로운 땅으로 갔다.

986년 스물다섯 척의 배로 구성된 선단이 아이슬란드 주민들을 태우고 그린란드로 향했다. 그들은 그린란드에서 농사에 가장 적합한 동쪽과 서쪽의 두 지역에 정착지를 세웠다. 엄밀히 따지면 북아메리카의 일부인 그린란드에서 이주민들은 유럽의 농경 사회처럼 소와 양, 염소, 돼지, 닭을 키우고 보리와 밀농사를 지었다. 그리고 기나긴 그린란드의 겨울을 나기 위해 집의 단열재로 건초와 잔디를 사용했다. 여름에는 사

---

* 당시 그린란드와 아이슬란드는 지금보다 기온이 몇 도 더 높았다. 주기적인 기후 순환 때문이었다. 아이슬란드는 세계에서 가장 최근에 형성된 땅으로, 과거 2,400만 년 이내의 어느 시점에 대서양 중앙 해령의 틈에서 형성되었다. 그와 달리 바로 옆에 있는 그린란드는 가장 오래된 땅 중 하나로, 35억 년 전에 형성되었다.

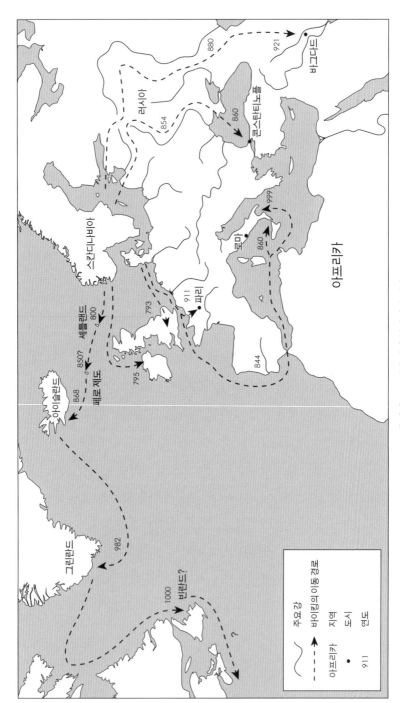

동서 방향으로 뻗어 나간 바이킹의 팽창.

냥꾼들이 해안을 따라 항해하면서 바다코끼리를 잡아 상아를 얻고 물개를 잡아 고기와 지방을 얻었으며 북극곰을 산 채로 잡아 유럽의 귀족들에게 애완용으로 팔았다. 그 외에도 (이누이트족보다 장비는 부족했지만) 고래를 사냥했으며 스코틀랜드에 일각고래를 팔았다. 스코틀랜드에서는 일각고래의 뿔에 마법 같은 힘이 있다고 믿었다. 그래서 스코틀랜드, 그리고 더 나아가 캐나다와 영국에서는 국장國章에 여러 가지 상상 속의 동물을 넣었다.

그린란드 정착지의 인구가 가장 많을 때는 5,000명이 넘었으며 고고학자들이 확인한 농장만 최소 400개에 달했다. 유럽에서 가장 먼 소도시인 그린란드 남부의 가더 마을에 있는 대성당(실제로는 커다란 돌로 만든 교회에 가깝다)에서는 로마에서 임명한 주교가 예배를 주관하기도 했다. 대학교수이자 작가인 재레드 다이아몬드는 자신의 저서『문명의 붕괴』에서 주교직을 유지하려면 수입 예복과 황금 잔, 미사용 포도주 등 상당한 물자가 들었는데, 이는 그린란드인들이 그들의 뿌리가 유럽이라는 데 얼마나 집착했는지를 보여주는 사례라고 말했다. 이주민들은 가장 풍부하게 얻을 수 있는 식량인 생선을 먹지 않는 등 그린란드 기후에 적합한 사냥법을 거부했는데, 결국 그런 이유로 그들의 정착지는 파멸을 맞게 된다. 그렇다고 해서 그들을 부정적으로만 볼 필요는 없다. 그래도 그들의 정착은 아주 성공적이어서 1400년대 초반까지 거의 500년이나 그곳에서 살았다. 500년은 미국에서 유럽인의 후손이 지금까지 살아온 것보다 더 오랜 세월이다.

그 외에도 인간의 발길이 닿지 않은 땅이 더 있을 거라는 단서는 옛날부터 있었다. 초창기 이주민 중 한 명인 비아르니 헤리올프손은 그린란드로 가다가 길을 잃는 바람에 서쪽으로 너무 멀리 가고 말았다. 그 와중에 북아메리카 땅('래브라도'로 추정된다)을 보게 된 헤리올프손은 낮선 해안을 따라 며칠간 항해하다가 그린란드로 돌아갔다. 그러고는 주민들에게 자신이 본 새로운 땅은 숲이 아주 울창했지만, 그 외에 다른 것은 별로 없었다고 말했다. 몇 년이 지난 서기 1000년, '붉은 털' 에릭의 아들 레이프 에릭손이 이끄는 탐험대가 헤리올프손의 말에 따라 탐험에 나섰다. 서쪽으로 항해하던 레이프 일행이 처음 본 것은 황량한 바위투성이 땅이었다. 그들은 그 땅을 '헬룰란드(바위투성이 땅)'라고 이름 붙였는데, 현재 캐나다의 북극지방에 있는 배핀 섬으로 추정된다. 레이프 일행은 남쪽으로 더 내려가 울창한 숲 때문에 '마클란드(숲의 땅)'라고 이름 붙인 땅에 도착했는데, 그곳은 캐나다 본토의 래브라도 지역으로 추정된다. 그리고 마지막으로 이틀 동안 더 항해한 끝에 연어가 많은 강과 푸른 목초지가 있고 포도와 나무 열매가 풍부한 아름다운 땅에 도착했다. 그들은 그곳을 '빈란드'라고 이름 붙였다. 빈란드의 정확한 위치는 알 수 없지만, 뉴펀들랜드와 뉴잉글랜드 사이의 어디쯤으로 추정된다. 그때는 연말이었기 때문에 레이프 일행은 소규모의 정착지를 세우고 그곳에서 겨울을 보냈다.

1960년대 들어 노르웨이의 고고학자 헬게와 안네 잉스타드 부부가 뉴펀들랜드 북쪽 끄트머리에 있는 '랑스 오 메도즈'에서 당시의 북유럽인 정착지 유적을 발견했다. 규모가 커서 100여 명이 살았던 것으로 추정되는 정착지였다. 나무로 뼈대를 세우고 잔디를 덮은 건물이 열 채 정도였고, 가장 큰 건물은 길이 30미터에 폭이 15미터로 NBA 농구 코트만 한 넓이였다. 그보다 작은 작업장과 주택도 몇 채 있었는데 그중에는 쇠 부스러기가 나온 대장간, 톱과 나무 조각이 나온 목공소, 그리고 쇠못이 나온 선박 수리소도 있었다. 물렛가락과 바늘이 함께 발견되어 여자들도 함께 살았던 것 같은데, 이곳이 단순하게 겨울을 나는 곳이 아니라 영구 정착지였을 수도 있다는 의미다. 그리고 버터너트의 잔해가 나온 것으로 보아 정착민들이 남쪽으로 최소한 960킬로미터 떨어진 뉴브런즈윅의 북방 수목한계선 부근까지 갔다 왔다고 추정할 수 있다.

전설에 따르면 레이프의 정착지에서 남쪽으로 최소 2~3일 동안 항해하면 닿는 곳에 또 다른 정착지가 있었으며, 그곳은 아마도 현재의 캐나다 노바스코샤나 미국의 메인, 혹은 더 멀리 매사추세츠나 롱아일랜드였을 것으로 추정된다. 그렇다면 바이킹이 북아메리카에 갔던 것은 단지 탐험에 대한 호기심 때문이 아니라 새로운 땅에 정착하려는 지속적인 시도였다고 할 수 있다. 그런데 왜 실패했을까? 우선 한 가지 이유는 당시 바이킹의 기술을 고려했을 때 북아메리카가 너무 멀었다는 것이다. 그린란드조차도 유럽의 영향력이 미치는 한계선에 있는 최전방 기지여서, 언제라도 모국과 교류가 끊길 위험이 있었다. 그래서 그린란드 정착민 중에서 더 서쪽으로 가서 정착하려거나 정착할 수 있는 사람이 많지 않았다. 또 다른 이유는 그린란드와 달리 북아메리카 대륙에는 이미 잘 적응하며 살고 있는 사람이 많았다는 것이다.*

1004년경 레이프의 형제 토르발드가 30명의 선원과 함께 북아메리카에 가서 겨울을 났다. 토르발드는 그곳에서 최초로 아메리카 원주민과 마주쳤다. 그리고 해안에 놓인 카누 밑에서 자고 있는 원주민들에게 다가가 별다른 설명이나 정당한 이유도 없이 공격을 가해 여덟 명을 살해했다. 아홉 번째 원주민은 달아났다가 (당연히) 사람들을 데리고 돌아와 바이킹 야영지를 공격했다. 토르발드는 이어진 전투에서 화살에 맞아 목숨을 잃었다. 토르발드의 여동생 프레이디스는 임신한 몸이었지만, 전사한 남자의 칼을 집어 들고 남은 남자들을 한데 모아 원주

---

* 이누이트족도 그린란드에 살고 있었다. 그런데 그들은 바이킹보다 늦게 이주했으면서도 어쩌면 바이킹 정착지의 종말에 원인을 제공했을지 모른다.

민들과 싸웠다. 전설에 따르면 그녀의 모습이 어찌나 사나웠던지 바이킹이 '스크라일링Skraelings'이라고 불렀던 북아메리카 원주민들은 겁을 집어먹고 도망쳤다. '스크라일링'이라는 말은 원주민들이 '알아들을 수 없는' 말을 썼기 때문에 '소리치다'라는 뜻인 '스크라이키아skrækja'에서 따온 것으로 보인다.*

이 사건으로 바이킹의 북아메리카 정착 시도가 끝난 건 아니었다. 몇 년 후 '용맹한 자' 토르핀 카를세프니가 세 척의 배에 각종 보급품과 이주민을 싣고 아메리카로 출발했다. 그들은 남쪽으로 항해하다가 '스트라움피오르'라는 곳에 닿았는데, 그곳은 아마도 현재의 캐나다 뉴펀들랜드 섬이나 노바스코샤, 혹은 미국의 메인 주 어디쯤이었을 것이다. 그들은 그곳에서 원주민과 평화롭게 지내면서 물물교환을 하기도 했다. 이 무렵 토르핀의 아들 스노리**가 태어나 아메리카 대륙에서 태어난 최초의 유럽인이 되었다. 1014년경에는 또 다른 원정대가 정착민과 함께 도착했지만, 그 뒤로 바이킹은 아메리카에서 점차 모습을 감추었으며 아무런 기록도 남아 있지 않다. 하지만 아메리카 대륙으로 가는 항해는 산발적으로나마 수백 년간 계속된 것 같다. 미국 메인 주의 아메리카 원주민 거주지에서 11세기 말에 제작된 듯한 노르웨이 동전이 발견된 것으로 미루어볼 때, 바이킹은 빈란드에 정착지를 세우고 100여 년 넘게 뉴잉글랜드에 거주했을 가능성이 높다. 바이킹의 유물은 캐나다의 북극지방과 여기저기 흩어져 있는 이누이트족의 거주지에서도 발견되었다. 아메리카 대륙의 바이킹에 관해 가장 최근에 알려진 내용을

---

* 전설에 따르면 바이킹들이 이때 원주민 아이 두 명을 붙잡아 그린란드로 데려갔다고 한다. DNA 증거를 보면 적어도 한 명의 아메리카 원주민 여자가 아이슬란드로 끌려가 최초로 유럽에 간 아메리카 원주민이 되었다. 그리고 그녀의 후손이 지금도 아이슬란드에서 살고 있다.

** 영어 발음의 느낌과 달리 '스노리'는 용맹한 전사를 뜻한다. 스노리 토르핀손은 말년에 아이슬란드로 돌아가 존경받는 정치지도자가 되었다.

보면, 1347년에 한 바이킹 선원이 마클란드에서 목재를 잔뜩 싣고 돌아왔다는 기록이 아이슬란드에 남아 있다.

아메리카 대륙에 정착한 바이킹이 그 외에도 더 있었을까? 만약 있었다면, 그들은 어떻게 되었을까? 정착지를 세운 후 얼마 지나지 않아 철수했을까, 아니면 100년 넘게 계속 살았을까? 우리는 부족한 고고학적 증거로 진실을 알아낼 수 있을까? 옛날에는 대부분의 사람들이 아메리카 대륙의 바이킹 이야기가 허구일 뿐이라고 생각했다. 그러다가 최근 들어 랑스 오 메도즈에서 바이킹 정착지 유적이 발견된 것이다. 정착지 유적은 강풍이 부는 뉴펀들랜드 평야의 푸른 언덕에 있었는데, 만약 메인 주의 해안에 길게 늘어선 숲속 어딘가에 묻혀 있었다면 절대 발견하지 못했을 것이다. 바이킹이 북아메리카 대륙에서 아주 오랫동안 살았지만 그 흔적이 나중에 건너온 유럽인들로 인해 지워졌거나, 혹은 아직 발견되지 않았을 수도 있다. 하지만 더 많은 증거를 발견하기 전까지는 바이킹 정착민이 북아메리카 대륙 본토에 오래 거주하지 않았다고 추정하는 것이 타당하다. 그들은 아메리카 원주민과 평화롭게 공존할 수도, 공존할 생각도 없었기 때문이다.

소규모의 바이킹 집단은 아메리카 원주민을 상대로 수적 우위를 점하지 못했고, 훗날 유럽 정복자들과 달리 전염병으로 원주민이 전멸하는 행운을 누리지도 못했다. 유럽인을 한 명 만난다고 원주민들에게 치명적인 전염병이 퍼지지는 않는다. 전염병이 퍼지려면 감염자가 잠재적 피해자와 가까이 있어야 하는데, 소수의 바이킹과 산발적으로 접촉하는 것만으로는 충분하지 않았던 것이다. 전염병이 대규모로 유행하여 아메리카 원주민이 사실상 전멸한 것은, 더 오랜 시간이 흘러 콜럼버스가 신대륙에 도착하고 뒤이어 수천 명의 유럽인이 카리브 해 지역에 벌떼처럼 모여들었을 때였다. 바이킹은 또한 아메리카 원주민보다 기술적으로 크게 앞서 있지도 않았다. 강철검 몇 자루만으로는 소규모 전투에서 큰 우위를 점할 수 없었으며, 특히 원주민이 수적으로 우세한 상황에서는 더욱더 그러했다.

1670년대에 벌어진 '필립 왕의 전쟁'에서 그 점을 명확하게 알 수 있다. 메타코멧 Metacomet(영어로는 '필립 왕'으로 통했다)이라는 추장이 이끄는 아메리카 원주민 연합은 영토를 침범하는 유럽인 정착민과 맞서 싸웠다. 이때가 아메리카 원주민이 유럽인과 거의 동등하게 맞설 수 있었던 거의 마지막 시기였다. 1년에 걸쳐 뉴잉글랜드에 있는 유럽인 정착지의 절반 이상이 공격받았고 그중 10여 곳은 완전히 파괴되었다. 당시 유럽인 정착민 인구의 10퍼센트에 해당하는 수천 명의 정착민이 목숨을 잃었고 정착지의 경제는 엉망이 되었다. 수많은 이주민이 그들이 가져온 질병의 도움을 받고 앞선 무기의 덕을 보았으며 원주민과 협력했는데도 북아메리카 해안에서 간신히 생존을 이어갔던 사실을 보면, 바이킹의 상황이 얼마나 취약했을지 짐작할 수 있다. 콜럼버스가 서인도 제도의 히스파니올라 섬에 세웠던 첫 정착지는 1493년에 파괴되었고, 로아노크 섬에 세워진 영국의 첫 식민지는 1587년에 버려졌다. 제임스타운과 플리머스 정착지는 가까스로 첫해를 넘겼는데, 그마저도 새로 유입되는 정착민들이 죽은 사람들의 자리를 메꾸지 않았다면 불가능했을 것이다. 새로운 땅에 영구 정착지를 만든다는 것은 그 정도로 매우 어려운 일이다.

그린란드의 바이킹 정착지도 나중에는 결국 사라졌다. 가장 큰 원인은 소빙하기(1300~1850년)의 서늘한 기후 때문이었다. 이누이트족의 소지품에서 바이킹의 빗과 가정용품, 체스 말, 리벳, 연장 등이 나온 것을 보면, 원주민과의 경쟁 역시 그 원인이었다(이누이트족은 바이킹의 물건을 약탈이나 무역을 통해, 또는 버려진 정착지에서 얻었을 것이다). 바이킹이 북아메리카 대류에서 사라진 또 다른 원인은 아프리카에 새로운 무역로가 생기는 바람에 상아 무역에서 경쟁력을 잃었기 때문이다. 게다가 1400년경에 아이슬란드 인구 절반의 목숨을 앗아간 전염병이 그린란드까지 퍼졌던 것으로 보인다. 이 전염병은 뒤늦게 아이슬란드까지 퍼진 흑사병의 일종이었던 듯하다. 1408년에 작성된 결혼 증서가 그린란드에 마지막으로 남은 바이킹의 문서 기록이며, 일부 유물은 방사성탄소연대측정법으로 측정한 결과 1450년경의 물건으로 판명되었다. 그렇긴 하지만, 그린란드의 일부 주민들이 1492년에 콜럼버스가 항해를 시작할 무렵까지 42년간 계속 생존했을 가능성도 있다. 다시 말해 986년 이후로 유럽인들이 북아메리카 대륙에서 계속 살았을지도 모른다는 뜻이다.

7

신대륙과 구대륙의 첫 만남

북아메리카의 바이킹 정착지 중에서 적어도 한 곳은 그 존재가 명확하게 입증되었다. 하지만 다른 정착지들은 추정에 근거한 것으로 보인다. 비록 바이킹 전설이라는 것이 환상적 요소로 미화되긴 했지만, 전설 속에 등장하는 역사적 사건은 세월이 흐르면서 매우 정확한 것으로 밝혀졌다. 바이킹이 남긴 흔적 외에도 일찍이 신대륙 아메리카와 구대륙 간에 어떤 접촉이 있었다고 추측할 만한 증거는 많다. 다만 확실한 증거가 많지 않을 뿐이다. 문서 기록은 산발적으로 발견되거나 아예 없으며, 초기에 있었을 법한 소규모의 접촉은 고고학적 증거가 없거나 더 나중에 일어난 접촉의 증거에 묻혀 구분하기 어려워졌을 수도 있다. 과학적 시각에서 회의적으로 보자면, 그런 소규모의 접촉이 검증된 사실이라고 말하기는 어렵다. 하지만 그중 일부는 거론해볼 만하며, 시간이나 기회의 우연성을 고려하면 적어도 일부는 실제로 일어났을 가능성이 높다.

가장 눈길을 끄는 단서는 고구마다. 고구마는 아메리카 대륙이 원산지이며 일찍이 기원전 8000년경 안데스 산맥에서 경작되었다. 1532년

페루에 도착한 스페인 사람들이 고구마를 유럽으로 가져갔고 스페인 상인들은 고구마를 다시 동아시아로 가져갔다.* 재미있는 점은, 고구마를 전 세계에 퍼뜨린 것은 스페인 사람들이지만 폴리네시아인에게는 유럽인이 오기 전부터 이미 고구마가 있었다는 것이다. 그것도 아주 오래 전부터. 쿡 선장이 뉴질랜드에 상륙했을 때 마오리족 농부들은 양팔에 고구마를 한아름 든 채 그를 맞이해주었다. 그리고 쿡 선장 일행의 눈앞에는 줄지어 잘 관리되고 있는 고구마밭이 펼쳐져 있었다. 당시 뉴질랜드에서는 수백 년 넘게 고구마를 경작하고 있었던 것이다.** 어찌된 일이었을까?

고구마는 폴리네시아 정착민들의 이동과 반대되는 방향, 그러니까 동쪽에서 서쪽으로 태평양을 건넌 것으로 추정된다. 800년경 폴리네시아인은 그들의 활동 영역 중에서 가장 동쪽에 위치한 이스터 섬에 도착했다. 이 시기는 폴리네시아 사회의 고고학적 기록에서 고구마가 등장하는 시점과 정확히 일치한다. 서기 1000년경에는 쿡 제도에 고구마가 등장한다. 쿡 제도는 이스터 섬에서 서쪽으로 태평양을 거의 절반쯤 건너야 닿을 수 있는 곳이다. 이와 관련해 고구마가 어찌어찌해서 태평양 위를 떠다니다가 폴리네시아의 섬에 닿았고, 누군가가 그 고구마를 가져다가 무역을 통해 태평양 곳곳에 퍼뜨렸다는 설도 있다. 하지만 그 말은 완전히 틀렸다고 봐야 한다. 고구마는 물에 젖으면 금방 썩을 뿐 아니라 싹이 트지 않는다. 그리고 바다 위에서 수천 킬로미터를 떠다니는 것도 거의 불가능하다. 게다가 무거워서 새가 물고 나르기도

---

* 현재 중국의 고구마 생산량은 나머지 모든 국가의 생산량을 합친 것보다 많다. 고구마는 아프리카와 동남아시아에서도 인기가 많다. 그런데 아메리카 대륙은 고구마의 원산지인데도 전 세계 생산량의 3퍼센트에 불과하다.

** '유전적 부동'(개체군 내의 대립유전자 빈도가 임의적으로 변화하는 현상으로서 유효 개체군이 작을수록 유전적 부동의 영향이 커져 유전적 다양성이 낮아진다 - 옮긴이) 분석 결과를 보면, 폴리네시아에서 경작한 고구마는 유럽인들이 아메리카 대륙에서 가져온 고구마와 다르며, 더 옛날에 전해졌다.

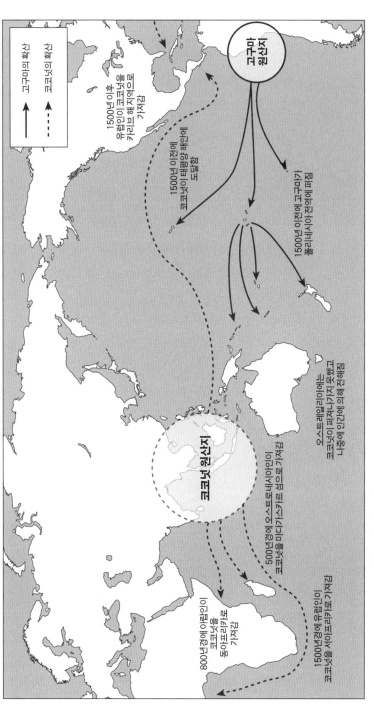

콜럼버스 이전에 폴리네시아와 아메리카 대륙 간에 접촉이 있었다는 근거인 고구마와 코코넛의 확산 경로.

범례

→ 고구마의 확산
┈┈▶ 코코넛의 확산

고구마
원산지

코코넛 원산지

1500년 이후
유럽인이 코코넛을
카리브해 지역으로
가져감

1500년 이전에
코코넛이 태평양 해안에
도달함

1500년 이전에 고구마가
전역에 퍼짐
폴리네시아

오스트레일리아에는
코코넛이 퍼져나가지 못했고
나중에 인간에 의해 전해짐

500년경에 오스트로네시아인이
코코넛을 마다가스카르 섬으로 가져감

800년경에 아랍인이
코코넛을
동아프리카로
가져감

1500년경에 유럽인이
코코넛을 서아프리카로 가져감

어렵다. 분명한 것은 유럽인이 아메리카 대륙에 도착하기 오래전에, 어떤 식으로든 사람이 고구마를 배로 실어날랐다는 것이다.

코코넛도 고구마와 비슷하다. 코코넛은 열대 지역의 가까운 섬들 사이를 물에 떠서 이동할 수 있지만, 고구마와 마찬가지로 바다에서 쉽게 썩는다. 그리고 유럽인이 도착하기 전에 태평양에서부터 원산지로 추정되는 인도까지 이미 널리 퍼져 있었다. 1500년대 초에 바스코 다 가마가 인도에서 유럽으로 코코넛을 가져갔는데, 그 당시 아프리카의 서쪽 해안에는 코코넛이 없었다. 사실 고르게 퍼지지는 않았지만, 코코넛의 폭넓은 분포 지역을 보면 그 옛날 사람들이 항해했다고 알려진 지역과 완벽하게 일치한다. 다만 중요한 예외가 하나 있는데, 아메리카 대륙의 태평양 쪽 해안에는 유럽인이 도착하기 전부터 이미 코코넛 나무가 있었다는 것이다.* 이렇게 코코넛의 이동 방향은 고구마와 반대였을 뿐, 나머지는 거의 일치한다. 그런데 이것만으로 폴리네시아인이 아메리카 대륙에 갔다고 결론 내릴 수는 없다. 물론 코코넛의 일부 품종은 바다 위에서 수천 킬로미터를 떠다니다가 살아남았을지도 모르지만, 코코넛이 언제 어떤 경로로 퍼져나갔는지는 불확실한 점이 너무 많다.

콜럼버스 이전에 폴리네시아인이 아메리카 대륙에 갔다는 결정적인 증거는 없지만, 폴리네시아인에게는 충분히 그럴 만한 능력이 있었다. 이스터 섬에서 아메리카 대륙까지는 이스터 섬에서 반대쪽으로 가장 가까운 폴리네시아인 거주지까지보다 불과 30퍼센트 더 멀 뿐이다. 광활한 태평양에서 작은 점 같은 섬들과 비교하면, 지구의 북쪽에서 남쪽까지 걸쳐 있는 아메리카 대륙은 발견되지 않기가 더 어렵다. 넓은 바다에서 수천 킬로미터 떨어진 섬의 정확한 위치를 찾아내는 폴리네

---

* 좀 더 파고들어보면, 코코넛은 인간의 발길이 닿지 않은 곳에서는 아주 작은 물줄기조차 건너가지 못했다. 뒤늦게 인간의 발길이 닿은, 인도네시아에서 오스트레일리아에 이르는 지역을 그 예로 들 수 있다.

시아인이 아메리카 대륙에 갔다고 해서 그것을 의심할 수 있을까? 그냥 폴리네시아의 뱃사람 한 명이 동쪽으로 똑바로 갔다가 다시 돌아오기만 하면 되는 것이다. 사실 폴리네시아인은 아메리카 대륙에 여러 차례 갔을 가능성이 높고, 심지어 지속적으로 왕래했을 수도 있다. 그럼 그랬다는 증거는 남아 있을까? 많지는 않을 것이다. 일부 폴리네시아인이 아메리카 대륙에 정착했더라도 그 흔적은 훨씬 더 거대한 아메리카 문명의 용광로에서 녹아버렸을 것이다.

반대로 아메리카 원주민이 태평양으로 갔을 수도 있다. 이 이론은 1900년대 중반에 노르웨이의 탐험가인 토르 헤위에르달Thor Heyerdahl이 주장했다. 다만 언어학이나 유전학, 고고학적 증거를 기반으로 판단했을 때 사람들의 지지를 받지는 못했다. 보통 아메리카 원주민에게는 단순한 카누 외에 해양 기술이 전무했던 것으로 여겨지지만, 이는 사실이 아니었던 것 같다. 우리가 아메리카 원주민을 서투른 뱃사람으로 여기는 시각은 나중에 생긴 것이다. 1815년 독일의 식물학자 아델베르트 폰 샤미소Adelbert von Chamisso는 미국 사회에 관해 기초적인 조사를 한 뒤 '미국 사람들은 뱃사람이 아니었다'고 주장했다. 그 말은 사람들의 머릿속에 강한 인상을 남겼는데, 특히 유럽인이 아메리카 대륙을 정복하고 300년이 흐른 뒤 아메리카에 온 사람들에게는 더욱 그러했다. 샤미소가 살던 시절에는 아메리카 원주민의 배에 대한 자료가 별로 남아 있지 않았지만, 그렇다고 원주민들이 배를 타고 항해할 능력이 없었다고 할 수는 없다. 어쨌든 유럽인이 이스터 섬에 처음 도착해 섬을 살펴볼 때만 해도 당시 섬 주민들에게는 항해 기술이 없었다. 그들의 조상은 수천 킬로미터의 바다를 건너 이스터 섬에 정착했는데도 말이다.

아메리카 원주민에게 항해 능력이 없었다는 편견은 그들이 바다에서 뗏목 같은 배를 사용했기 때문인 것 같다. 사실 원주민들의 배를

'뗏목'이라고 표현한다면 오해를 살 여지가 있다. 길이 27미터, 폭 9미터가 넘고 다 자란 코끼리 서너 마리를 실을 수 있는 평평한 뗏목을 본 적이 있는가? 그게 지금 우리가 말하고 있는 '뗏목'의 정확한 모습이다. 현대의 탐험가들도 뗏목을 기반으로 제작된 배를 타고 대서양과 태평양을 건넜다. 남아메리카에서 사용하는 뗏목 중 일부에는 오두막이 있을 뿐 아니라 불을 피워 요리를 할 수 있고 몇 주 동안 바다를 항해할 수도 있다. 사실 스페인 사람들은 잉카인을 육지에서 만나기 전에 바다에서 먼저 만났다. 1526년 파나마에서 출발해 태평양 연안을 따라 남쪽으로 내려가던 스페인 정찰대는 앞에서 다가오는 커다란 배를 보고 깜짝 놀랐다. 그 지역은 분명 유럽인이 없는 곳이었기 때문이다.* 스페인 사람들은 그 배를 빼앗고 선원 몇 명도 인질로 붙잡았다. 그렇게 빼앗은 배는 스페인 사람들의 배와 크기가 비슷하고 바다를 항해할 목적으로 만든 커다란 뗏목이었다. 통나무를 나란히 붙여서 묶은 뒤 나무 갑판을 올렸으며, 그 위에 견고한 돛대를 세우고 넓은 돛을 단 배였다고 한다.

이런 항해용 뗏목은 남아메리카의 태평양 해안에서 흔히 볼 수 있었다. 그리고 잉카인은 육지에서 수백 킬로미터 떨어진 갈라파고스 제도까지 오갔다. 잉카인에게는 기록이 없었지만, 유럽인이 아메리카에 도착하기 전인 1572년에 페드로 사르미엔토 데 감보아Pedro Sarmiento de Gamboa라는 스페인 사람이 그곳의 원주민과 상의해 잉카인의 전체 역사를 정리한 적이 있었다. 그 안에는 100년 전에 잉카를 다스린 '투팍 유판키Tupac Yupanqui'** 황제 시절의 항해 이야기도 들어 있다. 그 이야기에 따르면 서쪽에서 낯선 외지인들이 와서 먼 바다에 보물과 황금으로 가

---

* 스페인 사람들의 배는 파나마의 태평양 해안에서 만든 것이었다. 그리고 그들이 파나마에 처음 도착한 것은 불과 13년 전이었다.

** 유명 래퍼인 '투팍Tupac'은 잉카 최후의 황제인 '투팍 아마루Tupac Amaru'에서 이름을 따왔다. 투팍 아마루 황제는 스페인 사람들의 지배에 맞서 반란을 주도하다가 처형되었다.

득한 섬이 있다는 말을 했다고 한다. 땅 위의 영토에 만족하지 못했던 투팍 유판키 황제는 뗏목 선단을 만들고 선원 2만여 명을 선발해 서쪽 바다로 보냈다. 전설에 따르면 그 원정대 사람들은 서너 곳의 섬에 들른 뒤 많은 보물을 싣고 돌아왔다고 한다.

그 당시에 잉카인이 갔던 곳이 갈라파고스 제도였을까? 아니면 그보다 더 먼 곳이었을까? 명확한 증거는 없지만, 우리가 알고 있는 그들의 해양 기술을 고려하면 정말로 갈라파고스 제도에 갔을 수도 있다. 갈라파고스 제도에는 사람이 살지 않았지만, 고고학적 연구 결과를 보면 잉카인의 것으로 보이는 도자기 조각과 피리가 발견되었다. 그리고 투팍 유판키 황제의 이야기에 나오는 외지인들이 누구인지도 짐작할 만하다. 당시 폴리네시아인도 동쪽의 남아메리카까지 충분히 갈 수 있었기 때문이다. 사실 각각 항해 기술을 갖고 있는 폴리네시아인과 남아메리카인이 그처럼 서로 멀지 않은 곳에 있었으므로, 어느 시점에 서로 교류하게 되었다고 추정해도 별다른 무리는 없다. 전면적인 교류는 아니었을지도 모르지만.

토르 헤위에르달은 좀 더 나아가 폴리네시아인의 기원이 아시아가 아니라 아메리카라고 주장했다. 제2차 세계대전 중 노르웨이의 레지스탕스로 나치와 싸웠던 헤위에르달은 전쟁이 끝난 후 고대인이 광활한 바다를 건넜다는 주장을 증명하는 데 힘을 쏟았다. 1947년 헤위에르달은 동료 다섯 명과 함께 페루로 가서 잉카 문명에 나오는 모습대로 항해용 뗏목을 만들었다. 그리고 잉카 시대의 기술만 사용해서 만든 콘티키Kon-Tiki 호를 타고 101일 동안 남아메리카에서 폴리네시아까지 8,000킬로미터를 항해하는 데 성공했다. 놀랍게도 뗏목은 기동성이 매우 뛰어났고 뗏목에 사용한 발사나무 사이로 물고기가 몰려든 덕분에 식량과 물을 얻는 데도 큰 문제가 없었다. 그들의 탐험은 세상 사람들을 놀라게 했으며 책과 영화로도 만들어져 많은 상을 받았다. 그리고 세계대전이 끝난 후 전 세계에서 폴리네시아식 칵테일과 칵테일 우산, 대나무 횃불 등이 널리 유행하게 되었다.

폴리네시아인이 서쪽 방향으로 가면서 정착지를 확대했다는 헤위에르달의 주장은 다른 사람들의 후속 증거가 나오면서 틀린 것으로 판명되었다. 하지만 유럽인이 오기 전, 남아메리카인이 폴리네시아인과 접촉했다는 주장이 사실일 수도 있다는 것을 직접 증명하는 데는 성공했다. 20년 후 헤위에르달은 대서양에서도 같은 목적으로 또 한 번 항해했다. 이번에는 중앙아프리카의 차드 호수에서 온 전통 기술자의 도움을 받아 고대 이집트의 그림을 참고해 파피루스 갈대로 배를 만들었다. 이집트 태양신의 이름을 따서 '라Ra'라고 이름 붙인 그 배는 커다란 항해용 배였으며 갈대를 단단하게 묶어서 매우 튼튼하고 견고했다. 헤위에르달은 대서양에 인접한 모로코 해안에서 배를 띄운 뒤 일곱 명의 선원과 함께 아메리카 대륙을 향해 출발했다. 그런데 몇 주가 지나자 라 호에 물이 새기 시작했다. 높은 파도와 풍랑으로 라 호는 결국 침몰했지만, 그때까지 6,400킬로미터가 넘는 거리를 항해했다. 선원들은 카리브 해를 불과 수백 킬로미터 앞두고 어쩔 수 없이 배를 버리고 지나가는 배에 구조되었다. 나중에 헤위에르달 일행은 고대 이집트의 배에서 가장 중요한 설계 요소가 라 호에 누락되었음을 알게 되었다. 그것은 바로 배의 앞쪽을 수면 위로 높이 올려 밧줄로 고정시키는 것이었다.

일행은 그 부분을 보완해 '라 2호'를 새롭게 제작한 뒤 이듬해에 모로코 해안을 출발했다. 그리고 이번에는 대서양 건너편의 바베이도스 섬에 도착함으로써 완벽한 성공을 거두었다. 헤위에르달은 고대인이 간단한 기술로 광활한 바다를 건넜다는 사실을 다시 한 번 입증했다. 그 옛날 이집트인이 정말 대서양을 건너려 했는지는 알 수 없지만,

콘티키 호와 라 호의 항해는 그 가능성을 보여주었다. 고대 이집트인과 잉카인이 대양을 건널 수 있었다면 폴리네시아인이나 페니키아인, 그리스인처럼 더욱 숙련된 항해사들도 틀림없이 건널 수 있었을 것이다.

먼 옛날의 기록에는 없지만, 태평양과 대서양 간에 더 많은 접촉이 있었을지도 모른다. 하지만 확실한 고고학적 증거가 없다면 언제, 어디서 그런 접촉이 있었는지, 그리고 그런 접촉을 했는지 확실하게 말할 수 없다. 그렇지만 남아 있는 단서도 많다. 예를 들어 캘리포니아의 추마시족Chumash과 남아메리카의 마푸체족Mapuche은 널빤지를 복잡하게 연결해 카누를 만들었는데, 그런 형태는 아메리카 대륙의 다른 원주민과 달랐으며 당시 태평양을 건너 아메리카인과 접촉했을지도 모르는 폴리네시아인의 카누와 유사했다. 폴리네시아인이 사용했던 각종 도구나 도끼, 흙으로 만든 아궁이, 물고기를 잡는 통발 등이 아메리카 대륙에서도 발견되는데, 특히 마푸체인이 많이 사는 칠레 해안의 칠로에 섬에서 많이 발견되었다. 아메리카 대륙에서 폴리네시아인의 것과 가장 비슷한 도구가 발견된 곳이 이스터 섬에서 동쪽으로 불과 3,200킬로미터 떨어진 해안이었다는 것을 정말 우연이라고만 해야 할까?

언어적 측면에서도 문화 교류가 있었다는 단서가 있다. 칠로에 섬 주민들은 판자를 이어 붙인 카누를 '키아 루kia lu'라고 불렀는데, 그 말은 폴리네시아어로 '바느질'과 '길다'라는 뜻인 '티아 라오tia lao', 혹은 하와이어로 길고 가벼운 카누를 뜻하는 '키알로아kialoa'에서 왔을 수도 있다. 또한 칠로에어로 '도끼'를 뜻하는 '토토키totoki'는 이스터 섬에서 도끼를 일컫는 말인 '토키toki'와 매우 비슷하다. 이런 언어적 관련성은 폴리네시아인이 아메리카 대륙에서 가장 닿기 쉬운 곳이 칠로에 섬이기 때문에 더욱 흥미롭다. 남위 30~40도 지역에서 부는 편서풍을 타고 일직선으로 나아가면 섬에 닿을 수 있기 때문이다. 사실 칠로에 섬 주민들은 폴리네시아인과 남아메리카인의 피가 많이 섞였다. 유전적으로는 그렇지 않더라도 최소한 문화적으로 그렇다. 언어적 관련성은 고구마를 통해서도 드러난다. 앞에서 보았듯이, 고구마의 원산지는 아메리카 대륙이지만 폴리네시아에는 유럽인과 접촉하기 전부터 널리 퍼져 있었다. 폴리네시아 문화권에서 '고구마'를 가리키는 말은 고대 폴리네시아어인 '쿠말라kumala'에서 왔는데, 하와이에서 사용하는 '우알라uala'나 마오리족과 이스터 섬 주민들이 사용하는 '쿠마라kumara'와 비슷하다. 그리고 케추아어*의 '쿠마르k'umar'와는 거의 똑같다. 만약 고구마가 태평양 전역을 떠다녔다면, 그 이름까지 같이 붙어 다녔다는 것인가?

유전적 측면에서도 단서가 있다. 폴리네시아인은 태평양을 항해하면서 고기와 달걀을 먹기 위해 닭을 싣고 다녔다. 유럽인이 오기 전까지 아메리카 대륙에는 닭이 없었지만, 2007년에 발굴된 닭 뼈를 방사성탄소연대측정법으로 조사해보니 추정 연대가 1304~1424년으로 나왔다. 유럽인이 도착하기 한참 전으로 판명된 것이다. 특히 이 닭 뼈는 태평양 해안에서 발굴되었기 때문에 폴리네시아인과 연관되었을 가능성을 보여준다. 실제로 그 닭의 DNA 서열은 사모아나 하와이, 이스터 섬에서 발견된 같은 시기의 닭 뼈와 일치했다. 하지만 방사성탄소연대측정법이 완벽하지는 않으므로 그 연관성이 확실하다고 말할 수는 없다. 한편 신체적 특성을 보면, 몇몇 연구에서 아메리카 원주민의 몸에서 폴리네시아인의 유전자가 일부 나왔다거나 폴리네시아인의 몸에서 아메리카 원주민의 유전자가 일부 나왔다는 주장이 있지만, 그런 연구는 모두 논란의 여지가 있으며 아직까지 확실한 결론에 이르지 못한 상태다.

---

* 케추아어는 잉카인이 사용하던 언어이며, 지금도 남아메리카에서 사용된다.

먼 옛날 폴리네시아인과 아메리카인이 접촉했다고 결론지을 수 없는 이유 중 하나는 콜럼버스가 도착하기 전의 아메리카 대륙에 관해 정확한 정보가 없기 때문이다. 아메리카 원주민은 기록을 거의 남기지 않았으며 원주민 대부분이 유럽인과 접촉하는 과정에서 사라졌다. 우리가 아는 것은 산발적으로 발견된 고고학적 증거나 극도로 편향된 유럽인들의 이야기뿐이다. 당시 스페인 사람들의 이야기는 남아메리카를 정복하고 원주민을 노예로 만들고 기독교로 강제 개종시킨 행위를 정당화하기 위해 기록된 경우가 많다. 그중 대표적인 것이 '백인 신white god' 신화다. 정복자 코르테스와 부하들은 멕시코에 도착한 바로 그해에 아스텍 사회에 '케찰코아틀' 신이 재림한다는 예언이 있음을 알게 된다. 페루에서는 피사로와 부하들이 잉카인으로부터 그와 비슷한 이야기를 전해 듣는데, 잉카인의 창조주인 '비라코차' 신이 재림한다는 예언이었다. 두 예언은 놀라울 정도로 비슷한데, (최소한 스페인 사람들은) 케찰코아틀과 비라코차 모두 키가 크고 수염이 있고 피부가 하얗고 눈동자가 파란 신이며 바다를 건너 재림한다고 생각했다.

그런 예언에 관해서는 좀 더 상세한 이야기도 전해진다. 태초에 케찰코아틀은 올이 굵은 검은 옷을 입고 바다를 건너왔다고 한다. 그리고 마치 윤리 선생님처럼 새로운 법을 만들고 인신공양을 금지했다. 다양한 형태의 세례나 고해성사 의식도 도입했는데, 스페인 사람들은 이런 의식이 기독교가 전파되기 전부터 아메리카 대륙에 널리 퍼져 있었다고 주장했다. 그런데 결국 토착신인 '위칠로포치틀리'의 추종자들이 외부에서 온 케찰코아틀에 반기를 드는 바람에 케찰코아틀은 동쪽 바다를 건너 꿈의 땅으로 도망쳤다. 도망치기 전에 케찰코아틀은 분노한 그의 백인 형제가 언젠가 돌아와 멕시코를 다스릴 것이라는 예언을 남겼다. 예언 속에서 케찰코아틀이 재림하는 날은 아스텍에서 사용하는 단력短曆(265일)과 장력長曆(365일)의 1일이 52년 만에 겹치는 날이었다. 그리고 그 예언이 실제로 일어났으니, 1519년에 코르테스가 정확하게 그 날짜에 멕시코에 도착한 것이다.

이 놀라운 우연의 일치를 보면 스페인 사람들이 이 이야기를 일부, 혹은 전부 지어낸 것이 아닌가 하는 의심이 강하게 든다. 세부적인 이야기가 너무나 잘 맞아떨어지기 때문이다. 그렇지만 최소한 그 이야기 중에서 일부는 대서양을 사이에 둔 양 대륙의 간접 접촉에서 비롯되었을 수도 있다. 그것은 바이킹과의 접촉을 말하는데, 그때부터 '백인 신'과 비슷한 전설이 아메리카 대륙 전체로 퍼져나갔을지도 모른다. 흥미롭게도 스페인 사람들의 설명에 나오는 케찰코아틀은 금발에 푸른 눈동자인데, 이런 모습은 스페인 사람들과 다르지만 바이킹과는 딱 들어맞는다. 케찰코아틀이 걸친 망토도 우리가 생각하는 당시 스페인 사람들의 옷차림보다는 중세 바이킹의 옷차림에 더 가깝다.

아니면 혹시 바이킹 외에 다른 사람들이 있었던 것은 아닐까? 우리는 지금까지 이집트인부터 아일랜드인까지 바다를 건널 만한 기술이 있었던 구대륙 사람들을 주로 거론했다. 물론 그들이 옛날에 대양을 건넜다고 단언하는 것은 아니다. 하지만 수천 년 동안 그들에게 그런 능력이 있었음을 고려하면, 그들이 우연히 대양을 건넜을 가능성이 전혀 없다고 말하기도 어렵다. 일단 서유럽에서 배를 타고 출발하면 그냥 손을 놓고 있어도 조류를 따라 몇 달이면 아메리카 대륙에 닿기 때문이다. 그리고 바람까지 더해지면 몇 주 만에 대서양을 건널 수도 있다(콜럼버스는 29일이 걸렸다). 아프리카 서쪽의 카보베르데 제도에서 대서양 건너 아메리카 대륙까지는 2,500여 킬로미터에 불과한데, 이는 폴리네시아인이 태평양에서 일상적으로 항해했던 거리보다 훨씬 가깝다. 게다가 일단 서쪽으로 항해를 시작했다면, 거의 지구 북쪽 끝에서 남쪽 끝까지 일직선으로 뻗어 있는 아메리카 대륙을 발견하지 못하는 것이 더 어렵다.

항해 중에 폭풍을 만나 돛이 부러졌다고 해서 배가 바다를 건너지 못했을까? 선원들에게 충분한 식량이 실려 있지 않았다고 해서 배가 바다를 건너지 못했을까? 콜럼버스는 인간이 깎아서 만든 유목流木이나 인간이 만든 각종 잡동사니가 '바다 너머의 땅에서' 유럽 해안으로 밀려온 것을 보고 대서양 횡단 계획을 세우게 되었다고 한다. 버려진 배든 아니면 선원들이 생존하기 위해 발버둥을 쳤던 배든, 바다를 건너온 배가 전혀 없었을까? 바다를 건너 아메리카에 도착한 선원이 있었다면, 혼자 배를 수리해 귀향하기는 어려웠을 테니 아메리카 대륙이라는 거대한 용광로에 녹아들었을 것이고, 그런 식으로 아주 흥미로운 이야기가 만들어졌을 것이다.

먼 옛날 구대륙과 신대륙 간에는 정말 접촉이 있었을까? 확실하게 말할 수는 없다. 폴리네시아와 남아메리카 간에는 접촉이 있었을 가능성이 높지만, 유럽과 아메리카 대륙 간의 접촉은 바이킹이 일부 제한적으로 접촉한 것 외에는 불분명하다. 다만 지속적으로 유지된 접촉은 없었을지 몰라도 우발적이고 산발적인 접촉은 분명 가능했고 실제로 있었을 것이라고 말하는 게 최선인 듯하다. 하지만 그 의문은 영원히 추측하는 정도에서 벗어나지 못할 것이다. 역사를 통해 우리가 보았듯이, 사람들은 우리가 생각하는 것보다 훨씬 더 활발하게 이동했다. 때로는 그 흔적을 남기지 않고서. 확실한 증거가 없기 때문에 세부적인 내용은 회의적이지만, 그 가능성만큼은 항상 열어두어야 한다.

8

진정한
세상의 중심

이제 지구의 중앙*에 있는 또 다른 바다로 시선을 돌려보자. 이 바다는 지중해보다 더 크고 역사가 더 오래되었으며, 어떻게 보면 그리스나 로마 해안에서 넘실거리던 바다보다 더 중요하다고 할 수 있다. 바로 그 바다, 인도양은 고대부터 지중해보다 더 부유한 문명 세계를 연결하는 통로였으며 인도양을 통해 아프리카와 중동, 인도, 중국, 동남아시아 간에 사치품이나 각종 기술 및 사상이 오갔다. 결국에는 유럽이 부상하여 세상의 대부분을 탐험하고 정복했지만, 500년만 거슬러 올라가도 상황이 전혀 달랐다. 서구의 기록에는 바스코 다 가마**의 탐험과 함께 인도양이 처음 등장하지만, 인도양 주변에 살던 사람들은 바스코 다 가마가 인도양을 '발견'하기 전에도 수천 년 동안 노련한 뱃사람으로 살아가고 있었다.

사실 여러모로 진정한 세상의 중심은 인도양이었으며, 중세 시대의 유럽은 세상의 중심과 거리가 멀었다. 유럽에서 대항해 시대가 시작

---

* 라틴어로 'Mediterranean'은 '지구의 중앙에 있는 바다'라는 뜻이다.
** 포르투갈의 탐험가로, 1497년 아프리카의 희망봉을 지나 인도에 처음으로 도착했다.

된 것도 유럽이 완전히 변방이었기 때문이다. 만약 바스코 다 가마와 콜럼버스의 항해를 인도인이 했다면 아무런 의미가 없었을 것이다. 인도인은 그런 항해를 할 필요가 없었다. 유럽인이 가려고 애쓰는 곳에서 이미 살고 있었기 때문이다. 그 당시 아시아는 유럽보다 훨씬 더 부유했으며 유럽의 권력자들은 아시아인에게 팔 만한 상품을 찾기 위해 애썼다. 유럽인들은 무력으로 아시아인의 상품을 강탈하는 경우가 잦았는데, 그만큼 교환할 만한 값진 상품이 없었기 때문이다. 그것이 1839년에 대영제국과 청나라의 아편전쟁이 일어난 근본적인 이유였다. 영국에는 청나라 사람들에게 팔 만한 상품이 없었다. 그래서 무력으로 청나라 시장에 들어가 인도에서 가져온 값싼 아편을 팔고 청나라의 값비싼 비단과 도자기를 사려 했던 것이다. 바스코 다 가마는 인도에서 유럽의 값싼 장신구를 팔고 향신료를 사들였다. 바스코 다 가마가 포르투갈로 돌아오자 국왕인 마누엘 1세는 이렇게 말했다. '우리가 그들을 발견한 게 아니라 그들이 우리를 발견했다.' 그 말에서 당시 유럽이 상대적으로 빈곤했음을 알 수 있다.

인도양 주변의 인도인이나 아랍인, 아프리카인은 문명 초기부터 배를 타고 인도양을 항해했다. 고대 수메르인은 고대 이집트인의 배와 비슷한 형태의 배에 곡물과 도자기, 구리, 주석, 대추, 진주 등을 싣고 티그리스 강과 유프라테스 강을 따라 페르시아 만까지 항해했다. 중동과 인도의 배들은 얼마 지나지 않아 메소포타미아, 인도의 하라파 문명(기원전 2600~기원전 1900년), 그리고 거대한 피라미드를 건설한 이집트 구왕국 간의 3자 무역에 참여하게 되었다. 인도양은 비교적 잔잔해서 대서양이나 태평양보다 항해하기가 수월했으며, 지속적으로 부는 계절풍 덕분에 무역선이 여름에는 동쪽으로, 겨울에는 서쪽으로 항해하기에 좋은 환경이었다.

인도양 무역에서는 나무로 만든 화물선인 '다우선dhow'이 주로 사용되었다. 다우선은 지금도 아프리카와 인도네시아 간의 항로를 오가고 있다. 2,000년 전부터 사용된 다우선은 혁신적인 점이 많았기 때문에 훗날 유럽에서 범선을 만들 때 모방하기도 했다. 무엇보다 선체가 높고 배 앞부분이 뾰족해서 거친 바다에서도 조종하기 쉬웠으며 삼각 돛을 달아 바람을 거슬러 항해할 수 있었다. 초기의 다우선은 야자나무 잎을 엮어 돛을 만들었지만, 얼마 지나지 않아 인도나 이집트에서 생산되는 품질 좋은 면을 사용하게 되었다. 다우선의 형태는 혁신적일 뿐 아니라 판자를 야자나무 섬유로 묶어 아주 쉽게 만들 수 있다는 것도 장점이었다. 다우선을 처음 본 유럽인들은 그렇게 견고한 배를 못 하나 사용하지 않고 만들었다는 데에 깜짝 놀랐는데, 바닷물에 젖으면 배의 판자가 부풀어 서로 단단하게 달라붙으면서 더욱 견고해졌다.

인도양의 해양사는 해상 무역로를 지배하려 든 유럽인에 의해 상당 부분이 은폐되었지만, 대부분은 재구성해볼 수 있다. 포르투갈인이 인도양에 왔을 때, 아프리카의 동해안을 따라 번성하던 도시국가들은 이국적인 상품을 취급하는 천혜의 자연 항구를 자랑하고 있었다. 인도와 아라비아 상인, 멀리 중국 상인까지 무역을 하러 그곳에 왔고 그중 상당수가 계속 머물면서 현지의 여인과 결혼했다. 그렇게 '스와힐리Swahili' 문화는 아라비아어와 힌두어에서 파생된 단어('스와힐리'도 '해안'을 뜻하는 아라비아어에서 유래했다)가 상당 부분을 차지하는 고유의 언어(스와힐리어는 동아프리카에서 가장 널리 쓰인다)와 함께 서서히 발전했다. 소팔라나 몸바사, 말린디 같은 아프리카의 무역소는 훗날 주요 도시로 성장했다. 유명한 여행가인 이븐 바투타Ibn Battuta는 1331년에 동아프리카 탄자니아의 킬와를 방문하고 그곳에 거대한 건축물과 놀라운 것이 가득하다고 기록했다. 그런 무역도시들은 로마와 그리스까지 알려졌는데도 불구하고,* 1497년 우연히 그곳에 도착한 바스코 다 가마는 도시들을 보고 깜짝 놀랐다.

아프리카 내륙의 무역로를 통해서는 '그레이트 짐바브웨' 같은 내륙 도시의 황금과 상아, 각종 광물이 동아프리카의 항구로 운송되었다. 해안에서 수백 킬로미터 떨어져 있으며 인구가 수만 명에 이르는 대도시였던 그레이트 짐바브웨는 6미터 높이의 성벽에 둘러싸인 거대한 왕궁으로 유명했다. 초기 포르투갈 탐험가들이 그곳에 관한 기록을 남겼지만, 인종차별정책을 시행한 현대의 로디지아 정부는 아프리카인이 먼 옛날에 그런 대도시를 건설했다는 사실을 수십 년간 부정했다. 그후 그레이트 짐바브웨는 현대 국가인 짐바브웨의 국가 기념물로 지정되었다. 국명인 짐바브웨도 찬란했던 그레이트 짐바브웨에서 따온 것이다. ('그레이트 짐바브웨'에서 '그레이트'는 왕국의 수도를 왕국 전역에 존재한 수백 개의 도시와 구분하기 위해 붙인 것이다. 수백 개의 도시는 '짐바브웨스'라고 불렸으며, 그렇게 모인 도시들이 짐바브웨 왕국을 형성했다.)

인도양 동쪽에 있는 인도의 뱃사람들은 고대부터 항해 기술을 완성해왔다. 알렉산드로스 대왕의 죽음으로 생긴 권력의 공백을 메우고 인도 아대륙을 통일해 인도 최초의 왕국인 마우리아 왕조를 창건한 찬드라굽타(재위 기원전 322~기원전 298년)는 인도 해군을 창설하고 해외무역망을 설치했다. 그의 손자인 아쇼카 대왕(재위 기원전 273~기원전 232년)은 몰디브 제도에 정착지를 세우고 유럽과 중국으로 사절단을 보냈다. 인도의 뱃사람들은 일찍이 천문항법을 도입했으며 상세한 해도를 발전시

---

* 2,000년 전 그리스에서 만든 인도양 여행 안내서인 『에리트레아 해 안내기Periplus of the Erythraean Sea』에는 동아프리카의 항구에 관한 설명이 나오는데 남쪽으로는 적도 남쪽, 마다가스카르 섬 건너편에 있는 모잠비크의 항구들까지 등장한다.

킨 선구자였다. 또한 인도의 여행자들은 주기적으로 이집트를 방문했고 룩소르 신전에 타밀어와 산스크리트어로 글을 남겼다. 로마의 대★ 플리니우스가 남긴 기록을 보면, 인도는 로마 제국으로 최소한 네 차례 외교사절을 보냈으며 당시 로마에서 인도 상인은 낯선 존재가 아니었다.*

해상 활동의 영역이 넓어지면서 무역뿐 아니라 사상의 교류도 활발해졌다. 불교는 인도에서 탄생했지만, 인도와 스리랑카의 뱃사람들에 의해 동남아시아 전역으로 퍼져나갔다. 그래서 인도네시아나 태국, 말레이시아도 스리랑카나 인도와 국경을 맞대고 있지 않지만 언어나 건축 등 문화적인 측면에서 서로 연관되어 있는 것이다. 무역을 통해 인접 문화권에 새로운 요리법도 전해졌는데, 인도의 향신료와 카레가 인도네시아와 말레이시아, 태국 요리에서 필수 재료가 되었다. 인도는 세계 무역의 중심지로서 서쪽으로는 유럽, 동쪽으로는 일본과 중국 등 구세계 전역의 상품을 거래하면서 부를 쌓았다. 수많은 상품이 인도를 통해 오가는 바람에 외국인들은 상품의 원산지를 구분하기 어려울 정도였다. 유럽인은 향신료를 사기 위해 '인도'에 가고 싶어 했다. 하지만 향신료 중 대부분은 인도에서 재배되지 않았으며, 인도는 단지 향신료가 거래되는 곳이라는 점을 알지 못했다.

물론 후추 같은 향신료는 인도에서도 생산되지만, 대부분은 인도보다 더 동쪽에서 뱃사람들이 가져온 것이었다. 뱃사람들은 소위 '시나

---

* 인도와 로마 제국의 교류를 암시하는 것들 중 하나는 양쪽에서 사용하는 요일명의 의미가 같다는 점인데, 자세한 내용은 다음과 같다. 월요일 : Monday(Moon Day, 달의 날)='Somwar'(Soma=힌두어로 '달'), 화요일 : Tuesday(Mars Day, 군신 마르스의 날)='Mangalwar'(Mangal=힌두교에서 '군신 마르스'), 수요일 : Wednesday(Mercury Day, 에르메스의 날)='Budhwar'(Budha=힌두교에서 '에르메스 신), 목요일 : Thursday(Jupiter Day, 제우스의 날)='Guruwar'(Guru=힌두교에서 '제우스 신'), 금요일 : Friday(Venus Day, 비너스의 날)='Shukrawar'(Shukra=힌두교에서 '비너스 신'), 토요일 : Saturday(Saturn Day, 크로노스의 날)='Shaniwar'(Shani=힌두교에서 '크로노스 신'), 일요일 : Sunday(Sun Day, 태양의 날)='Raviwar'(Ravi=힌두어로 '태양').

몬 루트Cinnamon Route'를 따라 이동했다. 시나몬 루트는 시나몬뿐 아니라 인도네시아에서만 나는 정향, 육두구, 메이스(말린 육두구 껍질 - 옮긴이)가 이동하는 무역로이자 로마 시대부터 중세까지 부유한 유럽인의 식탁으로 향신료를 전달하는, 1만 6,000여 킬로미터에 달하는 무역로의 시작점이었다. 이 무역로를 따라 항해한 사람들은 인도양을 건너 마다가스카르 섬까지 오갔던 동남아시아인이었는데, 그들에게는 사촌뻘인 폴리네시아인과 비슷한 항해 기술이 있었다. 그들이 서기 400년경에 인도와 접촉하면서 동남아시아에 힌두교와 불교, 산스크리트 문자*가 전해졌고, 그러한 인도 문화는 동남아시아 현지의 전통과 언어 속에 녹아들었다.

동남아시아의 뱃사람들은 항해 기술을 십분 발휘해서 향신료 무역이 확대되는 데 기여했다. 몇백 년 전만 해도 메이스와 정향, 육두구는 반다 제도나 몰루카 제도 등 인도네시아 동부의 일부 작은 섬에서만 생산되었다. 그리고 현지 족장들이 향신료 수출을 엄격히 통제했기에 높은 가격이 유지되었다. 그러다가 여러 해상 왕국이 등장해 해상 무역로를 장악했는데, 그중에서도 가장 강력했던 수마트라 섬의 스리비자야 왕국과 동자바 섬의 마자파힛 왕국은 페니키아나 고대 그리스처럼 바다를 제패했다. 두 왕국은 향신료를 생산하지 않았지만, 수백 년 후 아랍인이나 유럽인이 오기 전까지 유럽으로 이어지는 향신료 무역의 시작점을 장악했다. 하지만 그 이후로 아랍과 유럽의 정복자들이 향신료 생산 지역을 워낙 오랫동안 지배했기 때문에, 이들 해상 왕국은 최근까지도 거의 알려지지 않았다.

---

* 산스크리트어는 인도와 동남아시아의 라틴어라고 할 수 있다. 지금도 의식이나 종교 목적으로 널리 쓰이지만, 구어로는 거의 사용되지 않는다. 그럼에도 인도에서는 22개의 공식 언어 중 하나이며 역사적으로도 인도 전역에서 공용어로 널리 사용되는 등 중요한 역할을 했다.

스리비자야 왕국은 불교 왕국이었으며 향신료 수요가 높아져 인도네시아가 나날이 부강해지던 7세기 무렵에 세워졌다. 이 찬란했던 왕국의 면모는 자바 섬*에 남아 있는 장대한 보로부두르 사원을 통해 엿볼 수 있다. 보로부두르 사원은 세계 최대의 불교 유적지로 2,627개의 석판에 불교 우주론(우주의 탄생과 삶, 종말 등)이 새겨져 있다. 시간이 흘러 스리비자야 왕국은 쇠락하고 마침내 독특한 기원을 가진 불교-힌두교 왕국인 마자파힛 왕국이 들어섰다. 1292년 중국 원나라의 쿠빌라이 칸은 자바 섬에 특사를 보내 조공을 요구하면서 사절단을 '초청'했는데, 자바인들은 그 제안을 거절했다. 쿠빌라이 칸이 정중하게 요청했다는 점을 고려하면 결코 좋은 결정이 아니었다. 쿠빌라이 칸은 자바 섬을 정벌하기 위해 1,000척의 배를 동원하여 중국 역사상 최대 규모이자 최장거리의 해상 원정에 나섰다.** 처음에 마자파힛 왕국은 원나라 편에 서서 자바 섬의 다른 경쟁자를 물리친 뒤 원나라 원정군을 급습하여 자바 섬을 장악했다.

마자파힛 왕국은 결국 자바 섬 전역에서 무역을 독점하게 되었다. 동남아시아 역사상 최대의 왕국이었던 마자파힛은 근대 인도네시아의 국경을 확립하기도 했다. 오늘날 세계에서 네 번째로 인구가 많은 인도네시아는 영토가 약 5,000킬로미터에 걸쳐 있으며 수천 개의 섬으로 이루어져 있다. 1324년경 이탈리아의 수도사인 포르데노네의 오도릭이 마자파힛 왕국을 방문하여 환대를 받았다. 훗날 그는 그 강력한 왕국과

---

* 세계에서 인구가 가장 많은 섬이며, 인도네시아 최대의 섬은 아니지만 가장 중심이 되는 섬이다. 세계적으로 유명한 자바 커피의 원산지이기도 하다.

** 제2차 일본 원정의 규모가 더 컸을 수도 있지만, 원정 거리는 훨씬 더 짧았다. 현재 남중국해에서는 중국을 포함한 여러 나라의 영토분쟁으로 긴장이 고조되고 있는데, 원나라의 자바 섬 침공은 원나라의 세력이 남중국해보다 세 배나 더 먼 곳까지 미치고 있었음을 보여준다. 거의 아일랜드에서 캐나다 뉴펀들랜드까지의 거리였다. 한편 지구 반대편에서 원나라의 육군은 당시 폴란드를 근거지로 삼아 중부 유럽을 침공하는 중이었다.

광활한 해상 무역망에 관한 기록을 남겼다.* 마자파힛 왕국은 중국과 외교관계를 유지했으며, 1405년부터 1433년까지 정화 함대의 방문을 몇 차례 받기도 했다. 이 무렵 아랍 상인들이 수익성 좋은 향신료를 거래하기 위해 왕국에 들어오면서 이슬람교 또한 왕국 전체에 퍼졌다. 그리고 얼마 지나지 않아 싱가푸라(싱가포르), 말레이시아, 수마트라의 이슬람 통치자들이 마자파힛 왕국의 영토 대부분을 점령했다. 일부 남아 있던 왕국의 잔재는 100여 년 후 포르투갈과 네덜란드에 흡수되었다.

이렇게 아랍 상인들은 세력을 점차 확장하여 1500년대 초에 유럽인이 오기 전까지 인도양 무역을 사실상 독점했다. 앞에서 보았듯이, 중동 사람들은 초기부터 인도양 무역에 관여했지만 632년 이슬람 세력이 급격히 성장하자 상업 활동에 더욱 적극적으로 나섰다. 이슬람교의 창시자인 무함마드도 먼 곳을 오가는 상인이어서 대상들이 다니는 길을 따라 아라비아 전역을 돌아다녔다. 그 결과 무역은 이슬람교도를 대표하는 특성이 되었다. 이슬람 세계는 통일된 적이 거의 없지만, 모험심 강한 상인들은 이슬람 율법이 미치는 지역이라면 어디든지 정말 특이할 정도로 구석구석 돌아다녔다. 그들의 활동 범위는 모로코에서 중국까지 이르렀다.

이렇게 많이 이동하는 전통으로부터 새로운 의무가 탄생했다. 이슬람교도라면 일생에 한 번은 성지인 메카를 순례해야 한다는 것이었다. 이러한 순례 의무로 인해 중세 시대였다면 서로 마주칠 일이 없었던 사람들이 유례없이 대규모로 모이게 되었고, 동남아시아와 스페인처럼 아주 먼 곳에서 온 순례자들이 서로 만나게 되었다. 이런 식으로

---

* 오도릭은 원나라 궁중에서 보낸 범선에 탔던 것 같다. 그렇게 원나라에 가서 마르코 폴로에 이어 귀빈 대접을 받았다. 여행 도중 오도릭은 마젤란보다 197년 앞서 필리핀에도 갔던 듯하다. 따라서 동남아시아의 이 지역에 갔던 최초의 유럽인은 오도릭인지도 모른다. 다만 그리스인이나 로마인이 그보다 먼저 그 지역에 갔을 가능성이 높다.

매년 수백만의 이슬람교도가 집을 떠나 긴 여정을 시작했다. 하지만 이 븐 바투타만큼 극적인 여행을 한 사람은 없었을 것이다. 그는 스물한 살이었던 1325년에 메카 순례를 위해 모로코를 떠난 후 25년간 여행을 계속했다. 처음부터 그럴 계획은 아니었기 때문에 가족들은 25년 후 바 투타가 돌아오기 전까지 그가 죽은 줄 알았을 것이다. 아마도 이븐 바 투타는 도보로 가장 먼 곳까지 여행한 사람일 것이다. 그는 12만 킬로 미터가 넘는 거리를 여행했는데, 이는 지구를 세 바퀴 도는 것과 같다.

이븐 바투타가 여행을 떠난 동기는 무엇이었을까? 그는 세상을 알 고 싶은 끝없는 열망이라고 설명했다. 그의 여행 목적은 도중에 일종의 영적 탐구로 바뀌었으며, 다른 길로 가서 더 많은 것을 볼 수 있다면 절 대 발길을 돌리지 않는다는 신조가 있었다. 이븐 바투타는 상인이라기 보다 이슬람 세계의 재판관인 '카디qadi'로서 여행 중에도 자신의 실력 을 발휘해 생계를 꾸렸고, 한편으로 손님을 환대하는 이슬람 전통에서 많은 혜택을 보기도 했다. 가는 곳마다 사람들은 그에게 심부름을 맡겼 다. 메카에서는 인도와 중국에 있는 형제에게 안부를 전해달라는 요청 을 받았는데, 놀랍게도 그는 수천 킬로미터를 가서 결국 그 요청을 이 행했다. 나중에는 여러 군주가 방대한 지리적 식견을 갖춘 그에게 조언 을 청했다. 군주들은 이웃 왕국의 사람들이 어떻게 사는지 궁금해했다. 과연 당시에 가장 최신의 통치 방식이나 기술, 유행, 사회 동향은 어떠 했을까?

이븐 바투타는 중동과 러시아, 아프가니스탄, 인도를 지나 마침내 중국까지 갔다. 당시 중국에는 다른 아랍인들도 있었고 중국 남부의 몇 몇 항구에는 아랍 선원들이 체류하고 있었다. 이븐 바투타는 중국의 웅 장한 도시와 수로, 선박, 기술을 보았고 그때 처음으로 아주 먼 곳에 와 있음을 실감했다고 기록했다. 나중에 그는 모국인 모로코로 돌아왔지

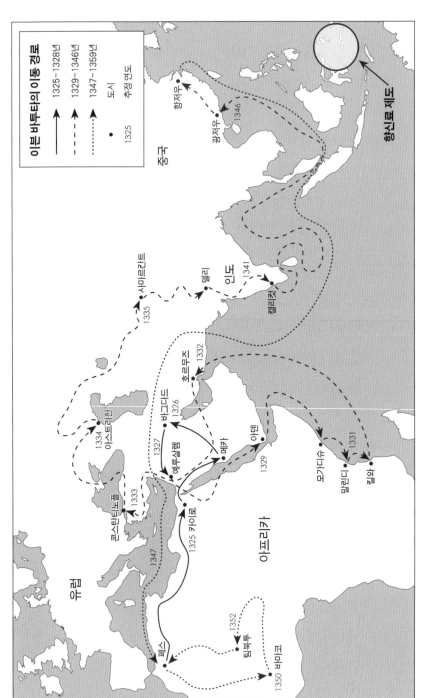

이븐 바투타의 여정(1325~1354년).

이븐 바투타의 이동 경로

1325~1328년
1329~1346년
1347~1359년

도시
추정 연도
1325

유럽

콘스탄티노플
1333
1334 아스트라한
1335

페스
1347
1325 카이로
1352 팀북투
1350 바마코

예루살렘
1327
메카
1329 아덴
모가디슈
말린디
킬와
1331

바그다드
1326
호르무즈
1332

아프리카

시에라크루트
델리
1341
캘리컷

인도

광저우
1346
항저우

중국

향신료 제도

만, 몇 년 지나지 않아 또 다른 모험에 나섰다. 이번에는 아프리카였다. 가장 흥미로운 곳은 말리 제국의 수도인 팀북투였다. 팀북투는 유럽과 아프리카를 오가며 무역하는 대상들의 경유지로 부유해진 곳이었다. 실제로 당시 말리 제국의 왕이었던 만사 무사는 역사상 최고의 부자로 평가된다. 인플레이션을 고려했을 때, 그의 재산은 아마존 창립자 제프 베조스Jeff Bezos보다 최소 세 배가 많았다. 만사 무사가 메카로 순례를 떠날 때(이븐 바투타와 같은 해인 1325년), 왕의 행렬에는 최고급 비단옷을 입은 1만 2,000명의 노예가 동행했고 줄지어 선 낙타의 등에는 일행이 지나가는 곳의 화폐가치를 10년 넘게 떨어뜨렸을 정도로 많은 황금이 실려 있었다.

이븐 바투타는 말리 제국에서 잠시 머문 뒤 니제르 강을 따라 계속 탐험했으며(그 후 400년 넘게 그곳을 탐험한 유럽인은 없었다) 강에서 하마를 관찰하기도 했다. 하마는 고대 기록에도 등장하지만(영어로 하마를 뜻하는 'hippopotamus'는 그리스어로 '강에 사는 말'이라는 뜻이다) 당시만 해도 아프리카 밖에서는 별로 알려져 있지 않았다. 훗날 유럽의 탐험가들처럼 이븐 바투타는 니제르 강을 나일 강의 본류나 지류로 생각했다. 강이 동쪽으로 이집트를 향해 흐르는데다 나일 강에도 하마가 살고 있었기 때문이다. 하지만 니제르 강은 동쪽으로 흐르다가 갑자기 남쪽으로 방향이 바뀌며, 나일 강과 가장 가까운 곳도 3,200킬로미터 넘게 떨어져 있다. 서아프리카의 부유한 도시들을 수년간 여행하던 이븐 바투타는 고향으로 돌아와 후세를 위해 기록을 남기라는 모로코 술탄의 명령을 전해 듣는다. 그 명령에 따라 이븐 바투타가 남긴 여행 기록인 『경이로운 도시와 놀라운 여행을 꿈꾸는 사람들에게 바치는 선물A Gift to Those Who Contemplate the Wonders of Cities and the Marvels of Traveling』은 이슬람 세계에서 수많은 책과 영화, 시, 심지어 비디오게임에까지 영향을 미쳤으며 '이븐 바투타'는 일상적인 여행가의 대명사가 되었다.*

이슬람 세계에는 여행에 대한 전통뿐 아니라 항해에 대한 전통도 뿌리가 깊은데,『오디세이아』와 동격이라 할 수 있는 해양 모험담의 고전인 「신밧드의 모험」이 대표적인 예다. 「신밧드의 모험」에는 위험한 폭풍과 이국적인 땅, 신비로운 생물체, 섬인 척하는 거대한 고래 등이 나온다. 신밧드의 이야기는 '아라비안나이트'라고도 알려진 『천일야화千一夜話』에 처음 등장했는데, 광기에 빠진 술탄이 매일 새로운 아내와 결혼하고 다음 날 아침에 처형해버린다는 이야기가 그 중심이다. 그러던 어느 밤, 그날 신부가 된 셰헤라자데라는 여인은 밤새 술탄에게 아주 재미있는 이야기를 들려주었지만 결말을 알려주진 않았다. 이야기의 결말이 궁금해진 술탄은 처형을 미루고 이야기를 계속 듣는다. 다음 날 밤, 셰헤라자데는 어제 하던 이야기를 끝내자마자 새로운 이야기를 시작했고, 그 이야기의 결말을 듣지 못한 술탄은 어쩔 수 없이 처형을 하루 더 미룬다. 그렇게 1,001일 밤이 지나고 1,001개의 이야기**가 등장한다(매회 안 볼 수 없게 만드는 텔레비전 드라마의 원조였던 셈이다).

처음 이슬람 세계가 생긴 뒤 얼마 지나지 않아 아랍 뱃사람들은 중동을 넘어 인도양 무역로를 향해 모험을 떠나기 시작했다. 몇백 년 후 아랍의 해상 무역상들은 멀리 중국에서도 흔하게 볼 수 있었으며, 유럽인이 도착하기 오래전부터 중국의 항구에는 이슬람 사원이 있었다. 아랍인이 주로 사용한 배는 2,000년 동안 인도양에서 흔히 볼 수 있었던 배로, 단순하지만 견고한 다우선이었다. 아랍 상인들은 인도의 항구에 요새를 건설하고 상인 조합을 만든 뒤 유리한 조건으로 거래할 수 있도

---

* 그의 이름을 붙인 세계 최대의 테마 쇼핑몰도 있다. 두바이에 있는 '이븐 바투타 몰'은 그가 여행했던 지역에 따라 이집트, 인도, 중국, 안달루시아, 페르시아, 튀니지 등의 여러 관으로 구분되어 있다.

** 『천일야화』에 나오는 「알리바바와 40인의 도적」이나 「알라딘」 같은 이야기는 많이 들어보았을 것이다.

록 그 지역의 통치자와 협상했다. 그렇게 인도양에서 아랍 상인들의 위상은 높아졌고, 바스코 다 가마도 인도양 탐험을 나설 때 아랍어를 배운 유대인 통역사를 데려갔다. 신대륙에 도착한 콜럼버스도 그곳 원주민이 아랍어를 할 줄 모르자 실망했다. 그곳이 아시아의 무역로에서 멀리 떨어져 있다는 의미였기 때문이다.

당시 아시아와 유럽 사이에는 육상 무역로인 '실크로드'가 있었지만, 인도양에서 홍해를 거쳐 이집트로 이어지는 해상 무역로가 훨씬 더 효율적이었다. 일단 동양의 상품이 이집트에 도착하면 대상들이 며칠 동안 알렉산드리아까지 상품을 실어나른 뒤, 그곳에서 다시 베네치아 상인의 배를 통해 유럽으로 들어갔다. 그 무역을 통해 베네치아는 유럽에서 가장 부유한 도시가 되었지만, 알고 보면 베네치아는 지구를 거의 반 바퀴나 도는 무역망의 가장 끝마디에 불과했다. 한편 유럽인들은 자신들이 좋아하는 비단과 향신료가 어디서 오는지 잘 몰랐다. 지금은 가게에서 단돈 몇천 원이면 살 수 있는 향신료가 한때 세계 경제를 지배하고 국가의 흥망을 좌우했다는 것이 어찌 보면 참으로 이상하다. 향신료가 왜 그렇게 중요했을까? (당시에는 흔했던) 부패한 고기의 냄새를 가리려는 목적은 아니었다. 향신료는 한마디로 위세를 자랑하는 수단이었다. 그것을 보면 세상의 변두리였던 중세 유럽의 삶이 얼마나 단조로웠는지 짐작할 수 있다. 유럽의 귀족들은 외국에서 온 음식을 먹으면서 찬란했던 시절, 그러니까 그리스인과 로마인이 호화롭게 생활하면서 아시아의 제국을 짓밟고 세계무대에 승자로 우뚝 섰던 시절의 기억을 잠시나마 떠올렸던 것이다.

지금의 기준으로 볼 때, 중세 유럽의 요리는 좋게 말한다 해도 아주 이상했다. 음식을 조리할 때 갖가지 향신료를 전부 넣었기 때문에 향의 조합이 요즘 사람들의 취향과 맞지 않았을 것이다. 당시의 향신료는 우리가 아는 것부터 이국적인 '미라 향신료'까지 다양했다. 미라 향신료는 이집트의 미라를 갈아서 만든 것으로, 당시 사람들은 그 안에 치유력이 있다고 믿었다. 식전 요리나 식후 요리, 달콤한 요리가 메인 요리나 후식 구분 없이 뒤죽박죽으로 나왔다. 후추는 로마 시대부터 인기가 매우 높아서 로마를 침공한 서고트족의 알라리크 왕은 로마를 약탈하지 않는 조건으로 말린 후추 열매 1,300여 킬로그램을 요구하기도 했다. 태양왕 루이 14세는 향신료에 대한 취향이 독특해서 만찬을 즐길 때 후추와 소금을 함께 먹었다. 그는 한 자밤의 소금과 후추 외에 다른 양념은 먹지 않았으며 궁중의 주방에서 다른 향신료를 전부 없애버렸다. 유럽 전역의 귀족들이 루이 14세를 따라 하면서, 후추와 소금을 섞어 먹는 루이 14세의 취향은 오늘날 우리가 알고 있는 유럽식 만찬에서 하나의 관례로 자리잡았다.

보통 '대항해 시대'라고 하면 유럽인이 배를 타고 해상 무역이 발달하지 않은 낙후된 세계로 들어가는 모습을 떠올린다. 그런데 사실 유럽인이 갔던 곳에는 이미 잘 짜인 해상 무역망이 존재했으며, 유럽인의 모험도 실제로는 더 큰 대포로 무장한 채 많은 사람이 살고 있는 지역을 정복하러 갔던 것이다. 그런 정복 사업이 인도양에서는 결코 쉽지 않았다. 1497년 바스코 다 가마는 동아프리카에서 원주민에게 냉대를 받았고, 그가 현지에서 처음 고용한 항해사는 얕은 암초에 선단을 좌초시키려 했다. 인도에 도착해서 만난 아랍 상인들 중 일부는 (스페인어로) 왜 포르투갈인이 여기에 왔느냐며 화를 냈다. 얼마 지나지 않아 인도의 아랍 상인들은 반反포르투갈 세력을 모아 1502년에 2차 탐험을 온 다 가마 일행과 '캘리컷 전투'를 벌였다. 다 가마 일행이 인도양의 제해권을 놓고 아랍의 기득권 세력에 맹렬히 대항하면서 전투는 장기전으로 바뀌었다. 세상의 중심에서 무역권을 놓고 벌어진 이 전투에서 적어도 초반에는 유럽인이 승리할 거라고 예상할 수 없었다.

유럽인에게 가장 큰 위협은 오스만 제국이었다. 당시 유럽의 그 어떤 나라보다도 크고 부유했으며 명실상부한 최강국이었던 오스만 제국은 분열된 투르크족을 통합하고 1453년에 고대 로마 제국의 마지막 계승자이자 비잔틴 제국의 수도인 콘스탄티노플을 점령했다. 콘스탄티노플 점령은 대항해 시대를 촉발시켰다. 장차 오스만 제국이 실크로드를 장악해 유럽과 아시아의 무역로가 단절될 것을 우려한 유럽인들이 대체 무역로를 찾아나서기 시작했던 것이다. 오스만 제국은 대대적인 공세를 퍼부어 그리스에서 헝가리에 이르는 지역을 정복하고, 1529년과 1683년에 오스트리아의 수도 빈을 포위 공격해 기독교 국가 전체를 공포에 떨게 하는 등 유럽에 심각한 위협을 가했다.* 오스만 제국은 지상 병력뿐 아니라 그리스에서 모로코까지 지중해의 3분의 2에 달하는 해역에서 세계 최대의 해군을 운용했다. 만약 오스만 제국이 지중해의 강력한 해군 선단을 어떻게든 홍해나 페르시아 만의 항구까지 옮길 수 있었다면, 그 무렵 인도양의 지배자로 올라선 포르투갈의 소규모 인도양 함대를 손쉽게 박살냈을 것이다.

1500년대 전반의 지중해에서 오스만 제국의 해군에 사실상 적수가 없었고 1571년 레판토 해전에서 기독교 연합함대에 패배한 뒤에도 오스만 제국은 오랫동안 강력한 군사력을 자랑했다. 당시 오스만 제국의 영향력은 멀리 대서양까지 미쳤으며 1585년 카나리아 제도를 시작으로 1617년에는 마데이라 섬, 1625년에는 잉글랜드 남부의 해안 마을을 공격했다. 1627년에는 오스만 제국의 해적들이 (브리튼 섬에서 불

---

* 1683년에 오스만 제국이 빈을 포위 공격할 때, 유럽 병사들이 오스만 제국 고위 관리의 짐을 탈취했다. 그런데 그중에 커피가 포함되어 있었고, 그렇게 커피가 유럽으로 처음 전해졌다고 한다. 이 이야기는 허구일 수도 있지만, 우연의 일치인지 몰라도 몇 년 후 빈에서 최초의 커피하우스가 문을 열었다.

과 20킬로미터 떨어진) 런디 섬을 본거지로 삼아 잉글랜드와 아일랜드
는 물론 스칸디나비아까지 가서 배를 훔치고 해안 마을을 약탈했다. 그
러는 와중에 북아메리카 대륙까지 가서 뉴펀들랜드와 버지니아 해안
에 있는 영국 식민지에 모습을 드러내기도 했다.*

　오스만 제국이 해외로 진출했어야 한다거나, 심지어 아메리카 대
륙을 식민지로 삼았어야 한다며 비판하는 사람들이 있다. 하지만 그것
은 본질을 모르고 하는 말이다. 스페인 사람들이 아메리카 대륙에 가고
포르투갈 사람들이 아프리카를 돌아서 간 것은 오스만 제국이 이미 점
령하고 있는 땅을 비집고 들어가기 위해서였다. 유럽인에게 아프리카
와 아메리카는 궁극적인 목표가 아니라 장애물에 불과했던 것이다. 오
스만인은 당시에 아메리카 대륙이 발견되었다는 사실을 잘 알고 있었
다. 사실 오스만 제국의 해군 제독** 피리 레이스가 만든 세계지도는 그
어느 지도보다도 크고 정확했으며 유럽과 아시아, 아프리카, 미국의 대
서양 쪽 해안 등이 나와 있었다(그중에서 대서양 쪽 해안 부분만 현재까지 전해진다).
하지만 수익성 높은 아시아와의 무역로를 완벽하게 장악하고 있는데,
오스만의 해군 제독이 야생의 아메리카 대륙으로 가야 할 이유가 무엇
이란 말인가? 오스만 해군은 원하는 곳, 즉 세상의 중심을 이미 차지하
고 있었다.

---

* 아메리카 원주민이 오스만인과 접촉한 것은 이때만이 아니었다. 애초에 미국 해군이 처음 창설된 것은 오스
만 제국의 후원을 받는 북아프리카의 바르바리 해적에 맞서기 위해서였다. 바르바리 해적은 미국 선원들을 납
치해 몸값을 요구하고, 미국 정부가 거부하면 노예로 삼았다. 미국 의회에서는 '방어를 위해서는 수백만 달러
를 쓸 수 있지만 인질금으로는 단 1센트도 쓸 수 없다'고 선포하면서 1801년 새로 건조한 군함 여섯 척을 투입
해 해적들에게 선전포고했다. 미국 해병대가 트리폴리 항을 급습하는 등 바르바리 해적과 몇 차례의 전투가 벌
어졌으며, 그로 인해 해병대 찬가에 '트리폴리 해안으로'라는 가사가 들어가게 되었다. 이 전쟁에서 미국의 성
조기가 외국 땅에 최초로 게양되었다. 당시 어느 해병 부대가 500명의 용병을 이끌고 이집트의 사막을 가로질
러 리비아 벵가지 인근의 데르나를 점령한 뒤 성조기를 게양한 것이다. 따라서 리비아 침공은 미국이 외국과
벌인 최초의 전쟁이었다. '미국 해군의 아버지'로 불리는 전설적인 존 폴 존스John Paul Jones도 이때 오스만 해
군과 싸웠다. 그는 당시 러시아 흑해 함대의 용병 장군으로도 참전했다(그때는 사람들이 여기저기 많이들 돌아다녔
나 보다!).

** 해군 제독을 의미하는 'admiral'은 스페인의 무어인을 통해 영어로 편입된 단어다.

140

당시 오스만 제국의 힘은 매우 강력했는데, 유럽 기독교 국가들의 해군 전체와 맞서면서 인도양의 패권을 놓고 포르투갈과 전투를 벌일 수 있을 정도였다. 물론 지중해 함대를 홍해까지 육상으로 옮긴 적은 없지만, 그 대신 홍해와 페르시아 만에 100척이 넘는 새로운 함대를 조직했다. 홍해나 페르시아 만 모두 목재가 부족한 지역이었으므로 유럽의 숲에서 엄청난 양의 나무판자를 홍해 쪽으로 실어날랐는데, 결코 쉽지 않은 일이었다. 우선 목재를 배에 실어 지중해를 건넌 뒤, 대상들이 사막을 통해 수에즈 항과 바스라 항의 조선소까지 운반했다. 또한 운반 작업을 지원하기 위해 이집트를 관통하여 지중해에서 홍해를 잇는 운하를 건설하려 했으며, 1565년에 실제로 공사를 시작했지만 얼마 지나지 않아 중단하고 말았다.

1538년부터 1553년까지 오스만 제국은 인도에 있는 포르투갈군을 공격하기 위해 네 차례에 걸쳐 해상 원정을 단행했다. 그 원정은 인도의 고아와 디우에 있는 요새에서 포르투갈인을 쫓아내기 위해 현지 이슬람교도, 상인 조합과 벌인 연합작전이었다. 하지만 원정은 매번 군사적 이유보다 외교적 이유로 아깝게 실패했다. 마지막 원정이 끝난 후, 오스만 제국의 세이디 알리 레이스 제독은 무굴 제국으로 가서 인도 최고의 권력자이자 이슬람교도의 우두머리인 술탄을 만나 오스만 제국에 협조하라고 설득했지만 별다른 소득이 없었다.* 만약 이 동맹이 성사되었다면 포르투갈인은 인도와의 무역로가 막혔을 테지만, 인도와 이슬람 세계가 분열한 덕분에 반사이익을 누릴 수 있었다.

오스만 제국이 인도에서 포르투갈을 쫓아내지는 못했지만, 바다에서만큼은 고대부터 지중해에서 성능을 인정받은 범선이나 갤리선으

---

* 레이스 제독이 만난 사람은 훗날의 '악바르 대제'로 추정되는데, 당시에는 열두 살이었다. 악바르 대제는 인도의 통치자 중에서 역사적으로 가장 중요한 인물이다.

로 포르투갈 함대를 격파하며 큰 성과를 거두었다. 한편 포르투갈은 인도양을 지나는 모든 배를 닥치는 대로 공격하면서 수천 년 동안 지속된 해상 무역을 방해했다. 당시 성지인 메카와 메디나의 수호자를 자처했던 오스만 제국에 성지 순례자들이 타고 있는 배를 보호하는 일은 성스러운 임무였다. 그런데 포르투갈은 순례자들이 탄 배도 자주 공격했고 때로는 아주 잔인한 행위까지 서슴지 않았다. 오스만 제국의 도전으로 포르투갈은 인도양 무역 항로의 지배권을 손에 넣지 못했고, 오스만 제국과 다른 이슬람 국가의 배들은 근대에 들어서도 인도양을 오갈 수 있었다.

오스만 제국은 인도뿐 아니라 동남아시아에서도 포르투갈의 입지를 위협했다. 1569년 오스만 제국은 수마트라의 아체 술탄국이 말라카(말레이시아)에서 포르투갈의 요새를 공격할 때 힘을 보태기 위해 병사와 대포, 기술자들이 탄 스물두 척의 함선을 보냈다. 비록 공격은 실패로 끝났지만 아체 술탄국은 그 지역에서 포르투갈의 패권을 지속적으로 위협했고, 이때 오스만 제국의 기술자들이 아체 술탄국에 세운 공장에서 생산된 대포가 맹활약했다. 이런 오스만 제국의 지원으로 유럽인에 대항하는 현지 원주민의 방어력이 높아졌을 뿐 아니라 지역 전체로 발전된 기술이 전파되었다. 그로부터 300년 넘게 지난 1873년에 네덜란드가 침공하자 아체 술탄국은 오스만 제국에 또다시 도움을 요청했다. 다만 이번에는 오스만 제국이 예멘 반란군을 진압하느라 여력이 없었다. 하지만 6,400여 킬로미터나 떨어진 동남아시아 국가에서 현대 제국주의 열강과 맞서기 위해 오스만에 지원을 요청했다는 것은 동남아시아에서 오스만 제국의 영향력이 얼마나 컸는지를 잘 보여주는 사례다.

인도양의 제해권을 얻는 것이 오스만 제국에는 부차적인 일이었지만, 포르투갈에는 국운이 걸린 일이었다. 그럼에도 포르투갈은 무역로의 지배권을 독점하는 데 사실상 실패했다. 포르투갈은 상선에 향신료를 싣고 아프리카를 돌아 1만 9,000킬로미터 이상 항해해야 했지만, 오스만 제국은 홍해를 지나 이집트로 가는 훨씬 더 가까운 길을 이용했다. 베네치아는 여전히 이집트의 항구에서 향신료를 배로 실어날랐으며, 포르투갈이 전성기를 누리던 시절에도 포르투갈과 비슷한 양의 향신료를 유럽으로 계속 실어날랐다.* 포르투갈도 더 짧은 무역로가 좋다는 것을 알았으므로 인도양의 패권을 장악하고 이집트를 점령해 새로운 무역로를 확보하려고 애썼다. 그러기 위해 오스만 제국을 격파하고 인도양의 제해권을 손에 넣으려 했지만 완전히 실패했다. 이집트는 유럽과 아시아를 잇는 가장 가깝고 효율적인 연결고리였다. 그런 이유로 나폴레옹의 프랑스, 그다음에는 영국 등 유럽의 강대국들이 이집트를 직접 통치하려 했고, 1869년에 마침내 수에즈 운하가 개통되면서 동양과 서양은 영구적으로 연결되었다.

---

* 르네상스 시대에 베네치아 상인들은 포르투갈 상선이 눅눅한 화물칸에 향신료를 싣고 아프리카를 돌아 오랫동안 항해하기 때문에 향신료의 향이 좋지 않다고 주장했다.

9

중국의 대항해 시대는
왜 단절되었을까?

    중국의 눈부신 발전이 최근의 일이라고 흔히 생각하지만, 사실 중국은 인류 역사에서 대부분의 시간 동안 세계를 주도하는 강대국이었다. 중국이 경제적·군사적으로 유럽이나 미국에 뒤처진 것은 최근 500년간의 일일 뿐이다. 고대 중국은 스스로를 로마 제국과 서로 지구 반대편에서 세상의 균형을 맞추고 있는 나라로 생각했으며, 인구와 경제력 측면에서 로마와 거의 대등했다. 앞에서 보았듯이, 로마에서 몇몇 방문자가 공식 또는 비공식적으로 중국을 방문했고 중국에서도 최소한 감영이라는 이름의 특사가 로마 제국의 외곽 지역을 여행한 뒤 조정에 보고서를 올렸다. 그리고 결국 멸망한 로마와 달리 중국의 고대 문명은 본질적으로 언어와 문화, 유산이 거의 온전히 유지된 채 왕조에서 왕조로 이어지며 발전을 거듭했다.

    중국은 원래 아시아 동쪽 끝에 자리잡은 육상 세력이었지만, 오래 전부터 수준 높은 해군 기술도 갖추고 있었다. 중국의 강에는 갑판이 여러 층으로 제작된 거대한 배가 최소 3,000년 전부터 오갔다. 유럽인이 그와 비슷한 배를 상상하기 훨씬 전부터 실제로 그런 배를 사용했던 것이다. 진나라* 때는 처음으로 영토를 외부로 확장하면서 바다를 통해 베트남을 침공하고 인도와 (어쩌면) 동아프리카까지 탐험했다. 진나라의 뒤를 이은 한나라(기원전 206~서기 220년) 때는 '정크선'**이라는 항해용 선박을 처음 건조했다. 정크선에는 서구보다 1,000년 이상 앞선 혁신적인 기술이 들어가 있었다. 내구성을 높이기 위해 배를 여러 칸으로 나누어 물이 새더라도 다른 칸으로 확산되지 않게 했으며, 배 밑바닥에 용골을 붙이고 방향 전환이 용이하도록 선미에 방향타를 달아 안정성을 높였다. 정크선에서 가장 눈에 띄는 특징은 돛에 가로막대가 여러 개라는 점이다. 그래서 마치 부채처럼 보인다. 그렇게 만든 돛은 조금 더 무거웠지만, 더 튼튼했다. 그럼에도 비슷한 크기의 유럽 범선보다 놀라울 정도로 민첩했다.

중국의 뱃사람들은 아주 견고한 정크선을 타고 인도양으로 정기적인 탐험을 떠났다(탐험을 하다가 그 무렵 인도를 방문한 로마인들과 마주쳤을지도 모른다). 700년대 말에는 당나라의 지리학자 가탐賈耽이 인도와 아라비아, 동아프리카에 이르는 항로를 설명한 『광주통해이도廣州通海夷道』를 남겼다. 송나라(960~1279년) 때는 중국 무역선이 마다가스카르와 이집트를 정기적으로 왕래했으며, 페르시아 만을 지나 아바스 왕조의 수도인 바그다드까지 가서 무역을 했다. (이때 중국 상인들이 바그다드에서 바이킹을 만났을지도 모른다.) 송나라의 기록에는 당시 사람들로 붐비던 중동 지역의 시장, 이슬람 사원의 첨탑처럼 생긴 등대, 삼각돛을 단 다우선이 가득한 항구 등이 자세히 설명되어 있다. 그리고 아랍의 기록에도 중국의 정크선과 선원들이 등장하기 시작했으며, 아랍인들도 중국을 향해

---

* 기원전 221년부터 기원전 207년까지 이어진 중국 최초의 통일 왕조로, 중국의 영어명인 'China'도 진나라에서 온 것이다.

** 정크선은 지금도 사용되고 있는 선박이다. '정크'는 중국어가 아니라 포르투갈어이며, '배'를 뜻하는 말레이어를 번역한 것이다.

동쪽으로 항해에 나섰다.

그러다가 1206년, 갑자기 모든 것이 달라졌다. 중앙아시아의 초원에서 무시무시한 세력이 새롭게 떠올라 전혀 예상치 못하고 있던 사람들을 공포의 도가니로 몰아넣었다. 그렇게 몽골인은 10여 년 만에 동아시아의 고려에서 유럽의 폴란드에 이르는 역사상 가장 넓은 대제국을 세웠다. 몽골인은 어린 시절부터 말 타는 법을 배우고 거의 말 위에서 생활했다. 그들은 숙련된 궁수였으며 다양한 재료로 만든, 사정거리가 긴 활을 사용했다. 말이 전속력으로 달리는 중에도 활을 쏠 수 있었는데, 동물의 힘줄을 꼬아서 만든 활시위를 사용했기 때문에 화살의 속도가 매우 빨랐다. 몽골의 전사들은 대부분 근접전 대신 원거리에서 화살 세례를 퍼붓는 방식으로 싸웠다. 이런 전략으로 몽골군은 거의 무적을 자랑했다. 무장은 강력하지만 기동성이 떨어지는 유럽의 기사나 중국의 기병은 사정거리 밖에서 빠르게 내달리는 몽골의 기병을 따라잡지 못했다. 전장에서 압도적인 우위를 점하게 된 몽골은 중국에서 유럽에 이르는 세계의 중심부를 지배하면서 동과 서를 하나로 아주 밀접하게 묶어놓았다.

유목민인 몽골인의 주식은 정착 생활을 하는 사람들과 달리 고기와 말의 젖이었다. 그들은 정착민을 '풀을 먹는 사람'*이라고 부르며 무시했다. 탁 트인 아시아의 초원에서 벌이는 전투에 능숙했던 몽골인은 성벽으로 둘러싸인 도시를 공략하는 데 특화된 전술도 금세 개발했다. 성안 사람들이 굶주림에 견디지 못하고 항복하게 만드는 단순한 방법도 자주 사용했다. 성밖의 농민들을 겁줘서 가능한 한 많은 사람이 도시의 성벽 안으로 들어가게 함으로써 성안의 식량이 빨리 떨어지게 하

---

* 따지고 보면 쌀이나 밀은 모두 풀이다. 전 세계적으로 (쌀이나 밀, 옥수수, 보리 등) 곡물에서 비롯되는 음식까지 포함하면, 인간이 섭취하는 전체 칼로리 중 약 80퍼센트는 풀에서 얻는다.

는 방법도 썼다. 가끔은 성벽 밑으로 굴을 파거나* 강둑을 무너뜨려 홍수를 일으켰다. 나중에 몽골인은 중국과 유럽의 기술자들로부터 필수적인 건축 기술을 배워, 투석기나 공성퇴 같은 공성 무기를 제작하는 데도 전문가가 되었다. 몽골인은 서구의 도시를 공격하기 위해 처음으로 중국인 군사고문을 채용했으며, 유럽인들도 몽골군의 공격을 막기 위해 유럽인 군사고문을 처음 채용했다. 몽골이 키예프 성을 공격할 때, 러시아 수비병들은 몽골군이 '불을 뿜는 용'(중국식 로켓)으로 성을 공격하는 모습에 크게 놀랐다.

몽골이 정복전의 속도를 높이는 계기가 된 특별한 사건 하나가 있었다. 1218년 몽골의 칭기즈 칸은 (오늘날의 카자흐스탄과 우즈베키스탄 영토인) 중앙아시아의 이슬람 왕국과 무역을 하기 위해 상인들을 보냈다. 그런데 그 지역의 통치자가 몽골 상인들을 살해하고 말았다. 그 통치자가 왜 몽골의 평화 사절을 죽였는지는 알 수 없지만, 힘을 과시하려는 의도였는지도 모른다. 하지만 결과적으로 그것은 역사상 최악의 조치였다. 칭기즈 칸은 그 소식을 듣고 신중하게 정벌을 준비한 뒤, 3년 만에 중앙아시아의 찬란한 도시를 폐허로 만들고 주민의 절반을 살육했다.** 일단 시작된 몽골의 정복전은 멈출 줄 몰랐다. 칭기즈 칸의 후예들은 전쟁을 계속하면서 중동을 지나 이집트까지 진격했으며, 러시아를 지나 유럽으로 영토를 넓힌 뒤 중국으로 돌아와 몽골인이 지배하는 원나라(1271~1368년)를 건국했다.

---

* '~의 밑을 파다', '~의 명성을 손상시키다'라는 뜻의 영어 단어 'undermine'은 여기서 유래했다.

** 현재 중앙아시아에 살고 있는 주민 열 명 중 한 명은 칭기즈 칸의 직계 자손으로 추정된다. 그만큼 칭기즈 칸이 많은 여인을 아내로 삼거나 강제로 범했다는 뜻이다. 물론 그런 경우가 분명히 많았겠지만, 열 명 중 한 명이라는 숫자는 생각보다 큰 의미가 없을 수도 있다. 한 세대가 지날 때마다 인구가 두 배로 증가하기 때문에, 지난 2,000년 동안 사람들의 직계 조상 수가 지금까지 살았던 모든 사람의 수를 가볍게 뛰어넘기 때문이다. (물론 이것은 같은 사람이 동일한 가계도의 여러 곳에 등장할 때 그 수를 모두 반영했음을 고려해야 한다.) 이런 식이라면 유럽인의 선조들도 대부분 샤를마뉴 대제의 후손이 된다.

몽골의 유럽 침공은 유럽인과 동아시아인 간에 일어난 최초의 충돌이었다. 유럽의 기사들은 러시아를 정복하고 중부 유럽으로 진출한 몽골 기병들과의 일전을 준비했다. 1241년 몽골군은 헝가리의 사요 강 기슭에서 헝가리 군대를 격파하고 폴란드 서부의 레그니차에서 완전 무장한 유럽의 기사들을 밀어붙여 궤멸시켰다. 흥미로운 점은 이러한 전투에서 몽골군에 배속된 한족 병사들이 화기를 사용했다는 것인데, 이것은 유럽에서 화약이 사용된 최초의 사례였다. 몽골군은 곧이어 (오늘날의 체코공화국인) 보헤미아와 오스트리아로 진격해 유럽에서 가장 강력한 신성 로마 제국의 수도인 빈의 성문 앞까지 이르렀다. 과연 당시 유럽인에게 몽골의 공격을 막아낼 방법이 남아 있었는지는 의문이다. 그때 유럽을 멸망의 위기에서 구한 것은 다름 아닌 '행운'이었다. 1241년 12월에 칭기즈 칸의 아들인 오고타이 칸이 급사하자 유럽 침공은 중단되었다. 새로운 칸을 선출하기 위해 칭기즈 칸의 아들 모두가 몽골로 돌아가야 했기 때문이다.

한편 중동 지방에는 그런 행운이 따르지 않았다. 몽골이 이슬람 세계의 중심인 바그다드의 성문 앞에 당도한 것은 몽골 제국의 4대 칸이 등극한 후인 1258년이었다. 짧은 공성전이 벌어진 후, 바그다드가 함락되고 1주일 동안 약탈이 이어졌다. 궁전과 이슬람 사원, 도서관 같은 공공건물이 파괴되었다. 우리는 그때 어떤 지식들이 사라졌는지 영원히 알 수 없을 것이다. 아마도 고대 문명이 붕괴된 후에도 거의 1,000년 동안 살아남았던 고대 그리스 유물의 마지막 사본들이 사라졌을 것으로 추정된다. 수십만 명이 살해되면서 도시의 인구는 크게 줄어들었다. 몽골군은 바그다드 약탈을 끝내고 서쪽으로 계속 나아가 시리아를 정복한 뒤, 1260년 아인잘루트 전투에서 자신들처럼 '치고 빠지는' 전술을 구사하는 이집트의 맘루크 군대에 패배하고 나서야 진군을 멈추었다.

몽골군은 잔인하기로 악명이 높았다. 그들의 행위를 보면 충분히 그럴 만했다. 하지만 그들을 단순히 파괴를 일삼은 자들로 기록할 수는 없다. 우선 몽골은 전 세계를 하나로 묶는 데 중요한 역할을 했다. 또한 파괴한 곳에 진보적인 사상을 폭넓게 소개했다. 초반의 공포가 지나가고 나면 몽골인은 너무나 자애로운 군주의 모습을 보였다. 특히 정복하러 간 곳의 주민이 순순히 항복한 경우에는 더욱 그러했다. 이 초원의 무시무시한 기병들에게는 호기심과 새로운 생각에 대한 열린 마음, 그리고 종교적 관용이 있었다.* 가난한 사람들에게는 세금을 받지 않았고 문맹 퇴치를 장려했다. 몽골인은 단순한 유목민이었지만, 전문 기술자를 존중하고 장인과 학자는 대부분 살려주었다. 로마인처럼 각 지역의 자치를 보장했기 때문에 정복지의 주민들은 조공을 바치고 평화를 유지하는 한 자치권을 누릴 수 있었다.**

몽골 제국은 역사상 그 어느 제국보다 넓은 영토 안에서 연락을 주고받기 위해 정교한 우편 시스템을 도입했다. 시설이 잘 갖춰진 연락 초소를 연속적으로 설치해 장거리를 이동하는 전령들이 말을 갈아탈 수 있게 했다. 전령들은 보통 40킬로미터 간격으로 설치된 초소 사이를 이동한 뒤 새로운 말로 갈아타고 계속 이동하거나 다음 전령에게 넘기는 방식으로 최대한 빠르게 서신을 전달했다. 몽골의 기수들은 하루에 200여 킬로미터를 이동할 수 있었는데, 이는 유럽에서 중국까지 서신

---

* 몽골의 전통 신앙은 샤머니즘이었지만 곧 이슬람이나 기독교, 불교 등 다양한 종교를 갖게 되었다. 심지어 그들은 종교 간 논쟁을 후원하면서 각지에서 대표자를 불러 철학이나 윤리적 쟁점을 토론하게 했다. 칭기즈 칸은 최초로 종교의 자유를 보장하는 법령을 제정했다. 종교와 정치를 완전히 분리하는 법령이었다.

** 그런 식으로 모스크바는 러시아의 수도가 되었다. 세금 징수권을 부여받은 모스크바는 다른 러시아 도시에서 공물을 모으는 임무를 맡았다. 1147년경에 작은 도시로 시작된 모스크바는 그렇게 거둬들인 세금의 일부를 흡수하면서 부유한 도시로 성장했고, 1480년경에는 경제적·군사적으로 강성해져 결국 몽골을 쫓아내고 다른 러시아 도시의 지배권을 되찾았다.

을 전달하는 데 한 달이 채 걸리지 않는 속도였다. 시베리아 북부의 일부 지역에서는 말 대신 개썰매를 이용했다. 몽골인은 무역을 장려하여 외국 상인에게 신변 보호를 약속하면서 몽골 방문을 권장했다. 그리고 제국의 광활한 영토 안에서 강도떼를 근절하기 위해 많은 노력을 기울였으므로, 무역로가 그 어느 때보다 안전해졌다. 알렉산드로스 대왕의 동방원정 때 그리스인이 처음 개척한, 지중해와 중국을 잇는 무역로인 실크로드는 몽골 제국 때 명실상부한 부흥기를 맞았다. 외국 상인들이 무역에 호의적인 단일 제국의 영토 안에서 유럽부터 중국까지 여행할 수 있게 된 것은 사상 최초의 일이었다.

이렇게 유럽과 아시아 사이에서 사상이나 기술, 상품이 대규모로 오가던 시기를 '팍스 몽골리카(몽골의 지배에 의한 평화)'라고 부른다. 유럽인들은 유럽 밖으로 나갔다가 돌아오는 여행자와 상인들이 가져온 정보 덕분에 세상에 대한 견문을 크게 넓힐 수 있었다. 1492년 콜럼버스가 항해에 나설 때, 그의 임무는 중국에 가서 페르난도 왕과 이사벨 여왕의 편지를 대몽골 제국의 칸에게 전하는 것이었다. 당시 스페인에서는 몽골 제국과 칸이 오래전에 사라졌다는 사실을 알지 못했던 것이다. 유럽과 중국의 교류는 양방향으로 이루어졌다. 1285년 원나라의 쿠빌라이 칸*은 하나로 통합된 세계지도를 그리라고 명했다. 오늘날 전해지지는 않지만, 그 지도는 1402년 조선에서 제작된 「혼일강리역대국도지도混一疆理歷代國都之圖」와 비슷했을 것으로 추정된다. 「혼일강리역대국도지도」에는 아시아뿐 아니라 유럽과 아프리카도 상세하게 나와 있다. 한편 유럽에서는 이탈리아의 지도 제작자인 프라 마우로가 대항해 시대 이전의 지도 중에서 가장 광범위한 세계지도를 제작했다. 그 지도에는

---

* 원나라의 황제이자 칭기즈 칸의 손자였다. '칸'은 중앙아시아에서 '통치자'를 뜻하는 말이다.

구대륙 전체가 아주 상세하게 그려져 있었다. 사상 처음으로 유럽과 아시아의 사람들이 당시까지 알려진 세계를 완전하게 이해하기 위해 모든 지식을 한데 모았던 것이다.*

'팍스 몽골리카'는 마르코 폴로의 탐험에 기반이 되었다. 그가 여행을 시작한 1271년, 실크로드는 이미 1,000년이 넘은 오래된 무역로였는데 마치 불을 끌 때 사람들이 일렬로 서서 물 양동이를 옮기는 것처럼 운영되었다. 아시아에서 유럽으로 가는 상품은 그렇게 수십 명의 손을 거치면서 중간상인들이 이윤을 챙기는 만큼 가격이 올라갔다. 당시만 해도 실크로드를 처음부터 끝까지 한 사람이 주파하는 경우는 거의 없었다. 마르코 폴로는 중국을 여행한 최초의 유럽인이 아니었으며, 심지어 폴로의 가족들 중에서 맨 처음 중국에 간 사람도 마르코가 아니라 그의 아버지였다. 마르코 폴로는 10여 년 전 중국에 가보았던 아버지 니콜로, 삼촌 마페오와 동행했을 뿐이다. 그런 마르코 폴로가 특별한 사람이 된 것은 그의 여행기인 『동방견문록』이 날개 돋친 듯 팔리면서 동아시아에 대한 사람들의 관심에 불을 붙였기 때문이다. 그 책은 인쇄기가 등장하기 전에 나온 책들 중에서 가장 인기가 높았다.** 책 내용을 보면 미화된 부분도 있지만, 분명 우리가 사실이라고 확신할 만큼 세부적인 내용도 있다. 마르코 폴로의 『동방견문록』은 동아시아의 지식을 유럽에 알렸을 뿐 아니라 미래의 여행가나 탐험가가 동아시아에 가도록 모험심을 자극했다. 콜럼버스도 그 책을 갖고 있었으며 자신이 도착한 곳이 아시아의 어느 지역인지 파악하기 위해 참고했다. (물론 콜럼버스는 전혀 다른 대륙에 도착했으므로 큰 도움이 되지는 않았을

---

* 동서의 연결은 예상치 못한 부작용도 불러왔다. 1347년에 유럽을 강타한 흑사병은 흑해 연안의 항구 카파에서 제노바 상인들을 통해 유럽으로 전파되었으며, 카파의 흑사병은 실크로드를 따라 중국에서 온 것이었다.

** 마르코 폴로가 직접 글로 쓰지는 않았다. 아시아에서 돌아온 그는 몇 년 후 제노바인과의 해전에 참전했다가 포로가 되었는데, 그때 동료 죄수에게 이야기를 받아쓰게 했다.

것이다.)

당시 마르코 폴로가 살았던 베네치아는 유럽에서 가장 부유한 도시였으며 번성하는 상인 공화국이었다. 니콜로와 마페오 폴로가 중앙아시아로 여행을 떠난 것은 1261년이었다. 그리고 그곳에서 만난 쿠빌라이 칸의 특사가 두 사람을 몽골로 초대했다. 위대한 칸이 그때까지 유럽인을 만나본 적이 없었기 때문이다. 1266년 두 사람이 베이징 황궁에 도착하자 쿠빌라이 칸은 유럽의 법률, 정치, 경제, 종교 제도에 관해 질문을 퍼부었다. 그리고 (당시 유럽의 '통치자'나 다름없었던) 교황에게 편지를 전달하고 문법과 수사학, 논리학, 기하학, 산술학, 음악, 천문학 등의 전문가 100여 명을 데려오라고 요청했다. 또한 예루살렘에 있는 그리스도 성묘에서 기름이 들어 있는 램프를 갖다달라고 말했다. 폴로 형제는 유럽으로 돌아오는 길에 그 램프를 손에 넣었지만, 중국에 데려갈 수 있는 사람은 100여 명의 전문가는커녕 열일곱 살의 마르코뿐이었다. 그래서 1271년 니콜로와 마페오, 그리고 마르코는 베네치아에서 출발해 중국으로 향했다.*

폴로 일행은 배를 타고 지중해를 건너 시리아에 간 뒤 낙타를 타고 페르시아 만의 호르무즈로 갔다. 그곳에서 중국행 배를 타려고 했지만, 항구에 있는 배의 상태가 좋지 못해서 실크로드를 따라 계속 이동하기로 했다. 광활한 평원과 얼어붙은 산맥, 그리고 지구에서 가장 혹독한 사막을 가로지르는 힘든 여행길이었다. 한번은 모래 폭풍이 지나간 직후 도둑떼의 습격을 받고 구사일생으로 도망치기도 했다. 그렇게 베네치아를 떠난 지 3년 반 만에 세 사람은 베이징의 황궁에서 쿠빌라이 칸

* 아버지 니콜로는 아시아에서 대부분의 시간을 보냈기 때문에 마르코는 아마도 이때 아버지를 처음 만났던 것 같다. 따라서 거의 남이나 다름없는 아버지와 계획도 없이 갑자기 집을 떠나 함께 여행한 것을 보면 마르코 폴로가 얼마나 대담했는지 짐작할 수 있다.

을 알현했다.* 쿠빌라이 칸은 특히 젊은 마르코 폴로에게 좋은 인상을 받아서 그를 황궁의 총신으로 삼았다. 마르코는 두뇌가 명석하고 최소한 4개국의 언어를 사용할 줄 알았다. 하지만 재미있게도 중국어는 잘하지 못했던 것 같다. 쿠빌라이 칸과는 페르시아어로 대화했던 것 같은데, 당시 페르시아어는 몽골 황제의 일상어였으며 제국 전역에서 사용된 공용어였다.**

쿠빌라이 칸은 마르코를 원나라 관리로 임명하고 여러 임무를 맡겼으며, 마르코 폴로는 그 임무를 수행하기 위해 중국 전역을 여행했다. 중국의 남부와 동부 지방을 비롯해 멀리 버마까지도 갔다. 또한 실제로 가보았을 것 같지는 않지만, (유럽인으로는 최초로) 고려와 일본, 인도네시아에 관한 기록을 남겼다. 마르코 폴로의 기록에서 참으로 놀라운 점은 편견이 없다는 것이다. 상인이었던 폴로 일행은 외국인을 상대하는 데 익숙했지만, 동시대의 다른 사람들은 자신과 다른 종교나 문화적 관행을 비난하는 것이 일반적이었다. 반면 마르코 폴로는 중국의 찬란한 역사와 평화로운 사회에 진심으로 경의를 표하면서 유럽이 배워야 한다고 말했다. 이처럼 외국인에 대해 공정한 자세를 취한 마르코 폴로는 사람들에게 최초의 근대적인 세속주의 인본주의자로 기억되었다.

마르코는 그렇게 황궁에서 중책을 맡는 바람에 제국을 떠나기 어려운 처지가 되었다. 베네치아로 돌아가고 싶다는 말을 꺼내기도 했지만, 처음에 쿠빌라이 칸은 그 요청을 거절했다. 그러는 동안 폴로 일행

---

* 폴로 일행의 여행 기간을 보면 오늘날 세상이 얼마나 작아졌는지 새삼 느낄 수 있다. 지금은 베네치아에서 베이징까지 매일 여객기가 다닌다. 중국행 비행기는 베네치아의 '마르코 폴로' 국제공항에서 출발하는데, 공항 이름이 너무나 잘 어울린다.

** 역사학자들은 마르코 폴로의 책에 있는 어휘나 표현으로 판단할 때, 그가 페르시아어와 아랍어, 터키어, 그리고 몽골어도 조금 배웠던 것으로 추정한다. 그리고 베네치아 방언이 섞인 이탈리아어는 물론 몇 가지의 유럽어도 사용했던 것으로 보인다. 많아 보일지도 모르지만, 교황 바오로 2세는 최소 8개국의 언어를 능숙하게 구사했고 웬만큼 사용하는 언어는 그보다 많았다.

은 칸이 갑자기 사망하기라도 하면 권력 다툼이 일어나 정적들의 표적이 될 거라며 걱정이 많았다. 마침내 기회가 찾아온 것은 1292년 쿠빌라이 칸의 종손인 페르시아 왕이 왕빗감을 찾아 원나라로 특사를 보냈을 때였다. 쿠빌라이 칸은 폴로 일행에게 특사와 함께 배를 타고 페르시아에 간 뒤 그곳에서 베네치아로 돌아가도 좋다고 허락했다. 세 사람은 정크선 열네 척으로 구성된 특사의 선단에 올라 싱가포르를 거쳐 페르시아 만의 호르무즈에 도착했다. 그리고 그곳에서 육로로 흑해를 거쳐 베네치아로 돌아갔다. 처음 베네치아에서 출발한 뒤 24년간 2만 4,000여 킬로미터를 여행하고 비로소 고향땅을 밟은 것이다. 마르코는 인생의 거의 절반을 외국에서 보내며 동아시아에 가보았을 뿐 아니라 그 문화에 푹 빠져 살았다. 열일곱 살 때 베네치아를 떠나 마흔한 살에 돌아왔기 때문에 친구들은 대부분 마르코를 알아보지 못했다.*

그 외에 다른 유럽인 여행자도 있었는데, 마르코 폴로만큼 영향력이 크지는 않았다. 그중에서 가장 마르코 폴로에 버금가는 인물은 『맨더빌 여행기The Travels of Sir John Mandeville』의 주인공이며 허구의 인물로 추정되는 맨더빌이다. 『맨더빌 여행기』에 나오는 이야기는 마르코 폴로의 이야기보다 훨씬 더 환상적이다. 14세기 중·후반에 널리 읽혔던 그 책에는 개의 머리가 달린 사람들이나 난폭한 여성 전사가 지배하는 아마존, 코끼리를 잡아먹는 거대한 새, 다이아몬드가 자라는 들판, 후추나무 숲, 젊음의 샘, 500년마다 스스로 불 속에 들어가 새롭게 태어나는 이집트의 불사조 등 세상에 가득한 괴물 이야기가 나온다.

지금 보면 완전히 허구이지만, 당시 불가사의한 일을 찾아 전 세계

---

* 마르코는 중국에서 실제로 보았던 항저우의 거대한 조선소나 석탄, 화약 등의 신기술, 매일 목욕하는 것 같은 동방의 기이한 관습 등을 유럽인에게 이해시키는 데 어려움이 많았다. 그에게는 여행에 관한 물리적 증거가 몇 가지 있었다. 우선 '피터'라는 몽골인 하인이 폴로 일행과 함께 베네치아에 와서 1324년 마르코가 숨을 거둘 때까지 시중을 들었다. 피터라는 하인에게도 분명 본인만의 재미있는 이야기가 있었을 것이다!

를 돌아다녔던 유럽인들은 그 책의 내용을 있는 그대로 믿었다. 실제로 콜럼버스는 '신대륙'으로 항해를 시작하면서 마르코 폴로의 『동방견문록』과 함께 『맨더빌 여행기』도 가져갔다. 소문에 의하면 맨더빌은 영국의 기사이며 실존한 인물은 아니었던 것 같다. 그리고 그 책은 남에게 전해 들은 말과 순수한 상상력을 바탕으로 어느 프랑스 작가가 썼다고 한다. 따라서 그 책은 지리학의 선구적 기록물이 아니라 초창기의 여행소설로 여겨야 하고, 외국의 정보를 전달하기보다는 탐험에 대한 사람들의 관심을 불러일으켰다.

동아시아를 여행한 실존 인물 중에는 '조반니 카르피니Giovanni da Pian del Carpine'라는 수도사도 있었다. 그는 마르코 폴로가 여행을 떠나기 수십 년 전에 기독교 사절단을 이끌고 몽골 제국의 수도로 갔다. 사절단은 환대를 받았지만 몽골인을 기독교로 개종하려는 임무는 실패했다. 몇 년 후 프랑스 왕을 대표해서 신부이자 탐험가인 루브룩의 윌리엄William of Rubruck이 카르피니 수도사와 비슷한 임무를 받고 몽골 제국에 갔지만 역시 목적을 이루지 못했다. 그런데 이 무렵 마르코 폴로와는 반대 방향으로 여행하면서 유럽을 방문한 여행자가 있었는데, '라반 바르 사우마Rabban Bar Sauma'라는 중국(혹은 터키) 승려였다. 그는 마르코 폴로가 왔던 육로를 완전히 반대로 되짚어가서 유럽 문화에 매료되었다(이탈리아인 통역사를 통해 페르시아어로 의사소통했다). 그의 기록에는 아시아의 여행자 관점에서 본 중세 유럽, 동양의 시각에서 본 서양에 대한 매우 흥미로운 설명이 남아 있다.

그렇게 구대륙은 서로 연결되어 있었으며, 당시만 해도 동양 문명이 서양보다 우월하다는 것에 의문의 여지가 없었다. 만약 여러분이 1400년대에 세계 여행을 시작했는데, 누군가가 앞으로 수 세기 동안 어느 나라가 세상을 지배할 것 같으냐고 묻는다면 '중국'이라고 대답할 수밖에 없을 것이다. 1300년대 중반에 원나라가 멸망하고 명나라가 건국되었을 때, 중국은 세계무대에 우뚝 선 거인이었다. 베이징에 새로운 궁전인 '자금성'을 지은 명나라는 인구가 유럽의 두 배였고 국민 모두가 유럽인보다 풍요롭게 살았다. 1,800여 킬로미터에 이르는 중국의 대운하는 마치 고속도로처럼 개조되어 유럽에 있는 모든 해군 전함보다 더 많은 선박이 오갔다. 곡물창고에는 흉년에도 사람들을 먹일 수 있는 식량이 있었고 저수지를 통해 농사에 필요한 물이나 식수를 꾸준히 공급할 수 있었다. 호화로운 비단과 도자기가 전 세계에 비싼 값으로 팔려나가면서 명나라 사람들은 유럽인이 꿈꾸는 화려한 삶을 살았다. 중국의 관료제는 더욱 확대되어 관리의 수가 50만 명까지 늘어났고, 과거제도로 뛰어난 인재를 선발함으로써 신분이 낮은 사람도 고위직에 올랐는데, 당시의 다른 나라에서는 상상할 수조차 없는 일이었다.*

부유한 중국과 대조적으로, 당시 유럽은 여전히 흑사병의 참화에서 회복 중인 보잘것없는 변방이었고 전체 인구의 3분의 1이 줄어든 상황이었다. 유럽은 끊임없이 서로 다투는 수백 개의 작고 호전적인 나라로 조각조각 나뉘어 있었다. 독일과 이탈리아는 수십 개의 작은 왕국과 선제후령(신성 로마 제국에서 황제 선출권을 가진 선제후들이 다스리는 영토 - 옮긴이), 공작령, 후작령, 공화국, 주교 관할 지역, 도시국가 등 당시 상상할 수 있는 모든 정치제도별로 분열되어 있었다. 영국과 프랑스는 백년전쟁이라는 극심한 재난 속에서 옴짝달싹 못하고 있었다. 스페인은 분열된 상태로 여전히 그라나다 지방의 무어인과 대치하고 있었다. 오직 베네치아나 제노바 같은 이탈리아의 상인 공화국에만 미래의 희망이 보이는 듯했지만, 이들 공화국은 규모가 작을 뿐 아니라 서로 분열되어 있었으며

---

* 중국의 과거제도는 서양에서 공무원 시험의 근간이 되었다. 동인도회사에서 먼저 중국의 과거제도를 채택했고 1800년대 말에는 영국, 프랑스, 독일, 미국이 그 뒤를 따랐다.

그나마 한정된 경제 규모에서 더 많은 몫을 차지하려고 서로 끊임없이 다투었다. 이론적으로 유럽은 교황 아래서 하나로 통일되어 있었지만, 서로 간에 전혀 협조하지 않았으며 억압적인 종교의 독단주의만 계속되고 있을 뿐이었다. 비잔틴 제국과 아랍 왕국에서 보관하던 고대의 필사본들이 재발견되면서 변화가 일어나고 있었지만, 르네상스 시대가 본격적으로 시작되기까지는 아직 시간이 더 필요했다.

당시 유럽 이외의 지역 사람들에게, 고립되어 있으며 빈곤하고 세상의 변방인 유럽이 수백 년 만에 세계의 지배자가 될 것이라고 말했다면 너무 지나친 공상이라고 반응했을 것이다. 1400년경의 유럽은 고작 세계 육지의 10퍼센트, 세계 인구의 15퍼센트를 점유할 뿐이었다. 세계 최대의 도시는 베이징으로, 인구가 거의 100만 명에 달했다. 세계에서 가장 큰 10대 도시 중에서 유럽의 도시는 파리가 유일했지만, 그나마도 지금처럼 화려한 거대도시의 모습과는 거리가 멀었다. 심지어 아스텍의 수도 테노치티틀란이 파리보다 더 컸을 것이다. 유럽의 도시들은 어둡고 더러웠으며 길도 좁고 위생 상태도 최악이었다. 쓰레기와 시체가 뒤섞여 거리와 강에 아무렇게나 쌓여 있었으며 거리에는 조명이 별로 없어서 해가 진 뒤 밖으로 나가는 것은 위험했다. 또한 강력 범죄 발생률이 오늘날의 미국보다 50배나 높아서 유럽 대륙 전체가 사실상 하나의 거대한 전쟁터나 다름없었다. 공개 처형은 흔한 일이었고 전염병도 만연했다.

1400년에는 세계에서 가장 큰 10대 도시 중 네 개가 중국에 있었다. 중국의 거대한 강 유역은 가장 일찍 문명이 발달한 곳이었으며, 중국은 독특하게도 2,000년 이상 비교적 일관된 문화와 정치적 통일성을 유지하고 있었다. (유럽으로 치면, 고대 도시국가에서 시작된 로마가 유럽을 통일한 이래 라틴어를 사용하는 단일 제국이 계속 유지되는 상황이라고 할 수 있다.) 중국은 인구나 국토 측면에서 거의 항상 세계 최고의 대국이었지만,* 매우 혁신적인 나라이기도 했다. 중국에서 나온 혁신적인 발명을 일부 나열해보면 침술, 종鍾, 벨트 구동 기술, 관棺, 나침반, 석궁, 치과용 충전재, 도미노, 에페드린(아드레날린과 유사한 약효가 있으며 기관지 확장, 혈압 상승 등의 효과가 있다 - 옮긴이), 폭죽, 수세식 화장실, 법의학, 휘발유, 금붕어, 말의 목줄, 열기구, 수리학, 향, 예방 접종, 제철 기술, 연, 옻칠, 성냥, 넓적한 모양의 쟁기, 매니큐어, 냅킨, 음수陰數, 국수, 종이, 지폐**, 놀이용 카드, 도자기, 인쇄기, 선박의 방향타, 수돗물, 비단, 속도계, 말에 다는 등자鐙子, 차茶, 두부, 화장지, 칫솔, 우산, 포장지 등이 있다. 그중 일부는 1,000년 전에 나왔는데도 마치 최근에 발명된 것처럼 느껴진다. 19세기에 발명된 화약으로부터 지뢰나 대포, 폭발성 발사 무기, 그리고 유선형 날개를 달고 비행하는 다단계 로켓 등이 탄생했다. 심지어 우리가 유럽의 발명품이라고 확신하는 것들 중에서도 중국에서 먼저 발명된 것이 있다. 최근의 고고학적 발굴에서 고대 중국인들이 곡물로 저알코올 발효주를 만들어 마셨다는 증거가 나왔다. 그러니까 맥주를 처음 만든 사람이 중국인일 수도 있다는 뜻이다.***

중국의 몇 가지 중요한 발명품은 탐험과 직접적으로 관련되어 있다. 선박의 뒤쪽에 달린 방향타는 선박의 방향을 효과적으로 조절하는 장치로 약 2,000년 전에 등장했다. (바이킹이 사용했던 '거대한 방향타'

---

* 국토 면적에서는 러시아가 350년 전에 중국을 추월(그 과정에서 중국의 영토 일부를 흡수했다)했지만, 시베리아 지역 대부분은 인구밀도가 매우 낮다. 캐나다도 중국보다 국토 면적이 넓지만, 호수의 표면적을 포함할 때만 그렇다. 캐나다 국토 면적의 약 10퍼센트는 호수가 차지한다. 반면 중국의 국토는 아주 건조해서 커다란 호수가 많지 않다.

** 중국의 지폐에는 '위조범은 모두 참수형에 처한다'고 쓰여 있었다. '우리는 하느님을 믿는다'는 말보다 훨씬 더 창의적이다.

*** 따라서 중국에 정착한 유럽인들이 중국에 맥주가 없다는 것을 알고는 오늘날 중국에서 가장 유명한 '중국' 맥주 회사를 설립했다는 것은 정말 의외라고 할 수 있다. 예컨대 '칭다오 맥주'는 독일인이 1903년 칭다오에 세웠다. 당시 칭다오는 독일에 영국의 홍콩 같은 항구였다.

를 생각해보라.) 중국의 선박은 설계 특성상 유럽의 선박보다 훨씬 더
견고했다. 선내 공간을 여러 구역으로 나누어 완전히 분리했기 때문에
한 구역에 물이 새도 다른 구역까지 잠기지 않았다. 외륜선도 중국의
발명품인데, 선체 외부로 튀어나와 있는 돛이나 노를 없애서 폭이 좁은
강을 따라 항해할 수 있게 만든 선박이다. 가장 중요한 중국의 발명품
중 하나인 자기나침반은 항해술에 혁명을 일으켰다. 역사상 처음으로
항해사들이 외부의 지형지물을 참고하지 않고 어떤 상황에서든 선박
의 진행 방향을 정확히 알 수 있게 된 것이다.

　대항해 시대의 초반에는 중국이 유럽보다 훨씬 더 앞서 있었다.
1498년에 바스코 다 가마가 최초의 포르투갈 원정대를 이끌고 인도에
갔을 때, 인도양은 이미 수천 년 동안 정기적으로 뱃길을 오가는 현지
인으로 크게 붐비는 곳이었다. 그때부터 100년간 인도양의 제해권을
두고 전쟁이 계속된 끝에 포르투갈이 가까스로 승리했다. 포르투갈은
비록 치열하게 싸웠지만, 정말 운이 좋았다고 할 수밖에 없다. 그들이
처음 도착했을 무렵 인도양은 절대강자가 떠난 공백 상태였기 때문이
다. 유럽인들은 미처 몰랐지만, 불과 50년 전에 명나라의 대함대가 인
도양에서 철수했던 것이다. 그런데도 포르투갈 함대는 인도와 아랍 함
대에 거의 전멸당할 뻔했다. 따라서 그 전까지 수 세기 동안 인도를 오
간 중국의 무적함대와 마주쳤다면 유럽은 결코 인도양의 지배자가 되
지 못했을 것이다.

　1400년대 초반, 중국은 세계에서 가장 규모가 크고 가장 앞선 해
군을 운용했다. 그리고 유럽보다 훨씬 더 적극적으로 세계를 탐험하고
식민지를 개척하고 정복 사업을 벌였다. 만약 역사가 조금 다르게 흘러
중국 원정대가 유럽까지 가서 자국에 유리한 조건으로 무역협정을 강
요했다면, 유럽이 아프리카 해안을 돌아 아시아에 도착하거나 서쪽으

로 대서양을 건너지 않았을 것이다. 그리고 중국 탐험가들이 태평양을 건너 유럽으로 가는 직항로를 찾으려다가 길을 잘못 들어서는 바람에 아메리카 대륙을 발견했을지도 모른다. 그랬다면 스페인 정복자들 대신 중국 정복자들이 금과 은에 눈이 멀어 아스텍과 잉카의 도시를 유린했을지도 모른다. 그리고 이 가상의 역사에서 중국 항해자들은 유럽으로 가는 항로를 찾다가 아메리카 대륙을 탐험했을 수도 있고, 중국인들이 황제의 전횡을 피해 캘리포니아에 이주민 마을을 세웠을 수도 있다. 역사가 아주 조금만 다른 방향으로 흘러갔다면, 중국어가 아메리카 대륙에서 주류 언어로 자리잡아 결국에는 국제 공용어가 되었을지도 모른다.*

이 모든 가정이 중국의 대항해 시대에는 얼마든지 현실이 될 수 있었다. 명나라 집권기였던 1405년부터 1433년까지 정화 제독이 지휘하는 함대가 인도양으로 일곱 차례 원정을 떠났다. 원정대의 임무는 외국과의 교역이었지만, 그보다는 명나라의 힘을 과시하려는 목적이 더 컸다. 1405년에 꾸려진 원정대는 60척이 넘는 거대한 '보물선'과 그보다 작은 200척의 지원선으로 구성되었고 승선 인원은 3만 명에 달했다. 당시 기록에 따르면 함대에서 가장 큰 배는 4층짜리 갑판에다 길이가 120미터, 폭이 52미터를 넘었고 엄청난 양의 화물과 1,000여 명의 선원을 태웠으며 아홉 개의 돛대에 달린 돛을 펴고 항해했다. 목재로 만든 선박으로는 역사상 가장 거대했고 수백 년 후에 유럽에서 건조된 대형 전함보다도 컸던 것으로 보인다. 콜럼버스 선단에서 가장 컸던 산타마

---

* 영어가 사실상의 국제어가 된 이유는 두 가지다. 첫째는 미국의 경제적·문화적 영향력이고, 둘째는 100년 전에 전 세계 땅의 6분의 1을 지배했던 대영제국의 영향력이다. 현재 조금이라도 영어를 사용하는 인구는 전 세계 인구의 25퍼센트에 달한다. 영어가 모국어가 아닌 유럽 국가(대부분의 유럽 국가가 해당된다)에서 인구의 절반 정도가 영어로 대화할 수 있다. 물론 그 비율은 나라마다 달라서, 비율이 가장 낮은 스페인에서는 22퍼센트 정도이고 가장 높은 네덜란드에서는 90퍼센트에 이른다.

리아 호의 여섯 배 이상이었으며 콜럼버스 선단의 모든 배가 화물칸에 너끈히 들어갈 정도였다.

　정화는 원래 중국인이 아니었다. 그는 원나라 시대에 중국 윈난 지방의 공직자였던 이슬람교도의 아들로 태어났고 원래 이름도 정화가 아니었다. 1381년 정화는 윈난 정벌에 나선 명나라 왕자 주체(훗날 명나라 황제 영락제가 된다)의 포로가 되어 거세를 당하고 환관이 된다. 그리고 세월이 흐른 뒤 주체의 가장 신뢰받는 신하이자 사적인 친구가 된다. 주체는 1402년에 벌어진 권력 다툼에서 수도인 베이징을 기습한 후 조카를 밀어내고 황제 자리에 올랐다. 역사적으로 중국의 황제는 황위에 오른 뒤 이름을 바꾸는데, 주체는 '영원한 행복'이라는 뜻의 '영락永樂'이라는 이름을 사용했다. 이 일로 출신이 보잘것없었던 정화는 명나라에서 가장 중요한 인물이 된다. 환관들의 수장인 '태감' 자리에 오른 정화는 신생국인 명 왕조의 힘을 과시하기 위해 계획된 몇 차례의 해상 원정에서 황제의 대리인으로 임명되었다.

　정화의 원정대는 그때까지 전 세계에서 유례를 찾을 수 없는 규모였으며, 수백 척의 배와 수만 명의 선원으로 구성되었다. 1405년에 첫 항해를 시작한 정화의 함대는 동남아시아와 인도, 중동을 지나 동아프리카까지 갔다. 도중에 현지인에게 금과 은, 도자기, 비단 등을 선물로 주고 타조와 얼룩말, 낙타, 상아 같은 현지의 진기한 것들을 답례로 받았다. 그중에서도 특별한 것은 아프리카의 스와힐리 해안에서 답례품으로 받은 한 쌍의 기린이었다. 공교롭게도 기린은 중국 신화에 나오는 '치린'이라는 동물과 일치했는데, 중국인에게 치린은 행운을 상징하는 동물이었다(유럽인에게 유니콘과 같은 존재였다). 그 한 쌍의 기린은 오랫동안 베이징의 동물원에서 인기를 누리면서 황제의 통치에 대한 축복으로 여겨졌다. 정화의 원정을 통해 명나라는 먼 외국과 외교관계를 수립

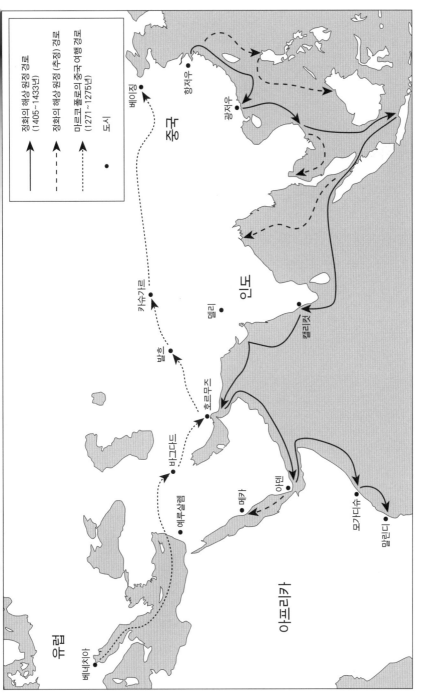

동서의 만남(마르코 폴로와 정화의 여정).

범례:
- 정화의 해상 원정 경로 (1405~1433년)
- 정화의 해상 원정 (추정) 경로
- 마르코 폴로의 중국 여행 경로 (1271~1275년)
- 도시

지명:
유럽
베네치아
예루살렘
바그다드
중국
베이징
항저우
광저우
카슈가르
발흐
호르무즈
델리
인도
캘리컷
메카
아덴
모가디슈
말린디
아프리카

했으며, 인도양에 접해 있는 30여 개가 넘는 나라의 통치자들이 특사를 보내 명 왕조에 경의를 표했다.

정화의 원정대는 수백 년간 중국 상인이 오갔던 항로를 따라 항해했다. 무역로를 따라 중국 함대가 지나간 것은 이때가 처음이었다. 함대는 수백 문의 청동 대포로 무장하고 있었으므로, 만약 그때 포르투갈 함대가 나타났다면 손쉽게 격파할 수 있었을 것이다. 하지만 정화는 무력 과시보다 외교로 목적을 달성했다. 적대적이었던 이들도 압도적인 정화의 함대 앞에서는 꼬리를 내릴 수밖에 없었으므로, 실제로 전투가 벌어져 함대의 무기를 사용하는 경우는 거의 없었다. 그럼에도 주저 없이 무력을 행사해 상대를 겁주기도 했는데, 한번은 실론 섬의 왕을 쫓아내고 명나라에 호의적인 왕을 앉혔다. 그리고 오랫동안 아시아의 바다를 어지럽힌 해적을 모조리 잡아 없앴다.

정화의 원정이 남긴 유산은 오랫동안 이어졌다. 바다를 통해 수백만 명의 중국인이 말레이시아나 인도네시아, 필리핀 등지로 집단 이주하여 현지 주민들과 섞이면서 중국의 기술과 문화를 전파했다. 중국어가 오늘날 싱가포르에서 공식어가 되고 동남아시아 전역에서 많이 사용되는 이유가 여기에 있다. 정화는 해외에 사는 중국 교민에게 존경받았으며 그를 기리는 사원이 곳곳에 세워졌다. 중국의 비단과 차, 도자기, 옻칠한 가구가 전 세계에 널리 퍼졌고 예술계에서도 동아시아 열풍이 불었다. 17~18세기 유럽인들은 저택이나 왕궁을 청백색의 명나라 화병과 중국풍의 네덜란드 도자기 등 중국식 물건으로 꾸미길 좋아했다. 그래서 우리는 지금도 도자기 소재의 식기를 '차이나'라고 부른다.

1424년, 영락제가 승하했다. 그리고 1431년의 마지막 원정 이후로 더 이상 대규모 원정은 시행되지 않았다. 정화는 마지막 원정이 끝나고 얼마 지나지 않아 급사했으며, 그의 시신은 바다에 수장된 것으로 추정된다. 그 뒤로 수십 년간 조정에서 지원하는 대규모 원정은 없었고, 그때까지의 항해 기록은 대부분 사라지고 말았다. 누군가가 의도적으로 없앴거나, 아니면 방치했기 때문일 것이다. 원정을 취소한 것은 비용을 아끼기 위해서였다지만, 다른 이유가 있었던 것 같다. 외국과의 교류를 장려하다 보면 중국의 권력자에게 위협이 되는 새로운 사상이 유입될 수 있다고 생각했던 것이다. 보수적인 유학자들이 권력을 장악하면서 나라의 문을 걸어 잠갔으며 외국과의 접촉은 차단되었다. 중국은 더 이상 탐험에 나서지 않게 되었다.

당시 세계 최고의 대국이었던 중국은 외부 세계와 교류하지 않아도 부족한 것이 없었다. 거대한 운하와 내수경제는 높은 성장률을 유지하기에 충분했다. 그런 천자의 나라 중국에 외국인이나 그들의 사상이 무슨 소용이 있었겠는가! 1500년경에는 돛대가 두 개 이상 달린 항해용 정크선을 건조하는 사람은 사형에 처한다는 법이 시행되었다. 대외무역이 금지되고 중국 함대가 해산되면서 지역 경제는 파산하기 시작했고, 바다에 생계를 의존하는 해안 마을에서는 밀수와 노략질이 폭발적으로 증가했다. 중국 무역상이 사라진 공백을 차지한 왜구와 유럽인들은 한때 중국의 국고를 풍족하게 했던 해외무역을 대신하면서 막대한 이익을 챙겼다. 세계 경제를 선도했던 중국은 외국 열강의 강요로 불평등조약을 맺을 수밖에 없는 제물이 되고 말았다. 외부 세계와 단절되면서 중국의 기술 발전은 침체했고, 중국이 열망했던 세계무대의 주도권은 유럽으로 넘어가고 말았다.

아프리카를 돌아
동쪽으로 향하다

　베이징의 웅장한 궁전에서 수천 킬로미터 떨어져 있으며 지구에서 가장 큰 유라시아 대륙의 서쪽 변방에 있는 유럽은 암흑시대에서 서서히 벗어나고 있었다. 중국과는 대조적으로, 유럽은 가난하고 기술적으로 낙후되었으며 정치적으로 분열되어 있었다. 만약 그때 우주에서 외계인이 와서 향후 펼쳐질 새로운 탐험 시대의 주역을 선택했다면, 유럽인은 절대 선택받지 못했을 것이다. 하지만 1400년대 말에는 상황이 조금씩 바뀌고 있었다. 유럽 인구는 흑사병의 참화에서 회복하는 중이었고, 흑사병이 수그러들 무렵 마침내 노예제가 폐지되고 임금은 상승했으며 이동의 자유도 보장되기 시작했다. 그리고 고대 그리스와 로마의 고전이 북부 이탈리아의 여러 공화국에서 재발견되면서 새로운 형태의 예술과 철학이 장려되고 종교적 독단주의의 장막이 걷히기 시작했다. 아직 근대화를 논하기는 성급했지만(과학혁명이 전성기를 맞으며 사회가 완전히 변화하기까지는 수백 년이라는 시간이 더 필요했다), 변화의 기운이 감돌고 있었다.

　1400년대 말에는 로마 제국의 멸망으로 생겼던 경제적 공백이 채워지면서 유럽은 로마 제국의 전성기 못지않은 번영을 누리게 되었다. 지중해 세계는 다시 한 번 북유럽과 연결되었는데, 이번에는 과거의 '야만인'들이 유럽의 번영에 큰 몫을 담당했다. 북유럽에서는 '한자동맹'이 결성되면서 발트 해가 경제활동의 중심지가 되었다. 융통성을 갖춘 자유무역 연맹인 한자동맹은 상인 조합으로부터 성장한 100여 개 이상의 도시가 참여했으며 주로 호박과 털가죽, 해군 보급품 등을 스칸디나비아와 러시아 내륙에서 들여왔다. 각 도시는 명목상 독립을 보장받았지만, 위기가 닥치면 힘을 합쳐 싸웠다. 여러 도시의 선박들은 함께 항해하면서 해적이나 약탈을 일삼던 나라들로부터 서로를 보호했다.*

이렇게 북유럽이 번영하면서 지중해 세계도 함께 번영을 누렸다. 이탈리아 상인 공화국들의 무역로가 한자동맹의 무역로와 연결됨으로써 로마 멸망 후 처음으로 전 유럽을 연결하는 무역망이 탄생했다. 남유럽의 무역은 대부분 베네치아와 제노바가 장악했는데, 베네치아는 이집트에서 유럽으로 이어지는 향신료 무역로의 마지막 마디였고 제노바는 흑해를 통해 아시아와 연결되는 고대 무역로에 주력했다. 한편 피렌체는 은행산업의 중심지로 새롭게 떠올랐으며 피렌체의 화폐 '플로린'은 최초의 국제통화가 되었다. 은행이 생기기 전까지만 해도 상인들은 거래를 하려면 황금이나 상품을 직접 가져가야 했다. 하지만 은행이 생기면서 상거래가 훨씬 쉽고 안전해졌다. 한 도시에 현금을 예치해 두고 다른 도시에서 그 현금을 찾아 상품을 살 수 있었기 때문이다. 또한 은행이 돈을 빌려주거나 새로운 사업에 자금을 투자하면서 야심만만한 상인들이 그 어느 때보다도 활발하게 탐험에 나서게 되었다.

---

* '한자Hansa'는 '조합guild'이라는 뜻의 옛 독일어에서 유래했다. 한자동맹은 유럽연합EU에 많은 영향을 미쳤으며 독일 항공사인 '루프트한자Lufthansa'('항공 조합Air Guild'이라는 뜻이다)에 그 이름이 남아 있다. 독일 북부의 함부르크와 뤼베크, 브레멘 같은 도시는 지금도 독일연방에서 특정 주에 속하지 않은 '자유 한자 도시'로 분류된다.

당시 무역로는 지식이 흘러가는 주요 통로이기도 했다. 이탈리아는 중동, 비잔틴 제국과 교류하면서 르네상스 시대의 중심지가 되었다. 그리고 유럽은 동방에서 보관하던 고대 기록물이 재발견되면서 먼 고대의 지식을 되찾게 되었다. 게다가 당시 오스만 제국이 비잔틴 제국의 영토를 조금씩 잠식하자 비잔틴 제국의 학자들이 이탈리아로 도피했는데, 그렇게 유입된 학자들은 새로 생겨난 이탈리아의 대학에서 학생들을 가르쳤다. 인본주의 학자들은 수도원 도서관에 가서 보존되어 있는 고대 기록물을 샅샅이 살피고 연구했다. 유럽의 예술은 1,000년 동안 따분한 종교적 상징에서 벗어나지 못하고 있었지만 고전이 재발견되면서 인본주의 낙관론이 불붙기 시작했고 그에 따라 고대 세계를 흉내 내고, 더 나아가 넘어서려는 활동이 이어졌다. 호기심이라는 파도가 다시 유럽의 해안으로 밀려들었던 것이다. 르네상스 시대가 시작되면서 도시화도 함께 진행되었다. 농민들은 도시로 가서 상업이나 무역업에 종사했다. 아시아의 대도시와 비교하면 여전히 규모는 작았지만 베네치아와 피렌체, 제노바, 밀라노는 인구가 10만 명이 넘는 대도시로 성장했다.

유럽에서 무역이 활발해지면서 선박 기술도 함께 발전했다. 가장 먼저 등장한 것은 '코그선Cog'이었다. 코그선은 떡갈나무로 만든 견고한 선박으로, 한자동맹이 발트 해와 북해에서 무역선으로 사용했던 배다. 나무판을 쇠못으로 이어 붙이고 물이 새지 않도록 타르를 바른 코그선은 한 개의 돛대에 사각돛을 달았으며 매우 튼튼했다. 둥그스름한 선체에 앞뒤에는 작은 성채 모양의 요새가 높이 솟아 있었는데, 대다수의 중세 범선처럼 볼품없고 느려서 별다른 매력은 없는 배였다. 하지만 화물을 거의 200톤(콜럼버스 함대에서 가장 큰 산타마리아 호보다 조금 더 많은 정도다) 넘게 실을 수 있기 때문에 유럽에서는 11세기부터 500년간 화물선으로 사용되었다. 중세의 해전은 주로 아군의 배를 적군의 배에 충돌시킨 뒤 육박전을 치르는 식이었는데, 코그선의 성채에 궁수를 태우고 해전을 벌이기도 했다.

코그선은 유럽인이 아시아와 아메리카 대륙으로 항해를 시작한 이후부터 점차 카라크선Carrack으로 발전했다. 스페인과 포르투갈에서 처음 제작된 카라크선은 북유럽 선박과 지중해 선박의 장점을 결합한 대형 무장상선이었다. 특히 거친 대서양에 알맞게 설계되었으므로 거친 바다에서 코그선보다 안정적이었고 선체는 유선형에 좀 더 가까워졌으며 돛이나 밧줄, 쇠사슬 같은 장비도 크게 개선되었다. 평소에는 순풍을 타고 빠르게 항해하기 위해 사각돛을 달았으며, 기동성을 높이기 위해 배의 뒤편에 삼각형의 보조 돛을 달았다. 카라크선에도 코그선처럼 앞뒤에 높은 성채 모양의 요새가 있었지만, 코그선보다는 존재감이 덜했다. 콜럼버스의 산타마리아 호도 크기가 작은 카라크선이었다. 카라크선은 유럽 범선의 전형이었고 선박에 사용되는 목재와 돛이 강철과 증기로 대체될 때까지 표준 선박으로 자리잡았다. 갤리언galleon(대항해 시대에 유럽에서 많이 사용된 대형 범선 - 옮긴이)이나 슬루프sloop(하나의 주 돛대와 여러 개의 보조 돛대가 있는 소형 범선 - 옮긴이), 프리깃frigate(유럽에서 사용된 돛을 단 목조군함 - 옮긴이), 전열함ships of the line(대항해 시대에 나무로 만든 범선 형태의 전함 - 옮긴이) 등은 모두 카라크선을 변형해서 만든 배였다.

또 다른 선박인 캐러벨선Caravel은 포르투갈에서 아프리카 해안을 따라 장거리 탐험을 하기 위해 제작한 소형 선박이었다. 수심이 얕은 곳에서도 항해할 수 있고 기동성이 뛰어나 강을 거슬러 올라가거나 얕은 해안가로 진입하기에 알맞았다. 그리고 삼각돛(당시 인도양에서 많이 사용하던 다우선에서 영향을 받아 유럽에서도 삼각돛을 사용하기 시작했다)을 달아 역풍에도 항해할 수 있었으며, 순풍이 불 때는 사각돛을 달아 속도를 높일 수 있었다. 이렇게 다목적으로 사용할 수 있다는 장점 덕분에 캐러벨선은 초기 유럽의 탐험가들에게 대들보* 같은 존재였다. 콜럼버스 선단에는 '니냐Niña'와 '핀타Pinta'라는 두 척의 캐러벨선이 있었다. 캐러벨선은 포르투갈이 인도양에서 향신료 무역로를 개척하는 데 결정적인 역할을 했다. 하지만 화물을 많이 실을 수 없다는 단점 때문에 훗날 크기가 더 큰 카라크선과 갤리언선으로 대체되었다.

유럽의 대항해 시대를 선도한 나라는 포르투갈이었다. 유럽의 서쪽 끄트머리에 있으며 자원도 부족한 작은 왕국이었지만, 대서양으로 나가기가 쉬웠고 북유럽과 지중해 간의 무역로가 연결되는 전략 요충지였다. 북유럽과 남유럽의 선원들은 포르투갈에 들러 배에 보급품을 싣고 상품을 거래했다. 원래 스페인의 한 지방**이었던 포르투갈은 1139년에 고대 로마의 항구도시 '포르투스 칼레Portus Cale'에서 한 야심만만한 왕자가 독립을 선언하면서 건국되었다. 포르투갈이라는 국명은 그 항구도시의 이름에서 따온 것이다.*** 이 항구가 현재 포르투갈에서 두 번째로 큰 도시이며 주정강화 와인인 '포트 와인'으로 유명한 포르투다. 1249년 포르투갈은 왕국의 남부 지방에서 무어인을 완전히 몰아낸 뒤 새롭게 정복한 리스본으로 수도를 옮겼다. 그때부터 포르투갈의 양대 도시인 리스본과 포르투의 경쟁 구도가 형성되어 지금까지 이어지고 있다. (유럽 최고의 천연 항구 중 하나인 리스본은 로마 시대에도 중요한 도시였으며, 그보다 더 옛날인 수천 년 전에는 페니키아의 무

---

* 원문에는 'mainstay'로 되어 있는데, 'mainstay'는 선박의 가장 큰 돛대를 지지하는 받침줄을 가리키는 항해 용어다.

** 스페인은 페르난도 2세와 이사벨 1세가 통일 왕국을 세우기 전까지 여러 소왕국으로 나뉘어 있었다. 최근 스페인의 카탈루냐 지방은 통일 이전으로 돌아가 독립하기를 원하고 있다.

*** '포르투스Portus'는 라틴어로 '항구'라는 뜻이다. '칼레Cale'는 로마 시대 이전에 쓰이던 단어인데, 켈트어로 '항구'를 의미하는 '칼라cala'에서 유래한 듯하다. 따라서 도시의 이름은 라틴어와 켈트어로 모두 '항구'를 뜻하는 단어가 중복된 '항구 항구'라는 뜻이 된다.

역소였다.)

　포르투갈이 활발하게 탐험에 나서게 된 배후에는 혈기 왕성한 엔히크 왕자가 있었다. (비록 자신은 한 번도 항해에 나선 적이 없지만) '항해왕'으로 유명한 엔히크는 포르투갈이 해양으로 세력을 팽창하도록 적극 권장하고 후원했다. 포르투갈 국왕 주앙 1세의 셋째 왕자였던 그는 왕위에 오르지 못했지만, 포르투갈의 외교정책을 좌우했다. 그는 이웃나라 스페인과의 무역에만 의존하던 포르투갈이 작은 농업국에서 벗어나 더욱 발전하려면 바다로 나가야 한다고 생각했다. 1415년 엔히크는 아버지인 주앙 1세를 설득해 지브롤터 해협 건너편에 있는 모로코의 항구 세우타를 공격하여 점령했다.* 세우타를 통해 포르투갈은 아프리카의 부유한 왕국에서 사하라 사막을 건너 정기적으로 황금과 상아, 노예, 외국의 보물을 실어나르는 대상들의 무역로를 이용할 수 있게 되었다. 엔히크는 아프리카와 아프리카의 부유함에 매료되었고 사하라 사막 너머에 호기심이 생겼다. 로마 시대 이래로 유럽인들은 아프리카 내륙으로 들어가거나 아프리카 서해안을 따라 남쪽으로 항해한 적이 없었다.

　엔히크는 세우타를 정복하자마자 '주앙 곤살베스 자르쿠'라는 기사를 보내 배를 타고 아프리카 해안을 따라 남쪽으로 내려가게 했다. 주앙은 도중에 풍랑을 만나는 바람에 항로를 벗어나 어느 섬에 도착했는데, 당시 선원들이 '포르투산투Porto Santo'라고 부르는 섬이었다. 섬을 발견한 것은 정말 우연한 행운이었다. 엔히크는 1420년에 포르투산투 섬, 그리고 그 옆의 더 큰 섬인 마데이라 섬을 포르투갈의 첫 해외 식민지로 삼았다. 이 섬들은 그리스나 로마 시대 사람들은 알고 있었지만

---

*　훗날 세우타는 스페인의 영토가 되어 아프리카 대륙에 있는 작은 유럽인 거주지로 지금까지 이어지고 있다.

중세 유럽인들에게는 알려지지 않은 땅이었다. 마데이라 섬은 대서양에서 교통 중심지가 되었으며 유럽인 입장에서는 식민지 운영에 대한 최초의 실험장이었다. 마데이라 섬의 기후는 사탕수수 재배에 적합했는데, 노동집약적인 사탕수수 농사를 짓기 위해 1452년에 아프리카인 포로를 가득 실은 배가 섬에 도착하면서 노예무역이 시작되었다. 유럽인의 설탕 수요가 폭발적으로 증가하면서 마데이라 섬에서 도저히 감당할 수 없는 지경에 이르자, 대규모의 사탕수수 농장은 브라질로 옮겨지고 마데이라 섬에서는 와인을 생산하게 되었다. 마데이라 와인은 지금까지도 명성이 높다.

한편 포르투갈 항해사들은 대서양으로 계속 항해하여 1427년에 아조레스 제도를 발견했다. 아조레스 제도는 포르투갈에서 마데이라 섬까지의 거리보다 두 배가 더 먼 1,450킬로미터쯤 떨어져 있다. 아메리카 대륙을 향해 대서양을 3분의 1 정도 건너면 나오는 곳이다. 실제로 아조레스 제도는 유럽에서 아메리카 대륙으로 갈 때 가장 가까운 징검다리이며, 그런 위치 덕분에 훗날 바다를 항해하는 선박들의 중요한 기지가 되었다(훗날 대륙 간 항공 여행이 시작될 무렵과 제2차 세계대전 중에는 중요한 항공 기지로 이용되었다). 콜럼버스는 신대륙에서 돌아오는 길에 아조레스 제도에 들러 폭풍에 부서진 배를 수리하기도 했다. 농담 삼아 하는 말이지만, 아조레스 제도에 포르투갈 총독이 부임했을 때만 해도 그가 콜럼버스보다 아메리카를 발견할 가능성이 더 높았다.

포르투갈 수도사이자 역사가인 가스파르 프루투오주Gaspar Frutuoso는 1570년대에 펴낸 아조레스 제도 연대기에서 주앙 코르치-헤아우 총독이 1473년에 대서양 건너 '대구가 많은 새로운 땅'을 발견하여 그 공로를 인정받았다고 주장했다. 불가능하지만은 않은 이야기다. 그 무렵 바스크 지방의 어부가 뉴펀들랜드 해안가에 있는 그랜드 뱅크(뉴펀들랜드 남동부 근해의 얕은 바다로, 세계 4대 어장 중 하나다 - 옮긴이)까지 갔던 적도 있고, 대서양에 미지의 섬이 있다는 소문이 있었을 뿐 아니라 당시 지도에도 그런 섬들이 그려져 있었기 때문이다. 다만 그때만 해도 그런 발견을 중요시하지 않은데다 포르투갈이 해도를 국가 기밀로 취급했기 때문에 총독의 발견이 널리 알려지지 않았다고 할 수도 있다. 하지만 아무리 그렇더라도 총독이 인정받았다는 공로가 '포르투갈 왕에 대한 봉사'라고 되어 있어서 조금 모호한데다 총독이 땅을 발견한 지 100여 년이 지나서야 가스파르의 주장이 나왔다는 점을 고려하면 총독의 발견은 아주 의심스럽다고 봐야 할 것이다.

아조레스 제도가 발견되고 얼마 지나지 않아 엔히크 왕자는 아프리카 해안을 따라 탐사하는 데 더욱 박차를 가했다. 해안을 따라 남쪽으로 더 내려가려면 아프리카 대륙 서부의 돌출부 근처에 있는, 위험하기로 유명한 보자도르 곶을 지나야 했다. 보자도르 곶의 아랍어 이름이 '아부 카타르Abu Khatar', 즉 '위험의 아버지'였으니 어떤 곳이었는지 짐작될 것이다. 그곳에서는 정어리 떼나 파도가 얕은 암초에 부딪혀 거품이 생기면서 바다가 마치 펄펄 끓는 것처럼 보인다. 그래서 사람들은 그곳의 바닷속에 괴물이 산다면서 두려워했다.* 게다가 사하라 사막에서 불어오는 숨 막힐 듯한 바람 탓에 그 펄펄 끓는 곳의 열기가 한층 더 뜨겁게 느껴졌을 것이고, 주변에 철을 함유한 광물질이 많아 나침반의 바늘도 엉뚱한 방향으로 돌아가기 일쑤였다. 보자도르 곶은 이후 수백 년간 세찬 조류와 바람으로 악명을 떨쳤으며, 1790년부터 1806년까지 최소 30척의 배가 난파되었다. 결국 포르투갈 항해사들은 보자도르 곶

---

* 바다 괴물을 상상한다는 것이 유치해 보일지도 모르지만, 어느 정도는 그 공포가 이해된다. 물론 중세의 선원들이 해양생물에 무지했던 탓도 있지만, 굳이 공룡시대의 거대 상어나 파충류만 하지는 않더라도 길이 7.5미터의 육식어류인 상어나 길이 18미터의 대왕오징어, 길이 30미터의 고래는 그야말로 괴물처럼 보였을 것이다. 그런 거대 생명체는 분명 존재했다. 다만 미신을 믿는 선원들이 잘못 전했을 뿐이다.

에서 해안을 따라가는 것은 너무 위험하다고 판단하여 바다로 더 멀리 나가 해안을 크게 돌아서 가는 방법을 택했다.

1444년 포르투갈인은 사하라 사막 남쪽에 있는 세네갈 강에 도착했다. 강을 따라 아프리카 내륙에 들어감으로써 유럽인은 수백 년간 서부 아프리카 왕국을 부유하게 만들었던 대상들의 무역로를 통하지 않고도 무역을 할 수 있게 되었다. 그리고 그 새로운 무역로를 통해 황금과 상아 같은 열대의 이국적인 상품이 배에 실려 리스본으로 쏟아져 들어오기 시작했다. 국왕의 명에 따라 매년 수십 척의 배가 아프리카로 향했으며, 곧이어 일반 상인들도 선단을 조직해 탐험을 떠났다. 보통 '대항해 시대'라고 하면 이슬람이 장악한 실크로드를 피해 인도에 가기 위해 배로 아프리카를 돌아서 가려는 시도에서 비롯되었다고 생각한다. 물론 그 말도 맞지만, 유럽인이 상상만 하던 호화로운 상품이 가득한 아프리카의 강력한 왕국들과 무역하는 것도 또 다른 목적이었다. 1300년대의 말리 제국은 전 세계에서 몽골 제국 다음으로 영토가 넓은 왕국이었으며, 인구가 유럽 전체 인구의 3분의 1에 달했다. 그리고 엄청난 규모의 대도시 팀북투는 세계에서 가장 부유한 도시였다.* 그리고 그 뒤를 이은 송가이 제국(1464~1591년)은 말리 제국보다 규모가 훨씬 더 컸다.

어쨌든 당시만 해도 포르투갈인은 아프리카를 배로 한 바퀴 돌 수 있다는 사실을 알지 못했다. 물론 고대 그리스 지리학자들의 이론을 근거로 가능할 것이라는 예상은 했지만, 어디까지나 추측에 불과했다. 고대 선박이 아프리카를 돌아 항해했다는 기록(헤로도토스가 남긴 페니키아-이집트 원정대에 관한 기록이다)이 있긴 했지만, 지금의 우리처럼 포르투갈인도 그

---

* 앞서 우리는 사상 최고의 부자인 팀북투의 만사 무사를 만났다. 사람들은 대부분 팀북투를 '아주 멀리 있는 곳'이라는 의미로 사용할 뿐, 그곳이 실제로 존재하는 지명이라는 것은 알지 못한다. 팀북투가 그런 의미를 갖게 된 것은, 참으로 역설적이게도 유럽인들에게 아주 먼 곳으로 여겨지는 사하라 이남 지역에서 가장 유명한 곳이었기 때문이다.

이야기를 회의적으로 받아들였다. 남쪽으로 계속 내려갔는데, 끝없이 해안만 보여서 더욱 그랬을 것이다. 게다가 서부 아프리카 왕국과의 무역만으로도 포르투갈은 큰 이익을 챙겼고, 향신료의 원산지에 관해 포르투갈인이 알고 있는 것은 많지 않았다. 아프리카에서도 가는 곳마다 원주민에게 향신료 견본을 보여주며 근처에 재배지가 있느냐고 물었지만, 멍한 시선만 돌아올 뿐이었다.

한편 포르투갈인은 왕실 휘장이 있는 나무 십자가를 들어올리며 아프리카의 광대한 지역을 포르투갈의 영토로 선언했다. 그곳에 이미 원주민들이 살고 있었다는 것은 차치하더라도, 당시 땅의 소유권을 주장하는 유럽의 규정은 지금 기준으로 보면 너무 제멋대로였다. 아무리 영토 소유권이라는 신성한 권한이 로마 교황에게 있다 해도, 교황의 권한이 얼마나 먼 곳까지 미친다고 봐야 할까? 바로 이것이 초기 아메리카 대륙의 식민지가 직면한 문제였다. 아메리카 대륙의 식민지에 대한 소유권은 일단 선포되면 내륙까지 무한하게 확대된다. 즉 최초의 아메리카 식민지 열세 곳의 영토는 엄밀히 따지면 멀리 태평양 연안까지 적용되는 것이다. 하지만 이는 사실상 지켜지기 어려웠으므로 오래된 주에서 새로운 주가 멋대로 분리되었다. 그렇게 뉴욕 주에서 버몬트 주가, 버지니아 주에서 켄터키 주가, 노스캐롤라이나 주에서 테네시 주가 분리되었다. 그렇다면 탐험가들은 과연 어느 정도의 영토까지 소유권을 주장할 수 있을까? 스페인 탐험가 바스코 누네스 데 발보아Vasco Núñez de Balboa는 1513년에 최초로 아메리카 대륙을 횡단해 태평양 연안에 도착한 뒤 한 손에는 칼을, 다른 손에는 성모 마리아의 깃발을 들고 파도를 헤치며 무릎 깊이까지 물속으로 걸어 들어갔다. 그리고는 태평양, 그리고 그 바다에 인접한 모든 땅을 스페인의 식민지로 선언했다. 태평양은 지구 표면적의 46퍼센트를 차지하며 다섯 대륙과 맞닿아 있다. 중세 신화에 나오는 근엄한 요정들이나 할 만한 의식을 따라 하면서 지구 면적의 절반에 해당하는 땅의 소유권을 주장한 것은 터무니없다는 말로도 부족하다.

콜럼버스가 신대륙을 발견하고 돌아오자 (당시 신대륙 쟁탈전에서 단둘뿐인 경쟁자였던) 스페인과 포르투갈은 1494년에 '토르데시야스 조약'을 체결해 소유권 문제를 해결하려 했다. 이 조약에서 양국은 포르투갈령 카보베르데 제도와 콜럼버스가 발견한 카리브 제도의 중간에 세로선을 그어 비기독교 세계의 전체 영토를 좌우로 나누었다. 조약의 문서에는 쿠바가 '치팡구Cipangu(일본)'라고 쓰여 있는데, 당시 그들이 세계 지리에 얼마나 무지했는지를 알 수 있다. 그로부터 6년 후 브라질이 발견되었다. 브라질은 영토의 일부가 세로선을 기준으로 포르투갈 영토 쪽에 있었다. 그래서 브라질에는 포르투갈인이 정착했고 브라질은 지금도 포르투갈어를 사용하고 있다.* 사실 그 조약은 엄청난 도박이었다. 이론적으로 그 세로선은 지구 전체로 확대될 수 있으며, 지구 반대편에서는 소유권이 어떻게 정해지는지 아무도 몰랐기 때문이다. 그 말은 아직 정확한 위치가 밝혀지지 않은 귀중한 향신료 섬들이 어느 나라에 속하는지 명확하지 않았다는 뜻이다. 탐험가들이 향신료 섬을 발견하더라도 당시에는 경도를 측정할 방법이 없었기 때문에 어느 나라의 영토인지 판단할 방법이 없었다. 향신료 섬은 결국 스페인보다 먼저 도착한 포르투갈이 차지하게 되었다. 그리고 스페인은 필리핀을 식민지로 삼았는데, 향신료 섬과 필리핀은 경도가 거의 같다.

---

* 1808년 나폴레옹이 침입했을 때, 포르투갈 왕은 리우데자네이루로 피신했다. 1821년에 왕은 포르투갈로 돌아왔지만 아들인 페드루 왕자는 섭정을 하기 위해 리우에 남았다. 페드루 왕자는 이듬해에 독립을 선언하고 브라질 제국을 통치했다. 브라질 제국은 1889년까지 이어졌다. 여기서 브라질의 두 가지 특징을 볼 수 있다. 첫째, 아메리카 대륙에서 유럽인이 통치자였던 유일한 나라(1808년부터 1821년까지는 포르투갈이 다스렸다)이고 둘째, 아메리카 대륙에서 비원주민 출신의 왕이 다스렸던 군주국 중 하나(멕시코에서도 수명은 짧았지만 그런 군주국이 두 개 있었다)라는 것이다.

유럽의 작은 두 나라가 자기네끼리 세상을 나누어 가졌다는 것은 지금 생각하면 너무나 오만할 뿐 아니라 어처구니없다. 영국이나 네덜란드 같은 개신교 국가는 물론 프랑스 같은 가톨릭 국가도 토르데시야스 조약을 인정하지 않았다.* 게다가 먼 바다 한가운데에 있는 일부 섬을 제외하면 전 세계의 육지에는 수천 년 전부터 이미 원주민들이 살고 있었다. 물론 그런 사실이 유럽인에게는 장애가 되지 않았을 것이다. 영국의 경우에도 나름의 경험칙이 있었는데, 만약 원주민 사회에 왕(협상할 상대) 같은 통치자와 뚜렷한 계층 구분이 있고 농사(땅을 '적절하게' 이용하고 있다는 증거)를 짓고 있다면 땅을 빼앗기 전에 최소한 형식적이나마 조약을 체결하는 것이었다. 이때 물론 속임수를 많이 썼는데, 땅주인도 아닌 현지인을 협박하거나 뇌물을 주면서 서류에 서명하게 했다. 더구나 토지소유권이라는 개념은 전적으로 유럽인이 만들어낸 것이어서 조가비 구슬**이나 총기류, 술 같은 것을 주고 아주 싼값에 땅을 사들이는 경우도 많았다. 1626년 네덜란드인이 60길더(약 24달러)***에 상당하는 물건을 주고 맨해튼을 구매한 것이 가장 유명한 사례다.

포르투갈 항해사들은 가는 곳마다 자국 영토로 선언하고 무역소를 세우면서 아프리카 해안을 따라 더 아래로 내려갔다. 1482년에는 디우구 캉Diogo Cão이 캐러벨선을 타고 최초로 적도를 넘은 뒤 콩고 강을 따라 아프리카의 중심부로 들어갔다. 그리고 그곳에서 콩고 왕국(현재의 콩고공화국이나 콩고민주공화국과는 무관하며, 그 왕국의 이름이 그 지역의 명칭이 되었다)과

---

* 토르데시야스 조약은 엉뚱하게도 488년이 지난 1982년에 아르헨티나가 영국령 포클랜드 제도를 침공하면서 그 정당성을 주장하기 위해 다시 거론되었다.

** 미국 북동부에 살던 아메리카 원주민들이 화폐로 사용한 조개껍데기.

*** 당시 24달러를 인플레이션을 고려해 현재 가치로 환산하면 120만 원이 넘는다. 1626년에 연리 7퍼센트로 24달러를 투자했다면, 지금은 1,000조 원 넘게 불어났을 것이다. 맨해튼 전체 부동산 가치의 세 배가 넘는 금액이다. 그렇게 보면 네덜란드인이 오히려 사기를 당한 게 아닐까?

우호 관계를 맺었다. 콩고는 얌이나 콩, 수수, 기장 농사를 짓는 아프리카 문명이었으며 고원지대에 위치한 수도에서 수만 명이 모여 살았다. 국토 면적이 미국 캘리포니아 주와 비슷하고 포르투갈의 다섯 배였던 콩고 왕국은 남부 아프리카에까지 영향력을 미치고 있었다. 그레이트 짐바브웨와도 무역을 했으며 그레이트 짐바브웨를 통해 인도양까지 넘나들었다. 콩고에서 몇 년간 머물렀던 포르투갈 뱃사람이 한 명 있었는데, 훗날 그는 1497년에 바스코 다 가마가 인도 원정을 떠날 때 공식적인 반투어* 통역사가 되기도 했다.

항해왕 엔히크(1460년 사망) 왕자가 첫 선단을 보낸 지 68년 만인 1488년에는 바르톨로메우 디아스Bartolomeu Dias가 마침내 남아프리카 남단을 돌았다. 16개월에 걸친 디아스의 여정은 당시로서는 가장 긴 항해였을 테지만, 그 이후의 몇몇 탐험과 비교하면 평범한 수준이었다. 아프리카 서해안을 따라 남하한 디아스와 두 척의 캐러벨선은 13일간 거대한 폭풍에 휘말렸다. 마침내 폭풍이 지나가자 일행은 육지를 찾기 위해 동쪽으로 항해했다. 하지만 육지가 나오지 않자 디아스는 북동쪽으로 방향을 바꾸었다. 한 달 후 디아스는 아프리카 남단의 모셀베이에 도착했다. 그리고 한 달을 더 항해한 끝에 해안선이 북쪽으로 올라가는 인도양의 시작점에 이르렀다. 현재의 남아프리카 콰이후크 인근인 그곳에 디아스 일행은 가장 먼 곳까지 항해한 것을 자랑스러워하며 기념비를 세웠다. 디아스는 인도를 향해 계속 나아가고 싶었지만, 선원들이 반대하자 포르투갈로 돌아와 탐험에 관해 보고했다. 당시만 해도 '희망봉'은 그들이 귀국하는 길에 발견한 곳들 중 하나일 뿐이었으며, 이름도 당시에는 '폭풍의 곳'이었다. (그 이름은 15세기에 포르투갈이 그 지

---

* 남부 아프리카에서 가장 많이 사용하는 언어다.

역을 홍보하기 시작하면서 '희망봉'으로 바꾸었다. '붉은 털' 에릭이 얼음투성이 땅에 '그린란드'라는 이름을 붙였던 사례를 따른 것이다.)

디아스가 포르투갈에 돌아온 직후, 크리스토퍼 콜럼버스라는 사람이 스페인으로 돌아와 동아시아에 갔다고 주장했다. 콜럼버스가 실제로 갔던 곳은 동아시아가 아니었지만, 어쨌든 포르투갈인은 큰 충격을 받았다. 그래서 이미 발견한 아프리카 남쪽 항로를 돌아 한시바삐 인도양까지 가려 했다. 1497년 7월 8일, 바스코 다 가마는 직접 선발한 선원 170명을 네 척의 배에 태우고 리스본을 출발했다. 디아스 대신 다가마가 선택된 것은 한 사람이 너무 유명해지거나 영향력이 커지지 않도록 돌아가면서 선장을 맡았기 때문이다. 훗날 다 가마 역시 또 다른 선장으로 교체되었다. 바스코 다 가마의 항해는 디아스의 항해보다 더 길고 험난했다. 2년 넘게 계속된 고된 항해에서 다 가마 원정대는 배의 절반, 그리고 선원의 3분의 2를 잃었다.

1497년 12월, 다 가마의 배는 디아스가 뱃머리를 돌렸던 지점을 지나가고 있었다. 크리스마스가 가까웠으므로, 일행은 해안에 (예수의 '탄생'을 의미하는 'nativity'를 따서) '네이탈Natal'이라는 이름을 붙였다. 그 이름은 지금도 사용되고 있다. 이 무렵 선원들에게는 옛날부터 뱃사람이라면 피할 수 없는 고질병인 괴혈병 증상이 나타나 팔다리가 붓고 잇몸에서 피가 나면서 이가 빠지기 시작했다.* 그래서 일행은 모잠비크의 잠베지 강에 정박해 사망한 선원들을 매장하고 선박을 수리한 뒤 항해를 이어갔다. 얼마 지나지 않아 일행은 아랍인들을 만나게 되었다. 인도양 무역로가 가까워지고 있다는 신호였다. 스와힐리 해안

---

* 괴혈병의 원인이 비타민 C 부족이라는 것은 1934년이 되어서야 밝혀졌다. 바이킹이 (알고 그런 것은 아니지만) 양파와 무, 사우어크라우트를 섭취해 괴혈병에 걸리지 않은 사실에 비춰볼 때, 바이킹이 먹은 음식이 이 무렵 뱃사람들이 먹었던 말린 고기나 '딱딱한' 비스킷보다 훨씬 더 건강식이었던 셈이다.

을 따라 북쪽으로 올라간 다 가마 일행은 아랍 상인으로 북적이는 케냐의 몸바사 항에 도착했다. 몸바사 항의 사람들은 다 가마 일행에 강한 적대감을 보였다. 처음에 일행은 종교적인 이유일 것으로 짐작했다. 하지만 실제로는 인도양에서 난데없이 유럽인이 처음 등장하자 아랍 상인들이 깜짝 놀라는 바람에 그랬던 것 같다.

바스코 다 가마는 여전히 인도로 가는 항로를 찾아내야만 했다. 몸바사 항의 선원들이 다 가마에게 길을 알려주겠다고 제안했지만, 알고 보니 포르투갈 선박을 얕은 암초에 난파시키려는 계략이었다. 그들을 고문해 계략을 밝혀낸 다 가마 일행은 대포로 마을을 폭격하고 항구에 정박한 배를 불태워 복수한 뒤 계속 항해했다. 해안을 따라가다 도착한 말린디 항에서 일행은 따뜻한 환대를 받았다. 그곳은 몸바사 항과 앙숙 관계였다. 일행은 말린디 항에서 내륙 깊숙한 곳에 기독교 국가인 에티오피아 왕국이 있다는 말을 듣고 그곳이 전설에 나오는 '프레스터 존Prester John'의 왕국인지 궁금해했다.* 만약 그렇다면 유럽의 우방일 것이며, 잘 설득하면 중동의 이슬람교도와 맞설 때 도움을 받을 수 있을 것 같았기 때문이다. 다 가마 일행은 남은 여정을 안내해줄 친절한 항해사도 만났다. 그 덕분에 인도로 가면서 현지인들에게 자주 길을 물어볼 필요가 없었다.

아프리카를 떠난 다 가마 선단은 계절풍을 타고 채 한 달이 못 되어 인도에 도착했다. 그들이 캘리컷 항에 닻을 내린 것은 1498년 5월 20일이었다. 현지인들이 어떻게 반응할지 알 수 없었으므로 다 가마는 조심스럽게 행동했다. 우선 선원 한 명을 보내 마을을 구석구석 둘러보게 했다. 부두에 내린 선원의 눈에 외국인 거주지가 보였다. 그곳에 가

---

* 에티오피아의 기독교는 이슬람 세력이 이집트를 정복하기 전인 640년, 에티오피아가 유럽과 단절될 무렵의 초기 형식을 유지하고 있었다.

니 아랍 무역상들이 완벽한 스페인어로 "여기서 뭘 하는 겁니까?"라고 물었다. 무역상들은 북아프리카 튀니지 출신이었으며 포르투갈인이 인도양에 나타난 것에 불편한 심기를 숨기지 않았다. 선원은 나중에 시내를 둘러보다가 캘리컷 뒷골목에서 길을 잃고 헤매던 중 힌두교 사원 앞에 이르게 되었다. 그리고 사원에 '성자'의 그림이 있는 것을 보고 놀랐다. 후광이 그려진 성자도 있었다.* 이슬람교는 원래 사람 그림을 전시하지 못하게 했고 힌두교에 대해서는 들어본 적이 없었으므로, 선원은 그 사원이 기독교 교회인 줄 알고 무척 기뻐했다. 게다가 그곳 신자들이 '크리슈나'(힌두교에 나오는 연민과 사랑의 신)라고 외치는 소리를 '크라이스트(예수)'로 알아듣는 바람에 오해는 확신으로 바뀌었다. 어쨌든 선원은 배로 돌아와 인도인이 숭배하는 신의 생김새가 조금 이상하다고 전했다. 팔이 여러 개인데다 피부가 파란색인 신도 있었고, 심지어 머리가 코끼리인 신도 있었다!

며칠 후 다 가마 일행은 도시를 다스리는 왕자와 공식적으로 만났다. 다 가마는 포르투갈 왕이 선물하는 설탕과 기름, 꿀, 면직물, 산호, 장식용 그릇 등을 전달했다. 인도 관리들은 소위 '전능하다'는 포르투갈 왕이 무례하게도 쓰레기 같은 잡동사니를 보냈느냐고 비웃으면서, 왜 강력한 지배자라면서 황금이나 은 같은 선물은 보내지 않았는지 물었다. 다 가마 일행이 돌아가자, 이번에는 아랍 상인들이 와서 왕자와 상의했다. 상인들은 다 가마 일행이 왕의 사절단이 아니라 평범한 해적 같아 보인다고 말했다. 당시 세계에서 가장 부유했던 인도에서 유럽의 싸구려 장신구 따위는 필요 없었다. 캘리컷의 시장에는 보석이나 진주, 비단, 값비싼 향신료가 넘쳐났기 때문이다.

---

* 후광은 최소 3,000년 전 호메로스의 『일리아드』에 처음 등장했지만, 아시아에서 처음 등장한 것은 알렉산드로스 대왕이 인도에 갔을 무렵이었다. 아마도 그때 그리스의 영향을 받은 것으로 보인다.

다 가마는 결국 약간의 후추와 계피를 살 수 있었지만, 인도에서 아랍인들을 무력으로 제압해야 할 필요성을 절감했다. 3개월 후 캘리컷을 떠나면서, 다 가마는 현지 선원의 충고를 무시하고 계절풍을 거슬러 아프리카로 향했다. 끔찍한 여정이었다. 인도를 향해 인도양을 건널 때는 고작 23일밖에 걸리지 않았는데, 계절풍을 거슬러 돌아갈 때는 다섯 배나 더 오래 걸렸다. 장장 132일간 이어진 힘든 여행이었다. 남은 선원들 중 절반이 사망하고 살아남은 선원도 대부분 괴혈병에 시달렸다. 1499년 1월, 선단은 마침내 아프리카 해안에 도착했다. 그리고 몸을 추스르기 위해 말린디 항에 닻을 내렸다.

포르투갈로 돌아가는 나머지 여정도 아주 길었다. 다 가마가 위중한 병에 걸린 형 파울루를 치료하기 위해 카보베르데에서 함께 내린 것을 제외하면 비교적 평탄한 여정이었다. 파울루는 얼마 지나지 않아 숨을 거두었고, 다 가마는 서아프리카에서 귀국하는 캐러벨선을 타고 한 달 늦게 포르투갈로 돌아왔다. 다 가마의 원정은 비록 큰 손실을 입었지만, 로마 시대 이래로 유럽에서 최초로 인도에 갔다는 측면에서는 큰 성공으로 평가받았다. 그리고 다 가마는 '아라비아와 페르시아, 인도를 비롯한 동양 모든 바다의 함대 사령관'이라는 높은 직위를 받았다. 아마도 스페인에서 콜럼버스에게 하사한 '대양의 함대 사령관'이라는 직위에 대한 맞대응이었을 것이다. 인도에서 가져온 향신료는 엄청난 수익을 남겼으며, 그 수익금은 이후 수차례 이어진 원정 비용으로 사용되었다. 그렇지만 다 가마의 원정을 통해 인도양의 패권을 차지하려면 군사력을 동원해야 한다는 점이 분명히 드러났다.

그래서 탐험 성격이 강했던 다 가마의 원정과 달리, 그 뒤로 이어진 포르투갈의 원정은 군사적 성격이 강했다. 페드루 알바레스 카브랄Pedro Álvares Cabral은 열세 척의 전함과 1,500명의 군인 및 선원으로 원정대를 조직했다. 인도에 도착한 카브랄은 작은 항구인 코친에 작전기지로 사용할 요새를 건설한 뒤 전함을 타고 캘리컷에 가서 무역소를 세웠다. 아랍 상인 조합과 충돌이 발생하자 포르투갈군은 대포로 캘리컷을 무차별 폭격하여 보복했다. 그리고 캘리컷을 봉쇄한 다음 인도를 오가는 모든 선박을 무차별적으로 공격하기 시작했다. 메카로 가는 순례자들의 배도 예외가 아니었는데, 포르투갈군은 배 입구를 틀어막은 뒤 불을 질러 잔인하게 학살했다. 한편 매년 더 많은 포르투갈 함대가 병사들을 태우고 도착하면서 갈등은 점점 더 고조되었다.

어느 날 밤, 캘리컷 항 외곽에 정박 중이던 포르투갈 함대의 수병들에게 '풍덩' 소리와 함께 누군가가 함대 쪽으로 헤엄쳐 오는 모습이 보였다. 그는 이탈리아 탐험가인 루도비코 디 바르테마Ludovico di Varthema로, 마르코 폴로의 발자취를 따라 세계를 여행하는 중이었다. 포르투갈 병사들은 그를 배 위로 끌어올린 뒤 따뜻한 음식과 마른 옷을 주었고, 바르테마는 그동안 경험했던 놀라운 여정에 관해 털어놓았다. 그는 이집트 맘루크 제국의 용병이 되어 이집트에서 페르시아까지 대상들을 호위하고 있었다. 도중에 메카와 메디나에도 갔는데, 아마도 이슬람 성지에 발을 들인 최초의 기독교인이었을 것이다. 페르시아에서는 배를 타고 인도로 갔으며 나중에는 동아시아까지 갔다. 그 후 말라카의 무역소에 머물면서 유럽인 최초로 향신료 제도에도 가보았다.

포르투갈 수병들은 그렇게 먼 땅에서 같은 유럽인을 만난 것에 무척 반가워했다. 당시에 바르테마 같은 사람은 분명 흔치 않았지만, 그렇다고 아주 드물지도 않았다. 포르투갈 병사들이 배로 지구 반 바퀴를 돌아 도착한 곳에서 유럽인 여행자들을 만났다는 것은 그 당시에 이미 전 세계가 연결되어 있었다는 증거로 볼 수 있다. 바르테마는 포르투갈 함대에 아시아에 대한 중요한 정보를 제공하는 정보원이 되었다. 그리고 그가 정보원으로서 처음 했던 일은 눈앞에 임박한 전투를 경고한 것이었다. 그 경고에 따라 포르투갈 함대는 병사들을 전투 위치에 배치한 다음, 함포를 집중 발사하여 200척에 이르는 아랍과 인도의 소규모 전함을 격퇴했다. 이것이 1506년에 벌어졌던 칸나노르 해전이다.* 바르테마는 포르투갈 함대에 인도 항구의 방어 시설을 자세히 알려주었고, 지역 군주들과 협상할 때도 통역을 맡아 중요한 역할을 했다. 캘리컷은 계속된 포르투갈 함대의 공격을 근근이 버텨내다가 마침내 1588년에 함락되었다.**

포르투갈은 인도와 전쟁을 계속하면서 1511년에 말레이 반도의 말라카를 점령함으로써 향신료 무역을 직접 통제하게 되었다. 포르투갈의 목표는 유럽에서 동아시아로 이어지는 무역로를 따라 기지를 세워 수천 년간 지속된 인도양 무역로를 독점하는 것이었다. 1513년 중국으로 가는 포르투갈의 첫 원정대가 마카오에 닻을 내렸다. 마카오는 아시아에서 가장 오랫동안 유지된 유럽 식민지로, 거의 500년간 포르투갈의 식민지였다가 1999년 마침내 중국에 반환되었다. 1543년 포르투갈은 아시아의 동쪽 끝에 있는 일본에 도착했다. 바스코 다 가마가 인도로 가는 해상 항로를 찾기 위해 처음 출항한 지 채 50년이 지나지 않은 때였다. 이로써 유라시아 대륙의 서쪽 끝에 있는 포르투갈이 지구 반대편에 있는 일본과 연결되었다. 이렇게 서로를 연결하는 사슬의 마지막 고리가 완성되면서 구대륙은 세계화된 하나의 단일 체제로 영원히 묶이게 되었다.

---

* 이 전투에서 부상을 입은 젊은 포르투갈 병사 한 명을 나중에 만나게 될 텐데, 그가 바로 '페르디난드 마젤란'으로 잘 알려진 페르낭 드 마갈량이스다.

** 그 후 캘리컷은 네덜란드령이 되었다가 영국령이 되었고, 다시 네덜란드령이 되었다가 프랑스령이 된 후 다시 영국령이 되는 등 수백 년 동안 점령국이 계속 바뀌다가 1947년에 인도가 독립하면서 인도의 영토가 되었다.

11

노다지인가, 대재앙인가

포르투갈이 아프리카 해안을 따라 남쪽으로 내려가는 동안, 크리스토포로 콜롬보Cristoforo Colombo(콜럼버스의 본명 – 옮긴이)라는 제노바 출신의 항해사는 더 짧은 항로로 아시아에 가려는 계획을 세우고 있었다. 그런데 아메리카 대륙에 간 최초의 유럽인은 콜럼버스가 아니다. 바이킹이 이미 수백 년 전에 먼저 아메리카에 갔으며, 그 외에 다른 사람이 더 있었을 수도 있다. 하지만 콜럼버스는 구대륙과 신대륙 간에 지속적인 교류가 일어날 수 있도록 처음 물꼬를 튼 사람이었다. 역사상 처음으로 사람과 식물, 동물, 질병, 그리고 사상이 대서양 너머로 밀물처럼 흘러갔고, 곧이어 아메리카 대륙에서 태평양으로 범위가 확대되면서 세상은 하나의 연결망으로 묶이게 되었다. 비록 최근 들어 현대적 관점으로 콜럼버스의 업적을 재평가하면서 그의 평판이 추락하고 있긴 하지만, 그가 역사적으로 중요한 인물이라는 사실만큼은 변함이 없다. 더욱 흥미로운 점은 콜럼버스가 죽는 날까지 자신이 했으면서도 하지 않았다고 부정한 일 때문에 중요한 인물이 되었다는 것이다. 콜럼버스는 네 차례의 항해를 마친 다음에도 자신이 발견한 곳이 구대륙 아시아가 아니라 신대륙 아메리카였다는 사실을 절대 인정하지 않았다.

　크리스토퍼 콜럼버스는 1451년 제노바의 중산층 가정에서 태어났다. 그의 아버지는 모직과 치즈를 거래하는 상인이었고, 어린 콜럼버스는 사업 경험을 쌓으며 열 살 때 항해를 시작했다. 제노바는 부유한 공화국이었으며 지도 제작으로 유럽에서 가장 유명한 곳이었다. 그 무렵 이탈리아의 지도 제작자들은 나침반의 방위와 항해 거리를 참조해 매우 사실적이며 혁신적인 해도를 개발했다. 소위「포르톨라노 해도」라는 그 혁신적인 해도가 개발되기 전까지는 해도에 그저 관심 지역의 상대적인 위치만 표시하는 게 일반적이었다. 관심 지역은 종교적인 목적과 관련된 곳이 많았으며 정확도나 축척은 크게 신경 쓰지 않았다. 포르투갈 항해사들은 아프리카 해안을 따라 내려가면서 제노바의 지도 제작자들에게 자문을 구했고 콜럼버스의 동생인 바르톨로메오는 몇 년 동안 지도 제작자로 일하기도 했다. 콜럼버스는 운 좋게도 적당한 시간과 장소에서 장차 탐험가가 될 운명을 안고 태어났다. 콜럼버스가 어릴 때 이탈리아에서는 르네상스 시대가 꽃을 피웠으며, 재발견된 고대의 과학, 지리, 천문학 자료를 설명하는 책들이 출판되었기 때문이다.

　1473년 스물두 살의 콜럼버스는 제노바 센추리온 은행의 외판원으로 일했다. 그가 외판원으로서 어느 곳을 다녔는지 전부 알 수는 없지만, 지중해 전역을 돌아다니면서 당시 제노바의 식민지였던 흑해까지 갔을 것으로 추정된다.* 1476년 콜럼버스는 수송선을 타고 잉글랜드로 가다가 포르투갈 해안에서 프랑스 해적의 습격을 받았다. 수송선은 파괴되었고 콜럼버스는 수 킬로미터를 헤엄쳐 포르투갈 해안에 도

---

* 그리스 식민지를 여행한 피테아스와 비슷했다고 할 수 있다. 흑해 최대의 도시 카파는 유럽에서 유행한 흑사병의 발원지였다. 흑사병은 1347년에 몽골이 카파를 포위하고 공격하는 동안 처음 발생했다. 1475년에는 오스만 제국이 카파를 정복했다. 콜럼버스가 방문하고 1년, 혹은 2년이 지난 후였다.

착했다. 그리고 결국, 앞서 우리가 본 것처럼 상업 활동의 중심지였던 리스본에 당도했다. 리스본 항구에는 유럽 각지에서 온 선원으로 북적 거렸고 포르투갈 선박들이 정기적으로 아프리카에서 노예와 황금, 상 아를 싣고 돌아왔다. 콜럼버스에게는 매우 인상적인 광경이었을 것이 다. 콜럼버스는 센추리온 은행의 현지 지점에서 계속 일하다가 얼마 지나지 않아 잉글랜드와 아일랜드로 갔다. 아일랜드에서는 바다 건너 새로운 땅을 발견했던 '항해사' 성 브렌던의 이야기도 듣게 되었을 것 이다.

사실 당시 상당수의 유럽 지도에는 대서양의 먼 곳에 여러 개의 섬 이 그려져 있었다. 콜럼버스가 남들과 달랐던 점은 그 섬들을 아시아의 외딴 무역소로 잘못 알았다는 것이다. 콜럼버스의 아들이 쓴 전기를 보 면, 콜럼버스가 바다 건너의 섬에 사람이 많이 산다고 생각하게 된 계 기는 아일랜드에서 경험한 일 때문이었다. 어느 날 콜럼버스는 외국인 시신 두 구가 실린 채 해안으로 떠밀려온 정체 모를 보트를 보았다. 아 마도 표류하다 사망한 아메리카 원주민(이누이트족으로 추정된다)이었을 것 이다. 그 배는 바람을 타고 아일랜드 해안까지 오게 되었고 서늘한 북 쪽 날씨에 시신의 형태가 그대로 보존되었을 것이다. 물론 콜럼버스가 배를 직접 본 것이 아니라 누군가로부터 전해 들었을 수도 있다. 하지 만 그는 나무조각품 같은 인간의 세공품이 가끔 유럽의 해안으로 밀려 온다는 것도 알고 있었다. 그런 것들이 바다 건너에서 왔다고 확신할 수는 없었겠지만, 그렇게 출처를 알 수 없는 사람이나 물건이 계속 발 견되면서 콜럼버스에게 일련의 단서를 제공했을 것이다.

1477년경 콜럼버스는 아이슬란드까지 갔던 것으로 보인다. 그린 란드에서 바이킹의 식민지가 사라지고 몇십 년이 지나지 않은 때였다. 아이슬란드 선원들은 대서양 건너에 바위섬뿐 아니라 대륙이 있다는 사실을 알고 있었을 것이다. 과연 그것이 마르코 폴로가 말했던 유라시아 대륙의 끄트머리였을까? 콜럼버스가 실제로 아이슬란드에 갔다면, 서쪽으로 탐험을 떠나게 된 중요한 계기가 되었을 것이다. 물론 서쪽으로 아시아에 도달할 수 있다고 확신한 사람이 콜럼버스 혼자만은 아니었다. 1474년 피렌체의 천문학자 토스카넬리Toscanelli는 포르투갈 왕에게 편지와 함께 지도를 보냈다. 얼마 지나지 않아 콜럼버스도 보게 된 그 지도는 지구의 크기가 잘못 계산된 지도의 원조 격이었다. 앞에서 보았듯이, 그리스 철학자 에라토스테네스는 지구의 둘레를 계산하면서 오차가 10퍼센트를 넘지 않았다. 하지만 토스카넬리는 에라토스테네스의 계산을 몰랐거나, 아니면 신뢰하지 않았던 것이다.

1828년 미국의 소설가 워싱턴 어빙이 쓴 콜럼버스 전기의 내용과는 반대로, 콜럼버스가 살던 시대에 지구가 평평하다고 생각한 사람은 거의 없었다. 지구가 둥글다는 사실은 중세 천문학의 기반이었으며, 별의 위치로 길을 찾고 매일 수평선의 곡률을 관찰하는 뱃사람들에겐 너무나 당연한 일이었다. 그런데 토스카넬리는 지구의 크기를 계산할 때 왜 그렇게 오차가 컸을까? 페르시아의 천문학자 알 파르가니Al-Farghānī는 위도 1도(그리고 적도에서 경도 1도)의 거리를 약 56마일로 계산했는데, 토스카넬리는 그것이 로마마일이 아니라 아랍마일임을 몰랐기 때문에 1마일을 실제보다 30퍼센트 작게 계산했다.* 그리고 그 오차가 누적되면서 토스카넬리가 계산한 유라시아 대륙의 너비는 실제보다 훨씬 커지고 말았다. 프톨레마이오스는 유라시아 대륙이 경도 180도(즉 지구 표면의 절반)에 걸쳐 있다고 추정한 반면, 토스카넬리는 그보다 훨씬 더 큰 225도(지구 표면의 3분의 2)에 걸쳐 있다고 계산했다. 사실 프톨레마이오

---

* 로마마일(1,000걸음이라는 뜻의 'mille passus'에서 유래한다)은 원래 5,000로마피트(현재의 피트로 환산하면 4,860피트, 즉 1,480미터 정도다)인 반면, 아랍마일은 6,584로마피트(약 1,925미터)다.

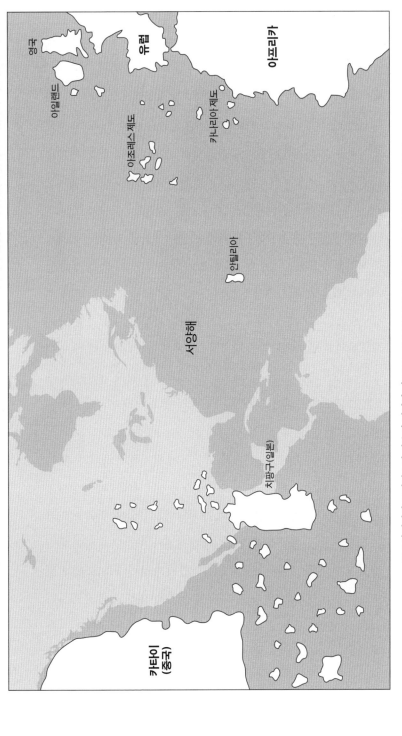

토스카넬리와 콜럼버스가 사용한 대서양 지도(참고하기 위해 배경에 북아메리카를 실제 위치에 그려 넣었다).

스가 추정한 유라시아 대륙의 크기도 실제보다 훨씬 컸다(실제로는 130도에 걸쳐 있다). 결국 토스카넬리는 유라시아 대륙을 너무 크게 계산한 탓에 세상의 절반 이상을 잃어버리고 말았다.

게다가 토스카넬리는 (마르코 폴로가 '치팡구'라고 불렀던) 일본이 실제보다 더 크고 아시아 대륙에서 더 멀리 떨어져 있다고 판단했기 때문에 그만큼 유럽에서 쉽게 도달할 수 있다고 생각했다. 그가 추정한 카나리아 제도에서 일본까지의 거리는 고작 3,700킬로미터였지만, 실제 거리는 북아메리카와 태평양을 지나 1만 9,300킬로미터가 넘는다. 따라서 콜럼버스는 아시아까지의 거리를 실제 거리의 5분의 1 이하로 여기고 계획을 추진했던 것이다. 당시 배로 갈 수 있는 가장 먼 거리 안에 아시아가 있을 것으로 추정한 것은 그의 희망이었는지도 모른다. 하지만 콜럼버스는 대서양 너머에 육지가 있다는 것을 알고 있었고, 그게 아시아가 아니란 법도 없었다. 학자들은 대부분 유럽에서 배를 타고 서쪽으로 아시아에 가는 것은 불가능하다고 정확하게 알고 있었지만, 콜럼버스는 그들보다 자신이 더 잘 안다고 생각했다. 그리고 세상을 바꾼 것은 바로 그 착각이었다.

1480년대에 콜럼버스는 신대륙 탐험의 후원자를 구하기 위해 여러모로 애썼다. 우선 1484년에 포르투갈의 주앙 2세에게 대서양으로 떠날 세 척의 배를 요청했지만 단칼에 거절당하고 말았다. 서쪽으로 가볼 수는 있겠지만, 아시아가 콜럼버스의 생각보다 훨씬 멀리 떨어져 있다는 것이 당시 유럽 지리학자들의 의견이었기 때문이다. 1486년 콜럼버스는 스페인 궁정으로 갔다. 아라곤 왕국의 페르난도 2세와 카스티야 왕국의 이사벨 1세가 결혼함으로써 스페인에 통일 왕국이 탄생한 지 7년이 되지 않은 때였다. 콜럼버스의 계획을 들은 이사벨 여왕은 주앙 2세와 같은 이유로 거절했다. 콜럼버스는 1488년에 바르톨로메우 디아스가 아프리카 남단에서 돌아오자, 다시 한 번 포르투갈에 가서 지원을 요청했다. 하지만 당시 인도 항로 개척에 정신이 팔려 있던 포르투갈은 터무니없는 생각이라며 관심을 보이지 않았다. 콜럼버스는 제노바와 베네치아, 심지어 잉글랜드의 헨리 7세에게도 후원을 요청했지만 아무런 성과를 얻지 못했다.

사실 이사벨 여왕만큼은 콜럼버스의 제안에 관심이 있었다. 하지만 당시 스페인은 무어인과 전쟁을 치르느라 여념이 없었다. 1489년이되자 이사벨 여왕은 콜럼버스가 다른 나라에서 신대륙 탐험을 시작하지 못하도록 우선 1년 치의 수당을 주면서 형식적으로 협상을 시작했다. 그리고 마침내 1492년 무어인의 그라나다 왕국을 정복하자마자 페르난도 2세와 함께 콜럼버스를 불러들였다. 당시 이야기를 보면, 페르난도 2세와 이사벨 여왕은 콜럼버스의 제안을 최종적으로 한 번 더 거절했다고 한다. 하지만 낙담한 콜럼버스가 시내를 벗어나기 전에 생각이 바뀌어, 근위병을 보내 콜럼버스를 붙잡았다. 그렇게 극적으로 합의가 이루어졌다. 스페인에서 탐험 비용을 대고, 탐험이 성공하면 콜럼버스가 새로 발견한 땅의 종신 총독이 되어 그곳에서 나오는 수입의 10퍼센트를 갖는다는 조건이었다. 스페인 왕궁의 승인을 받아 식민지의 관리를 임명하는 권한도 콜럼버스에게 주어졌다. 그런데 스페인의 두 국왕은 왜 생각이 바뀌었을까? 두 사람 모두 콜럼버스의 계획이 터무니없음을 알고 있었다. 하지만 콜럼버스가 옳고 나머지 사람들이 틀릴 가능성도 완전히 배제할 수는 없었다. 두 국왕은 이제 막 스페인을 통일했으며 조만간 인도 항로를 개척할 것으로 보이는 경쟁자 포르투갈을 앞서야 했다. 그래서 콜럼버스의 계획을 한번 해볼 만한 도박으로 판단했는지도 모른다. 실패할 수도 있지만, 그렇다고 큰돈이 들 것 같지는 않았기 때문이다.

콜럼버스와 합의했지만, 페르난도 2세와 이사벨 여왕이 탐험대를 꾸릴 때까지는 몇 달이 걸렸다. 콜럼버스의 탐험을 후원하기 위해 왕궁의 보석을 팔았다는 유명한 일화와 달리, 두 국왕이 한 일은 팔로스 데 라 프론테라라는 작은 항구에 명령을 내린 것이 전부였다. 항구 마을의 빚을 탕감해주는 대신 콜럼버스에게 선박과 선원을 제공하게 했던 것이다. 팔로스에서 콜럼버스에게 제공한 세 척의 배는 과연 바다를 항해할 수 있을지 의심될 정도로 상태가 좋지 않았다. 핀타 호와 니냐 호는 캐러벨선이었고, 산타마리아 호는 카라크선이었다. 세 척 모두 크기가 작았고, 길이가 15미터 정도인 핀타 호와 니냐 호는 화물열차 한 칸과 비교했을 때 크기는 비슷하고 실을 수 있는 짐의 양은 적었다. 산타마리아 호는 그보다 고작 20퍼센트 정도 더 컸다. 모두 오늘날 레저용 요트 정도의 크기였으며, 당시의 평균적인 유럽 선박에 훨씬 못 미쳤고 60년 앞서 인도양을 누볐던 정화의 거대한 보물선과는 비교조차 안 될 정도였다. 불편하고 비좁고 눅눅한 그 배들은 대서양에서 폭풍이 칠 때는 물론이고 잔잔할 때도 이리저리 흔들릴 게 뻔했다.

1492년 8월 3일, 항구에서 출발한 콜럼버스의 소규모 선단은 먼저 카나리아 제도에서 보급품을 보충한 뒤 탁월풍(일정 위도 영역에서 일정한 방향으로 부는 바람 - 옮긴이)*을 타고 계속 나아갔다. 그리고 9월 6일, 한 번도 가보지 않은 미지의 바다로 진입했다. 아시아까지의 거리를 잘못 알긴 했지만, 콜럼버스는 노련한 항해사였다. 그래서 경도 측정법이 없던 당시에도 배가 이동한 거리를 정확히 추적할 수 있었다. 이론적으로 거리는 속도에 항해 시간을 곱해서 얻는다. 훗날 선원들은 밧줄에 일정 간격으로 매듭을 묶고 그 밧줄의 한쪽 끝을 바다에 던진 뒤, 밧줄이 풀리면서

---

* 카나리아 제도 주변에서는 서쪽을 향해 '편동풍'이 불고, 한참 더 북쪽으로 올라가면 반대로 유럽을 향해 '편서풍'이 불면서 북대서양에 거대한 공기의 흐름을 형성한다.

차례로 다음 매듭이 나올 때까지 시간을 재는 방법으로 속도를 측정했다. (그래서 배의 속도를 나타내는 단위가 매듭이라는 뜻의 '노트knot'인 것이다.) 하지만 그 방법이 등장한 것은 콜럼버스의 시대보다 100년이 더 지난 후였다. 콜럼버스는 배가 파도와 파도 사이를 얼마나 빨리 지나가는지 눈대중으로 보고 배의 속도를 추정했다. 그러려면 엄청난 집중력과 경험이 필요했지만, 해류나 바람의 상황에 따라 오차가 생길 수 있는 방법이기도 했다. 한편 시간은 모래시계로 측정했는데, 과거에 실수한 적이 없는 초급 선원들이 30분마다 모래시계를 뒤집었다.

10월 초, 항해를 시작한 지 한 달이 넘었지만 육지가 보이지 않자 선원들은 동요하기 시작했다. 지구의 가장자리에서 떨어질까 걱정하는 사람은 없었지만 콜럼버스가 계산한 아시아까지의 거리가 틀린 것은 아닌지, 가뜩이나 보급품이 부족한데 역풍을 헤치고 출발지로 돌아가기에 너무 멀리까지 온 것은 아닌지 걱정이 많았다. 사르가소 해*를 지나면서 선단의 항해 속도가 느려졌다. 선체에 엉겨붙을 뿐 아니라 밤이 되면 묘한 빛을 내는 해초가 해수면에 얇은 층을 이루며 떠 있었기 때문이다. 결국 콜럼버스는 1주일 안에 육지가 보이지 않으면 뱃머리를 돌리기로 선원들과 합의했다. 10월 7일, 선원들에게 행운의 조짐이 나타났다. 바닷새가 서쪽으로 날아가는 모습을 보았던 것이다. 그 방향에 육지가 있을 것으로 짐작되었다. 그리고 10월 12일 아침, 출항한 지 5주 만에 핀타 호의 망루에서 선원이 소리쳤다. "육지다!"**

그날 늦게 선단은 '산살바도르'라고 이름 붙인 섬에 닻을 내렸다.

---

* 대양ocean이 아니라 지역해sea로 명명된 해역 중에서 유일하게 땅으로 둘러싸이지 않고 북대서양 환류에 의해 경계가 정해진 해역이다.

** 일설에 따르면 당시 망루에서 소리쳤던 로드리고 데 트리아나는 최초로 육지를 발견한 사람에게 약속된 종신연금을 받지 못했다. 나중에 콜럼버스가 로드리고보다 몇 시간 앞서 수평선에서 불빛을 보았다고 주장했기 때문이다.

오늘날의 바하마 제도에 속한 곳이지만, 어느 섬이었는지는 명확하지 않다. 콜럼버스는 바닷가로 달려가 그 섬을 페르난도 왕과 이사벨 여왕의 영토로 선언했으며 선원들은 목격자로서 그 선언을 보증했다. 곧 호기심 많은 섬 주민들이 모습을 드러냈다. 아랍인 통역사를 불렀지만, 실망스럽게도 섬 주민들의 말을 알아듣지 못했다. 게다가 섬 주민들은 기대와 달리 중국식 옷차림이 아니라 거의 벌거벗은 모습이었다. 선단이 도착한 곳이 아시아가 아닐 수도 있다는 첫 번째 조짐이었다. 하지만 아시아 대륙에서 조금 멀리 떨어진 섬일 수도 있기 때문에 콜럼버스는 별로 낙담하지 않았다. 섬의 '인디언'들은 평화롭고 우호적이었지만 몸에 상처가 많았는데, 콜럼버스 일행은 다른 섬에서 이따금 이곳 주민들을 공격해 포로로 잡아간다는 사실을 짐작할 수 있었다. 그 침입자들은 칼리나고족으로, 몇백 년 전에 남아메리카에서 카리브 해로 이주했던 것으로 보인다. 칼리나고족 언어로 '카리브나karibna'는 '사람'이라는 뜻이었다. 여기에서 '카리브 해'라는 지명과 함께 동족을 먹는 사람이라는 뜻의 '식인종cannibal'이라는 말이 나왔다.*

스페인 사람들이 보기에 그곳의 원주민은 유럽인보다 행복해 보였다. 돈이나 기술, 무기는 전혀 알지 못한 채 단순하게 사는 것 같았다. 이를 두고 아마도 후대 철학자들이 표현했듯 (근거 없는 믿음이라는 말도 있지만) '고귀한 야만인'이라는 개념이 처음 나온 것 같다. 콜럼버스의 항해 직후부터 이 고귀한 야만인이라는 이미지는 소설 속에서 사회 부조리를 비난하고 성찰하는 전형적인 수단으로 사용되었으며, 최근의 사례로는 2009년에 개봉한 제임스 카메론 감독의 영화 「아바타」를 들 수 있다. 프랑스 작가 미셸 몽테뉴가 1580년에 발표한 「식인종 The

---

* 칼리나고족이 식인종이었다는 주장의 근거는 거의 남아 있지 않다. 스페인 사람들이 그들을 노예로 만든 뒤 자신들의 행위를 정당화하려고 꾸며냈을 수도 있다.

Cannibals에 대하여」는 서구 문화의 우월성에 대한 유럽인의 이기적인 믿음을 깨뜨리려는 초기 시도였다. 이 에세이에서 몽테뉴는 남아메리카인과의 인터뷰를 통해 그들의 문화를 무지하고 야만적인 것으로 설명하는 대신 자연과 조화롭게 살아가는 데 필요한 그들의 고결한 기술을 강조했다. 그리고 남아메리카인이 식인종인지는 모르지만, 유럽인이 그보다 더 나쁜 죄를 지었다고 말했다. 식인종은 죽은 사람의 살을 먹는 반면, 유럽인은 종교적 신념 때문에 사람을 산 채로 고문하고 불에 태웠기 때문이다.

콜럼버스는 그 점잖은 원주민들이 노예로 이상적일 것 같다면서 몇 명을 납치해 페르난도 왕과 이사벨 여왕에게 바쳤다. 하지만 그에 앞서 원주민들이 차고 있는 황금 장신구를 보고는 황금을 어디서 얻었는지 알려달라고 집요하게 캐물었다. 원주민들은 부유한 왕이 다스리는 남쪽의 큰 섬에서 가져왔다고 알려주었다. 콜럼버스는 크게 기뻐하면서 그곳이 마르코 폴로의 말대로 황금이 가득한 도시가 있는 치팡구(일본)일 거라고 생각했다. (마르코 폴로는 중국에서 치팡구에 관한 소문을 들었을 뿐이다.) 하지만 그 섬은 일본이 아니라 히스파니올라 섬(오늘날의 아이티 섬 - 옮긴이)이었고, 콜럼버스는 결국 그 섬에서 약간의 금을 얻지만 그의 높은 기대치를 충족하기엔 터무니없이 적은 양이었다.

콜럼버스는 거의 5개월 동안 카리브 해를 탐험했다. 항해하다가 섬을 발견하면 먼저 정찰대를 보내 원주민에게 중국의 위대한 칸과 왕궁으로 가는 길을 물었다. 그런 질문을 하면 (분명 몸짓으로 의사소통했을 테지만) 원주민들은 당황스러운 듯 멍하니 바라볼 뿐이었다. 하지만 콜럼버스 일행은 다른 흥미로운 물건을 발견했다. 정찰을 다녀온 사람들에 따르면 원주민들은 두 그루의 나무 사이에 줄을 걸어서 만든 침대에서 잤다. 그 침대의 이름은 '하마카스hamacas'(현지인이 사용하는 타이노어로, '그

물'이라는 뜻이다)였다. 뱃멀미를 하는 많은 선원들은 마땅히 그 카리브 해
의 원주민에게 감사해야 할 것이다. 원주민들이 사용하는 그물 침대는
유럽의 모든 뱃사람에게 '해먹'이라는 이름으로 빠르게 퍼져나갔다. 거
친 바다에서 배가 파도에 흔들려도 해먹은 흔들림 없이 제자리를 유지
했다. 또한 원주민들은 말린 나뭇잎을 채운 조그만 원통형 물체를 들고
다녔는데, 한쪽 끝에 불을 붙이면 그 끝이 빨갛게 타올랐다. 원주민들
은 불이 붙은 물체의 반대쪽 끝을 입으로 빨았고 말 그대로 연기를 '마
셨다'. 원주민들은 그 작은 원통형 물체를 '타바코tabacos'라고 불렀다.

　히스파니올라 섬에서 콜럼버스 탐험대는 타이노족의 다섯 족장
중 한 명인 과카나개릭스Guacanagaríx로부터 환대를 받았다. 기록에 따르
면 타이노인은 서로 다투는 일이 없었으며, 분쟁이 생기면 의견이 다른
사람끼리 편을 나눠 축구 비슷한 경기를 해서 해결했다고 한다. 여기에
는 약간의 오해가 있는 것 같지만, 어쨌든 신대륙에서 공으로 하는 운
동경기의 인기가 높았던 것만큼은 사실이었고 탐험대 사람들도 그 경
기에 매료되었다. 단체 운동경기는 로마 시대에 인기가 높았지만, 로마
가 멸망한 뒤로 유럽에서는 자취를 감춰버렸다. 콜럼버스 탐험대가 히
스파니올라 섬에 머물던 1492년 크리스마스 날에 섬에서 큰 사고가 일
어났다. 콜럼버스의 가장 큰 탐험선인 산타마리아 호가 암초에 걸려 좌
초한 것이다. 핀타 호와 니냐 호에 산타마리아 호의 선원들이 모두 탈
수 없었으므로, 과카나개릭스 족장은 히스파니올라 섬에 39명의 스페
인 선원이 정착할 수 있게 허가했다. 선원들은 산타마리아 호의 잔해를
가져다 '라 나비다드(성탄절)'라는 정착지를 서둘러 만든 후, 일부 동료를
남겨둔 채 핀타 호와 니냐 호를 타고 스페인으로 돌아갔다.

　스페인으로 돌아가는 길에는 어려움이 많았다. 작은 두 척의 캐러
벨선은 매서운 겨울 폭풍에 좌초하고 말았다. 니냐 호에 타고 있던 콜

럼버스는 핀타 호와 떨어져서 앞으로 나아가다가 폭풍에 선체가 손상되는 바람에 아조레스 제도에서 급하게 수리해야 했다. 게다가 그곳의 포르투갈 총독이 '해적질을 한 것으로 의심된다'면서 선원들을 구금하는 바람에 콜럼버스는 총독과 협상하여 선원들을 석방시켰다. 도중에 니냐 호는 또다시 폭풍을 만나 어쩔 수 없이 리스본에 정박했는데, 그곳에서 콜럼버스는 바르톨로메우 디아스와 이야기를 나누게 되었다.* 디아스가 3년 전 아프리카 남단까지 도달하는 바람에 포르투갈의 지원을 받으려던 콜럼버스의 계획이 꼬인 적이 있었다. 디아스는 콜럼버스가 1479년에 스페인과 포르투갈이 체결한 '알카소바스 조약'을 위반했다며 비난했다. 향후 대서양에서 발견되는 모든 땅은 포르투갈의 영토로 귀속된다는 것이 조약의 내용이었다. 하지만 다행히 두 사람은 그 문제를 그냥 덮기로 했고 콜럼버스는 스페인으로 돌아왔다.

콜럼버스는 페르난도 왕과 이사벨 여왕에게서 열렬한 환영을 받았다. 두 국왕은 아시아의 경이로움에 관해 듣고 싶은 마음이 간절했다. 비록 중국의 칸과 동맹을 맺지는 못했지만, 널리 알려야 할 만한 일이 많아 보였다. 콜럼버스는 공개 행사를 열어 해먹이나 담배 같은 신기한 물건 외에도 현지의 식물과 새, 심지어 원주민까지 전시했으며 약간의 금도 함께 전시했다. 사실 그는 마르코 폴로가 언급했던 거대한 금광이나 대리석 도시는 발견하지 못했다. 그래서 의심하는 사람도 많았지만 콜럼버스의 의기양양한 태도를 억누르기엔 역부족이었다. 스페인은 이제 인도를 향한 경쟁에서 금방이라도 포르투갈을 앞설 것만 같았다. 그리고 콜럼버스가 발견한 섬에서 인도가 멀지 않을 것이라고 확신했다.

---

* 이때 콜럼버스는 향후 세계를 일주하게 되는 페르디난드 마젤란도 만났을 것이다. 당시 어린 마젤란은 왕궁에서 시종으로 일했다.

콜럼버스는 세 차례 더 항해하게 된다. 두 번째 항해는 1493년 열일곱 척의 배에 1,200명의 이주민을 태우고 출발했으며, 목표는 새로 발견한 땅에 정착지를 세우는 것이었다. 히스파니올라 섬에 다시 가보니, 정착지인 라 나비다드는 폐허로 변했고 정착민들은 원주민들과 싸우다가 전부 목숨을 잃은 뒤였다. 콜럼버스 선단은 히스파니올라 섬 해안을 따라 동쪽으로 항해하여 '라 이사벨라'라는 정착지를 세웠다. 하지만 그곳도 얼마 지나지 않아 포기한 후 1496년에 위치가 더 좋은 산토도밍고(오늘날의 도미니카공화국 수도)로 이주했다. 콜럼버스는 아시아의 흔적을 쫓아 카리브 해를 계속 탐험하면서 마르코 폴로의 설명과 일치하는 곳을 찾아다녔지만 아무것도 찾지 못했다. 히스파니올라 섬으로 돌아가 잠시 정착지를 다스리기도 했지만, 그는 행정가로서는 무능했다. 정착지에는 반란의 기운이 감돌았고, 콜럼버스는 1498년에 몰래 스페인으로 돌아가 추가 지원을 요청했다.

콜럼버스는 이때 다시 한 번 카리브 해의 신기한 물건을 들고 스페인 왕궁에 갔지만, 이번에는 반응이 훨씬 더 냉랭했다. 몇 년 동안 찾아다녔는데도 아직 그곳이 아시아라는 근거를 찾지 못했기 때문이다. 하지만 희망적인 면도 있었다. 1498년 세 번째 항해에 나선 콜럼버스는 히스파니올라 섬에서 달걀만 한 황금 덩어리를 발견했으며 오리노코 강 하구에 도달했다. 엄청난 양의 강물이 쏟아져 나오는 것을 보면 그 땅은 대륙이 틀림없었다. 그곳에서 콜럼버스는 선원들에게 그곳이 아시아라는 서약을 하게 했다. 마치 간절히 믿으면 현실이 될 수 있다고 생각했던 것 같다. 네 번째 항해에서는 유카탄 반도에 도착했다. 그곳에서 마침내 아시아의 거대한 건축물이 가까이 있다는 소문을 들었다. 원주민의 말에 따르면 내륙에 거대한 궁전이 있는 웅장한 도시가 있고 금으로 치장한 귀족이 그곳을 다스리고 있었다. 마르코 폴로가 오래전에 이야기했던 찬란한 카타이 제국이 틀림없어 보였다.*

　한편 행정가로서 콜럼버스의 무능은 점점 더 심해졌다. 1500년에 페르난도 왕과 이사벨 여왕은 히스파니올라 섬 식민지가 잔혹하고 야만적으로 통치되고 있다는 고발이 들어오자 특사를 보내 상황을 조사했다. 특사는 콜럼버스가 식민지를 통제하기 위해 고문과 폭력을 사용하고 엄청난 숫자의 원주민을 노예로 만들었다고 보고했다. 체포된 콜럼버스는 사슬에 묶인 채 스페인으로 소환되어 범죄 혐의에 관해 해명해야 했다. 결국 두 국왕에게 전후 사정을 설명하고 풀려났지만, 모든 직책과 특권을 박탈당하고 말았다. 콜럼버스는 1506년에 숨을 거둘 때까지 자신의 정당한 권리를 박탈당했다고 집요하게 주장하면서 원통해했다. 그가 죽은 뒤 유족들은 처음에 약속했던 대로 돈을 주지 않았다며 스페인 왕궁을 고소했지만, 스페인 왕궁은 콜럼버스가 범죄를 저지르고 식민지를 엉망으로 관리해서 특권을 몰수했다고 답했다. 콜럼버스는 죽는 순간까지 자신이 발견한 땅이 아시아 대륙이라고 믿었다. 반면 다른 사람들은 이미 오래전에 그가 발견한 신대륙의 정체를 파악하고 있었다.

　얄궂게도 콜럼버스가 평생 부정했던 일이 그가 남긴 가장 큰 유산이 되었다. 사실 어느 모로 보나 콜럼버스가 아메리카 대륙을 '발견'했다고는 할 수 없다. 그보다 앞서 아메리카 대륙을 발견한 유럽인이 있었고 그곳에 이미 많은 사람이 살고 있었기 때문이다. 다만 잘했든 잘못했든 콜럼버스가 사람과 동물, 식물, 사상의 지속적인 교류가 일어나도록 처음 물꼬를 텄으며, 그로 인해 세상이 바뀌었다는 것만큼은 부정할 수 없다. 여기에 아시아를 향한 포르투갈인의 항해가 더해지면서 당

---

* 원주민이 말한 곳은 아스텍 제국의 수도 테노치티틀란(현재의 멕시코시티)이었다.

시 세계의 대부분 지역은 떼려야 뗄 수 없는 관계로 긴밀하게 연결되었다. 아메리카 대륙의 옥수수와 콩, 호박, 감자가 세상에 널리 퍼지면서 많은 인구를 먹여 살리게 되었으며, 이렇게 더 산출량이 많고 다양한 식량이 공급되면서 유럽에서 주기적으로 발생하던 기근이 사라지고 인구가 폭발적으로 늘어났다.

노예제는 콜럼버스가 처음 만들지 않았지만, 그가 남긴 유산의 일부였다. 히스파니올라 섬에서 발생한 급격한 인구 감소는 비록 질병으로 죽은 사람이 더 많았지만, 계획적인 집단학살이나 다름없었다. 스페인 사람들은 그렇게 원주민을 학대하거나 살해하고도 처벌받지 않았다. 유럽의 봉건제도는 신대륙에서 '엔코미엔다encomienda'로 부활했다. 엔코미엔다 제도 아래서 스페인 이주민들은 땅과 함께 마음껏 부릴 수 있는 원주민을 제공받았다. 로마 시대에 등장했던 엔코미엔다는 원래 지주가 농민을 보호하는 대가로 농작물을 가져감으로써 상호 이익을 보장하는 제도였다. 하지만 국왕의 눈길이 닿지 않는 신대륙에서는 그 속성이 크게 변질되었다. 지주는 자신의 이익을 위해 원주민을 죽도록 부리지 않을 이유가 없었고, 원주민의 이익에는 조금도 관심이 없었다. 이사벨 여왕이 원주민을 노예로 삼지 못하게 했지만, 엔코미엔다는 이름만 다를 뿐 노예제나 다름없었다.

스페인 사람들 중에는 엔코미엔다에 반대하는 이들도 있었다. 바르톨로메 데 라스 카사스Bartolomé de Las Casas가 대표적이었다. 1502년 젊은 나이에 아버지와 함께 히스파니올라 섬에 온 라스 카사스는 한때 원주민인 타이노족을 습격하는 데 동참한 적도 있었다. 1510년경 신대륙에서 최초로 성직자가 된 라스 카사스는 처음엔 엔코미엔다를 옹호했다. 그러다가 1513년 쿠바 정벌에 나선 스페인군과 동행했다가 야만적인 학살 현장을 몇 차례 목격했다. 그리고 그때 스페인 통치의 심각한 부당성을 깨닫고 보편적 인권을 지키기 위해 50년간 투쟁했다. 라스 카사스는 먼저 자신이 소유한 엔코미엔다를 포기하고 다른 사람들에게도 동참해달라고 촉구했다. 하지만 스페인에 가서 투쟁하는 것이 더 효과적이라는 생각에 1515년 스페인 법원에 탄원하기에 이른다.

라스 카사스는 소책자와 저서를 통해 신대륙에서 스페인 사람들이 저지르고 있는 끔찍한 만행과 철저하게 짓밟히고 있는 원주민 사회의 실상을 공개했다. 그리고 히스파니올라 섬에 처음 갔을 때만 해도 수십만 명의 원주민이 살고 있었지만 과도한 노동과 잔학 행위, 굶주림, 질병으로 대부분이 목숨을 잃었다고 기록했다. 스페인 사람들은 가끔 원주민을 직접 노예로 만들기보다 세금 명목으로 3개월마다 일정량의 황금을 바치게 했다. 할당된 양의 황금을 가져온 원주민에게는 목에 동전 목걸이를 걸어주고, 목걸이가 없는 원주민은 팔다리를 자르거나 고문하거나 살해했다. 한편으로 원주민은 유럽에서 들어온 전염병에 걸려 하나둘 죽어나갔으며 1519년에는 천연두가 크게 유행하면서 남은 생존자마저 대부분 목숨을 잃었다. 1548년경에는 살아남은 원주민이 섬 전체에서 고작 수백 명에 불과했다.

비록 라스 카사스의 투쟁이 잔혹 행위나 노예제를 종식시키지는 못했지만, 최소한 몇 가지 성과를 거두었다. 그리고 그가 원주민을 대상으로 벌어진 잔혹 행위를 기록한 『눈물의 인디언 문명 파괴사 A Short Account of the Destruction of the Indies』(1542년)와 『인디언사 General History of the Indies』 (1552년)는 유럽에서 널리 읽혔다. 스페인 왕궁을 향한 그의 호소는 마침내 성과를 거두어 1542년에 '신법新法'이 제정되었다. 이 법에서 원주민의 법적 지위와 보호의 범위가 확대되었지만, 원주민 학대는 사라지지 않았다. 라스 카사스는 신법이 만족스럽지 못하다고 주장했고, 정착지 주민들은 이미 신법을 거부하면서 폭동을 일으키고 있었다. 섬에서 노예제가 지속되고, 마침내 아프리카에서 노예를 수입하는 지경에 이르자 라스 카사스는 인종과 식민지의 윤리 문제를 놓고 토론의 자리를 마련했다. 1550년 바야돌리드 토론회에서 그는 다른 인종을 정복하고 예속시키는 행위는 정당화될 수 없다고 단호하게 주장했다.*

스페인 사람들은 신대륙에서 수십 년간 식민지를 경영하면서 금과 은을 채굴하는 데 정신이 팔린 나머지 콜럼버스가 대서양을 건너게 된 동기인 향신료는 까맣게 잊어버렸다. 대신 새로운 세대의 탐험가들이 나타나 스페인 영토를 아메리카 대륙 전역으로 확장해나갔다. 그렇게 100년도 지나지 않아 아메리카 대륙에 있는 스페인 영토는 본국의 스물일곱 배 크기로 확대되었다. 이런 영토 확장은 스페인 국왕들의 계획으로 이루어진 것이 아니었다. 그보다는 탐험가들이 각자 사병을 이끌고 새로 발견된 땅을 탐험하고 정복한 결과였다. 이 '정복자'들 중에는 낙후되고 가난한 지역의 하급 귀족 출신이 많았다. 스페인에서는 출세할 기회가 없는 사람들이었다. 그들에게 신대륙은 유럽 변두리의 따분한 삶을 뒤바꾸고, 상상할 수 없는 부를 거머쥘 수 있으며, 원주민을 공짜로 부려서 개척한 넓은 사유지에서 살 수 있는 기회의 땅이었다. 일부 정복자는 유럽의 지리학적 견문의 폭을 크게 넓혔지만, 대다수는 아주 폭력적이고 명예롭지 못한 최후를 맞았다. 그들이 지나간 자리에는 약탈과 파괴의 흔적만 남았다.

1513년 바스코 발보아는 아메리카 대륙에서 태평양을 처음 본 유럽인이 되었지만, 몇 년 후 파나마 총독에게 참수되었다. 같은 해 폰세 데 레온Ponce de León은 플로리다 해안에 상륙함으로써 바이킹 이후 멕시코 북쪽의 아메리카 본토에 상륙한 최초의 유럽인이 되었지만, 1521년

---

* 초기에 남긴 기록에서, 라스 카사스는 아프리카인을 수입해 원주민을 대체하자고 제안한 적이 있었다. 하지만 결국 모든 형태의 노예제를 혐오하게 되었고 아프리카인을 노예로 삼는 것도 반대했다.

그곳에 정착지를 건설하던 중 원주민에게 살해되었다. 1539년에는 에르난도 데 소토Hernando de Soto가 플로리다에서 아칸소까지 미국 남부를 육로로 이동함으로써 미시시피 강을 건넌 최초의 유럽인이 되었다. 소토가 미시시피 강 둑에서 숨을 거둔 뒤, 700명에 이르는 그의 탐험대는 스페인령 멕시코에서 안전한 곳을 찾아 루이지애나에서 텍사스까지 1,900여 킬로미터의 험난한 행군을 했고 그 와중에 절반 넘는 사람이 목숨을 잃었다. 소토와 거의 같은 시기에 프란시스코 바스케스 데 코로나도Francisco Vázquez de Coronado는 비슷한 규모의 탐험대를 이끌고 애리조나와 뉴멕시코, 텍사스, 오클라호마, 캔자스를 지나면서 반대 방향에서 소토의 탐험대에 수백 킬로미터 거리까지 접근했다. 코로나도는 그랜드캐니언을 본 최초의 유럽인이 되었지만, 그토록 기대했던 신화 속 일곱 개의 황금 도시는 결국 찾지 못했다.

가장 성공한 정복자들은 소규모의 인원을 이끌고 강력한 문명을 정복한 이들이었다. 그중에서 가장 앞선 사람은 에르난 코르테스Hernán Cortés였다. 코르테스는 포르투갈 국경과 가까운 엑스트레마두라 지방의 하급 귀족 가문에서 태어났다. 그리고 아직 어렸던 1493년, 신세계에서 돌아온 콜럼버스의 행렬이 근처를 지나갈 때 그 모습을 지켜보았는지도 모른다. 1504년 코르테스는 히스파니올라 섬에 가서 엔코미엔다 대농장의 주인이 되었지만, 이내 정착지 생활에 지루함을 느꼈다. 그래서 1511년 쿠바로 가는 탐험대에 합류했고 군사적으로 수완이 좋았던 덕분에 1519년에는 멕시코 침공을 지휘하게 되었다. 침공이 시작된 직후 스페인 총독이 지휘관 임명을 취소하고 쿠바로 다시 불러들였지만 코르테스는 명령을 거부하고 침공을 강행했다. 그리고 멕시코 해안에 상륙한 뒤에는 자신을 체포하러 온 스페인 부대와 맞서 싸우면서 (그 부대는 나중에 코르테스 편에 합류했다) 그들이 타고 온 배를 모두 불태워버리는 바람에 아무도 쿠바로 퇴각할 수 없게 되었다. 코르테스는 남은 병력을 인솔해 아스텍 제국의 수도로 향했다.*

그런 다음에는 익히 알려져 있듯이 열다섯의 기병과 약간의 대포를 보유한 수백 명의 스페인군이 수백만 명의 인구를 가진 제국을 격파했다. 물론 이 이야기는 터무니없다. 비록 스페인군이 총과 말, 갑옷, 그리고 강철검으로 무장했지만 아스텍인이 마음만 먹었다면 스페인군을 쉽게 전멸시켰을 것이다. 몬테수마 황제는 처음 보는 스페인 사람에게 호기심을 느낀 나머지 선물을 계속 보내면서 회유했다. 하지만 황제의 선물은 그들의 탐욕을 부추기는 역효과를 가져왔다. 더 중요한 점은, 스페인군이 아스텍의 수도를 행진하는 동안 그들에게 자발적으로 협력하려는 원주민이 나타났다는 것이다. 아스텍 제국은 오랫동안 멕시코 전역에서 조공을 받았다. 테노치티틀란은 멕시코 각지의 주민들에게 무거운 세금을 부과하고 물자와 사람을 바치게 했다. 인신공양은 보통 초기 문명에서 빠짐없이 등장한다. 마야 제국에서도 인신공양은 우주의 신이 생명을 유지하는 데 꼭 필요하다고 생각했다. 그렇긴 하지만 아스텍의 인신공양은 특히나 전례가 없을 만큼 대규모로 이루어졌다.

스페인 사람들은 당시 멕시코에서 매년 인신공양으로 희생되는 사람이 2만여 명에 이를 것으로 추정했다. 물론 이 숫자는 과장되었을 가능성이 있다. 인신공양의 희생자는 나머지 주민들을 위해 희생된다는 것을 알고 있었고, 그중 일부는 희생을 자청했다는 주장도 있지만 대다수가 그랬을 것 같지는 않다. 스페인 사람들은 아스텍의 인신공양이 야만적이라고 기록했으며 실제로도 그러했다. 하지만 유럽에서도

---

* 엄밀히 따지면 '아스텍 제국'이라는 것은 존재하지 않았다. 아스텍 제국의 수도로 알려진 테노치티틀란에 사는 사람들은 자신들을 '멕시카족 Mēxihcah'(현재 국명인 멕시코의 기원)이라 칭했으며, 제국은 세 개의 정치적 독립국의 연합체였다. '아스텍'이라는 말은 탐험가 알렉산더 폰 훔볼트(나중에 만나게 될 것이다)가 1810년에 이 삼국동맹으로 연결된 사람들을 지칭하는 용어로 사용하면서 대중화되었다.

처형은 대중에게 공개되는 일종의 종교의식이었고 하늘에 구원을 호소하면서 결국 끔찍한 죽음으로 마무리되기 일쑤였다. 매년 2만 명씩 희생된다는 것이 많아 보일 수도 있지만, 멕시코 인구를 2,000만 명으로 추정해보면 전체 인구의 0.1퍼센트에 불과해서 당시 유럽에서 처형되는 인구의 비율과 엇비슷하다. 어쨌든 아스텍 제국에는 적이 많았고, 많은 멕시코 원주민이 코르테스의 편에 서서 압제자 아스텍 제국과 싸웠다는 것만큼은 분명하다. 스페인군이 테노치티틀란으로 진군할 무렵, 그들과 함께한 원주민 동맹군은 수천 명에 달했다.

그러했더라도 아스텍 제국은 병력이 적은 스페인군과 원주민 동맹군을 손쉽게 격퇴할 수 있었을 것이다. 그런데 몬테수마 황제는 스페인 사람들에 관해 더 많이 알고 싶어서 그들을 수도로 초대했다가 포로가 되고 말았다. 코르테스는 몬테수마 황제에게 보물을 모두 내놓고 아스텍 병사들을 무장 해제시키라고 겁박했다. 그랬는데도 상황은 스페인군에 녹록지 않았다. 성직자들이 병력을 모아 스페인군을 쫓아내려 했기 때문이다. 코르테스와 병사들은 테노치티틀란의 거리와 수로에서 아스텍군과 전투를 벌이다가 가까스로 탈출했다. 뒤에 처진 병사들은 학살당하고 말았다. 하지만 쿠바에서 지원군이 도착하고 원주민 동맹군도 추가로 합류했으며 천연두가 크게 유행하면서 아스텍인이 대량으로 죽어나가기 시작했다. 게다가 테노치티틀란에 기근이 몇 달 동안 계속된 덕분에 스페인군은 가까스로 아스텍의 수도를 점령하는 데 성공했다. 우월한 기술이 있었고 무자비한 계략을 동원했으며 원주민 동맹군 수천 명의 지원을 받고 치명적인 전염병이 돌았는데도 스페인군은 거의 패배의 문턱까지 갔던 것이다. 아스텍 제국은 결국 제대로 다스리지 못한 멕시코 원주민들이 코르테스 편에 섰기 때문에 멸망한 것이었다.

코르테스보다 더 보잘것없는 신분으로 엄청나게 부유한 문명을 몰락시킨 또 다른 정복자가 있었으니, 바로 프란시스코 피사로Francisco Pizarro였다. 가난한 스페인 집안에서 일자무식의 사생아로 태어나 돼지를 치던 피사로는 1532년에 182명의 병사를 이끌고 인구 1,200만 명의 잉카 제국을 정복했다. 불가능해 보이는 일이지만 사실이었다. 잉카 제국에는 수만 명의 강력한 군대가 있었지만 유럽에서 갓 건너온 전염병과 내전으로 무너졌다. 더불어 피사로군이 승리할 수 있었던 것은 (이복형 우아스카르와의 내전에서 승리한) 잉카의 황제 아타우알파Atahualpa가 그들을 적대시하지 않고 단지 호기심의 대상으로 여겼기 때문이다. 페루 북부의 안데스 산맥에 있는 카하마르카에서 피사로 일행을 만난 아타우알파 황제는 1만 5,000명의 군사와 함께 있었지만, 정작 피사로를 만날 때는 소수의 근위병만 데리고 갔다. 피사로 일행은 매복해 있다가 강철검으로 잉카의 근위병을 도륙했다. 그리고 아타우알파 황제를 포로로 잡은 뒤 코르테스가 아스텍인에게 써먹은 방법으로 잉카 제국을 무장 해제시켰다.*

아타우알파 황제를 허수아비로 내세웠지만 잉카를 다스리기는 쉽지 않았다. 피사로 일행은 아타우알파 황제에게 방 하나는 금으로 채우고 방 두 개를 은으로 채우게 한 다음, 황제를 살해하고 수도인 쿠스코에서 당당하게 행진했다. 그 무렵 스페인군의 병력은 최소한 500명이 보충되었고 원주민 동맹군도 생겼다. 그러나 피사로군이 쿠스코를 신속히 점령했는데도 잉카 제국의 패잔병들은 40년간 조직적으로 저항했다. 잉카의 병사들은 수십 년간 스페인군의 호송대가 페루의 산악로를 지날 때면 바위를 굴리거나 투석기로 바위를 날려 보내며 맹공을 가

---

* 실제로 피사로는 멕시코가 코르테스에게 정복된 것을 알고 있었으며, 잉카 제국에 의도적으로 똑같은 방법을 적용했다. 아타우알파 황제가 아스텍과 스페인의 소식을 들어서 알고 있었다면 상황이 달라지지 않았을까?

했다. 스페인군과 직접 맞설 때도 화살이나 창, 구리로 만든 철퇴나 도끼 등 다양한 무기를 사용해 효과적으로 싸웠다. 잉카인이 직접 만든 갑옷은 매우 가볍고 튼튼해서 안데스 산맥의 험한 지형을 누비고 다니기에 안성맞춤이었다. 스페인군의 페루 정복은 절대 신속하거나 수월하지 않았으며, 그 후로도 수십 년간 힘든 싸움을 벌여야 했다.

아메리카 원주민에게 유럽인의 도착은 그야말로 대재앙이었다. 역사상 인간에게 일어난 가장 큰 재앙이라 할 만했으며, 그로 인해 원주민 인구의 90퍼센트가 사라졌다. 그 와중에 스페인은 금과 은을 채굴하여 거대한 제국을 건설했다. 이런 막대한 부는 단기적으로 스페인 왕의 금고를 가득 채우고, 스페인이 이탈리아에서 네덜란드까지 전쟁을 벌이며 제국의 위용을 자랑하는 데 필요한 재원으로 들어갔다. 그렇지만 유럽으로 금과 은이 쏟아져 들어오면서 물가가 폭등하는 바람에 장기적으로는 경제가 무너지고, 결국 스페인의 패권이 막을 내리는 원인이 되었다. 한편 아메리카 대륙은 성장을 거듭하면서 곧 전 세계로 확장될 국제적인 연결망에 영구히 편입되었다.

12

마지막 마디

콜럼버스는 자신이 발견한 곳이 아시아라고 믿으며 눈을 감았지만, 1500년대 초반에는 그곳이 신대륙이라는 사실이 점차 명확해지고 있었다. 1497년 또 다른 제노바 출신의 항해사인 조반니 카보토Giovanni Caboto는 영국 헨리 7세의 신하 '존 캐벗John Cabot'이 되어 아시아로 가는 북극 항로를 찾아나섰다. 그리고 뉴펀들랜드 인근을 돌아 래브라도와 노바스코샤, 현재의 미국 메인 해안을 따라가다가 수백 킬로미터에 달하는 울창한 숲이 펼쳐진 땅을 발견했다고 보고했다. 그로부터 몇 년이 지난 1500년, 포르투갈 항해사 페드루 알바레스 카브랄은 인도로 가기 위해 아프리카 해안에서 멀리 떨어져 항해하던 중 우연히 브라질을 발견했다. 이런 식으로 신대륙 발견은 몇 개의 흩어져 있는 섬을 발견하는 수준을 점차 넘어서기 시작했다.

이탈리아의 항해사 아메리고 베스푸치Amerigo Vespucci는 1497년부터 1504년까지 네 차례의 항해를 통해 카리브 해에서 해안을 따라 브라질까지 항해했다. 그리고 1500년 두 번째 항해에서 아마존 강 하구를 발견다. 이 거대한 강은 지구에 있는 모든 강에서 흐르는 민물의 5분의

1을 하구로 쏟아내면서 수 킬로미터 거리까지 바닷물을 묽게 만들 정도였다. 그 모습을 본 르네상스 시대의 유럽인들도 그 땅이 거대한 대륙일 거라고 짐작했다. 베스푸치도 해안을 따라 남쪽으로 내려가면서 그러한 확신을 갖게 되었고, 그가 쓴 『신세계Mundus Novis』라는 소책자가 출판되어 유럽 전역에 배포되면서 그 거대한 대륙이 널리 알려졌다. 곧 이어 1507년 독일의 지도 제작자 마르틴 발트제뮐러Martin Waldseemüller 는 「세계 전도Universalis Cosmographia」를 발행하면서 그 신대륙을 포함시켰고 '아메리고' 베스푸치의 라틴어식 이름인 '아메리카'를 신대륙의 이름으로 적어 넣었다. 용감하게 미지의 세계를 탐험했지만 거의 알려지지 않은 이탈리아인의 이름을 딴 '아메리카' 대륙이 탄생하는 순간이었다.

일단 아메리카가 대륙이라는 사실이 분명해지자, 사람들은 과연 배로 그 대륙을 돌아서 가는 길이 있는지 궁금해했다. 다들 그 대륙 너머에 큰 바다가 있을 거라고 추측했으며, 배를 타고 아프리카를 돌아 동양까지 갔던 포르투갈인도 향신료 제도의 동쪽에 큰 바다가 있는 것 같다고 말했다. 그리고 1513년, 예상대로 그 거대한 바다가 발견되었다는 놀라운 소식이 전해졌다. 바스코 발보아가 파나마의 정글을 헤치고 전진하다가 처음으로 태평양을 발견한 것이다. 만약 아메리카 대륙을 관통하는 수로가 있다면, 배를 타고 서쪽으로 계속 항해해 아시아에 닿을 수 있지 않을까?*

야심 찬 포르투갈의 해군 장교가 그 답을 안다고 생각했다. 바로 그 사람, 페르낭 드 마갈량이스Fernão de Magalhães(영어로 '페르디난드 마젤란')는 남아메리카 해안을 따라 수로가 나올 때까지 내려가는 계획을 세웠다.

---

* 파나마는 국토의 폭이 좁기 때문에 운하를 건설하려는 생각을 충분히 할 만했다. 하지만 스페인 국왕은 신의 뜻을 거스르는 일이며 운하 건설을 금지했다. 창조주가 수로를 원했다면 왜 만들지 않았겠느냐는 이유였다. 스페인은 운하 대신 식민지 지배 기간 내내 파나마에서 육로로 물자를 운송했다.

그리고 수로를 통과한 뒤 태평양을 건너면 향신료 제도까지 그리 멀지 않을 것으로 생각했다. 마젤란이 왜 그렇게 생각했는지는 알 수 없지만, 1516년에 스페인 탐험대가 갔던 라플라타 강 하구를 떠올렸는지도 모른다. 라플라타 강 하구에서는 대륙이 220킬로미터 정도의 폭으로 갈라져 있기 때문에 대륙을 관통하는 수로의 입구로 충분히 오해할 만했다. 마젤란은 그러한 탐험 계획을 들고 처음에는 포르투갈에 갔지만, 포르투갈 국왕은 서쪽으로 가는 항해에 관심이 없었다. 이미 아프리카를 돌아 향신료 제도에 도달한 후였기 때문이다. 그래서 마젤란은 경쟁국인 스페인으로 갔다. 스페인은 향신료 무역을 독점한 포르투갈의 아성을 무너뜨리기 위해 촉각을 곤두세우고 있었다.

당시 마젤란은 그릇된 낙관주의에 빠져 있었다는 측면에서 콜럼버스와 똑같았다. 콜럼버스처럼 마젤란도 모든 전문가와 정반대인 지리상의 비밀을 혼자만 알고 있다고 생각했다. 그리고 후원자를 찾을 때까지 여기저기 다녀보려 했다. 마젤란도 콜럼버스처럼 세상의 크기를 실제보다 터무니없이 작게 여겼다. 그래서 세계에서 가장 큰 바다인 태평양도 며칠 만에 건널 수 있다고 생각했다. 역사상 가장 위대한 두 차례의 탐험 모두가 심각한 무지에서 비롯되었던 셈이다. 과학에서 그랬듯이, 지리학에서도 가장 위대한 발견이 가장 큰 오류에서 비롯되었다.

스페인은 마젤란의 탐험을 승인했지만, 콜럼버스에게 그랬던 것처럼 많은 돈을 쓸 생각은 없었다. 마젤란은 배 다섯 척으로 구성된 작은 선단을 제공받은 뒤, 선단의 이름을 아주 낙관적이게도 '몰루카의 무적함대'로 붙였다. 하지만 배들은 하나같이 상태가 좋지 않았기 때문에 폐기된 배를 가져온 게 아닐까 하는 의심이 들 정도였다. 선원들도 그보다 나을 게 없었다. 다양한 국적의 선원이 뒤죽박죽 섞여 있었으며, 그중에는 스페인의 지하 감옥에서 끌려온 사람도 있었다. 마젤란은 선원들에게 절대 목적지를 알려주지 않았다. 지금 역사상 가장 긴 항해를 위해 보급품을 싣는 중이라고 솔직하게 말한다면, 선원들은 차라리 감옥에 갇혀 있는 게 낫겠다고 말했을 것이다. 1519년 8월 10일, 마젤란 선단은 남아메리카 해안을 따라 남쪽으로 내려갔다. 리우데자네이루에 들러 배를 수리하는 동안에는 현지인들의 환대를 받기도 했다. 엄밀히 따지면 리우는 포르투갈의 영토였으므로 그곳에 정박하는 건 불법이었다. 하지만 당시는 아직 포르투갈인이 정착하기 전이라 별문제가 없었다. 마젤란은 리우에서 한 달 동안 머물다가 다시 출발했다. 그리고 그 출항이 탐험의 마지막 여정일 거라고 생각했다. 라플라타 강의 수로를 통과한 후에 태평양을 금방 건널 수 있을 것으로 판단했기 때문이다.

해안을 따라 내려갈수록 마젤란이 생각한 수로가 존재하지 않는다는 사실이 명확해졌다. 선단은 강 하구나 만이 나타날 때마다 그곳이 마젤란이 찾던 수로인지 확인하느라 귀중한 시간을 낭비했다. 큰 낭패가 아닐 수 없었다. 남아메리카 대륙을 관통하는 수로를 찾아야 하는데 어디에 있는지 모른다는 것을 선원들에게는 비밀에 부쳐야 했다. 무엇보다도 가장 실망스러운 것은 라플라타 강 하구였다. 대륙을 관통하는 수로가 아니라 커다란 강의 널찍한 하구에 불과했기 때문이다. 만약 선원들이 하구의 물을 마시기라도 한다면, 그곳이 수로가 아니라 강이라는 것을 단번에 눈치챌 터였다. 심지어 하구에서 바다로 수 킬로미터를 나간 곳까지도 바닷물이 아니라 민물이었다. 수로를 찾아 몇 달간 헛수고를 거듭하자 선원들은 마침내 한계에 다다랐다. 아르헨티나에서 겨울을 보내던 1520년 4월 1일, 스페인 선장 세 명이 선단을 장악하기 위해 반란을 일으켰다.

마젤란은 곧바로 반란에 가담한 배 한 척을 포획해 모두 세 척을 확보함으로써 배가 두 척뿐인 반란군에 우위를 점했다. 잠시 대치 상태가 이어진 후, 결국 반란군이 항복하면서 마젤란은 신속하게 반란을 진압했다. 그러고는 반란을 일으킨 선장 한 명에게 사형을 선고하고 선장의 하인에게 사면을 약속하면서 선장을 처형하게 했다. 반란을 주도한 다른 선장 한 명은 섬에 버려졌고 그 뒤로 모습을 볼 수 없었다. 참으로 어려운 상황이었다. 반란을 일으키기 전까지 스페인 선장들은 무모한 외국인 한 사람이 선단을 파멸로 몰고 간다고 생각했다. 과연 그들은 끝까지 마젤란의 명령을 따라야 했을까, 아니면 마젤란을 저지해야 했을까?

이 시점에서 마젤란은 어떤 대가를 치르더라도 계속 항해해야 한다고 고집을 부렸다. 반란이 진압되고 얼마 지나지 않아 가장 작은 배인 산티아고 호가 폭풍으로 침몰하는 사고가 발생했다. 이때 기적적으로 살아남은 선원 두 명은 육로를 통해 겨우내 머물렀던 막사로 돌아갔다. 그런데 그 막사 주변에는 다른 사람들이 있었다. 호기심을 못 이긴 원주민 몇 명이 막사로 왔으며 선원들과 물건을 거래하기도 했다. 스페인 선원들은 자신들에 비해 거인처럼 키가 큰 그 원주민들을 '왕발'이라는 뜻의 '파타곤Patagón'으로 불렀으며 그 지역은 '파타고니아'로 불리게 되었다. (최근에는 그 원주민들의 키가 2미터에 육박했을 것으로 추정한다. 거인까지는 아니지만, 당시의 평균키보다 매우 컸던 것만큼은 사실이다.)

항해는 8월 24일에 재개되었다. 스페인을 떠난 지 1년이 훌쩍 넘어 있었다. 그렇게 한 달하고 보름을 항해하자 해협이 나타났다. 마젤란이 그토록 찾아 헤맨 수로인지도 몰랐다. 하지만 다른 선장들은 보급품이 부족하다며 뱃머리를 돌려야 한다고 주장했다. 임무는 이미 완수되었으며, 이 수로를 따라 아시아에 가는 건 다음 항해로 미루자는 말이었다. 하지만 마젤란은 계속 항해하기로 결정했다. 남아메리카 남단과 티에라 델 푸에고*를 가르는 그 수로는 길고 좁았으며 파도가 높고 구불구불했다. 선단은 한 달 반에 걸쳐 위험으로 가득한 그 수로를 조심조심 더듬어나갔다. 그런데 마젤란이 앞장서서 최적의 항로를 찾는 사이에 샌안토니오 호의 에스테방 고메스 선장은 더 이상 참지 못하고 뱃머리를 돌렸다.** 11월 말, 마젤란은 남아 있는 세 척의 배와 함께 마침내 태평양에 들어섰다. 보급품이 바닥을 드러냈지만, 마젤란은 계속 전진하면서 곧 태평양을 건너 향신료 제도에 도착할 거라고 생각했다.

항해는 지옥과도 같았다. 당시 마젤란은 육지가 보이지 않는 상황에서 가장 오랫동안 항해했다. 순풍을 등에 업고 거침없이 전진했지만 지구 표면적의 3분의 1을 차지하는 바다를 건너는 데는 많은 시간이 걸렸다. 태평양을 건너는 데만 4개월 넘게 걸렸으며, 어찌된 영문인지 도중에 단 하나의 섬도 발견하지 못했다. 배에 있는 식수는 부패하여 거의 마실 수 없었고, 얼마 남지 않은 비스킷에는 곰팡이가 피고 바구미가 들끓었다. 말린 고기도 부패해서 희미한 빛을 내는 박테리아로 뒤덮여 있었다. 선원들은 가죽끈을 삶아 먹고 덫에 걸린 쥐를 별미로 거래하는 지경에 이르렀다. 굶주림과 괴혈병 때문에 1521년 3월 6일, 마침내 육지를 발견했을 때에는 선원의 수가 절반으로 줄어들어 있었다. 그곳은 지금의 괌이었는데, 섬의 원주민들은 호의적이지 않았다. 선단의 항해일지를 담당한 이탈리아 출신의 안토니오 피가페타Antonio Pigafetta의 기록에 따르면 원주민들은 마젤란 선단의 배로 벌떼처럼 달려들어 허약해진 선원들의 소지품을 닥치는 대로 약탈할 기세였다.

---

* '불의 땅'이라는 뜻으로, 원주민들이 그곳에 항상 불을 피워놓는다는 선원의 말에 따라 그런 이름을 붙였다.
** 고메스 선장은 1521년 5월 스페인에 도착하여 선원들과 함께 투옥되었다가, 1년 후 탐험대에서 유일하게 남은 선박이 마침내 항구로 복귀하자 풀려났다. 그는 독자적으로 탐험대를 꾸려 대서양 북서쪽 항로로 향신료 제도를 찾아나섰지만, 메인 주와 허드슨 강을 발견하는 데 만족해야 했다.

마젤란 선단은 다른 섬을 향해 출발했고 몇 주 뒤에 또 다른 섬에 도착했다. 그리고 마침내 그곳에서 영양가 있는 음식을 먹을 수 있었다. 호의적인 섬 주민들이 작은 배에 이국적인 과일을 가득 싣고 나와 반갑게 맞아주었던 것이다. 마젤란은 원주민 추장을 만났다. 그런데 놀랍게도 마젤란의 하인인 엔리케가 처음으로 그 원주민 추장과 어렵게나마 의사소통을 할 수 있었다. 마젤란은 엔리케의 고향인 말라야(현재의 말레이 반도 - 옮긴이)가 그리 멀지 않은 곳에 있을 거라고 추정했다.* 처음에 마젤란은 그 섬이 향신료 제도인 줄 알았다. 하지만 선단이 좀 더 북쪽으로 항해했던 탓에 실제로 닿은 곳은 필리핀이었다(나중에 스페인 국왕인 펠리페 2세의 이름을 따서 그 섬의 이름을 지었다). 추장의 환대에 보답하고 싶었던 마젤란은 현지의 정치에 개입해서 막탄 섬에 사는 경쟁 부족을 공격하러 나섰다. 마젤란이 이끄는 49명의 유럽인은 갑옷으로 무장하고 막탄 해안에서 500명의 원주민 전사와 맞서 싸웠다. 아메리카 대륙에서는 정복자들이 훨씬 더 많은 수의 원주민들을 압도하곤 했지만, 필리핀에서만큼은 그러지 못했다. 원주민 전사들은 창과 활, 화살로 마젤란의 병력을 압도했다. 그리고 유럽인의 우두머리가 누구인지 파악한 다음 갑옷을 입은 채 맹렬히 싸우고 있던 마젤란을 쓰러뜨렸다.

선원들은 마젤란을 잃었을 뿐 아니라 많은 사람이 죽었기 때문에 배 한 척을 불태우고 남은 두 척의 배에 나눠 탔다. 그리고 피골이 상접한 채로 거친 바다를 정처 없이 헤매다가 구사일생으로 보르네오 섬의 브루나이 왕국에 도착했다. 피가페타의 기록에 따르면 브루나이는 부유한 왕국이었고 많은 대포와 훈련된 코끼리가 있는 현대식 군대도 보유하고 있었다. 마침내 선원들은 포르투갈인이 아프리카를 돌아 동쪽

---

* 사실 최초로 세계를 일주한 사람은 동남아시아 출신인 엔리케였다(그는 1511년 말라카에서 마젤란에게 포로로 붙잡혔다).

으로 인도양을 건너 이미 가본 적 있는 지역에 들어섰던 것이다. 다행히 브루나이의 술탄은 우호적이었으며 선원들의 배에 보급품까지 채워주었다. 스페인 선원들이 혹시나 포르투갈과 싸울 때 도움이 될 거라고 생각했던 듯하다. 두 척의 배는 다시 브루나이에서 출발해 스페인을 떠난 지 2년 만에 드디어 향신료 제도 중 하나인 티도레 섬에 도착했다. 이렇게 먼 곳까지 오는 동안 선원이 절반도 남지 않았지만, 그때까지 살아남은 선원들은 열대의 낙원에서 휴식을 만끽했다.*

스페인으로 돌아가기 위해 선원들은 오던 길을 되돌아 다시 광활한 태평양을 건너는 위험을 감수할 생각이 없었다. 그래서 서쪽으로 가서 아프리카를 돌아서 가기로 의견을 모았다. 포르투갈이 개척한 인도 항로가 더 우월하다는 것을 인정한 셈이다. 하지만 적국인 포르투갈의 영역을 지나가야 했으므로 더 위험한 결정이기도 했다. 1522년 1월, 선단은 값비싼 향신료를 배에 실은 후 출발했다. 그런데 얼마 지나지 않아 트리니다드 호에 물이 새기 시작했다. 트리니다드 호보다 더 작은 빅토리아 호에 모든 선원이 탈 수는 없었으므로, 선원들은 둘로 나뉘었다. 일부는 빅토리아 호를 타고 먼저 떠나고, 나머지는 트리니다드 호를 수리하기로 했다. 그런데 몇 달 후 트리니다드 호와 선원들은 포르투갈에 포로로 잡혀 수년간 수감 생활을 해야 했다. 그들 중 스페인으로 돌아간 사람은 아주 소수에 불과했다. 그럼에도 포로로 잡힌 사람들은 운이 좋은 편이었다.

스페인으로 돌아가는 빅토리아 호의 여정은 태평양을 건너는 장

---

* 그때까지도 향신료 제도는 원주민 추장이 다스리고 있었지만, 일부 유럽 국가에서 파견한 행정관이 머물고 있었다. 그중에서 가장 유명한 사람은 마젤란의 친구로 포르투갈을 위해 일했던 프란시스코 세랑Francisco Serrão과 그의 형제이자 마젤란의 가장 충직한 선장인 주앙 세랑João Serrão이었다. 형제는 마젤란의 선단이 향신료 제도에 도착하면 재회할 수 있을 거라고 기대했지만, 1521년 실제로 선단이 향신료 제도에 도착하기 몇 달 전 거의 비슷한 시기에 둘 다 세상을 떠났다.

거리 항해보다 더 열악했다. 선장인 후안 세바스티안 엘카노는 포르투갈 해군에 붙잡힐까봐 해안에서 멀리 떨어져 6개월 넘게 항해했다. 같은 해 5월, 아프리카 남단의 희망봉을 지날 무렵에는 식량이 바닥났으며 병에 걸린 선원들은 가까운 포르투갈 기지에라도 내려달라고 애원했다. 빅토리아 호는 티도레 섬을 떠난 지 187일 만인 7월 9일, 마침내 아프리카 대륙 서쪽 돌출부에서 560킬로미터 떨어진 카보베르데 제도에 잠시 정박했다. 맨 처음 탐험을 시작할 때 270명이었던 빅토리아 호의 선원은 티도레 섬을 출발할 무렵에는 50명으로 줄어들었고, 천신만고 끝에 카보베르데 제도에서 출발해 스페인으로 돌아가는 길에는 고작 18명이 전부였으며 그나마도 다들 굶주림과 질병에 시달리고 있었다.* 빅토리아 호는 사상 최초로 세계를 일주하고 지구가 둥글다는 사실을 증명했다.** 빅토리아 호의 세계 일주는 분명 역사상 가장 위대한 탐험이었으며 인간의 인내력에 대한 가장 위대한 시험이었다. 다만 마젤란 해협은 유럽에서 너무 멀어서 쓸모가 없었고, 그곳에서 향신료 제도까지는 수천 킬로미터나 떨어져 있었다. 결국 마젤란의 탐험은 기대와 달리, 아메리카를 지나 아시아로 가는 실용적인 항로는 결국 존재하지 않는다는 것을 증명했다.

마젤란의 탐험이 남긴 가장 큰 유산은 전 세계의 사람들을 연결하는 사슬에서 가장 마지막 마디를 완성했다는 것이다. 이후 수십 년 동안 스페인 함대가 태평양을 건너가 필리핀을 식민지로 만들었다. 마닐라의 전초기지는 유럽뿐 아니라 중국, 일본, 인도, 베트남도 탐내는 곳이었다. 그 뒤로 250년 동안 마닐라와 멕시코 아카풀코 간에 갤리언선

---

* 티도레 섬에서 뒤늦게 출발한 트리니다드 호 선원들 중 네 명이 나중에 스페인으로 귀환했고, 남아메리카 남단에서 뱃머리를 돌렸던 샌안토니오 호의 선원 50명은 그보다 일찍 스페인으로 돌아왔다.

** 돌아오는 길에 선원들은 하루를 잃어버린 것 같다는 생각이 들었다. 그리고 결국 배를 타고 세계 일주를 하면 불가피하게 하루를 잃어버리게 된다는 것을 깨달았다.

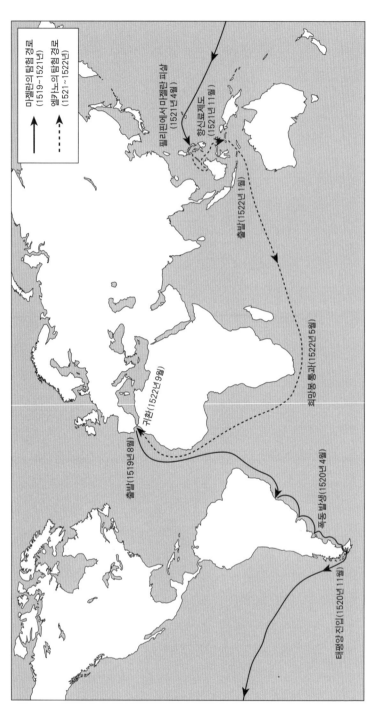

최초의 세계 일주(빅토리아 호의 세계 일주 경로).

마젤란의 탐험 경로
(1519~1521년)

엘카노의 탐험 경로
(1521~1522년)

출발(1519년 8월)

귀환(1522년 9월)

필리핀에서 마젤란 피살
(1521년 4월)

향신료제도
(1521년 11월)

출발(1522년 1월)

희망봉 통과(1522년 5월)

독도 발생(1520년 4월)

태평양 진입(1520년 11월)

이 오가면서 아메리카의 은과 중국의 도자기, 칠기, 비단을 교역했다. 중국의 상품은 육상으로 멕시코시티까지 이동한 뒤, 다시 유럽으로 운송되었다. 이 무역로를 통해 상품뿐 아니라 사람들도 오갔다. 1613년에는 한 사무라이가 일본인으로는 처음으로 멕시코를 방문하고 대서양을 건너 로마까지 갔다. 또한 중국인들이 신대륙에 도착해 유럽인, 아메리카 원주민과 섞이기도 했다. 지금은 일상화된 국제적인 교류가 바로 그때부터 시작되었던 것이다. 근대화의 시작이었다.

세상의 끝을 향한 열망

제3부

13

유럽을 일으킨 동력

　서기 1400년, 전성기를 누리던 중국은 세계의 맹주였으며 1800년까지도 그 지위가 흔들리지 않았다. 하지만 탐험을 포기하고 세상에서 고립된 후 중국은 정체되었고 중국의 시간은 멈추었다. 중국이 유럽에 뒤처진 이유는 1793년에 중국을 방문한 영국의 외교사절을 보면 잘 알 수 있다. 그해에 조지 매카트니George Macartney는 영국 최초의 사절로 베이징을 방문했다. 방문 목적은 유럽의 최신 과학기술을 과시하여 중국에 유럽 상품을 판매하는 것이었다. 매카트니 원정대는 중국 황제에게 망원경과 화기, 직물, 기계식 시계 등 18세기 유럽의 첨단 기술로 제작된 물건을 바쳤다. 황제에게는 시계가 이미 많았지만 매카트니가 가져온 영국 시계만큼 복잡하게 제작된 것은 없었다. 그런데도 황제는 시큰둥한 반응을 보이면서 그 진상품들을 황실 금고에 넣고 거들떠보지도 않았다. 그만큼 중국은 외부 세계와 담을 쌓고 발전에 무관심했다.*

　1400년에 유럽은 고작 세계 영토의 10퍼센트, 세계 인구의 15퍼센

---

* 중국은 조지 3세에게 보내는 편지에서 이렇게 주장했다. '우리 제국의 물자는 차고 넘쳐서 부족한 것이 전혀 없다. 따라서 외국의 야만인들이 만든 상품을 수입할 필요가 전혀 없노라.'

트를 점유할 뿐이었다. 그런데 1900년에는 유럽이 세계 영토와 인구의 60퍼센트를 지배하고 전 세계 생산량의 75퍼센트를 점유하게 되었다. 유럽이 중국과 다른 길을 걷게 된 이유는 무엇일까? 지리적 여건도 하나의 답이 될 수 있다. 중국의 영토는 같은 방향으로 두 개의 거대한 강이 흐르는 광활한 평원인 반면, 유럽은 해안선이 엄청나게 길고 수많은 만과 포구, 해협이 있는 들쭉날쭉한 반도다. 유럽의 강은 사방으로 흐르면서 40여 개의 지역해와 만난다. 유럽의 수로와 산맥, 삼림은 대륙을 자연스럽게 여러 지역으로 나누며, 그로 인해 무역이 일어나기 좋은 환경이 형성된다. 중국은 하나로 통일된 대제국이었지만 유럽은 서로 끊임없이 충돌하는 작은 국가들의 집합이었다. 그래서 유럽에서는 치열한 경쟁이 계속되었고, 그러한 경쟁이 기술이나 경제 발전을 촉진했다. 수많은 발명품이 중국에서 나왔지만 유럽의 각국은 남보다 앞서나가기 위해 그 발명품들을 더욱 완벽하게 다듬었다.

중국은 황제가 다스리는 제국이었던 탓에 혁신에 따른 보상이 없었으므로 수백 년간 정체될 수밖에 없었다. 반면 유럽에서는 우위를 점하기 위해 저마다 끝없이 노력해야 했다. 예를 들어 영국은 1337년부터 1914년까지, 전체 기간 중에서 무려 94퍼센트의 시간 동안 다른 나라와 전쟁을 벌였다. 더욱 놀라운 점은 그 기간 속에 1815년부터 1914년까지 99년간 이어진 평화기인 '팍스 브리태니카Pax Britannica'도 포함된다는 것이다. 비록 대규모의 전쟁이 이어지지는 않았지만(영국-잔지바르 전쟁은 고작 38분 만에 끝났다), 계속된 군사적 충돌이 군사 분야뿐 아니라 경제와 과학 분야에서 기술 혁신을 일으킨 것만큼은 틀림없다. 유럽은 심지어 평시에도 전쟁을 준비하면서 시간을 보냈다. 산업과 교통, 통신체계는 군사행동을 고려해서 계획되었다. 러시아가 철도망을 구축한 것도 독일 및 오스트리아-헝가리 제국과 마주 보는 서부전선, 그리고 일본

및 중국과 접하는 동아시아의 전선으로 병력을 이송하기 위해서였다.

유럽의 각국이 벌이는 경쟁은 기술의 완성을 앞당겼을 뿐 아니라 기술의 빠른 확산에도 기여했다. 중국에서 낱개의 활자를 사용하는 인쇄술은 이미 1,000년 전에 발명되었지만, 정작 실생활에 사용하기까지는 아주 오랜 시간이 걸렸다. 그 이유는 중국과 라틴 문자의 기술적인 차이 때문이기도 하다. 유럽 언어는 대부분 스물여섯 개의 문자만 사용하는 반면, 중국 문자는 5만 개가 넘는다. 낱개로 만들어야 하는 활자가 그만큼 많은 것이다. 그래서 중국에서는 과거에 책을 페이지 단위로 인쇄했고 지금도 여전히 그렇지만, 유럽에서는 전혀 달랐다. 몇 세기 동안, 중국 조정에서 운영하는 10여 곳의 인쇄소에서 찍어낸 서적은 1만여 권으로 추정된다. 그와 달리 유럽에서는 인쇄술이 폭발적인 속도로 확산되었다. 유럽의 각국에서는 소책자와 서적을 경쟁하듯이 대량으로 찍어냈다. 그렇게 인쇄된 책은 15세기판 인터넷이라고 할 만했으며, 아주 빠른 속도로 보급되었다. 1465년 구텐베르크가 자신의 이름을 딴 『구텐베르크 성서』를 인쇄할 때만 해도 전 유럽에서 인쇄소는 고작 세 개밖에 없었다. 그런데 불과 35년 후에는 250여 개의 도시에 있는 1,000여 개의 인쇄소에서 찍어낸 서적이 1,000만 권이 넘었다.

유럽에서 식자율(글을 읽고 쓸 줄 아는 사람의 비율 - 옮긴이)은 15세기 후반에 두 배로 뛰어서 1500년에는 대략 10퍼센트에 이르렀다. 1600년에는 책이 널리 보급되면서 북유럽의 식자율이 50퍼센트로 급등했고 그 뒤로도 꾸준히 상승하여 1900년에는 90퍼센트선에 도달했다. 열성적인 사람들은 책이라는 새로운 자기계발 수단을 통해 처음으로 독학을 하게 되었다. 널리 보급된 책과 학술지에서 최신 기술을 접하면서 과학 연구를 하는 사람도 늘어났다. 예를 들어 1700년대에 시계공인 존 해리슨John Harrison은 널리 알려지지 않은 인물이었지만 항해 분야에서 사상 최대의 난제인 경도 측정 문제를 해결했다. 해리슨은 지구의 어디에서나 경도를 측정할 수 있는 기술을 개발한 공로로 현재 가치로 50억 원이 넘는 상금을 받았다.

유럽 이외의 지역에서는 인쇄술의 확산 속도가 유럽만큼 빠르지 않았다. 오스만 제국에서는 1729년까지 서적 인쇄가 금지되었고 금지령 시행 초반에는 사형으로 위반자를 다스렸다. 1580년 인도에서는 인쇄된 책자가 아크바르 황제에게 진상되었지만, 황제는 아무런 관심도 보이지 않았던 것 같다. 스물여섯 개의 라틴 문자와 달리 인도 문자가 인쇄하기 어렵기도 하지만, 꼭 그 때문만은 아니었다. 보상이 충분했다면 인도나 중국에서도 분명 인쇄술이 지금처럼 폭넓게 확산되었을 것이다.

통일된 제국에서는 혁신이 권력에 위협이 된다고 생각했기 때문에 기술 발전의 속도가 느렸다. 변화란 현상태를 유지하는 게 아니라 뒤집어엎으려는 열망에서 나오기 때문이다. 동방 제국의 특권 계층은 혁신을 장려할 만한 어떠한 이유도 없었던 반면, 작은 나라가 즐비한 유럽에서는 남보다 앞서려는 경쟁이 활발하게 일어났다. 경쟁은 곧 기회를 의미했다. 누군가가 어떤 계획을 세워 어느 나라에 가져갔는데 채택되지 못했다면 자연스럽게 이웃나라를 찾아가 다시 기회를 노릴 수 있었다. 콜럼버스는 서쪽을 향한 항해에 후원자를 구하기 전까지 최소한 네 명의 군주에게 간절히 요청해야 했다. 마젤란은 모국인 포르투갈이 그의 계획을 보고 이미 구축해놓은 무역 독점권에 해가 될 수 있다며 무시하는 바람에 어쩔 수 없이 스페인으로 가야 했다. 반면 중국은 단일 제국이었으므로 한 번이라도 조정의 승인을 얻지 못하면 그것으로 끝이었다.

흔히들 유럽이 다른 곳보다 더 부강해진 다음에 탐험과 정복을 시작했다고 생각한다. 하지만 그것은 결과론에 불과하다. 대항해 시대에 탐험을 시작했을 때만 해도 유럽은 기술로나 경제적으로 다른 대륙을 압도하지 못했다. 아메리카 대륙에서는 재레드 다이아몬드의 탁월한 해석처럼 총, 균, 쇠의 이점을 십분 누렸는지 모르지만, 아시아에서는 분명 그러지 못했다. 그때까지도 유럽은 기술에서나 경제적으로 아시아에 뒤처져 있었다. 탐험과 기술 발전의 순서에 대한 일반적인 생각은 원인과 결과가 뒤바뀐 것이다. 유럽은 다른 지역을 앞서게 된 다음부터 탐험을 시작했던 것이 아니라 세계를 탐험하고 무역을 독점하면서 경제적으로나 기술적으로 상대적인 우위를 점하게 되었다고 봐야 한다.

중국이 체제 안정을 위해 대외무역을 금지한 반면, 유럽의 각국은 세계로 나아가 새로운 사상과 상품, 기술을 접했고 그중 가장 발전된 것을 경쟁적으로 받아들였다. 유럽인은 탐험과 정복을 통해 국제무역의 중개자가 되었고, 인도와 중국처럼 이미 서로 무역하던 나라들 사이에도 끼어들었다. 그리고 1900년에는 세계 인구의 60퍼센트를 통제하고 생산량의 75퍼센트를 차지하게 되면서 상품의 최초 생산자뿐 아니라 종종 최종소비자에게도 세금을 부과했다.

대항해 시대에 과학혁명이 일어난 것은 결코 우연이 아니다. 콜럼버스와 마젤란은 탐험을 통해 지리에 관한 새로운 이론을 시험했다. 그와 비슷하게 포르투갈인은 배를 타고 아프리카를 돌아 인도에 갈 수 있다는 주장을 시험했다. 그렇게 탐험과 과학은 함께 발전했다. 외국을 탐험하는 탐험가를 통해, 그리고 고국에서 과학 연구를 하는 과학자를 통해 새로운 발견이 이루어졌다. 탐험가들은 세계를 탐험하고 새로운 땅과 새로운 사람들, 새로운 식물, 새로운 동물을 발견하면서 가능성의 범위를 넓혔다. 그렇게 세계는 과학과 경제학, 사회 규범, 정부 형태 등에 관한 실험장이 되었다. 그와 동시에 새로운 발견은 전통적인 권위를 뒤흔들었다. 종교 경전에서는 아시아와 아메리카 대륙의 문명을 전혀 언급하지 않았는데, 그런 경전의 내용이 얼마나 믿을 만했을까?

유럽의 각국은 서로 경쟁 관계였기 때문에 스페인과 포르투갈이 처음으로 해외 식민지를 건설하자 이내 다른 나라들이 두 나라를 위협하기 시작했다. 결국에는 영국과 프랑스가 해외 식민지를 나누어 가졌지만, 1500년대 말부터 100여 년이 넘는 기간에는 소국인 네덜란드 공화국이 경제력이나 해군력에서 세계 최강이었다.* 네덜란드 공화국은 르네상스 시대의 활발한 경쟁을 상징하는 대표적인 국가였다. 당시 유럽의 각국에서는 대부분 귀족이나 성직자가 최상위 계층이었지만, 네덜란드의 홀란드 지방에는 두터운 중산층이 있었다. 그리고 사업과 법률, 예술, 과학 등 모든 분야가 크게 번성했다. 대학이 관직에 오르는 통로가 되었다. 네덜란드 사회는 유럽에서 가장 관용적이었으므로 지식인들이 종교나 정치적 박해를 피해 홀란드로 모여들었다. 스페인에서 추방된 유대인을 네덜란드에서는 반갑게 맞이했다. 외국에서는 금지된 과학이나 철학 연구가 홀란드에서는 의욕적으로 연구되고 출판되었으며, 그런 서적이 비밀리에 다른 나라로 수출되는 경우가 많았다. 위대한 프랑스 철학자이자 수학자인 르네 데카르트René Descartes도 홀란드에 거주하면서 모국인 프랑스는 볼일이 있을 때만 방문했다.

네덜란드의 황금시대에 예술과 과학은 유례없이 화려한 꽃을 피웠다. 그때까지만 해도 화가들은 보통 종교적 우상이나 성서의 한 장면을 그렸다. 하지만 렘브란트나 베르메르 같은 네덜란드의 대가들은 그런 편협함에서 벗어나 기하학적 형상과 빛에 관한 세심한 실험을 기반

---

* 네덜란드 공화국은 1568년에 반란을 일으킨 일곱 개 주가 스페인을 몰아낸 후 수립되었으며, 1648년까지 독립투쟁이 이어졌다. 그렇지만 남부 지역은 스페인이 계속 통치했는데, 대부분이 가톨릭교도였던 그 지역은 훗날 벨기에가 되었다.

으로 다양한 일상생활의 모습을 화폭에 옮겼다. 망원경을 이용한 갈릴레오의 선구적인 천문학 연구를 기반으로 크리스티안 하위헌스Christiaan Huygens는 토성의 고리를 설명했으며 진자시계를 발명하여 사상 최초로 정확한 시간을 기록하게 했다. 미생물의 세계를 연구한 안톤 판 레이우엔훅Anton van Leeuwenhoek은 현미경을 발명하여 생명체의 기본단위가 세포라는 사실을 알아냈다. 거대한 별과 행성에서부터 한 방울의 연못물에 사는 놀랍도록 다양한 생명체까지 잇달아 발견되면서, 세상은 상상했던 것보다 더 흥미로운 곳이 되어갔다.

동시에 네덜란드인은 경제학에 혁명을 일으켜 최초로 증권거래소와 중앙은행을 설립했으며 자산을 모으고 위험을 분산하기 위해 보험과 퇴직기금 같은 개념을 고안했다. 1602년에는 최초의 상장 주식회사인 네덜란드 동인도회사를 설립했다. 탐험에 필요한 돈이 다양한 방법으로 공급되었고 탐험을 통해 대량 수입된 향신료는 막대한 이윤을 남기며 팔려나갔다. 오래전부터 상업 활동을 하며 강을 따라 독일 내륙까지 갔던 네덜란드인은 그 무렵 세계 최고의 해군력을 보유하게 되었다. 전 세계 인구의 0.25퍼센트에 불과한 150만 명의 인구에 오늘날 미국 메인 주의 절반밖에 안 되는 땅에 살던 네덜란드인은 당시 전 세계 무역의 대부분을 독점했다.

네덜란드가 강국으로 부상하면서 스페인과 포르투갈은 내리막길을 걸었는데, 주된 이유는 경제적 측면에 있었다. 1500년대에 유럽 전역에서 물가가 지속적으로 급등했는데 처음에는 아무도 그 이유를 설명하지 못했다. 당시에 돈이란 당연히 땅에서 채굴하는 것이었으므로, 스페인은 아메리카 대륙에서 금과 은을 약탈해 부유해졌다. 그런 상황이 한동안 이어졌지만 스페인은 그 돈을 국내 경제에 투자하지 않고 종교전쟁을 일으키거나 북유럽 상품을 수입하는 데 썼다. 그 결과 시간이 지나면서 북유럽은 제조업 역량, '그리고' 돈을 모두 갖추게 되었다. 한편 신대륙에서 금과 은이 유입되면서 유럽에서 유통되는 금과 은의 양이 세 배로 늘어났고 물가도 계속 상승했다. 같은 상품을 살 때 훨씬 더 많은 돈이 필요해진 것이다.* 1557년부터 1653년까지 스페인이 일곱 번이나 파산하자 일부 스페인 사람들은 식민지인 아메리카 제국이 보물이 아니라 골칫거리가 아닌지 의심했다.

네덜란드의 암스테르담과 로테르담에 있는 조선소는 단기간에 선박을 대량 생산했다. 1650년경에 전 세계의 대양을 누비는 네덜란드 선박은 1만 6,000척이 넘었다. 단연 세계 최대의 선단이었다. 네덜란드 동인도회사는 거의 독립된 국가처럼 활동하면서 전 세계에 식민지를 건설하고 무역소를 세웠다. 1621년에는 향신료 제도에서 포르투갈을 쫓아내고 직접 통치하면서 원주민을 대량으로 학살했으며, 1641년에는 말라카의 포르투갈 요새를 탈취해 중국 및 일본과 무역을 시작했다.** 그리고 희망봉에 재보급 기지를 세웠는데, 아프리카 말을 하는 그들의 후손이 오늘날 남아프리카 백인의 주류를 이루고 있다. 1642년부터 1644년까지 네덜란드의 아벨 타스만Abel Tasman은 남태평양을 탐험하면서 피지와 뉴질랜드에 갔으며 오스트레일리아를 일주하기도 했다.

당시 북아메리카의 네덜란드인 정착지 중에서 가장 유명한 곳은 뉴암스테르담이었을 것이다. 뉴암스테르담은 1624년에 허드슨 강을 따라 아메리카 원주민과의 무역을 위해 조성되었다. 그러다가 1664년에 영국으로 넘어가면서 요크 공작의 이름을 딴 '뉴욕'으로 바뀌었지만, 네

---

* 놀랍게도 1500년대까지는 인플레이션이라는 개념이 없었다. 지동설을 부활시킨 것으로 유명한 니콜라스 코페르니쿠스Nicolaus Copernicus는 화폐수량설(물가수준이 통화량에 따라 변화한다는 이론 - 옮긴이)의 선구자였다. 1568년 프랑스 철학자 장 보댕Jean Bodin은 마침내 금과 은의 과도한 공급이 물가를 상승시킨다고 주장했다.

** 일본은 200년간 쇄국정책(1639~1853년)을 시행하면서, 유럽 국가 중에서 네덜란드에만 무역을 허가했다. 일본이 쇄국정책을 중단하고 유럽에 사절을 보낼 때도 일본 사절이 할 줄 아는 유럽어는 네덜란드어뿐이었다. 그런데 놀랍게도 그때는 유럽에서 네덜란드어가 별로 유용하지 않았다.

덜란드의 흔적은 오늘날 브루클린이나 할렘, 브롱크스 등과 같은 지역 이름에 남아 있다.* 뉴암스테르담은 불과 40년 정도 유지되다가 주인이 바뀐 지 300년이 넘었지만 지금까지 남아 있는 네덜란드의 유산은 생각보다 훨씬 더 많다. 조상이 네덜란드인인 미국인의 수가 500만 명에 이르는데다 미국 영어 중에서 1퍼센트 정도의 단어가 네덜란드어에서 유래했다. 예를 들어 'booze(술)', 'boss(상사)', 'coleslaw(양배추 샐러드)', 'cookie(과자)', 'cruise(유람선)', 'decoy(미끼)', 'dope(약물)', 'kink(꼬임 또는 얽힘)', 'spooky(으시시한)' 등이 있으며 심지어 'Yankee(미국 북부, 특히 뉴잉글랜드 사람)'도 네덜란드어에서 온 말이다. 네덜란드 문화에서 가져온 가장 상징적인 유산은 아마도 '산타클로스'일 것이다. 산타클로스의 실제 인물인 신터클라스Sinterklaas는 원래 배불뚝이 네덜란드인 선원으로, 뉴욕의 네덜란드 문화를 풍자할 때 등장하는 인물이었다.

곧이어 해외 식민지 경쟁에 뛰어든 영국과 프랑스는 해적을 보내 포르투갈과 스페인 수송선을 약탈했다. 그런 해적 중에서 가장 유명했던 프랜시스 드레이크Francis Drake는 1577년부터 1580년까지 세계를 일주하며 곳곳에서 스페인 선박과 항구를 공격했다. 그리고 드레이크보다는 덜 유명한 네덜란드 선장 올리비르 판 노르트Olivier van Noort도 20여 년 후 드레이크와 비슷한 성과를 올렸다. 영국과 프랑스도 네덜란드를 따라서 주식회사를 설립했다. 영국 동인도회사가 아시아에서 네덜란드 동인도회사와 경쟁하는 사이, 프랑스의 미시시피 주식회사는 북아메리카의 프랑스 식민지에 이주민 정착지를 조성하려 했지만 늪이 많은 루이지애나로 이주하겠다는 사람이 없어서 실패하고 말았다. 식민지에 주민을 유치하기 위해 프랑스 정부는 매춘부와 결혼해 뉴올리언

---

* '월스트리트'(원래는 네덜란드어로 '발스트라트Waalstraat'였다)에는 아메리카 원주민이나 해적, 영국인으로부터 도시를 보호하기 위해 쌓은 벽이 실제로 존재했다.

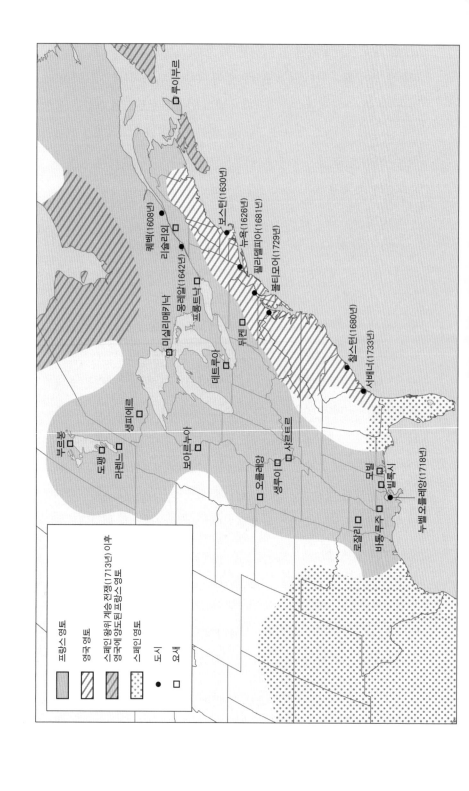

루이부르

퀘벡(1608년)

리슐리외

부스턴(1630년)

뉴욕(1626년)

몽레알(1642년)

포트롱트낙

필라델피아(1681년)

미실리메키나

디트로이트

두켄

볼티모어(1729년)

생피에르

메트로이

찰스턴(1680년)

부르봉

도팽

라렌느

사바나(1733년)

모아르누아르아

오를레앙

셍루이

샤르트르

로잘리

바통루주

모빌

비록시

누벨 오를레앙(1718년)

프랑스 영토

영국 영토

스페인 왕위 계승 전쟁(1713년) 이후
영국에 양도된 프랑스 영토

스페인 영토

● 도시

□ 요새

스에 사는 조건으로 죄수를 석방하기도 했다. 갓 결혼한 죄수와 매춘부들은 사슬에 함께 묶여 항구로 끌려갔다.

광활한 미국 중부는 한때 프랑스의 영토였으며, 캐나다와 오대호를 비롯한 오하이오와 미시시피 강 유역도 마찬가지였다. 한편 영국은 동부 해안에 집중적으로 식민지를 건설했다. 프랑스 식민지에는 소수의 정착민이 넓은 영토에 퍼져 살았으므로 영국에 영토를 빼앗긴 것은 어쩌면 당연한 결과였는지도 모른다. 한편 7년 전쟁(1756~1763년)은 결국 영국에 유리한 쪽으로 마무리되었다.* 세계로 진출한 유럽 제국들이 참전했던 7년 전쟁은 거의 모든 대륙과 대양에서 치러진, 진정한 최초의 세계대전이었다. 1700년대 중반까지 유럽 국가들이 광대한 식민지를 건설했기 때문에 유럽의 전쟁이 유럽이나 아메리카 대륙뿐 아니라 인도와 아프리카, 동아시아에서도 벌어졌다. 전쟁에서 승리한 영국은 대양과 인도, 북아메리카의 주인이 되었지만 북아메리카 대부분의 지역은 20년 후 식민지 주민들이 독립하면서 잃어버리고 말았다.

유럽인이 세계로 진출하면서 경제 및 기술의 발전이 전 세계로 확산되었지만 식민주의나 노예제 같은 부작용도 낳았다. 스페인 정착민들은 아메리카 원주민들이 전염병으로 죽어나가자 일찍이 1501년부터 아프리카인들을 노예로 부리기 위해 정착지로 실어오기 시작했다. 노예 운송은 곧 유럽과 아프리카, 아메리카 사이의 '삼각무역'으로 발전했다. 사람들은 총기와 탄약, 상품을 배에 싣고 아프리카로 가서 노예를 사들였다. 그러고는 노예를 배에 싣고 아메리카 대륙에 가서 설탕과 담배, 럼, 면화 등 유럽에 수출할 상품을 만들고 재배하는 데 동원했다. 물론 유럽인이 노예제를 처음 발명한 건 아니었다. 역사적으로 모

---

* '9년 전쟁'이 더 적절한 명칭이다. 유럽보다 2년 앞선 1754년에 아메리카 대륙에서 먼저 시작되었기 때문이다.

든 문명에는 저마다 노예제가 있었다. 그런데 유럽인은 노예를 강제로 배에 태워 대서양 너머로 실어나르고 열악한 환경에서 죽을 때까지 부려먹는 등 아주 가혹하게 착취했다. 아메리카 대륙의 노예제는 아프리카인을 재산으로 간주하고 수탈했으며, 노예를 인간이 아니라 법적으로 마음대로 팔고 사고 벌주거나 죽일 수 있는 물건으로 취급했다.

아프리카는 노예무역으로 큰 피해를 입었다. 300년간 유럽인이 중앙 및 서부 아프리카에 쏟아부은 총기는 2,500만 정에 달했다. 이렇게 총기가 유입되면서 오랫동안 안정을 누리던 아프리카 왕국은 파괴되었다. 그 대부분은 유럽의 여러 나라와 경쟁하면서 번영한 곳이었다. 아프리카인들은 이제 피할 수 없는 선택을 해야만 했다. '총을 들고' 노예무역에 참여하거나 이미 그 무역에 참여한 이웃 왕국의 희생자가 되는 것이었다. 아프리카인이 입은 피해는 대규모로 자행된 납치 행위가 전부는 아니었다. 평균적으로 노예 한 명이 붙잡힐 때마다 그 과정에서 일어난 폭력으로 또 다른 아프리카인 한 명이 사망한 것으로 추정된다.

때로는 노예들이 주도적으로 운명을 개척했다. 물론 그런 경우는 흔치 않았는데, 노예 주인들이 반란을 막기 위해 태형을 가하거나 글을 가르치지 않거나 최대한 격리시키는 등 온갖 방법을 동원했기 때문이다. 그럼에도 노예 반란은 빈번하게 일어났다. 그중에서 1831년에 일어난 '냇 터너 반란 Nat Turner Rebellion'이 가장 유명했다. 반란은 며칠 동안 성공적으로 진행되는 듯했지만 군 병력이 도착하면서 진압되었다. 그 여파로 흑인의 교육이 금지되는 등 더 큰 탄압이 자행되었다. 한편 버지니아 주의회에서는 노예제의 미래에 관한 논의가 이루어졌는데, 노예를 점진적으로 해방한다는 안건이 근소한 차이로 부결되었다. 노예선에서 반란이 일어나는 경우도 늘어나 기록된 사건만 500건이 넘었다. 유명한 '아미스타드 호 반란 사건'도 그중 하나였는데, 반란을 일으킨 노예들은 전직 대통령인 존 퀸시 애덤스John Quincy Adams의 변호로 1841년 대법원 판결을 통해 석방되었다.

가장 성공적인 반란은 1791년에 일어났다. 그 반란으로 아메리카 대륙에서 (미국에 이어) 두 번째 독립국인 아이티가 탄생했다. 남아메리카와 중앙아메리카에서는 도망친 노예들이 자유 공동체를 만들어 아프리카의 언어와 문화를 보존했다. 파나마에서는 '시머론Cimarron'이라 불리는 이런 노예들이 공동체를 이루어 살면서 독립을 공식적으로 인정하라며 스페인을 압박했다. 노예의 수가 가장 많았던 브라질은 대규모 자유 아프리카인 공동체의 중심지였다. 노예들은 밀림으로 도망쳐 '마룬Maroon'(아메리카 대륙에서 노예 신분을 벗어나 자치 생활을 했던 아프리카인의 후손 - 옮긴이)만의 자치 사회를 건설했는데, 보통은 포르투갈 정착지와 가까운 곳에 있었다. 몇몇 자유 공동체는 아메리카 대륙에 있는 아프리카인 왕국으로 성장했다. 그중에서 가장 오래 지속된 것은 '파우마레스Palmares' 왕국으로, 1694년에 포르투갈군이 수도를 완전히 파괴할 때까지 거의 100년간 유지되었다. 파우마레스는 전성기에 1만여 개가 넘는 자유 공동체를 지원했다. 국왕인 줌비King Zumbi는 콩고 귀족의 후손이었다. 파우마레스의 주민들은 왕국이 멸망한 뒤에도 대부분 밀림으로 도망쳐 새로운 정착지를 건설했다.

원시시대에 아프리카에서 인류의 집단 이주가 시작된 이후 세계 곳곳으로 흩어진 인류가 다시 통합하는 과정은 매우 험난했으며, 그 영향은 지금까지도 계속 파문을 일으키고 있다. 인류의 재통합 과정에서 어떤 이들은 자유를 누리게 되었고, 어떤 이들은 사슬에 묶이게 되었다. 정치와 교통, 경제, 과학에 혁명의 물꼬가 트이고 사람과 식물, 사상이 전례 없는 수준으로 활발하게 흘러 다니면서 근대 세계가 탄생하게 되었다. 알려진 세상 너머로 경계를 넓히면서 지구 전체를 잇는 세계적인 연결망을 구축하는 것은 인간의 자연스러운 본성이었다. 세계가 연결되면서 불가피하게 비극과 잔학 행위가 발생했지만, 그와 동시에 기술이 발전하고 사회가 변화하면서 수많은 사람들의 생활수준이 향상되었다. 그런 인류의 재통합 과정이 미친 영향은 단기적으로 재앙인 경우도 많았다. 하지만 궁극적으로 인류는 불굴의 의지로 서로의 차이를 이해하고 문제를 해결하며, 오랜 상처를 치유하고, 새로운 관계를 다지고, 우리의 미래를 밝히려는 생각을 공유해나가고 있다.

14

지도의 빈 곳을 채우다

무역로가 생겨나면서 전 세계가 연결되었지만 유럽에서 배를 타고 서쪽으로 가면 아시아에 닿을 수 있다는 꿈은 사라지지 않았다. 마젤란이 나름 항로를 찾아냈지만 너무 멀어서 현실적이지 못했다. 사람들은 북극을 지나거나 아메리카 대륙을 관통하는 다른 길을 찾아다녔다.* 콜럼버스는 신대륙에서 돌아오자마자 북극 항로를 찾아나섰다. 북극 항로를 찾기 위해 계속 도전했던 스페인과 포르투갈, 프랑스, 덴마크, 네덜란드, 영국 탐험가만 10여 명이었고, 자연을 정복하려는 탐험 과정에서 많은 사람이 목숨을 잃었다. 하지만 그런 항로가 존재하지 않는다는 사실이 점차 명확해지면서, 신대륙 정착민들은 각자의 목표와 포부에 따라 새로운 목적의식을 갖고 신대륙에서의 삶 자체를 중시하게 되었다.

유럽인들은 캐나다의 얼지 않는 바다를 지나거나, 북아메리카 내륙의 강을 따라 대륙을 관통해 아시아로 가는 길이 있을 것이라고 생각했

---

* 사실 유럽과 아시아는 북극의 대권항로를 통하면 놀랄 만큼 가깝다. 북아메리카와 유럽을 오가는 항공기는 보통 그린란드 상공을 지나는 이 대권항로를 이용한다. 이 항로를 통하면 영국에서는 남아프리카보다 일본이 더 가깝다.

다.* 1535년, 세인트로렌스 강을 거슬러가며 탐험한 뒤 퀘벡을 프랑스 영토로 선언한 자크 카르티에Jacques Cartier의 탐험 목적도 대륙을 관통하는 수로를 찾는 것이었다. 그는 몬트리올에 있는 '라신Lachine'이라는 여울이 중국(프랑스어로 '중국'을 '라신La Chine'이라고 한다)으로 가는 길에 놓인 유일한 장애물이라고 생각했다. 1607년에는 장차 제임스타운 정착지를 세우게 되는 이주민들이 버지니아에 상륙했다. 그들은 스페인 사람들처럼 원주민을 정복하든지, 아니면 원주민을 포로로 잡아 황금과 맞바꾸라는 명령을 받았다. 하지만 그들의 장기 목표는 강을 따라 대륙을 가로질러 아시아로 가는 것이었다. 사실 미국 최대의 도시인 뉴욕도 강을 따라 대륙을 관통하려는 시도의 결과로 세워졌다. 1609년 네덜란드인들은 탐험가 헨리 허드슨Henry Hudson을 고용해, 지금은 그의 이름이 붙은 허드슨 강을 따라 올버니까지 탐험하면서 뉴욕을 자국의 영토로 선언했다.

허드슨은 영국으로 돌아가 네덜란드 대사에게 탐험 일지를 제출하고 1610년에 또 다른 항로를 찾아 떠났다. 이번에는 영국을 위해 디스커버리 호를 타고 항해에 나선 허드슨은 그린란드 남쪽을 지나 캐나다의 북극지방으로 진입했다. 지금의 '허드슨 해협'을 지난 디스커버리 호는 8월에 래브라도를 돌았는데, 사람들은 크게 흥분했다. 그들 앞에 드넓은 바다가 펼쳐져 있었고 계속 앞으로 나아가면 아시아에 닿을 수 있을 것만 같았기 때문이다. 하지만 사실 그곳은 지중해 면적의 두 배에 달하는 거대한 만(현재의 '허드슨 만')이었다. 허드슨과 선원들은 그해 말까지 만의 이곳저곳을 탐색했지만 항로를 발견하지 못했으며, 곧 겨울이 닥치는 바람에 바닷물이 얼어 꼼짝없이 갇히고 말았다. 1611년 봄,

---

* 이런 생각은 두 가지의 잘못된 가정에 근거한 것이었다. 유럽인들은 첫째, 소금물은 얼지 않으므로 한겨울에도 얼지 않는 바닷길이 있을 것이라고 생각했다. 둘째, 구불구불 흐르면서 어떻게든 아메리카 대륙을 관통하는 강이 있을 것이라고 생각했다. 하지만 그 생각은 수문학에 대한 무지에서 나온 것이다. 강이란 중력에 의해 무조건 높은 곳에서 낮은 곳으로만 흐르기 때문이다.

허드슨은 항로를 계속 찾겠다고 굳게 다짐했지만 6월이 되자 더 이상 참지 못한 선원들이 반란을 일으켰다.

그 뒤의 이야기는 당시 체포되어 영국으로 돌아온 생존자들을 통해서만 알 수 있다. 그들은 허드슨과 그의 여덟 살 된 아들을 포함한 여덟 명의 추종자를 보트에 태워 바다 위에 내려놓았다고 자백했다. 보트에 탄 사람들은 노를 저으면서 디스커버리 호를 따라잡으려 했지만 디스커버리 호가 영국을 향해 출발하자 이내 뒤처지고 말았다. 증언에 따르면 그 반란을 주도한 선원은 영국으로 돌아오는 길에 사망했다고 한다. 편의상 그렇게 둘러댔을 가능성이 높지만, 어쨌든 디스커버리 호의 생존자들은 그들이 가져온 귀중한 지리학 정보 덕분에 처벌을 면할 수 있었다. 허드슨은 비록 아시아에 가는 데 완전히 실패했지만 드넓은 캐나다의 북극지방을 탐험했다. 허드슨의 업적을 기리는 의미에서 '허드슨 만'으로 명명된 그 거대한 만은 모피 상인들이 대륙 깊숙이 들어갈 때 거치는 중요한 경로가 되었다. 향신료 무역이 쇠퇴하고 모피 무역이 활발해지면서 유럽의 부유층에 북아메리카의 동물 가죽으로 만든 따뜻한 모자가 공급되었다.*

영국 식민지 주민들이 동부 해안의 13개 식민지에 모여 살았던 데 반해, 프랑스는 아메리카 원주민과 동맹을 맺고 원주민 안내인과 카누를 타고 대륙을 가로질러 아주 먼 곳까지 탐험했다. 이런 상황은 인구 분포의 차이에서 비롯되었다. 북아메리카의 프랑스 식민지인 '뉴프랑스' 주민은 그 수가 적었는데, 특히 여성이 적었다. 애써 파리의 거리에서 고아 소녀를 데려다 배에 태워 뉴프랑스로 이주시켰는데도 그런 형

---

* 1670년 모피 무역을 위해 '허드슨 베이 컴퍼니'가 설립되었다. 허드슨 베이 컴퍼니는 북아메리카에서 가장 오래된 회사이며 오늘날 캐나다의 '허드슨 베이Hudson's Bay', '홈 아웃피터스Home Outfitters', '로드 앤 테일러Lord & Taylor', '삭스 피프스 애비뉴Saks Fifth Avenue' 같은 백화점을 운영하고 있다.

편이었다. 그래서 프랑스 개척자들은 많은 원주민 여성과 결혼했다. 일부 영국 탐험가들도 프랑스 탐험가들처럼 카누를 타고 강을 따라갔는데, 특히 허드슨 만에서 그런 경우가 많았다. 그중에서 가장 유명한 탐험가는 (실제로는 스코틀랜드인이었지만) 알렉산더 매켄지Alexander Mackenzie였다. 그는 1789년에 아메리카 원주민을 통해 내륙에서 북서쪽으로 흐르는 거대한 강의 존재를 알게 되었다. 그때까지 알려진 강은 모두 멕시코 만이나 대서양, 아니면 허드슨 만으로 흘러갔기 때문에 매켄지는 그 강의 종착지가 태평양이 아닌지 궁금했다. 그래서 카누를 타고 강 하구까지 가보기로 했다.

매켄지가 따라갔던 강은 북아메리카 수계에서 두 번째로 긴 강의 일부였으며 종착지는 태평양이 아니라 북극이었다. 그 강을 따라 아시아에 갈 수 있기를 바랐던 매켄지는 그 강을 '실망의 강'이라고 불렀다. (매켄지에게는 실망스러울지도 모르지만, 나중에 강의 이름은 '매켄지 강'이 되었다.) 거기에서 포기할 생각이 없었던 매켄지는 3년 후 다시 한 번 탐험을 시작했다. 두 명의 원주민 안내인, 여섯 명의 프랑스 출신 캐나다 여행자, 스코틀랜드 태생의 사촌, 그리고 이름 없는 개 한 마리 (그의 탐험 기록에는 '우리 개'라고만 적혀 있다)와 함께였다. 이번에는 강을 따라 노를 저으며 서쪽으로 가다가 원주민 몇 명을 만났으며 그들로부터 로키 산맥을 넘어 바다로 내려가는 산길에 관해 알게 되었다. 일행은 그 산길을 따라가다가 로키 산맥에서 서쪽으로 똑바로 흘러가는 벨라쿨라 강을 발견했다. 강을 따라 내려간 일행은 유럽인 최초로 북아메리카를 가로질러 멕시코 북쪽의 태평양 연안에 도착했다.*

---

* 그런데 놀랍게도 매켄지 일행은 벨라쿨라 강 하구에 간 최초의 유럽인이 아니었다. 매켄지 일행보다 48일 전에 배를 타고 그 지역을 탐험한 이들이 있었다. 그 탐험대를 이끈 조지 밴쿠버George Vancouver는 배를 타고 (아프리카를 돌아 인도양과 태평양을 건넌 후) 태평양 연안을 따라 오리건과 워싱턴, 브리티시컬럼비아까지 갔다.

역사상 가장 유명한 대륙 횡단 탐험도 매켄지의 탐험과 비슷했다. 1803년 미국 대통령 토머스 제퍼슨Thomas Jefferson은 마침내 프랑스로부터 '루이지애나(미국이 프랑스로부터 사들인 북아메리카 중부의 광대한 지역 - 옮긴이) 구입'을 결정했다. 제퍼슨이 지불한 금액은 고작 1,500만 달러였으며, 그로 인해 미국의 영토는 두 배로 늘어났다.* 제퍼슨은 '루이스와 클라크Lewis and Clark'를 보내 새로 얻은 땅을 탐험할 계획을 세웠다. 사들인 땅을 전반적으로 살펴볼 뿐 아니라 이제는 미국에 속하게 된 아메리카 원주민을 만나 인사도 나누고, 대륙을 횡단해 태평양으로 가는 길도 찾고, 그곳의 기후나 동식물을 과학적으로 조사하기 위해서였다. 화석에 관심이 많았던 제퍼슨은 루이스와 클라크에게 특히 매머드를 신경 써서 찾아보라고 당부했다. 그때까지 매머드가 평원을 활보하고 있을지 모른다고 생각했던 것이다. 만약 그때 매머드가 발견되었다면, 오늘날 미국을 상징하는 동물은 흰머리수리가 아니라 매머드가 되었을지도 모른다.**

제퍼슨은 '발견부대Corps of Discovery'(루이스와 클라크 탐험대의 중추였던 특수부대 - 옮긴이)의 지휘관으로 아마추어 과학자이자 예비역 육군 대위인 메리웨더 루이스Meriwether Lewis를 직접 선발했고, 루이스는 책임을 나누기 위해 과거에 자신의 상관이었던 윌리엄 클라크William Clark를 초빙했다. 지휘관이 두 명이면 혼선을 빚을 수도 있지만 루이스의 활력과 지적 능력, 클라크의 냉정함과 차분함이 어우러지면서 두 사람은 역사상 최고의 팀워크를 보여주었다. 루이스는 탐험을 준비하면서 미국 최고의 학자들과 함께 식물학과 지도 제작, 항해술 등을 공부했다. 그때 의사인

---

* 1,500만 달러를 현재 가치로 환산하면 약 3,000억 원인데, 1제곱미터당 15원 정도를 지불한 것이다. 당시 일반적인 농장의 토지 가격이 그보다 6,000배나 높았으므로 미국 입장에서는 사상 최고의 거래였던 셈이다.

** 제퍼슨이 매머드에 매료된 것은 유럽인들이 미국의 식물이나 동물, 주민은 유럽보다 작거나 열등하다고 주장한 탓도 있었다. 아마도 여기에서 뭔든 가장 큰 것에 집착하는 미국인들의 습성이 생겼는지도 모른다. '매머드 치즈' 사건이 대표적인 사례다. 제퍼슨은 매사추세츠 주의 체셔라는 곳에서 마을에 있는 암소의 우유를 전부 모아서 만든 560킬로그램의 치즈 덩어리를 마을 사람들에게 선물했다.

벤저민 러시는 염소화합물과 수은, 식물의 뿌리를 섞어 만든 '러시 박사의 번개'(만병통치약으로 알려졌지만, 실제 약효는 극단적으로 배변 활동을 촉진하는 것이었던 듯하다) 같은 치료약을 알려주었다. (그 약을 먹으면 치료 효과는 없었겠지만, 침대에서 벌떡 일어나지 않을 수는 없었을 것이다.) 준비가 끝나자 루이스는 최근 프랑스로부터 사들인 세인트루이스에 가서 클라크와 30명의 일행을 만났다.

1804년 초, 두 사람은 탐험을 시작하여 미주리 강을 따라 내륙으로 들어갔다. 일행은 강을 거슬러 올라가기 위해, 노를 젓는 대신 바닥이 얕은 배를 강에 띄워 보급품을 실은 뒤 강변에서 줄을 잡아당기는 방법으로 배를 끌면서 전진했다. 그러는 동안 아메리카 원주민을 만난 일행은 특별히 준비한 우정의 은메달을 나눠주었다. 메달에는 '당신은 이제 미국의 국민이다'라는 문구가 쓰여 있었다. 평화로운 탐험이었지만 일행은 모두 중무장을 하고 있었다. 무력 충돌은 단 한 차례 발생했다. 블랙풋 인디언 전사들이 한밤중에 어둠을 틈타 탐험대의 야영지에서 무기를 훔치려 했던 것이다(교전 중에 두 명이 사망했다). 또 한번은 이동 중에 (자신들의 영토를 침범했다고 주장하는) 스페인군과 충돌 직전까지 간 적이 있었다. 스페인군은 루이스와 클라크를 체포하기 위해 산타페에서 50명의 병력을 출동시켜 네브래스카의 한 지점에서 공격하려 했지만 발견부대는 이미 몇 주 전에 그곳을 지나간 후였다.

미주리 강을 따라 현재의 캔자스시티와 오마하를 지난 발견부대는 로키 산맥 동부의 '대초원 지대Great Plains'로 들어섰다. 사슴과 엘크, 아메리카들소*가 많이 사는 고원지대였다. 일행은 그곳에서 '프레리도그'(북아메리카의 대초원 지대에 사는 다람쥣과 동물 – 옮긴이)를 발견했다. 프레리도

---

* 아메리카들소bison는 한때 대초원 지대에 수천만 마리가 서식했지만 사냥으로 인해 1889년에는 불과 1,091마리만 남았다. 그 뒤로는 정부의 보호정책 덕분에 현재 50만 마리 정도로 늘어났다.

그는 땅 밑에 대규모로 굴을 파놓고 짖거나 찍찍거리는 소리로 서로 위험을 알렸다. 동식물 견본을 가져오라는 제퍼슨의 지시에 따라 루이스는 프레리도그를 산 채로 잡아서 돌아갔다. 필라델피아에서 전시된 프레리도그는 그 이후로도 몇 년을 더 살았다. 겨울이 다가오자 발견부대는 전체 탐험 경로의 중간쯤에 있는 노스다코타의 포트 맨던Fort Mandan이라는 곳에 막사를 세웠다. 막사는 인근 원주민들의 관심을 끌었고 호기심 가득한 원주민들은 탐험대의 정체를 궁금해했다. 루이스와 클라크는 더 친해지기 위해 인근 원주민 마을을 방문하고 그곳 의식에 따라 돌아가면서 담뱃대로 담배를 피우기도 했다. 그리고 그곳에서 눈에 띄는 여성과 마주쳤다.

당시 갓 열일곱 살이었던 새커거위아Sacagawea는 5년 전에 포로로 잡힌 뒤 때마침 맨던 마을을 찾아온 프랑스의 모피 사냥꾼인 투생 샤르보노에게 팔려 그의 아내가 되었다. 새커거위아가 서부 출신이었기 때문에 루이스와 클라크는 샤르보노를 고용하기로 했다. 그의 사냥 기술 때문이 아니라 그의 아내를 통역사로 쓰기 위해서였다. 새커거위아는 곧 통역사로 실력을 발휘했다. 특히 탐험 도중에 마주치는 아메리카 원주민과 협상을 해서 갈등을 완화하는 데 탁월한 능력을 보였다. 그녀의 존재 자체가 발견부대에 큰 도움이 되었다. 아기가 있는 젊은 여성이 있다는 것은 발견부대가 싸우러 온 군대가 아니라 평화로운 탐험대임을 확실하게 알릴 수 있기 때문이었다.*

1805년 4월, 눈이 녹자 발견부대는 서쪽으로 가서 몬태나를 가로질렀다. 그곳에서 새커거위아는 주변의 지형지물을 어릴 때 본 적이 있다

---

* 윌리엄 클라크는 6년 후 새커거위아가 죽자, 그녀의 아들인 장 밥티스트 샤르보노 Jean Baptiste Charbonneau를 입양했다. 샤르보노는 훗날 탐험가이자 군 수색병으로 유명해졌으며 영어와 프랑스어, 스페인어, 독일어, 그리고 몇몇 원주민 언어를 포함해 10여 개 이상의 말을 구사할 수 있었다.

면서 알아보기 시작했다. 일행은 미주리 강을 따라 상류로 올라간 뒤 로키 산맥을 가로지르는 산길로 대륙 분수령까지 갔다. 그 와중에 몇 차례 그리즐리 곰과 마주쳤는데, 동부에 사는 곰보다 몸집이 훨씬 더 컸다. 이름이 '선원'인 뉴펀들랜드 혈통의 개가 계속 주변을 경계했으며 곰이 접근하면 잔뜩 긴장한 채 큰 소리로 짖었다. 8월이 되자 식량이 거의 바닥나고 산길에서 방향감각도 점차 무뎌져갔다. 루이스는 세 명의 대원과 함께 정찰을 나갔다가 쇼숀족the Shoshone 원주민과 마주쳤다. 그들은 유럽인이나 미국인을 만나본 적이 없었다. 루이스는 친해지고 싶은 마음에 선물을 주고 전에 배운 대로 평화를 의미하는 신호를 보냈다. 쇼숀족 사람들은 신호를 이해한 듯했지만 여전히 경계심을 풀지는 않았다.

루이스는 4일간 기다렸다. 쇼숀족에게 말이 여러 마리 있었는데, 그 말을 빌려 비터루트 산맥을 지나 태평양까지 가고 싶었기 때문이다. 발견부대의 나머지 일행이 도착하자 새커거위아가 앞으로 나와 통역을 했다. 그러다 갑자기, 정말 놀랍게도 새커거위아가 그곳이 자신의 고향임을 알게 되었다. 그녀는 쇼숀족 추장의 여동생이었다. 쇼숀족은 발견부대에 말을 제공하고 태평양까지 가는 최적의 길을 알려주었다. 발견부대에 헌신적이었던 새커거위아는 가족과 남지 않고 루이스, 클라크와 함께 계속 탐험하겠다는 뜻을 밝혔다. 일행은 산맥을 지나 카누를 타고 연달아 몇 개의 강을 따라 내려간 끝에 마침내 컬럼비아 강을 발견했다. 그리고 강을 따라가다가 영국 선원의 모자를 쓰고 있는 원주민과 마주쳤다. 태평양이 가까이 있다는 방증이었다.* 그로부터 얼마

---

* 20여 년간 영국과 프랑스, 러시아, 스페인, 그리고 미국 선박이 북아메리카 대륙 북서쪽의 태평양 연안을 탐험했다. 영국의 조지 밴쿠버와 미국의 로버트 그레이는 서로 그 지역을 영국과 미국의 영토로 선언했다. 그레이는 1787년부터 1790년까지 배로 세계를 일주하기도 했다. 미국과 영국의 영토분쟁은 1846년에 타결되어 미국은 워싱턴과 오리건, 아이다호, 몬태나, 와이오밍을 영토로 편입하고 영국은 브리티시컬럼비아, 즉 컬럼비아 강의 영국 쪽 땅을 영토로 편입했다.

지나지 않아 일행의 눈앞에 거대한 바다가 모습을 드러냈다.

마침내 태평양에 도달했지만 겨울이 시작되고 있었다. 일행은 겨울 야영지의 위치를 투표에 부쳤다. 대원들 모두가 투표했고 새커거위아와 '요크'라는 노예도 표를 던졌다. 아마도 미국에서 여성과 흑인이 참여한 최초의 투표였을 것이다. 투표 결과에 따라 오리건의 아스토리아 근처에 야영지 겸 진지가 세워졌고 태평양 연안에서 최초로 미국 국기가 게양되었다.

겨울 날씨가 매서워지고 식량이 바닥을 드러냈지만 주변의 원주민들과 물물교환을 할 만한 물건도 남아 있지 않았다. 일행은 그저 기다리면서 지나가는 배가 있는지 수평선을 살펴보는 수밖에 없었다. 그 무렵이면 보통 수달 가죽을 거래하기 위해 사람들이 오곤 했기 때문이다. 루이스에게는 제퍼슨 대통령이 준 어음이 있었다. 귀국하는 탐험대를 태워주는 배가 있다면 어떤 배든 대가를 지불하겠다고 보증하는 어음이었다. 하지만 1806년 3월에 주변을 지나가는 배는 전혀 없었다. 육로를 통해 돌아가기로 결정한 일행은 아주 빠르게 이동했다. 그리고 9월 말, 최초로 문명 세계의 자취를 발견했다. 강둑에서 암소가 한가로이 풀을 뜯고 있었던 것이다. 며칠 후 일행은 세인트루이스에 도착해 탐험 결과를 간절하게 기다리던 정부에 그동안의 경과를 보고했다.

아주 엄격하게 말하자면, 루이스와 클라크가 뭔가를 새로 발견했다고 할 수는 없다. 그들이 갔던 모든 지역은 아메리카 원주민이 이미 알고 있으며, 3분의 2 정도는 유럽인도 가보았기 때문이다. 그보다 그들의 탐험에서 찾을 수 있는 의미는 통합과 전파였다. 이전까지는 지리학 정보가 파편화되어 있었고 대부분 기록되지 않은 것이었다. 서부에 처음 발을 들인 유럽인은 모피 사냥꾼이었는데, 그들이 상업적으로 민감한 정보를 공개할 리가 없었기 때문이다. 루이스와 클라크는 탐험을 통해 상세한 지도를 한데 모으고 각 지역의 기후와 지형, 식물, 동물에 관한 목록을 만들어 탐험대가 본 것을 세상 사람들에게 알렸다.

　루이스와 클라크의 업적이 인상적이긴 하지만 여러 면에서 시베리아를 횡단했던 조금 덜 알려진 탐험가들의 업적에는 미치지 못한다. 여기서 러시아가 어떻게 세계에서 영토가 가장 넓은 나라가 되었는지 궁금할지도 모르겠다. 사실 그 이야기는 미국의 경우와 비슷한데, 가장 큰 차이라면 러시아가 미국보다 200년 앞서 절반의 기간 동안 영토를 두 배로 늘렸다는 것이다. 영구적으로 국가의 영토를 확장시킨 사례로는 분명 가장 독보적인 성과였다. 1450년부터 1850년까지 러시아는 매일 평균 90제곱킬로미터씩 영토를 확장했다. 400년 동안 매년 벨기에만 한 영토를 늘려나갔던 것이다. 몽골 제국의 지배에서 벗어난 후 모스크바는 1400년대에 러시아 공국을 통일하고 1556년에 몽골 제국을 승계한 카잔과 아스트라한을 격파해 아시아로 가는 길을 열었다. 그로부터 1세기가 채 지나지 않은 1639년, 탐험가들이 동쪽 끝 태평양에 도달했고 1647년에는 태평양 해안에 첫 정착지를 세웠다. 그리고 이듬해에 코사크 세몬 데즈뇨프Cossack Semyon Dezhnyov가 북극에서 배를 타고 시베리아와 알래스카 사이의 베링 해를 지나 태평양까지 항해했다. 1689년 러시아는 유럽 국가로는 처음으로 중국과 외교관계를 맺었다.

　러시아 탐험대 중에서 가장 인상적인 업적을 남긴 것은 덴마크인 비투스 베링 Vitus Bering의 탐험대였다. 1725년 베링은 34명의 대원과 함께 상트페테르부르크에서 출발해 광대한 시베리아 대륙을 횡단했다. 2년 동안 육로로 험난한 여정을 거쳐 루이스와 클라크보다 두 배나 더 멀리 갔는데, 그것조차 시작에 불과했다. 베링의 탐험대는 태평양에 도달한 후 배를 만들어 알래스카 해안을 따라 항해하면서 지도를 그렸다. 미국인 입장에서 보자면, 제퍼슨 대통령이 루이스와 클라크에게 북아메리카 대륙을 두 번 횡단하고 배를 만들어 일본까지 탐험하라고 지시한 셈이었다. 베링은 두 차례의 항해를 통해 알래스카를 러시아의 영토로 선언했으며, 아시아와 북아메리카가 서로 연결되어 있지 않고 폭이 80킬로미터에 불과한 해협으로 분리되어 있음을 확인했다.* 그리고 나서 어쩌면 남쪽으로 캘리포니아까지 내려가 러시아 요새를 세웠을지도 모를 일이다. 모스크바나 상트페테르부르크보다 오스트레일리아가 더 가까운 곳에 말이다.

토머스 제퍼슨이 파견한 탐험대는 루이스와 클라크의 발견부대 외에도 더 있었다. 1806년 '레드리버 탐험대'는 레드리버 강을 따라 루이지애나에서 텍사스 쪽으로 960킬로미터 넘게 들어갔다가 스페인 군대를 만나 발길을 돌렸다. 그리고 같은 해에 제불런 파이크Zebulon Pike 일행은 캔자스와 콜로라도를 가로질렀다. 지도의 오류 탓에 파이크 일행은 길을 잘못 들어 로키 산맥을 넘다가 스페인군에 붙잡히고 말았다. 그런데 그것이 오히려 행운이 되었다. 스페인군에 붙잡혀 뉴멕시코와 멕시코, 텍사스 등지로 끌려다니면서 파이크는 직접 본 것을 상세하게 기록했다. 당시 파이크의 여행은 루이스와 클라크의 탐험만큼이나 유명했으며, 그의 여행 기록은 대여섯 개의 언어로 번역되었다. 결론적으로, 이렇게 동쪽에서 출발한 탐험가들이 멕시코와 태평양을 건너온 탐험가들과 만남으로써 장장 3세기에 걸친 아메리카 대륙 탐험은 막을 내리게 되었다. 대륙횡단철도가 놓이기 50년 전까지 지도에 남아 있었던 거대한 공백은 탐험가들의 노력으로 마침내 채워졌다.

---

* 1867년 러시아는 720만 달러를 받고 알래스카를 미국에 팔았다. 당시 미국에서는 알래스카 매입을 두고 많은 비난이 쏟아졌지만 지금은 루이지애나 구입과 함께 역사상 최고의 거래로 간주된다. (당시 영국 사절은 알래스카 구매를 거부했고, 한때 캐나다가 알래스카를 구매할 뻔했다.) 만약 그때 미국이 알래스카를 구입하지 않아서, 시애틀에서 불과 800킬로미터 떨어진 곳에 러시아 기지가 있었다면 냉전 시대는 어떻게 달라졌을까?

15

탐험의 동반자

　사회가 변하면 탐험의 형태도 변하게 마련이다. 18세기에 계몽의 시대가 시작되면서 낡은 관행은 자유와 이성, 관용에 관한 새로운 사상에 밀려 사라졌다. 정치 분야의 과학혁명이라고 할 수 있는 미국 독립 전쟁과 프랑스 혁명의 불꽃을 댕긴 것은 바로 그런 새로운 사상들이었다. 그 무렵 탐험의 목적은 계몽주의 이상에 따라 황금을 찾아 외국의 땅을 수탈하는 것보다 좀 더 고결하다고 할 수 있는 과학 연구로 바뀌었다. 과거에 정복자였던 탐험가들은 그때부터 식물학자나 물리학자, 천문학자, 인류학자로 바뀌었다. 탐험은 이제 단순히 세상을 발견하는 것만으로 부족했다. 세상의 진면목을 발견하는 것이 탐험의 의미가 된 것이다.

　탐험의 동기가 호기심이라는 건 변함없었지만 과학적 발견을 통해 국제적인 명성을 얻으려고 경쟁하는 것은 새로운 현상이었다. 심지어 탐험가들은 타고 다닌 배의 이름도 그런 이상을 반영하여 '발견'이나 '해결', '노력', '모험', '지리', '자연주의자', '천문시계' 등으로 지었다. 1735년에 프랑스가 지구의 형태를 측정하기 위해 에콰도르에 탐험대를 보냈던 것처럼 오롯이 과학 연구를 위한 탐험도 있었다.* 그렇지만 탐험의 목적이 아무리 순수한 과학 연구였더라도, 18세기와 19세기에는 국가의 위신을 높이려는 의도가 있었다. 그 대표적인 사례로 냉전 시대의 우주 경쟁을 들 수 있다. 이런 탐사 경쟁에서 새로운 인물들이 떠오르기 시작했다. 국가를 대표해 무지의 세계를 정복하는 과학자 영웅이었다.

그런 과학적 탐험은 새로운 과학기술의 탄생으로 가능해진 것이었다. 위도는 아주 옛날부터 태양의 각도로 측정할 수 있었지만 경도는 1700년대 중반에 시계 제조공인 존 해리슨이 크로노미터(천문, 항해 등에 사용하는 정밀한 경도 측정용 시계 - 옮긴이)를 발명한 뒤에야 측정할 수 있게 되었다. 우선 항해를 시작할 때 크로노미터의 시간을 출발지의 시간에 맞춘다. 그리고 목적지에 도착한 뒤 태양의 위치를 기준으로 시간을 측정해 크로노미터의 시간과 비교하면 이동 거리를 알 수 있다.** 대부분의 선박은 여러 개의 크로노미터를 여분으로 갖고 다녔으며(찰스 다윈의 군함 비글 호에는 스물네 개의 크로노미터가 있었다), 항구에서 담당자가 특정 시각에 공을 떨어뜨리면 그에 따라 크로노미터의 시각을 맞추었다. (여기에서 뉴욕 타임스스퀘어의 '볼 드롭' 신년 행사가 유래했다.) 선원들에 대한 영양 공급이 좋아지면서 더 오랜 장거리 항해도 가능해졌다. 스페인과 네덜란드 선장들은 그전에도 태평양 횡단 항로를 지도에 기록해두고 장거리 항해를 했지만, 여정이 너무 길어지면 선원들이 괴혈병에 걸려 배가 선상 병동으로 바뀌기 때문에 경유지에 오래 머물지 못했다.

천문학자들은 지구의 여러 지점에서 금성의 움직임을 관찰해 태양

---

* 그 탐험의 목적은 적도 부근의 위도를 측정해 북쪽 지방에서 측정한 위도와 비교하려는 것이었다. 그렇게 측정해서 지구가 정말로 적도 지방이 튀어나오고 극지방이 평평한 형태인지 알아볼 예정이었다(지구는 실제로 그런 형태다).

** 뉴욕에서 크로노미터 시계를 맞춘 뒤 로스앤젤레스로 날아갔다고 생각해보자. 시계는 오후 3시를 가리키고 있는데, 로스앤젤레스에서 해가 정오의 위치에 있다면 지구 둘레의 24분의 3만큼 왔다는 것을 알 수 있다.

까지의 거리를 계산했다. 영국의 천문학자 에드먼드 핼리Edmund Halley는 1762년과 1769년에 금성이 태양 앞으로 지나갈 것이고, 앞으로 100년 동안 그 현상을 다시 볼 수 없을 거라고 예측했다. 1762년 학자들은 금성의 움직임을 관측하려고 만반의 준비를 했지만 날씨가 흐려 제대로 측정하지 못했다. 과학계는 1769년을 대비해 다시 한 번 만반의 준비를 했다. 이런 노력은 과학계에서 역사상 가장 기대를 모은 공동 작업으로 이어졌으며, 전 세계에서 조직적으로 측정 활동이 이루어졌다. 영국 해군성은 금성의 이동을 관찰할 태평양 파견대를 조직하고 경험 많은 선장을 수소문했다. 항해사, 지도 제작자, 천문학자인 동시에 지휘관이 될 수 있는 인물이어야 했다. 그에 가장 적합한 인물로 제임스 쿡 선장이 선발되었다.*

원정을 준비하던 쿡 선장은 해군에 요청하여 낡은 석탄 운반용 범선을 개조했다. 그렇게 개조한 인데버 호는 속력도 빠르지 않고 외관도 썩 훌륭하지 않았지만, 실용적이어서 많은 화물을 실을 수 있었고 수리하기 위해 수심이 얕은 곳이나 해안으로 갈 수도 있었다.** 인데버 호의 목표는 명확했다. 당대 최고의 식물학자인 조셉 뱅크스가 이끄는 열네 명의 과학자를 남태평양으로 데려가는 것이었다. 그런 장거리 항해에는 영양 공급이 중요했으므로, 쿡 선장은 바이킹의 선례를 따라 사우어크라우트와 건조시킨 수프, 당근 절임 등을 인데버 호에 가득 실었다. 다양한 식단을 갖추고 놀라운 결과를 낸 최초의 원정이었던 것이다. 당시만 해도 장거리 항해를 하면 괴혈병으로 보통 10여 명의 선원이 죽어

---

* 제임스 쿡은 드라마이자 영화 「스타트렉」에 나오는 우주선 엔터프라이즈 호의 제임스 커크 선장에 영향을 주었다. 제임스 커크 선장의 '그 누구도 가보지 못한 곳으로'라는 유명한 대사는 제임스 쿡의 '그 누구보다 더 멀리, 도달할 수 있는 가장 먼 곳으로'라는 말을 떠올리게 한다.

** 우주왕복선 인데버Endeavour 호는 분명 쿡의 함선에서 이름을 따왔을 것이다. 그래서 미국식 표기인 'Endeavor'가 아니라 영국식 표기인 'Endeavour'인 것이다.

나갔는데, 인데버 호에서는 단 한 명의 사망자도 나오지 않았다. 타히티까지의 항해는 순조로웠으며, 전 세계적으로 금성의 이동을 관찰하는 작업은 성공적으로 끝났다.

사실 인데버 호는 타히티를 방문한 네 번째의 유럽 선박이었다. 2년 전부터 태평양 전역에서 프랑스와 영국 원정대가 경쟁하면서, 양국의 선박이 타히티에 왔다 간 것이 불과 몇 달 전이었다. 맨 처음 타히티에 도착한 배는 영국의 돌핀 호였다. (돌핀 호는 마스코트인 염소를 데리고 왔는데, 나중에 쿡 선장도 염소를 데리고 왔다. 그래서 염소는 인간 이외에 두 번이나 세계를 여행한 최초의 생물이 되었다.) 한편 프랑스 원정대는 두 척의 선박으로 구성되었으며 과학자이자 모험가인 루이 앙투안 드 부갱빌 Louis-Antoine de Bougainville이 이끌었다. 부갱빌은 여러 섬과 식물(부갱빌레아), 열세 척의 프랑스 해군 선박에 그의 이름이 붙을 정도로 유명 인사였다. 또한 부갱빌은 천재였다. 영국왕립학회에서 적분학에 관한 그의 논문을 보고 회원으로 받아들였는데, 그 논문을 발간할 당시 부갱빌은 불과 스물다섯 살이었다. 1759년 부갱빌과 쿡 선장은 '퀘벡 전투Battle of Québec'를 벌이던 중 몇 킬로미터까지 서로 가까이 접근하기도 했다.*

영국의 새뮤얼 윌리스 선장은 타히티인이 유난히 호의적이라고 표현했다. 타히티 섬의 아름다운 여인들에 관한 그의 설명을 듣고 고루한 해군성 사람들은 분명 눈살을 찌푸렸을 것이다. 그보다 더 직설적이었던 부갱빌은 사랑의 여신 비너스가 탄생한 곳의 이름을 따서 타히티

---

* 1757년 부갱빌은 몽칼름Montcalm 장군의 부관으로 올버니 인근의 윌리엄 헨리 요새에서 미군의 항복을 요구하며 협상을 벌였다. 이와 관련해 1992년 영화 「라스트 모히칸The Last of the Mohicans」에 부갱빌의 모습이 잠깐 등장했다. (영화 속의 모습은 대부분 부갱빌이 쓴 엄청난 일기를 기반으로 했다.) 1781년 미국 독립전쟁에서 결정적인 전투가 벌어지는 동안, 부갱빌은 요크타운 인근에서 영국 함대를 격파하는 데 중요한 역할을 했다. 1799년 나폴레옹은 그를 상원의원으로 임명했다.

섬에 '뉴키테라'라는 이름을 붙였다. 당시 프랑스 원정대의 외과의사가 배에 정부情婦를 몰래 태운 사실이 밝혀지면서 전 유럽이 발칵 뒤집히기도 했다. (그 정부는 세계를 일주한 최초의 여성이 되었다.) 타히티인들은 유럽인들과의 연회에서 한 유럽 여인에게 빠져 그녀에게 아낌없이 선물을 주고 찬가를 만들어 바치기도 했다. 철학자 장 자크 루소는 '고귀한 야만인'이라는 개념을 널리 알리는 데 이런 유럽인과 타히티인의 만남을 활용했다. 그 '고귀한 야만인'이라는 개념에서 '원시'인들은 문명사회의 비도덕적인 영향력에 오염되지 않고 인류의 기본적 선량함을 갖고 있는 사람들로 표현되었다.

쿡 선장은 인데버 호의 선원들이 사건에 휘말리지 않도록 공식 대표들만 섬에 내리게 했다. 타히티인과의 관계는 우호적이었지만 쿡 선장은 타히티인이 유럽인처럼 타락하게 될까 염려했다. 그리고 나중에 오스트레일리아 원주민이 변해가는 모습을 보면서 그들이 "유럽인보다 훨씬 행복했다. 유럽인이 많이 찾는 잉여물이나 문명의 이기를 전혀 접해보지 못해서 그런 것들의 효용을 몰랐기 때문이다. 불평등이란 것을 몰랐기에 아주 평화롭게 살고 있었다"고 말했다. 쿡 선장은 인간 심리의 핵심을 꿰뚫어보았던 것이다. 물질적 풍요는 행복을 가져다주지 않는다. 우리는 현대 문명의 이기에서 행복을 찾기보다는 이웃과 비교하면서 우리가 가장 높은 곳에 있지 못하는 것을 불평한다.

타히티에서 금성의 이동을 관찰하고 그 성과에 걸맞게 충분한 휴식을 취한 뒤, 쿡 선장은 비밀리에 받은 임무를 수행하기 위해 출발했다. 그 임무는 남쪽으로 계속 내려가 옛날부터 사람들이 상상한 '미지의 남녘땅Terra Australis Incognita'을 찾는 것이었다. 유럽인들은 전 세계의 균형을 유지시키는 그 거대한 대륙이 남태평양 어딘가에 있다고 여겼으며, 만약 그 대륙이 없다면 지구는 기울어졌을 것이라고 생각했다.

오스트레일리아는 이미 발견되었지만, 사람들은 오스트레일리아가 세상의 균형을 유지하기엔 너무 작다고 생각했으며 그 당시에 남태평양까지 가본 유럽인은 아무도 없었다. 지도에서도 남태평양은 아시아 대륙이 들어갈 만큼 넓은 공백으로 남아 있었다. 남쪽으로 출항한 인데버 호는 광활한 바다에서 거의 3,200킬로미터를 항해했는데도 육지를 발견하지 못했다. 쿡 선장은 임무에 따라 (1642년 아벨 타스만이 발견했던) 뉴질랜드로 방향을 바꿔 뉴질랜드가 그 거대한 대륙에서 튀어나온 반도는 아닌지 확인해보기로 했다. 결국 뉴질랜드가 반도가 아니라는 것을 알게 된 쿡 선장은 지도에 해안선을 그려가면서 뉴질랜드가 두 개의 섬으로 이루어져 있음을 확인했다.*

쿡 선장은 영국으로 돌아가는 길에 (당시에는 이름이 '뉴홀란드'였던) 오스트레일리아의 해안선을 그려보기로 했다. 1770년 4월 인데버 호는 (시드니 인근의) '보터니 만'에 닻을 내렸다. '보터니 만'은 그곳의 멋진 동식물을 보고 배의 수석 과학자인 조셉 뱅크스가 붙인 이름이었다. 쿡 선장은 오스트레일리아가 땅의 고도차가 크고 멋진 곳이며, 원주민을 만나보고 해안에서 올라오는 연기로 판단하건대 인구밀도는 높지 않은 것 같다고 기록했다. 그리고 특히나 캥거루가 마음에 든다면서 아주 매력적이고 재미있는 동물이라고 말했다. 북동 해안을 지나는 동안에는 믿을 수 없을 정도로 넓은 산호초(2,400킬로미터에 달하는 그레이트 배리어 리프의 일부)가 있다고 말했는데, 그 근처의 수심이 얕은 곳에서 인데버 호가 좌초할 뻔한 위기를 겪었다. 그곳의 사나운 물결과 날카로운 산호초에 걸리는 선박은 대부분 좌초했지만 인데버 호는 견고한데다 운이 좋았다. 쿡 선장이 배의 무게를 줄이려고 고정되어 있지 않은

---

* 뉴질랜드의 두 섬 사이에 있는 해협의 이름은 '쿡 해협'이다. 그리고 뉴질랜드의 50센트짜리 동전에는 인데버 호가 새겨져 있다.

모든 물건을 배 밖으로 던지라고 명령했으며, 선원들이 미친 듯이 물을 퍼내는 동시에 선체에 사슬을 감아 수심이 깊은 곳으로 끌어당긴 뒤에야 간신히 위기에서 벗어날 수 있었다.*

인데버 호는 지금의 쿡타운이라는 곳의 해변에서 선체를 임시로 수리한 후, 가까스로 네덜란드령 인도네시아까지 가서 완전히 수리했다. 그로부터 몇 달 후 귀국길에 올라 출발한 지 3년 만에 영국으로 돌아왔다. 쿡 선장의 첫 항해는 큰 성공을 거두었지만 남쪽에 거대한 대륙이 있을지도 모르는 지도의 빈 곳은 여전히 채우지 못했다. 곧이어 지구의 남쪽 바다를 전면적으로 탐색하기 위한 두 번째 항해가 계획되었다. 위험하고 지루하며 어쩌면 가장 오랫동안 육지를 볼 수 없는 탐험이 될지도 몰랐다. 이전 항해의 수석 과학자였던 조셉 뱅크스는 두 번째 항해에도 참여하려 했지만 출항하기 전에 생각을 바꾸는 바람에 요한 포르스터와 그의 아들인 게오르크Georg Forster(독학으로 유명한 동식물학자가 되었다)가 배에 올랐다. 인데버 호와 같은 방식으로 개조한 레졸루션Resolution 호와 어드벤처Adventure 호를 이끌고 1772년에 쿡 선장은 다시 남태평양으로 출발했다.

두 번째 항해에서, 쿡 선장은 반대 방향으로 세계를 일주하면서 이전의 그 어떤 배보다도 더 남쪽으로 내려가 두꺼운 얼음과 짙은 안개를 뚫고 전진했다. 그리고 항해 중에 뉴질랜드에 두 번, 타히티에 한 번 정박했다. 쿡 선장은 지도의 비어 있는 부분을 채워나가면서 남쪽의 수많은 섬을 발견했으며, 지구의 균형을 유지하기 위해 남쪽에 거대한 대륙이 존재할 것이라는 생각이 틀렸음을 명백하게 증명했다. 그러자 오스트레일리아가 자연스럽게 그 '남녘땅Terra Australis'의 지위를 물려받았으

---

* 이때 인데버 호에서 버린 대포를 1969년에 인양하여 현재 시드니 박물관에 전시하고 있다.

며 앞에 붙어 있던 '미지의'라는 수식어는 사라졌다. 쿡 선장은 생전에 남극 대륙을 보지 못했지만 내부에 암석이 묻혀 있는 빙산을 보고 그 빙산이 얼음과 눈으로 덮인 남쪽 땅에서 왔을 것이라면서 남극 대륙의 존재를 예측했다.

쿡 선장은 바다에서 3년을 더 보낸 뒤 1775년에 영국으로 귀환했다. 그런데 제임스 쿡처럼 경험 많은 선장이 그대로 은퇴하는 것은 아까운 일이었기에 해군성에서는 새로운 임무를 부여했다. 그것은 몇 세기 동안 탐험가들에게 성배와도 같던 '북서 항로'를 찾는 일이었다. 이미 10여 명의 탐험가가 시도했다가 실패했지만 쿡 선장은 알래스카 인근의 태평양에서 베링 해를 통과한 뒤 북극을 가로지르는 계획을 세웠다. 탐험이 성공하면 태평양 북서쪽을 따라 지도에 마지막으로 남아 있는 커다란 공백을 채울 수 있을 터였다. 미국 독립전쟁이 막 시작되었는데도 벤저민 프랭클린은 쿡의 임무가 모두에게 이익이 될 것이라며 당시 신설된 미국 해군을 설득했다. 쿡의 선단을 우호적인 선박으로 간주하여 지원해야 한다는 말이었다. 미국과 연합해 영국에 대항하던 프랑스와 스페인, 네덜란드도 쿡 선장의 임무를 지원하기로 했다. 역사상 처음으로 한 사람의 탐험가가 공공의 이익을 위해 항해한다는 취지를 널리 인정받은 것이었다.

1776년 7월 12일, 쿡 선장은 영국을 출발했다. 미국이 독립을 선언하고 8일째 되는 날이었다. 쿡 선장은 다시 한 번 레졸루션 호를 지휘했으며, 이번에는 새로운 선박인 디스커버리 호가 동행했다.* 선단은 희망봉을 돌아 뉴질랜드에서 잠시 닻을 내렸다가 타히티를 향해 출발했다. 그리고 타히티에서 북쪽으로 방향을 바꿔 베링 해를 향하다가 우연

---

* 이때 쿡 선장과 동행했던 윌리엄 블라이William Bligh는 훗날 '바운티 호의 반란'으로 유명해진다.

히 하와이 섬을 발견했다. 스페인의 갤리언선이 수 세기 동안 마닐라와 아카풀코를 오갔지만, 하와이를 최초로 발견한 유럽인은 쿡 선장이었다.* 선단은 하와이에 잠시 머문 뒤 미국 해안을 향해 출발해서 오늘날 오리건의 컬럼비아 강 바로 남쪽에 도착했다. 그런 다음 원주민에게 길을 물어 북극으로 가는 항로를 탐색하면서 해안을 따라 알래스카로 올라갔다. 오리건에서 알래스카에 이르는 북서쪽 해안 전체를 지도에 담은 쿡 선장은 마침내 베링 해협에 당도했다. 베링 해협의 존재는 러시아의 보고서를 통해 이미 알고 있었다.

베링 해협에서 조심스럽게 항해하던 쿡 선장은 뚫고 지나갈 수 없는 빙벽과 마주쳤다. 겨울이 다가오고 있었으므로 봄에 다시 탐색을 이어가기로 하고 선단은 하와이로 철수했다. 쿡 선장은 하와이 사람들이 세상에서 가장 따뜻하게 이방인을 맞아주며 선원들에게 열대 지역의 즐거움을 가르쳐주었다고 말했다. 하지만 선원들이 계속해서 섬의 식량을 먹어치우는데다 하와이 여자들을 가까이하려 하자 긴장이 고조되었다. 유럽에 기근이 들어 이 걸신들린 유럽인들이 쫓겨났고, 그래서 지금 하와이에 와서 식량을 바닥내고 있는 것이라는 소문이 돌았다. 분쟁이 발생했고 영국 병사들이 성난 군중을 향해 발포하기에 이르렀다. 쿡 선장은 직접 하와이에 상륙해 상황을 진정시키려 했지만, 보트가 있는 해변으로 돌아오다가 하와이 폭도들의 몽둥이에 맞아 목숨을 잃고 말았다.** 레졸루션 호와 디스커버리 호의 선원들은 선장을 잃고 크게

---

* 당시 쿡 선장은 해군성 장관인 제4대 샌드위치 백작의 이름을 따서 하와이에 '샌드위치 섬the Sandwich Islands'이라는 이름을 붙였다. 샌드위치 백작은 카드놀이를 하면서 먹을 수 있는 얇은 빵 조각을 만들었고, 이후 그것은 '샌드위치'로 불렸다. 하와이가 영국과 관련되어 있다는 사실은 미국의 여러 주 중에서 유일하게 하와이의 주 깃발에만 유니언잭이 들어 있는 것을 보면 알 수 있다.

** 하와이 사람들이 쿡 선장을 어떻게 생각했는지에 관해서는 의견이 분분하다. 신까지는 아니라도 강력한 추장 정도로는 생각했던 것 같다. 쿡 선장의 유골은 종교적 유물로 보존되었고 신체 중 일부는 선원들에게 전해져 바다에 수장되었다.

낙심한 채 하와이 섬을 떠났다. 그리고 베링 해협을 지나 얼지 않은 항로를 찾아 한 차례 탐색 활동을 벌인 후 영국으로 돌아갔다.

쿡 선장의 탐험으로 인해 각 대륙의 윤곽이 분명해졌다. 18세기가 지나고 19세기로 접어들면서 새로운 세대의 탐험가들이 지구의 자연과 기후, 지형, 사람들, 식물, 동물 등을 조사하여 당시의 커다란 과학적 의문을 해결했다. 다윈은 군함 비글 호를 타고 1831년부터 1836년까지 세계를 일주하며 생명의 다양성을 관찰한 결과 '진화론'을 제안했다. 그런 다윈이 가장 큰 영향을 받았다고 말하는 과학자가 있었다. 그 과학자는 생물학과 기후학, 생태학, 지리학, 지질학 등 다양한 분야를 발전시킨 그야말로 천재였다. 너무 광범위한 분야에 기여한 것이 어쩌면 오늘날 더 유명해지지 못한 이유가 되었는지도 모르겠다. 만물의 근간을 이루는 상호 관련성을 이해하고 싶었던 그 걸출한 과학자이자 탐험가는 바로 알렉산더 폰 훔볼트Alexander von Humboldt였다.*

나치가 서적을 쌓아놓고 불태웠던 베를린 광장을 가로질러 훔볼트 대학교의 정문 앞에 이르면 '쿠바의 두 번째 발견자'라고 새겨진 훔볼트의 조각상이 있다. 물론 그 말이 틀리진 않지만 알렉산더 폰 훔볼트는 그보다 훨씬 더 위대한 사람이었다. 1700년대 말은 유럽인이 아메리카 대륙의 존재를 알게 된 지 몇 세기가 지난 후였지만 여전히 아메리카 대륙은 수수께끼로 가득한 땅이었다. 스페인 정부는 아메리카 식민지를 철저하게 봉쇄하고 과학적으로 조사하려는 노력을 전혀 하지 않았다. 훔볼트는 어린 시절부터 탐험 이야기에 푹 빠져 있었다. 프로이센 공화국의 하급 귀족이었던 훔볼트는 지리학을 공부하고 공무

---

* 훔볼트는 당시 세계에서 나폴레옹 다음으로 유명한 사람이었다. 39개의 미국 마을과 지리적 명소에 그의 이름이 붙었다. 네바다 주는 훔볼트 주로 불릴 뻔했고, 에드거 앨런 포는 그의 마지막 주요 작품인 『유레카Eureka』를 훔볼트에게 헌정했다.

원이 되었으며 광산 책임자로 독일 땅 구석구석을 누볐다. 모험 욕구를 달래기 위해 게오르크 포르스터를 통해 조셉 뱅크스를 소개받은 훔볼트는 뱅크스가 쿡 선장과 탐험한 시절의 이야기와 탐험 때 가져온 방대한 동식물 수집품에 매료되었다. 독일 공무원의 삶을 버리고 세계를 탐험하기로 마음먹은 것도 바로 그때였다.

훔볼트에게는 상속받은 약간의 돈이 있어서 탐험 비용을 스스로 충당할 수 있었다. 훔볼트는 우선 스페인 국왕에게 서신을 보내 스페인의 아메리카 식민지에 출입할 수 있게 해달라고 요청했는데, 놀랍게도 국왕의 허가가 떨어졌다. 그의 아메리카 탐험(1799~1804년)은 아메리카에서 이루어진 최초의 과학적 조사 활동이었다. 산더미 같은 과학 장비를 들고 아메리카에 내린 훔볼트와 프랑스인 동료 에메 봉플랑Aimé Bonpland은 온도계와 기압계, 우량계 등 수많은 기계장치를 끌고 남아메리카의 밀림 속을 누볐다. 그러면서 원주민들이 입으로 쏘는 독침을 내내 궁금해하다가 그 독침에 발라놓은 독(정맥으로 투여되어야 독성을 발휘했다)의 표본을 채취하고, 마치 우유 같은 고무나무의 수액을 마셔보기도 했다(몇 시간 후 고무공을 토해냈다). 두 사람은 새로운 발견에 너무나 흥분했다. 훔볼트가 봉플랑에게 "놀라운 발견이 계속되면 미쳐버릴지도 모르겠다"고 말했을 정도였다. 에콰도르에서 두 사람이 오른 해발 5,878미터의 침보라소 산은 그때까지 인류가 오른 산들 중에서 가장 높았으며, 그 기록은 이후 30년간 깨지지 않았다. 그들이 수집한 동식물 견본의 수는 실제로 관찰한 것에 비하면 10분의 1밖에 안 되었는데도 그때까지 아메리카 대륙에서 알려진 동식물 수의 두 배에 달했다. 두 사람은 원주민을 인터뷰하면서 처음으로 원주민 사회를 체계적으로 분류했다.

그 뒤로도 훔볼트는 1829년에 러시아와 중앙아시아를 지나 중국 국경까지 가는 등 계속 여행했지만, 나머지 시간에는 대부분 직접 관찰한 것을 다른 사람들에게 알리는 데 힘썼다. 그리고 목표를 설정할 때도 늘 공격적이어서, 다섯 권짜리의 역작 『코스모스Kosmos』를 구상할 때도 '세상의 모든 자연사'를 담으려 했다. 『코스모스』는 많은 사람이 읽은 최초의 과학책이 되었고 1980년에 칼 세이건Carl Sagan이 쓴 동명의 저서와 텔레비전 시리즈*의 토대가 되었다. 최초의 근대적 과학 전달자였던 훔볼트는 보통 사람들에게 세상의 소식을 전해주었다. 라틴아메리카의 독립 영웅 시몬 볼리바르Simón Bolívar를 '아메리카 대륙의 진정한 발견자'로 일컬었던 미국의 시인이자 사상가인 랄프 왈도 에머슨Ralph Waldo Emerson은 훔볼트를 '세계의 불가사의'라고 불렀다. 훔볼트는 스스로를 '인류애를 지닌 보통 시민'으로 생각했다.

19세기는 관광업이 처음 싹튼 시기이기도 하다. 훔볼트의 오스트리아 친구인 아이다 파이퍼Ida Pfeiffer는 직접 세계를 여행한 최초의 여성으로 추정되며, 직업적으로 여행기를 쓴 최초의 여성이었던 건 확실하다. 여권운동의 선구자였던 그녀는 식구가 많은 가정에서 자라면서 남자 형제와 똑같이 교육받게 해달라고 졸랐다. 그녀는 매우 활동적이었지만 나이 많은 남자와 억지 결혼을 하여 두 아이를 길렀고 음악을 가르치며 가족을 부양해야 했다. 하지만 그녀는 늘 더 많은 것을 하고 싶었다. 남편이 죽고 아이들도 품에서 떠나자 파이퍼는 1842년 마흔다섯의 나이로 세상을 탐험하러 나섰다. 탐험복을 직접 만들어 입고 스커트와 숄, 모기장, 챙이 넓은 모자를 챙긴 뒤 칼과 권총으로 무장하고 밀림을 걸었다. 밀림은 정말 위험한 곳이었다. 그녀는 칼을 든 강도를 물리치기도 했으며, 식인종에게 '난 너무 늙어서 잡아먹기엔 너무 질기다'는 농담을 건네기도 했다.

---

* 2014년 천체물리학자인 닐 디그래스 타이슨이 출연한 텔레비전 시리즈가 제작되었다.

파이퍼는 매번 여행할 때마다 책을 써서 돈을 벌었고, 그 돈으로 또 다른 여행을 떠났다. 이전까지의 탐험가와 달리 그녀는 직접 만난 사람들의 이야기를 전하는 데 중점을 두었고 그중에서도 가정생활과 여성에 초점을 맞추었다. 그녀가 쓴 여행기는 세계적으로 베스트셀러가 되어 여러 언어로 번역되었으며 각국의 왕들은 관광객을 유치하기 위해 그녀를 초대해 자국을 여행하도록 지원했다. 전 세계적으로 관광산업을 처음 시작한 사람이 파이퍼였다고 해도 과언이 아니다. 훔볼트가 사람들에게 과학적인 측면에서 세상의 경이로움을 알렸다면, 파이퍼는 해외여행이라는 개념을 소개했다. 역사상 처음으로 일반인이 스스로 세상을 탐험할 수 있게 된 것이었다.

16

얼음과 눈의 땅

탐험은 더 많은 탐험을 불러왔고 사람들의 영혼에 마치 세이렌처럼 알 수 없는 유혹을 보냈다. 심지어 탐험 도중에 발생한 재난마저도 사람들에게 자극이 되었다. 최초의 선구자가 갔던 길을 따라 그들이 실패한 곳에서 성공을 거두려 한 것이다. 가장 대표적인 곳은 북극이었다. 재난이 계속되면서 영웅적인 모험에 관한 전설이 탄생하는 곳이었다. 북극을 정복한다는 것은 상업적인 목적 외에도 자연과 맞서는 인간의 투쟁으로 간주되었다. 빅토리아 여왕 시대에 자신감이 넘치던 유럽 사회는 마침내 새롭게 개발한 산업기술을 사용해 북극 정복에 나섰다. 영국이 나폴레옹을 상대로 승리하면서, 영국 해군은 일상적인 일에도 힘을 쏟을 수 있게 되었다. 그렇게 세심하게 준비하고 근대의 최신 기술로 무장했는데, 어떻게 성공하지 않을 수 있겠는가?

1845년 북서 항로를 찾는 탐험에 마침내 존 프랭클린 경Sir John Franklin이 책임자로 임명되었다. 프랭클린은 북극에 문외한이 아니었다. 그는 이미 세 차례나 북극을 탐험했다. 특히 1819년의 탐험은 대원들 중 절반이 굶어 죽는 최악의 결과를 낳았고, 그에게 '신발을 먹은 사나이'라는 별명을 안겨주었다. 누군가가 60세의 고령인데 문제가 없겠느냐고 묻자, 그는 "무슨 말입니까? 나는 59세입니다만"이라는 유명한 대답으로 응수했다. 에레보스Erebus 호와 테러Terror 호라는 두 척의 전함이 탐험을 위해 특별히 개조되었다. 그 배들은 선체가 두꺼운 구포선(구경에 비해 포신이 짧고 발사각이 큰 '구포'를 탑재한 전함 - 옮긴이)으로, 철판을 둘렀으며 증기난방기와 염분 제거 장치, 7미터 길이의 프로펠러를 구동시키는 기관차 엔진이 달려 있었다. 두 척 모두 과거에 북극과 남극 바다에서 용맹을 떨친 전함이었으며, 1814년 포트 맥헨리에서 '공중에서 폭발하는 폭탄(전함에서 발사하는 박격포탄과 로켓)'을 발사했던 전함으로 미국 국가國歌의 가사에 영원히 남아 있다. 프랭클린의 탐험에는 처음으로 카메라가 사용되었으며 배 안에 3년 치의 음식 통조림이 가득 채워져 있었다.*

1845년 에레보스 호와 테러 호는 129명을 태우고 영국을 출발했다.** 그리고 7월에 그린란드의 먼 바다에서 포경선에 목격된 뒤 행방불명되고 말았다. 무슨 일이 있었던 걸까? 2014년과 2016년에 캐나다의 북극지방에서 발견된 선박의 잔해를 오랜 시간 분석하여 프랭클린 탐험대의 최후가 재구성되었다. 선원들은 탐험 첫해에는 순조롭게 항해한 뒤 비치 섬에서 겨울을 보냈다. 1846년 계속 전진하던 두 전함은 이듬해에 겨울 얼음 속에 갇혔는데, 얼음은 계속 녹지 않았다. 나중에 발견된 기록을 보면 프랭클린은 1847년 6월에 사망했으며, 그런 다음 세 번째 겨울이 시작되었다. 1848년 봄, 배는 여전히 얼음 속에 갇혀 있었고 식량이 바닥나는 바람에 선원들은 안전한 곳까지 걸어서 이동하

---

* 통조림 깡통 제조 기술은 나폴레옹 전쟁 중에 멀리 떨어진 전장의 병사들을 위해 발명되었다. 그런데 깡통 따개는 1855년에야 발명되었으며, 그 전까지 50여 년 동안에는 망치나 끌로 통조림 깡통을 땄다.

** 두 선박에는 돛과 함께 엔진으로 돌아가는 스크루도 있었다.

기로 했다. 나중에 선원들은 북극의 얼음 속에서 흩어진 채 시신으로 발견되었는데, 배에서 그리 멀리 가지는 못했다.

프랭클린 선단에 관해 2년 동안 아무런 소식이 없자, 사상 처음으로 국제적인 구조 활동이 시작되었고 구조에 도움이 되는 정보를 제공한 사람에게는 200만 달러 상당의 포상금이 걸렸다. 프랑스나 미국 같은 경쟁국의 선박을 포함해 10여 척이 구조 작업에 참여했으며, 구조 작업 도중에 최소 다섯 척이 실종되었다.* 구조대는 생존자들에게 전해지기를 바라면서 보급품의 위치가 찍혀 있는 금속 배지를 이누이트인들에게 나눠주었다. 1854년 한 이누이트인이 수색대원에게 몇 년 전 40명의 백인이 그 지역에서 굶어 죽었다면서 사라진 배에서 나온 날붙이와 동전, 책 같은 물건을 보여주었다. 그래서 구조 작업은 중단되었지만, 프랭클린의 부인은 추가로 수색 작업을 벌여 두 개의 기록을 찾아냈다. 첫 번째는 1847년 5월에 작성된 것으로 탐험의 진척 상황을 설명하면서 '존 프랭클린 경이 지휘하고 있으며 모든 것이 순조롭다'고 쓰여 있었다. 그로부터 거의 1년 후에 작성된 두 번째 기록의 내용은 완전히 딴판이었다. 첫 번째 기록과 같은 종이의 가장자리 여백에 휘갈기듯 쓰여 있는 내용은 에레보스 호와 테러 호가 두 번의 겨울 동안 얼음에 갇혀 있었고 많은 사람이 목숨을 잃었다는 것이었다. 그리고 기록을 남긴 바로 다음 날 생존자들은 육로를 통해 안전한 곳을 찾아 떠났다.

그런데 탐험대의 최후에 관해 이상한 점이 몇 가지 있었다. 마지막 기록에는 철자나 날짜 같은 것에 오류가 있었다. 게다가 버려진 썰매가 발견되었는데, 책과 은식기 등 그런 위기 상황에 전혀 쓸모없을 것 같

---

* 미국이 수색 작업을 지원해준 것에 대한 감사의 뜻으로, 빅토리아 여왕은 수색 작업에 나선 선박 중 하나인 레졸루트 호의 목재로 책상을 만들어 당시 미국 대통령인 러더퍼드 B. 헤이즈Rutherford B. Hayes에게 선물했다. 지금 백악관의 대통령 집무실에 놓여 있는 책상이 그때 선물 받은 것이다.

은 물건이 실려 있는 것으로 보아 선원들의 정신상태가 정상이 아니었던 것 같았다. 탐험대가 영국을 출발하기 전의 기록을 보면, 통조림 깡통을 급하게 밀봉하는 바람에 깡통의 땜납이 '촛농처럼 흘러내렸다'고 쓰여 있었다. 따라서 납중독으로 인지기능 장애가 발생한 것으로 추정된다. 또한 살균법이 발명되기 전이었으므로 통조림 깡통 중 상당수가 오염되어 먹기엔 위험한 상태였을 수도 있다. 이 모든 이야기를 종합해보면 거대한 자연의 힘과 빅토리아 여왕 시기의 자만심을 함께 엿볼 수 있다. 근대의 기술로도 북극 정복에 완전히 실패했는데, 사고 지역 주변에서는 이누이트족이 똑같은 환경에서 아주 잘 살고 있었기 때문이다.

그런 위험에도 불구하고, 아니 오히려 그런 위험 때문일 수도 있지만 사람들은 계속해서 북극 정복을 꿈꾸었다. 북극 정복은 명성과 영예를 두고 겨루는 경쟁의 장으로 변모했다. 노르웨이 탐험가 로알 아문센Roald Amundsen은 1903년에 3년에 걸친 탐험을 시작하면서 최초로 그린란드에서 알래스카까지 얼음길을 주파했다. 성공을 향한 그의 비법은 프랭클린 경과 달리 짐을 가볍게 꾸리고 현지에서 음식을 조달하는 것이었다. 아문센 탐험대의 대원들은 현지의 이누이트족에게 값진 생존 기술을 배운 뒤, 바다표범 같은 동물을 사냥해 신선한 고기를 먹고 비타민까지 얻었기 때문에 영양실조를 방지할 수 있었다. 육상에서는 개썰매를 타고 이동했으며, 털실로 짠 두툼한 파카 대신 동물 가죽으로 만든 따뜻하고 방수가 잘되는 파카를 입었다.

인류가 극지방을 정복한 것은 놀라울 만큼 최근의 일이다. 1888년, 노르웨이인과 핀란드인으로 구성된 여섯 명의 탐험대가 스키를 타고 그린란드를 가로질렀다. 핀란드 대원들은 순록을 치는 목동이었는데, 썰매에 보급품을 싣고 운반하는 일을 담당했다. 그런데 불행히도 핀란드에서 가축으로 기르는 순록과 달리, 야생 순록은 완강하게 썰매를 끌지 않으려 했다. 그래서 탐험대는 썰매를 직접 끌어야 하는 상황에 직면했지만 대원들 모두 스키 전문가였으므로 그린란드를 성공적으로 횡단했다. 탐험대의 대장인 프리드쇼프 난센Fridtjof Nansen은 곧이어 북극점을 향해 출발했다. 특별하게 제작된 선박인 프람Fram 호를 타고 얼음에 갇힌 채 얼음과 함께 북극까지 표류할 생각이었다. 난센은 1893년 6월에 출발했으며 시작은 아주 순조로웠다. 몇 달 동안 프람 호는 얼음 속에 편안하게 자리잡은 채 북쪽으로 흘러갔지만, 속도가 너무 느렸으므로 난센은 조바심이 났다. 그리고 1895년 3월이 되자 더 이상 기다릴 수가 없었다. 난센은 남아 있는 640킬로미터의 얼음 위를 동료들과 함께 스키를 타고 주파하기로 했다.

　난센 일행은 순조롭게 전진하는 듯했지만, 이내 그들이 질주하고 있는 얼음판 전체가 남쪽으로 떠내려가고 있다는 것을 알아채고 계획을 취소했다. 식량이 바닥나고 있었지만 북극점까지는 아직도 400여 킬로미터가 남아 있었다. '어지럽게 널려 있는 얼음덩이가 저 멀리 수평선까지 뻗어 있는' 광경을 보면서 일행은 발길을 돌려야 했다. 기온이 떨어지자 난센은 프란츠 요제프 제도Franz Josef Land*에 야영지를 꾸리고 그곳에서 겨울을 나기로 했다. 일행은 작은 오두막을 지은 뒤 곰과 바다코끼리, 바다표범을 잡아 식량을 비축했다. 그리고 1896년 5월, 남쪽으로 여정을 재개했다. 어느 날 아침 난센은 개가 짖는 소리를 듣고 잠에서 깨어났다. 정말 우연하게도 당시 북극 탐험대를 이끌던 영국 탐험가 프레더릭 잭슨과 마주친 것이었다. 난센과 동료들은 그렇게 구조되어 노르웨이로 돌아갔다. 몇 달 후, 프람 호가 얼음 속에서 발견되었

---

* 시베리아 앞바다에 있는 섬으로, 1872년에 오스트리아-헝가리 북극 탐험대가 발견했으며 당시 합스부르크 왕가의 왕인 프란츠 요제프 1세의 이름을 따서 그렇게 불렸다.

고 탐험대원들은 국경일에 오슬로에서 재회했다.*

북극점은 여전히 전인미답의 땅이었으므로 그 뒤로도 많은 사람이 그곳에 가려고 애썼다. 1909년 로버트 피어리Robert Peary는 23명의 일행과 함께 캐나다 엘즈미어 섬에서 썰매를 끌고 북극점을 향해 출발했다. 북극점에서 240킬로미터 떨어진 곳까지 접근한 피어리는 최종적으로 다섯 명의 대원**과 함께 스키를 타고 북극점 공략에 나섰다. 1909년 4월 6일, 피어리는 육분의 측정을 통해 북극점에서 8킬로미터 거리까지 접근했다는 것을 확인했지만 나머지 사람들이 육분의 사용법을 몰랐으므로 이 기록은 공식적으로 인정받지 못했다. 게다가 돌아오는 길에 피어리의 육분의 측정에 오류가 있었다고 기록된 것으로 미루어볼 때 일행은 기껏해야 북극점에서 48킬로미터 떨어진 지점까지 갔던 것 같다. 설상가상으로 비슷한 시기에 또 다른 탐험가인 프레더릭 쿡도 북극점에 갔다고 주장했다. 피어리를 지지하는 사람들은 곧바로 인신공격을 가해 쿡의 평판을 떨어뜨리고 자료의 정확성에 의문을 제기했다. 법적 분쟁이 이어진 후, 1911년 미국지리학협회와 하원 해군소위원회는 피어리의 손을 들어주었다. 하지만 두 기관은 피어리의 탐험을 후원한 곳이었기 때문에 판정이 공정하지 않았을 가능성도 있다. 피어리는 대중의 인기를 독차지했지만, 정말 북극점에 도달했는지 확실치 않은 것은 두 사람 모두 마찬가지다.

피어리나 쿡이 아니라면 누가 북극점에 처음 갔을까? 1926년 해군 제독인 리처드 버드Richard Byrd는 노르웨이령 스발바르 제도에서 북극점까지 열다섯 시간에 걸친 장거리 비행을 했다. 하지만 당시 비행기로

---

* 1922년 난센은 노벨 평화상을 받았다. 세계적으로 인정받은 '난센 여권'을 발행해 고향에서 쫓겨난 전쟁 난민들을 다시 만날 수 있게 한 공로였다.

** 그 일행에는 최초의 아프리카계 미국인 북극 탐험가인 매슈 헨슨Matthew Henson과 세 명의 이누이트족 사냥꾼이 있었다.

는 그렇게 멀리까지 갈 수 없고 부조종사의 증언에도 모순점이 있다면서 의혹이 제기되었다. 그로부터 불과 사흘 후, 열여섯 명을 태운 '노르게Norge'라는 이름의 비행선이 최초로 북극점에 갔다는 사실이 명확하게 밝혀졌다. 노르게 탐험대는 노르웨이 탐험가 로알 아문센이 계획을 세우고, 미국인 링컨 엘즈워스가 비용을 댔으며, 이탈리아 조종사 움베르토 노빌레가 비행선을 조종했다. 그래서 노르게 비행선은 북극점 상공을 지나면서 노르웨이와 미국, 이탈리아의 국기를 떨어뜨렸다. 그런데 나중에 이탈리아의 국기가 다른 국기들보다 더 큰 것으로 밝혀지고, 무솔리니가 이탈리아의 국가적 역량이 탁월하다는 증거로 그 탐험을 거론하면서 공적을 가로채는 바람에 논란이 일어났다.

　2년 후, 노빌레는 똑같은 비행선인 이탈리아 호를 타고 북극점에 한 번 더 갔지만 이번에는 북극점에 도달한 후 폭풍을 만나 비행선이 추락하고 말았다 이탈리아 호의 탑승 인원 중 여섯 명은 거센 바람에 휩쓸려 실종되었고 열 명은 살아남았지만 얼음 위에서 발이 묶이고 말았다. 국제적인 공조로 구조 작업이 시작되었고 한 달 후 마침내 생존자들의 위치를 찾아냈다. 스웨덴의 설상 비행기가 그들을 구조하려고 날아갔는데, 겨우 한 명만 태울 수 있었다. 노빌레는 그곳에 함께 머물겠다고 고집했지만 동료들이 설득하여 비행기에 태웠다. 이는 결국 노빌레의 평판에 좋지 않은 영향을 미쳤다. 언론은 노빌레를 겁쟁이로 보도했고, 결국 노빌레는 그 이미지를 벗지 못했다. 그는 인터뷰에서 무솔리니에게 불만을 늘어놓았지만 파시스트들은 노빌레에게만 비난을 퍼부었다. 이후 노빌레는 공군에서 퇴역해 이탈리아를 떠났다. 남은 생존자들 중 일곱 명은 소련의 쇄빙선에 구조되었지만, 이탈리아 생존자들이 조난 중에 스웨덴 기상학자를 잡아먹었다는 끔찍한 소문이 돌면서 이탈리아의 독자적인 북극점 탐험은 대외적으로 홍보는커녕 재난이 되고 말았다. 가장 큰 불행은 아문센의 실종이었다. 아문센은 비행기를 타고 이탈리아 호의 대원들을 찾아다니다가 연락이 끊기고 말았다.

북극점은 1948년에 소련의 과학자들이 근처에 상륙한 뒤 걸어서 북극점에 도달함으로써 완전히 정복되었다. 10년 후에는 최초의 원자력 잠수함인 미국의 노틸러스 호가 바다 밑으로 북극의 얼음판을 끝에서 끝까지 횡단했다. 그리고 이듬해에 또 다른 미국의 원자력 잠수함인 스케이트 호가 북극점에서 얼음을 깨고 수면 위로 떠올랐다. 요즘은 기술이 발전하고 바다의 수온이 올라간 덕분에 북극점 공략이 그리 어렵지 않다. 북극 해빙의 면적은 매년 거의 기록적으로 감소하는 추세이며 2007년에는 북서 항로가 사상 최초로 개통되었다. 북극을 통해 유럽에서 아시아로 가려 했던 꿈이 1년 중 최소한 몇 달 동안은 가능해진 것이다. 2013년 중국은 북극을 지나는 컨테이너선을 운용하면서 유럽까지의 수송 거리를 절반으로 줄였다. 북극은 인간의 손에 길들여졌을 뿐 아니라, 심지어 관광지가 되었다. 2016년 크리스털 크루즈 호가 북서 항로를 통해 밴쿠버에서 뉴욕까지 가는 28일짜리 상품을 판매하기 시작했다. 북극의 놀라운 풍경을 보는 데 6,000만 원이라는 일종의 보험료를 충분히 낼 만하다고 생각하는 사람들은 당연히 존재한다.

남극을 정복하려는 시도는 북극 정복과 동시에 진행되었고 같은 탐험가가 진행하는 경우도 많았다. 하지만 북극과 달리 지구에 마지막 남은 거대한 남극 대륙에는 뚜렷한 상업적 가치가 없었다. 순수하게 자연을 정복하려는 인간 의지의 싸움이었던 것이다. 쿡 선장은 내부에 암석이 묻혀 있는 빙산을 보고 남극의 존재를 예견했지만, 남극에 아무도 가지 않을 것이라는 예측만큼은 보기 드문 오판이 되었다. 인류는 정복되지 않은 미개척지를 오래 두고 볼 수 없는 존재였다. 1800년대 중반, 탐험대가 연이어 남극 대륙에 상륙했는데 그중에는 과거에 존 프랭클린 경의 에레보스 호와 테러 호를 탔던 사람들도 있었다(나중에 남극의 산에 '에레보스'와 '테러'라는 이름이 붙었다). 하지만 면적이 미국의 거의 두 배에 달하는 거대한 남극 대륙은 인간의 발길을 강력하게 거부하고 있었다.

북극점 정복에 대한 열기가 절정에 달했을 때 그랬던 것처럼, 남극 탐험도 여러 나라의 각축장이 되었다. 러시아와 독일, 스웨덴, 노르웨이, 프랑스, 영국, 미국, 오스트레일리아 같은 나라가 지구에서 가장 먼 곳에 먼저 도달하기 위해 치열하게 경쟁했다. 1898년에는 벨기에 탐험가가 남극 대륙에서 겨울을 보냈고, 1900년대 초에는 영국 탐험가 로버트 펠컨 스콧Robert Falcon Scott이 개썰매를 타고 남극 내륙으로 깊숙이 들어갔다. 피어리가 북극점에 '도달'했다던 1909년에는 어니스트 섀클턴Ernest Shackleton 일행이 엔진이 달린 썰매를 타고 남극점으로 향하다가 160킬로미터를 남겨두고 악천후로 발길을 돌렸다. 마침내 남극 정복이 눈앞에 다가오고 있었다. 1911년 서로 경쟁 관계인 두 탐험대가 남극점 정복에 나섰다. 로알 아문센이 이끄는 노르웨이 탐험대와 로버트 스콧이 이끄는 영국 탐험대였다. 두 사람의 경쟁은 그렇게 시작되었다.

스콧 탐험대는 엔진이 달린 썰매와 조랑말, 조립식 천막으로 단단히 무장했다. 하지만 썰매가 얼마 지나지 않아 고장 나는 바람에 대원들은 얼어붙은 빙판 위로 장비를 직접 운반해야 했다. 탐험대는 남극점에서 280킬로미터 떨어진 곳에 야영지를 꾸리고, 그곳에서 스콧이 네 명의 대원과 함께 남극점을 최종 공략하기로 계획했다. 보급품을 끌고 가기가 무척이나 힘들었지만 스콧과 네 명의 대원은 2주 동안 힘겹게 걸어간 끝에 결국 남극점에 도달했다. 그런데 그곳에서 일행은 아문센 탐험대가 34일 전에 이미 다녀갔다는 사실을 알게 되었다. 아문센의 노르웨이 탐험대는 가벼운 차림으로 개썰매를 타고 이동했다. 썰매를 끄는 개의 상당수는 동시에 탐험대의 식량이 되었다. 아문센은 남극점에 노르웨이 깃발과 천막, 몇 가지의 보급품, 그리고 그것들을 스콧 탐험대에 하사해달라고 노르웨이 왕에게 정중히 요청하는 서신을 남겨두었다. 사기가 꺾인 스콧의 영국 탐험대는 말없이 야영지로 돌아갔지만 악천후가 닥치면서 상황이 크게 악화되었다.

기온이 급격히 떨어진 상황에서 야영지로 돌아간 탐험대원들은 하루하루 체력이 떨어졌다. 오츠라는 탐험대원은 손에 상처를 입은데다 발에 생긴 심한 동상은 갈수록 악화되고 있었다. 오츠는 탐험대가 이동하는 데 방해되지 않도록 어느 날 밤 태연하게 "밖에 나갔다 오겠다, 시간이 좀 걸릴 거다"라는 말을 남기고 밖으로 나간 뒤 돌아오지 않았다. 그렇게 오츠의 희생으로 나머지 대원들은 한층 빠르게 이동했지만, 곧 엄청난 눈보라가 휘몰아쳤다. 다음 보급 지점까지 18킬로미터밖에 남지 않은 곳이었다. 그로부터 6개월 후, 수색대가 스콧의 천막 안에서 얼어붙은 시신을 발견했다. 마지막 일기는 다음과 같이 시작되었다. '우리는 끝까지 참고 견디겠지만, 점점 약해지고 있다. 최후가 멀지 않은 것 같다. 안타깝지만 더 이상 글을 쓰지 못할 것 같다. R. 스콧. 마지막 일기. 신이여 우리 대원들을 보호하소서.' 스콧은 당시에 비극적인 영웅으로 칭송받았지만, 최근 들어서는 무조건 남극점에만 도달하면 된다는 식의 무모한 열정이 대원들의 목숨을 앗아갔다면서 비난을 받고 있다.

이렇게 남극 탐험이 막을 내린 건 아니었다. 1914년 어니스트 섀클턴은 남극점을 지나 최초로 남극 대륙 횡단에 도전했지만, 남극에 도착하기도 전에 그가 타고 있던 인듀어런스 호가 얼음 속에 갇히고 말았다. 인듀어런스 호는 1년간 그렇게 떠다니다가 결국 빙산에 부딪혀 산산조각이 났다. 보급품도 바닥나고 돌아갈 방법도 없었던 섀클턴은 작은 보트를 끌고 빙판 위를 가로질러 북쪽으로 천천히 떠내려가는 유빙에 올라탔다. 그리고 유빙이 조각조각 부서지자, 보트를 타고 바다로 나아갔다. 그렇게 해서 겨우겨우 남극해의 엘리펀트 섬에 닿았지만, 그곳은 사람이 살기 어려웠고 선박이 오가는 항로에서도 수 킬로미터나 떨어져 있었다.* 일행은 이미 1년 반 동안 생존을 이어가고 있었지만, 당시에 구조될 수 있는 유일한 방법은 보트를 타고 1,360킬로미터 떨어진 사우스조지아 섬의 포경 기지까지 가는 것뿐이었다.

섀클턴은 다섯 명의 대원과 함께 나머지 대원들의 구조를 요청하기 위해, 언제든지 배가 뒤집힐 위험이 있는 폭풍우 속에서 보트를 타고 몇 주 동안 앞으로 나아갔다. 그리고 마침내 사우스조지아 섬에 도착할 무렵에는 해안가 바위에 부딪히지 않도록 폭풍우의 강한 바람과도 맞서 싸워야 했다.** 서둘러 해안에 상륙한 섀클턴과 대원 한 명은 울퉁불퉁한 바윗길을 50여 킬로미터나 터벅터벅 걸어서 마침내 섬 반대편에 있는 포경 기지에 도착했다. 탐험의 목표는 달성하지 못했지만, 섀클턴은 수많은 어려움을 헤치고 대원들의 목숨을 지켰을 뿐 아니라 구조 요청에 성공함으로써 역사상 가장 위대한 구조 작업을 완수했다. 그리고 굳건한 의지와 포기할 줄 모르는 통솔력으로 단 한 명의 대원도 잃지 않았다. 1921년에 시작된 그의 또 다른 남극 탐험에 많은 사람이 자원한 것을 보면 그에 대한 대원들의 충성심이 어떠했는지 짐작할 수 있다. 많은 위험이 도사리고 있음에도 불구하고, 혹은 위험이 도사리고 있기 때문인지도 모르겠지만, 아무도 그들의 탐험 충동을 억누를 수 없었다.

남극은 결국 인간의 기술 앞에 무릎을 꿇었다. 1929년 리처드 버드

---

* 다행히도 그곳에는 식량으로 삼을 수 있는 바다표범이 살았다. 탄수화물은 부족했지만 바다표범 고기와 지방은 충분히 먹을 수 있었고, 선원들은 집에서 먹던 음식 맛을 재현하려고 매일 밤 요리책을 읽었다.
** 그 폭풍우에 부에노스아이레스로 가던 500톤짜리 증기선이 침몰했다.

제독은 비행기를 타고 남극점 상공을 비행했다. 역시 비행기를 타고 북극점 상공을 비행한 후 3년 만의 일이었다. 서로 모순되는 다양한 주장이 제기되면서 남극 탐험은 저마다 소유권을 주장하는 쟁탈전으로 변질되었다. 가장 악의적이었던 사례는 1939년에 일어났다. 독일 탐험대가 남극 상공을 지나면서 작은 나치 깃발을 빙판 위 곳곳에 떨어뜨린 것이다. 세계 각국은 분쟁을 방지하기 위해 1959년에 조약을 체결해 남극에서 무기 사용을 금지했으며 전 세계의 모든 사람이 과학적 목적으로 남극을 자유롭게 오갈 수 있게 되었다. 인간이 살지 않던 유일한 대륙이 전쟁 위험이 없는 유일한 대륙으로 변모한 것이다. 남극조약은 지구 밖에 있는 다른 천체의 소유권에 대한 선례가 될 것이다. 그리고 여러모로 남극은 얼음으로 덮인 화성의 한대 지역이나 목성의 위성인 유로파Europa의 환경과 크게 다르지 않다. 최근 연구에서는 남극의 거대한 얼음 아래 깊은 곳에 얼지 않은 호수가 있다는 것이 밝혀졌다. 이렇게 멀리 떨어져 있고 사람이 살기 힘든 환경에서도 생명체는 발견된다. 우리가 지구의 가장 외딴 지역에서 배울 수 있는 가장 뜻깊은 교훈이 바로 이것인지도 모른다. '생명은 어떻게든 어려움을 극복한다. 그리고 그 속에서 번성하는 경우도 많다.'

17

창공에 이름을
새기다

진화의 역사에서 최근까지도 달리는 속도보다 더 빠르게 이동한 적이 없으며 기초적인 도구 이상의 것을 만들어본 적이 없는 인간이 오늘날 자동차를 운전하고 전 세계를 망라하는 네트워크를 구축했다는 것은 참으로 놀랍기만 하다. 인류가 비행기를 설계하고 제작하고 운용하는 기술을 개발한 지 100년이 넘었지만 비행기는 여전히 신비롭고 불가사의한 것처럼 느껴질 때가 많다. 요즘은 워낙 비행에 익숙해져 있기 때문에 공기 흐름을 제어하는 곡선 돌출부(날개를 의미한다 - 옮긴이)만 붙어 있는 금속 구조물이 500톤이 넘는 몸체와 연료, 승객, 화물을 실어나른다는 것이 얼마나 놀라운지 실감하지 못할 때가 많다.* 비행기의 구조를 가만히 생각해보면, 베르누이의 원리를 모르는 사람은 겁이 날 수도 있다. 그럼에도 불구하고 비행기 여행은 매우 안전하다.

정말 안전한지 확인하고 싶다면 아무 공항에나 가서 착륙하려고 줄을 서서 기다리는 비행기가 얼마나 많은지를 보라. 평균적으로 전

---

* 세계에서 가장 큰 항공기인 안토노프 An-225는 640톤의 화물을 실어나를 수 있는데, 아프리카코끼리 150마리에 해당하는 무게다.

세계에서 일어나는 대형 항공 사고는 한 달에 한 건이 채 되지 않는다. 300만 건의 상업 비행 중 한 건이 안 되는 비율이다. 자동차 사고로 죽을 확률이 비행기 사고로 죽을 확률보다 여덟 배나 높다. 세계 최악의 항공사를 이용하더라도 사고로 죽을 확률은 (200만 분의 1 정도로) 복권 당첨 확률보다 낮으며, 세계 최고의 항공사를 이용한다면 그보다 훨씬 더 낮아진다. 이러한 안전성은 비행기의 본질적인 특성이기도 하다. 교통수단의 위험성은 다른 물체와 충돌할 수 있다는 데 있다. 그리고 충돌이 일어나면 우리 몸이 감당하지 못할 정도로 빠른 시간에 속도가 급격히 줄어들기 때문에 위험한 것이다. 하지만 항공 여행은 충돌할 만한 물체와 아주 멀리 떨어져 있기 때문에 충돌에 대처할 수 있는 시간이 더 길다. 높이 떠 있을수록 더 안전한 것이다.

비행의 기본 물리법칙을 따져보면 비행기는 엔진의 도움 없이도 아주 먼 거리를 활공할 수 있다. 보잉 747 기종의 활공비(항공기가 활공할 때의 비행거리 대 비행고도 비율 - 옮긴이)는 15 대 1이다. 즉 일반적인 비행고도에서는 엔진이 모두 꺼지더라도 160여 킬로미터를 더 비행할 수 있다는 말이다. 게다가 수백만 시간을 비행했을 때 엔진이 한 번 고장 나는 수준이다. 비행기는 대부분 엔진 하나만으로 비행할 수 있으며, 여러 개의 엔진이 달린 비행기에서 엔진이 전부 고장 나는 경우는 전 세계적으로 몇 년에 한 번꼴로 발생한다. 이렇게 신뢰성이 높은 것은 그만큼 엔진을 특별하게 시험하기 때문인데 극단적인 온도에서 가동하고, 분당 3,000리터라는 엄청난 양의 물이나 얼음, 눈을 쏟아붓고, 냉동 닭 등의 쓰레기를 대포로 쏘아대기도 한다. 아주 가혹한 시험이다. 또한 자주 점검하기 때문에 사고가 일어나기 한참 전에 기계적인 문제를 찾아낸다. 만약 미처 발견하지 못했더라도 보조 시스템이 있어서 심각한 손상을 입은 상태에서 계속 비행할 수 있다.

비행기가 안전한 또 다른 이유는 설계 기준에 있다. 비행기는 승객에게 위협이 되는 중력가속도를 견딜 수 있게 해준다. 난기류 때문에 비행기가 손상되는 경우도 거의 없다. 사실 여객기는 난기류로 인해 절대 추락하지 않는다.* 공학자들은 최악의 조건에서 구조물이 견뎌야 하는 힘을 계산한 다음, 안전율(최악의 조건에서 구조물이 견뎌야 하는 힘 대비 구조물이 실제로 견딜 수 있도록 설계된 힘의 비율로, 안전율이 높을수록 더 안전하다 - 옮긴이)을 그보다 높게 설계한다. 안전율의 크기는 구조물에 따라 다르다. 교량이나 건물은 안전율 200퍼센트, 그러니까 최악의 조건에서 견뎌야 하는 힘의 두 배까지 견딜 수 있게 설계하고 비행기는 최소 150퍼센트 이상으로 설계한다. 이 말은 여러분이 보는 모든 기계나 구조물은 지나칠 정도로 튼튼하게 설계되었다는 뜻이다. 우주선이나 로켓의 안전율은 일반적으로 낮은 편이다. 너무 튼튼하게 설계하면 효율이 떨어져서 제대로 기능할 수 없기 때문이다.

비행이 초창기부터 안전했던 것은 아니다. 비행의 선구자들은 대부분 한 번 이상 추락을 경험했다. 라이트 형제가 최초로 비행에 성공하고 5년이 지난 1908년, 최초의 항공 사고 사망자가 생겼다. 오빌 라이트의 비행기에 동승했던 토머스 셀프리지 중위가 사고로 목숨을 잃은 것이다. 라이트 형제가 군에 인도한 비행기 여섯 대는 모두 1년 안에 추락했으며 열한 명의 군 조종사가 목숨을 잃었다. 루이 블레리오Louis Blériot는 1909년에 최초로 영국 해협 횡단에 성공하기 전까지 두 번의 추락 사고를 겪었다. 콘스탄티노플에서 이집트까지 최초로 장거리 비행을 한 비행기는 실종되어 잔해조차 찾지 못했다. 제1차 세계대전에 참전한 조종사들은 공중전을 벌이기에 앞서 무모할 정도의 용기가 있어

---

* 아주 드물게 건물이나 높은 산 근처에서 돌풍으로 인해 조종사가 순간적으로 통제력을 잃으면서 추락하는 경우가 있지만, 일반적으로 상공에서 난기류로 인해 항공기가 추락하는 경우는 없다.

야 했다. 사망자 대부분이 적과의 교전이 아닌 추락 사고로 사망했기 때문이다. 전투기 조종사들은 고작 열일곱 시간의 교육을 받은 뒤 전투에 투입되었으므로 생존 기간이 채 몇 주가 되지 않았다. 당시에는 비행기를 너무 쉽게 포기하는 일이 없도록 조종사에게 낙하산도 지급하지 않았다.

이런 선구자들이 한계에 도전하는 동안, 비행은 위험한 모험에서 안전한 교통수단으로 서서히 변모했다. 찰스 린드버그Charles Lindbergh는 무수한 신화의 주인공이지만, 그가 최초로 대서양을 횡단했다는 것은 사실과 거리가 멀다. 최소한 81명이 그보다 먼저 대서양을 횡단했으며 그중에는 단독비행을 한 사람도 있다. 비행기로 대서양을 처음 건넌 사람은 1919년에 개조한 폭격기를 조종한 영국 조종사 올콕과 브라운이었다. 린드버그는 그런 조종사들 중에서 가장 유명했을 뿐이었으며, 그렇게 된 것은 그가 미국인이고 홍보에 능했으며 뉴욕에서 파리까지 단독 무착륙비행으로 상을 받았기 때문이다. 당시의 비행기는 속도가 느려 대서양 횡단에 많은 시간이 걸렸다. 현재의 상업용 항공기처럼 다섯 시간 만에 주파했을 거라고 생각해선 안 된다. 린드버그가 대서양을 횡단하면서 비행기를 조종한 시간은 총 33시간이었다. 엄청난 인내심으로 이룬 업적임은 분명하다. 린드버그를 비롯한 장거리 비행 조종사들이 겪는 가장 큰 위험도 조종하다가 잠이 드는 것이었다.

최초의 세계 일주 비행은 1927년이었던 린드버그의 대서양 횡단보다 3년 앞선 1924년, 캘리포니아에서 네 대의 비행기가 이륙하면서 시작되었다. 조종사들은 최단거리 경로를 선택해 태평양 대신 알래스카를 지나 일본으로 비행했다. 네 대 중 세 대가 도중에 추락하고 수리를 위해 비행이 중단되는 등의 어려움을 겪으면서 예상보다 긴 6개월이 걸렸다. 1928년의 두 번째 세계 일주 비행에서는 최초로 태평양 횡단 비행이 이루어졌다. 찰스 킹스포드 스미스Charles Kingsford Smith와 네 명의 대원은 세 차례의 비행을 통해 캘리포니아에서 태평양을 지나 오스트레일리아까지 갔다. 그중에서 가장 긴 구간은 34시간 동안 하와이에서 피지까지 5,150킬로미터를 비행하는 구간이었다. 이후 10여 년간 중요한 비행 기록이 수립되었는데, 1931년 일본에서 워싱턴 주에 이르는 41시간 무착륙 장거리 비행도 그중 하나였다. 그럼에도 당시 유명한 여성 비행사 아멜리아 에어하트Amelia Earhart의 성과만큼 대중의 시선이 집중된 것은 없었다. 에어하트는 비행에 관한 한 당대의 미국인들에게 가장 인기가 높았다. 그녀의 겸손한 태도와 헝클어진 머리카락은 미디어에 관심이 많은 세대에 완벽한 여주인공의 모습이었다.

미국에서 조종사 자격증을 딴 열여섯 번째 여성이었던 에어하트는 여성 최초로 대서양 횡단 비행에 성공했다. 또한 미국의 동부 해안에서 서부 해안까지 4,000여 킬로미터를 단독비행으로 열아홉 시간 동안 횡단한 최초의 여성이었다. 에어하트는 비행 속도나 비행시간에 관한 기록을 여러 번 깨뜨렸으며 남성이 대부분이었던 비행기 조종 분야에서 남성들의 기록을 깨뜨리기도 했다. 그녀는 비행클럽을 조직하고 대중적인 책과 글을 썼으며 대중 연설을 하면서 전국을 여행했다. 퍼듀대학교에서는 객원교수로 항공공학을 가르치면서 여학생들에게 과학자나 공학자로의 진로를 상담해주었다. 또한 미국항공협회의 부회장이 되어 최초의 항공사가 설립되는 데 기여했다. 에어하트는 금단의 벽을 무너뜨리고 비행기 여행을 발전시켰을 뿐 아니라 전 세계의 모든 사람에게 도전의 영역을 넓혀주었다.

아멜리아 에어하트는 늘 좌충우돌했다. 어린 시절에는 나무에 올라가거나 엽총을 쏘거나 집에서 작은 롤러코스터 만들기를 좋아했다. 한번은 창고의 지붕에 미끄럼틀을 만들어 붙인 다음 작은 수레를 타고 신나게 내려가기도 했다. 어린 에어하트는 옷이 찢어지고 군데군데 멍이 든 채 잔뜩 흥분한 모습으로 그 최초의 '비행'이 아주 성공적이었다고 자평했다. 1920년 에어하트는 유명한 비행기 조종사인 프랭크 호크스와 함께 처음으로 실제 비행을 경험했다. 그녀의 인생을 바꿔놓은 비행이었다. 비행기가 이륙하는 순간 에어하트는 자신이 비행을 위해 태어났다는 생각이 들었다. 사진작가부터 트럭 운전사까지 다양한 직업을 거치면서 그녀는 가까스로 비행훈련에 필요한 돈을 모았다. 그리고 이듬해 버스를 타고 캘리포니아 주 롱비치 인근의 비행장에 가서 베테랑 조종사인 네타 스누크Neta Snook에게 비행 기술을 가르쳐달라고 말했다.* 에어하트는 채 1년이 지나지 않아 비행 기록을 세웠으며 사람들은 그녀의 단발머리와 낡은 가죽 항공재킷에 관심을 갖게 되었다.

1924년 에어하트는 컬럼비아 대학교에 입학해 의학을 공부했지만 얼마 지나지 않아 돈이 바닥나는 바람에 학업을 그만두어야 했다. 그녀는 매사추세츠 공과대학MIT에 입학하려고도 했지만 등록금을 감당할 수 없어서 교사와 사회복지사로 일해야 했다. 그러는 동안에도 비행에 관한 관심을 놓지 않았으며 비행클럽에 가입하고 신문에 칼럼을 쓰기도 했다. 찰스 린드버그가 대서양 횡단 비행을 한 직후, 억만장자 비행 애호가인 에이미 핍스 게스트Amy Phipps Guest가 '대서양 비행'에 '적합한 이미지'의 여성 비행사를 찾다가 에어하트에게 연락을 해왔다. 게스트가 제안한 것은 부조종사 겸 정비공 겸 항법사로 남자 조종사를 돕는 역할이었지만 에어하트는 기꺼이 수락했다. 그녀는 비행이 끝나고 착륙 후에 진행된 인터뷰에서 자신의 역할이 "감자 포대 같은 수하물과 다를

---

* 네타 스누크는 혼자 힘으로 여성 비행사가 된 선구자였다. 에어하트와는 친구가 되었으며 나중에 은퇴한 뒤에는 에어하트의 비행 교사였다는 전력으로 유명해졌다. 『나는 아멜리아의 비행 교사였다 I Taught Amelia to Fly』라는 자서전을 남겼다.

바 없었지만…… 언젠가 단독비행을 하게 될 것"이라고 겸손하게 말했다. 비록 보조 역할이었지만 에어하트는 백악관에 초대되어 캘빈 쿨리지 대통령을 만났으며 신문들은 그녀를 '하늘의 여왕'으로 보도했다.

세간의 주목을 한몸에 받게 된 에어하트는 유명세를 이용해 독자 비행에 필요한 비용을 조달할 수 있겠다는 생각으로 신문과 잡지에 여성 패션을 홍보하는 일을 시작했다. 그리고 곧 부조종사로 비행했다는 '오명'을 씻을 만한 성과를 올렸다. 1928년에는 미국 본토를 단독으로 횡단했고 1932년에는 다시 한 번 대서양을 횡단했다. 1929년 미국에서 처음으로 뉴욕과 워싱턴 DC 간에 정기적으로 여객을 수송하는 회사가 설립될 때 도움을 주기도 했다.*

사회 활동도 활발했던 에어하트는 여권 신장을 위해 투쟁했다. 그리고 여섯 번째 청혼을 받은 후 작가인 조지 퍼트넘에게 마지못해 결혼을 수락했지만 결혼 생활을 하는 동안 동등한 관계를 유지해야 한다고 주장했다. 그래서 에어하트는 남편의 성을 따르지 않았으며 퍼트넘은 곧잘 자신을 '미스터 에어하트'로 불렀다. 그녀는 영부인 엘리너 루스벨트와 함께 여성운동을 하면서 영부인이 조종사 면허를 따도록 도와주고 함께 비행하기도 했다. 그러는 동안 에어하트는 더 큰 도전을 열망했는데, 그것은 바로 세계 일주 비행이었다. 물론 앞서 세계 일주 비행을 한 사람들이 있었지만 에어하트의 계획은 당시 가장 긴 시간 동안 일주하는 것이었으며 가능한 한 적도에 가까이 붙어서 비행할 생각이었다. 그녀는 퍼듀 대학교에서 비용을 지원받아 '엘렉트라Electra'라는 이름으로 알려진 쌍발기 '록히드 엘렉트라 10E'를 개조하여 여분의 연료탱크와 장비를 추가했다. 그리고 태평양을 비행한 적이 있는 프레드

---

* 이때 설립된 회사가 '트랜스콘티넨털 에어 트랜스포트Transcontinental Air Transport'이며, 2001년 아메리칸 항공에 인수되면서 'TWA'가 되었다.

누넌 Fred Noonan 을 부조종사로 고용했다.

첫 번째 도전은 결과가 좋지 않았다. 1937년 3월, 캘리포니아에서 하와이까지 날아간 비행기는 진주만에서 이륙할 때 기체가 손상되는 바람에 수리를 위해 배에 실려 캘리포니아로 이송되었다. 같은 해 6월, 에어하트와 누넌은 다시 한 번 도전 준비를 마치고 이번에는 동쪽 방향으로 대륙을 횡단하기로 했다. 그리하여 마이애미에서 남쪽으로 비행해 남아메리카를 경유하고 아프리카, 인도, 싱가포르를 거쳐 최종적으로 6월 29일 뉴기니에 도착했다. 총 3만 5,400킬로미터, 그러니까 계획했던 전체 비행거리의 75퍼센트를 비행한 후였다. 이제 마지막으로 남은 구간은 광활한 태평양을 횡단하는 가장 위험한 구간이었다. 계획은 우선 하와이로 비행하면서 중간에 하울랜드라는 작은 섬에 내려 연료를 보충하는 것이었다. 하울랜드 섬에 정박 중인 연안경비대의 아이타스카 호가 에어하트에게 무선 신호를 보내 항로를 안내할 예정이었다. 그런데 에어하트는 그곳에 나타나지 않았다.

무슨 일이 벌어졌던 걸까? 정확한 사건 경위는 밝혀지지 않았지만 에어하트와 누넌이 아이타스카 호의 신호를 수신하지 못했고, 그래서 결국 태평양 상공 어딘가에서 연료가 바닥났다는 건 분명해 보였다. 원인은 엘렉트라 호의 무전기와 안테나의 주파수가 서로 맞지 않았기 때문일 수도 있다. 그 당시 무선항법은 갓 탄생한 기술이었고 무선장비는 제대로 검증되지 않았다. 또는 당시 사진을 통해 뉴기니에서 이륙할 때 비행기의 안테나가 손상되었을 수 있다는 추정도 가능하다. 에어하트는 하울랜드 섬에 접근하면서 몇 차례 무선 신호를 보냈고 아이타스카 호는 그 신호를 수신했다. 첫 번째 신호는 날씨와 비행 상황에 관한 통상적인 내용이었는데, 에어하트는 잠시 후 아이타스카 호에 무선 신호를 켜달라고 요청했다. 이미 엘렉트라 호에 무선 신호를 보내고 있었던 아이타스카 호의 선원들은 에어하트가 신호를 수신하지 못하고 있음을 깨닫고 당황하기 시작했다.

에어하트는 하울랜드 섬의 방향을 알려달라고 했는데, 아이타스카 호에는 레이더가 없어서 엘렉트라 호의 위치를 파악할 수 없었다. 설상가상으로 아이타스카 호는 엘렉트라 호의 주파수로 음성을 보낼 수 없었기 때문에, 에어하트의 음성은 들을 수 있었지만 대답은 모스부호로만 가능했다. 잠시 후 에어하트는 하울랜드 섬이 있을 것으로 예상한 지점에 도착했지만 섬은 보이지 않았고 연료는 계속 줄어들고 있었다. 아이타스카 호는 보일러를 가동해 에어하트가 볼 수 있도록 연기를 피워 올렸지만 아무 소용이 없었다. 그녀가 보낸 신호 중에서 마지막으로 또렷하게 수신된 것은 위치 신호였다. 그런 다음 알아들을 수 없는 말이 몇 차례 수신되었다. 그러고는 교신이 끊겼다. 이후 아멜리아 에어하트 수색 작업이 시작되었다. 해군에서는 구축함 콜로라도 호와 항공모함 렉싱턴 호를 비롯해 주변의 모든 선박에 수색을 지시했다. 당시로서는 사상 최대이자 비용이 가장 많이 들어간 수색 작업이었다. 일본 선박 두 척도 수색에 참여했다. 며칠 동안 산발적으로 무선 신호가 수신되자 엘렉트라 호가 바다에 불시착한 것이 아니냐는 추측도 했지만, 수색 작업에 동원된 선박과 비행기가 워낙 많았기 때문에 엘렉트라 호의 신호인지는 정확히 알 수 없었다. 선박들이 몇 달 동안 태평양의 많은 산호섬을 돌아다니며 실종된 조종사들의 흔적을 탐색했다.

에어하트가 단순히 비행기 연료가 바닥나 바다에 불시착했을 수도 있지만, 가장 유력한 의견은 두 사람이 멀리 떨어진 가드너 섬에 불시착해 부상을 당한 채 며칠 동안 생존했을 수도 있다는 것이었다. 이 주장을 뒷받침하는 여러 증거가 있었다. 엘렉트라 호가 불시착한 뒤 무선 신호가 여러 건 수신되었다거나, 1937년 촬영된 가드너 섬의 항공

사진에 비행기 잔해 같은 것이 찍혀 있었다는 것이 그런 증거의 일부였다. 1940년에는 영국 조종사가 가드너 섬에서 발견한 유골이 에어하트와 일치하는 것으로 추정되었지만 나중에 유골이 홀연히 사라지는 바람에 의혹만 증폭되었다. 그리고 그때 유골과 함께 육분의 상자, 접이식 칼 등 수상쩍은 물건들이 발견되었다고 하는데, 그것들이 가드너 섬에 있는 제2차 세계대전 때의 무선 기지에서 나온 건 아닌지 확실치 않았다.* 에어하트가 일본군 포로가 되었다는, 창의적이지만 근거 없는 소문이 놀라울 정도로 빠르게 퍼지기도 했다. 하지만 엘렉트라 호 사고는 일본과 전쟁이 벌어지기 몇 년 전의 일이었으므로, 그 소문은 이내 일본군이 비행기를 분해해 항공 기술을 습득했고 에어하트는 처형을 당했거나 '도쿄 로즈' 프로그램**에 이용하기 위해 도쿄로 데려갔다(이 소문은 너무나 터무니없어 보인다)는 식으로 바뀌었다.

에어하트의 비행이 불행하게 끝난 후, 제2차 세계대전이 발발하면서 항공 기술은 혁명적으로 발전했다. 그리고 제트기 시대가 열리면서 비행기는 그 어느 때보다 더 높이, 더 빠르게, 더 멀리 비행하게 되었다. 요즘은 매일 10만 편의 상업 항공기가 운항되고 있으며 가장 큰 여객기에는 1,000명의 승객이 탈 수 있다(최고 기록은 1991년 아디스아바바에서 사람들을 대피시킬 때 태웠던 1,088명이다. 비행 중에 태어난 두 명의 아기가 포함된 숫자다). 초창기 선구자들의 꾸준한 노력 덕분에 비행기는 그 어느 때보다도 안전한 교통수단이 되었다. 그럼에도 초창기 비행사들이 느꼈던 비행의 경이로움은 지금도 여전하다. 2016년 6월에는 태양광에너지로 비행하는 항공

---

* 가드너 섬에서 일어났던, 채 100년도 지나지 않은 항공기 사고를 확인할 수 있는 증거가 충분하지 않은 것을 보면, 제7장에서 보았듯이 신세계와 구세계의 초기 접촉 사실을 확인하기가 얼마나 어려운지 알 수 있다. 고고학적 증거가 수백 년 동안 상당히 많이 남아 있어야만 하는 것이다.

** 전쟁 중에 일본군은 영어를 할 줄 아는, 통칭 '도쿄 로즈Tokyo Rose'라고 불린 여성들을 이용해 연합군 병사들을 조롱하는 방송을 내보냈다. 연합군 병사들의 사기를 떨어뜨리려는 목적이었지만, 실제로는 미국인들에게 인기가 아주 높아서 많은 사람이 열심히 그 방송을 들었다.

기가 연료를 단 한 방울도 넣지 않고 최초로 지구를 일주했다. 이제 조금만 있으면 더욱더 친환경적으로 제작된 비행기가 화물과 승객을 아주 먼 목적지까지 실어나를 것이다. 지대지 로켓도 곧 실용화되어 궤도 비행처럼 초고속으로 비행하면서 전 세계 어느 곳이든 한 시간 안에 도착하는 날이 올 것이다. 인류의 미래는 하늘을 향해 열려 있다.

18

우주 경쟁의
신호탄

우주로 나가는 것은 비행하는 공간이 자연스레 확장되는 것이나 다름없다. 그냥 조금 더 높이 올라가면 되는 것이다. 언뜻 보기에 대기는 텅 비어 있는 것 같은데, 고대 철학자들 이후로 다들 그렇게 생각해왔다. 물속에서는 헤엄을 칠 수 있지만 대기 중에서는 헤엄을 칠 수 없다.* 그런데 조금만 더 깊이 생각해보면, 대기가 텅 비어 있다는 말은 조금 이상하다. (태풍이 불 때는 말할 것도 없고) 산들바람이 불 때 산책을 해보면 대기에 큰 힘이 있음을 분명히 알게 된다. 대기가 텅 비어 있다고 느끼는 것은 단지 대기가 모든 방향에서 똑같은 힘으로 우리 몸을 밀고 있기 때문이다. 사실 대기는 생각보다 무거워서 1제곱센티미터당 약 1킬로그램의 압력으로 우리 몸을 누르고 있으며 우리 몸도 똑같은 힘으로 대기를 밀어내고 있다. 비행기와 헬리콥터는 대기 속에 압력 차이를 만들어 하늘로 날아오른다. 밑에서 위로 산들바람이 불게 하는 것이나 다름없다. 풍선이 뜨는 이유는 공기보다 가볍기 때문이

---

* 우주정거장에서는 느리긴 하지만 팔다리를 움직여 허공 속에서 실제로 '헤엄칠' 수 있다.

다. 우주는 텅 비어 있지 않지만 원자의 밀도가 대기의 100경('1' 뒤에 '0'이 열여덟 개가 붙는다) 분의 1에 불과해서 원자가 1제곱센티미터당 몇 개밖에 없다. 그래서 우주에서는 공기를 밀어내는 방법으로 이동할 수 없다.

1865년에 출판된 쥘 베른Jules Verne의 소설 『지구에서 달까지From the Earth to the Moon』를 보면 우주여행에 관한 옛사람들의 해결책을 엿볼 수 있다. 그 책에서 승무원들은 거대한 대포로 우주선을 쏘아 올린다. 이론적으로는 가능하지만, 그런 대포를 만든다면 엠파이어스테이트 빌딩보다 커야 하고 대포에서 발사되는 우주선의 승무원들은 중력가속도의 2만 2,000배나 되는 압력을 견뎌야 한다. 그 정도의 압력이면 승무원들이 죽는 것은 물론이고 세포 단위로 산산조각이 날 것이다. 따라서 그 문제를 해결해야만 한다. 그런데 사람들이 전혀 예상치 못했던 러시아의 시골에 있는 통나무집에서 해결책이 나왔다. 그곳에 은둔한 괴짜 과학자가 우주여행 방법을 연구하고 있었던 것이다. 1880년부터 1935년까지 콘스탄틴 치올콥스키Konstantin Tsiolkovsky는 우주여행에 관해 400편이 넘는 논문을 썼다. 비록 로켓을 직접 만든 적은 없지만 다단계 로켓이나 자세제어 추진기, 이원식 추진제(연료와 산화제를 따로 분리해 저장한 뒤 연소실에서 혼합하여 연소시키는 방법 - 옮긴이), 극저온 로켓 연료, 재생 냉각법(고온에 노출되는 로켓 엔진의 연소실과 노즐 주위를 코일로 둘러싸고 그 속에 액체연료나 산화제를 통과시켜 냉각하는 방법 - 옮긴이), 우주정거장, 우주선의 밀폐식 출입구, 생명 유지 장치, 행성 간 이동 궤도 등의 기본 원리를 발전시켰다. 그가 1903년에 쓴 역작 『로켓 장치를 이용한 우주 탐험Exploration of Outer Space by Means of Rocket Devices』은 우주여행을 위한 완벽한 청사진을 제공했고, 그 이후 진행된 모든 연구의 기반이 되었다.

치올콥스키의 이론을 처음 시험한 사람은 로버트 고다드Robert Goddard였다. 1926년 고다드는 세계 최초로 액체 추진 로켓을 발사하는

데 성공했다. 그는 시험발사대를 짓고 로켓 분사구의 형태에 따른 추진력과 배기속도(추진력과 배기속도는 로켓에서 가장 중요한 특성이며 각각 로켓의 출력과 효율을 좌우한다)를 실험했다. 공학에서는 근본 원리보다 실용적 기술이 더 중요한 경우가 많다. 원리를 이해하지 못해도 활용할 수는 있다. 그래서 때로는 여러 대안을 시험해보는 것이 더 수월하다. 그게 고다드의 방식이었다. 그는 마침내 배기속도가 초당 2,133미터(오늘날의 기준에서는 느리지만 당시에는 이후의 모든 로켓에 영향을 미친 획기적인 속도였다)인 엔진을 만들어냈다. 고다드는 전 세계에 제자가 많았다. 그중에는 독보적으로 우주 시대를 앞당긴 인물도 있었다.

베르너 폰 브라운Wernher von Braun은 열정적이며 논란이 많은 인물로, 나치 독일에서 최초의 로켓 무기를 개발한 뒤 미국으로 건너가 냉전 시대에 우주 경쟁을 주도했다. 그는 어린 시절부터 연구를 시작했다. 열두 살 때는 수레에 로켓을 묶어 연기와 화염을 뿜어내면서 마을을 질주한 탓에 경찰에 체포되기도 했다. 고다드의 실험을 책에서 읽은 뒤에는 수단과 방법을 가리지 않고 인류를 우주로 보내겠다는 끝없는 열정을 품게 되었다. 1932년 베를린 공과대학교를 졸업하고 대학에서 로켓의 선구자인 헤르만 오베르트 밑에서 연구하던 폰 브라운은 어느새 군사정권의 그림자가 전국에 드리웠음을 알게 되었다.*

폰 브라운은 별에 가고 싶었지만, 그러기 위해서는 연구자금이 필요했다. 독일 군부는 베르사유 조약(로켓 무기는 언급되어 있지 않았다)의 군비제한 조항을 회피할 수 있는 로켓 연구 지원에 관심을 보였다. 1934년 독일 군부는 폰 브라운의 액체로켓 추진에 관한 학위 논문을 대외비로 지정했다. 그리고 얼마 후 젊은 폰 브라운은 독일의 로켓 개발 사업을

---

* 오베르트는 독자적인 연구로 '로켓의 아버지'가 되었고 로켓 공학의 기초를 설명한 『행성 세계로 가는 로켓 The Rocket into Planetary Space』(1922년)과 『우주항법 Ways to Space Flight』(1929년)을 남겼다.

주도하면서 1942년에 우주로 첫 로켓을 쏘아 올렸다. 전쟁이 끝날 때까지 독일 군부를 위해 일했던 그는 나치 정권과 복잡한 관계를 맺고 있었다. 나치의 지원은 필요하지만 나치와의 관계는 단지 목표를 위한 수단일 뿐이라고 생각했던 것이다.* 폰 브라운은 나치 고위부의 환심을 사기도 했지만, 동시에 도주 가능성이 있는 인물로 감시당했으며 게슈타포에 체포되어 심문을 받은 적도 있었다. 전쟁이 끝나가면서 연합국과 소련의 군대가 독일의 심장부로 진격할 무렵, 폰 브라운은 미국이 소련보다 먼저 확보하려는 독일 과학자 명단에 포함되어 있었다. 그리고 1945년 5월 2일, 로켓 연구팀과 함께 미군에 항복했다.

폰 브라운은 동료들과 함께 미국에 가서 미국 육군을 위해 일하게 되었다. 미국은 위장 취업 서류를 발급하여 나치에 부역했던 그의 과거를 깨끗하게 세탁해주었다. 냉전 시대가 지속되고 있었고 미국은 소련과의 경쟁에서 앞서기 위해 총력을 기울여야 했던 것이다. 폰 브라운 연구팀의 첫 번째 임무는 세계대전이 끝난 뒤 미국이 탈취하여 뉴멕시코 주의 화이트샌즈로 옮겨놓은 V-2 로켓을 개조해 발사하는 것이었다. 미국 우주 사업의 시작이었다. 1950년 폰 브라운과 로켓 연구팀은 앨라배마 주 헌츠빌의 레드스톤 병기창으로 자리를 옮겼다. 그곳은 훗날 '마셜 우주비행센터'가 되는데, 지금도 미국항공우주국 로켓 설계 프로그램의 본산인 곳이다. 헌츠빌에서 군을 위해 연구하면서, 폰 브라운 연구팀은 점점 더 정교한 로켓을 제작했다.

한편 소련은 자체적으로 로켓을 개발하기 위해 총력을 기울였다. 소련 입장에서는 미국 공군의 화력이 더 강하고 유럽의 공군기지가 소련의 심장부에 가깝다는 부담도 있었다. 소련이 보기에, 영토가 멀리

---

* 폰 브라운의 삶을 그린 1960년대 영화 「별을 겨냥하다 I Aim at the Stars」에는 비공식적으로 '하지만 가끔 런던을 폭격하다 But Sometimes I Hit London'라는 부제가 붙기도 했다.

떨어져 있다는 미국의 이점을 약화시키려면 중간에 격추되지 않고 타격하는 기술을 개발해야 했다. 그 방법은 바로 우주로 날아올라 미국 본토를 직접 공격하는 미사일이었다. 경쟁은 계속되었다. 소련의 연구진을 이끄는 사람은 세르게이 코롤료프Sergei Korolev였다. 코롤료프도 폰 브라운처럼 평화로운 방법으로 우주 탐험을 연구하고 싶었지만 연구비를 지원받을 곳이 소련 군부밖에 없었다. 몇몇 독일 과학자의 도움을 받아, 소련은 1957년에 세계 최초로 대륙간탄도미사일ICBM인 R-7을 개발하면서 미국과의 경쟁에서 승리했다.* 코롤료프는 미국을 타격할 수 있는 그 기술로 평화 목적의 위성도 궤도에 올릴 수 있음을 알게 되었다. 그렇게 해서 스푸트니크 계획이 추진되었는데, 대중 선전을 위한 목적이 컸지만 어쨌든 결과적으로 세상을 바꾸게 되었다.

1957년 스푸트니크 위성의 우주 비행으로 모든 것이 바뀌었다. 스푸트니크는 지구의 상공을 돌면서 반복적으로 무선 신호를 전송했는데, 여기서 미국의 대중은 하늘로부터 위협을 느끼는 동시에 우주 비행의 무한한 가능성을 깨닫게 되었다. 그로부터 한 달 후, 소련은 스푸트니크 2호를 쏘아 올렸다. 이번에는 최초로 동물을 태우고 궤도에 진입했다. 위성에 탑승한 동물은 '라이카'라는 이름의 개였다. 우주 경쟁은 마침내 소련의 승리로 끝나는 듯했다. 스푸트니크에 대응하기 위해, 미국의 아이젠하워 대통령은 항공우주국NASA을 창설하면서 군부와는 별개로 '전 인류에 이익이 되는 평화로운 목적'을 추구하는 기관임을 천명했다. 평화를 명분으로 내세웠을지는 몰라도, NASA의 설립 의도는 소련과 냉전을 벌이는 동안 적어도 체제 선전이라는 측면에서 승리하는 것이었다. 미국은 설계도를 기반으로 실제 작동하는 시스템을 서둘

---

* R-7 로켓을 기반으로 많은 파생형 로켓이 탄생했다. 그중 하나인 소유즈 로켓은 현재 우주인(미국 우주인을 포함해서)을 국제우주정거장으로 보내는 데 사용되고 있다.

러 개발하고, 스푸트니크가 발사에 성공한 지 불과 2개월 후인 1957년 12월에 미국 최초의 위성인 뱅가드 호의 발사 준비를 마쳤다. 하지만 해군에서 제작한 뱅가드 로켓은 발사대에서 폭발하고 말았다. 난국을 헤쳐 나가기 위해 폰 브라운의 독일 연구팀이 호출되었고, 2개월 후 주피터 로켓을 사용하여 최초로 미국 위성을 궤도에 올리는 데 성공했다.

미국이 소련을 '간신히' 따라잡은 것이었다. 하지만 그 성과는 오래가지 못했다. 러시아의 로켓은 미국에서 개발한 그 어떤 로켓보다도 강력했으므로, 새로운 성과가 계속 이어졌다. 1961년 4월 12일, 유리 가가린Yuri Gagarin의 비행으로 소련은 최초로 인류를 우주에 보냈다.* 미국은 스푸트니크에서 교훈을 얻지 못한 것 같았고 소련은 다시 한 번 우주 경쟁에서 승리했다. 그로부터 채 한 달이 지나지 않은 5월 5일, 미국에서는 앨런 셰퍼드Alan Shepard가 탄 유인 우주선을 발사했지만 지구 궤도에 오르지 못함으로써 가가린의 비행과 달리 대서양 상공에서 곡예비행을 하는 정도에 그치고 말았다. 전 세계에서 공산주의는 엄청난 존재감을 자랑하기 시작했고 미국은 뭔가 아주 극적인 장면이 필요했다. 1961년 5월 25일, 존 F. 케네디John F. Kennedy 대통령은 의회 합동 연설에서 미국이 1960년대가 지나가기 전에 "인간을 달에 착륙시키고 다시 지구로 안전하게 귀환시켜야 한다"고 발언했다. 피델 카스트로의 쿠바를 전복시키려고 감행한 피그스 만 침공 작전의 참담한 실패를 무마하려는 케네디의 정치적 의도라는 주장도 제기되었지만 주목받지는 못했다. 미국은 역사상 가장 위대한 우주 사업에 착수했으며 국민들

---

* 가가린은 우주선의 계기판에 손끝도 대지 않았고, 계기판은 비상 상황을 제외하곤 잠겨 있었다. 그렇게 소련은 '자동화'가 곧 현대화라고 생각한 반면, 미국은 '영웅적인 선구자'의 역할을 중요시했다. 1963년에 소련이 최초의 여성 우주인 발렌티나 테레시코바Valentina Tereshkova를 우주에 보내자, 일부 미국인들은 여성이 우주 비행을 할 정도라면 소련의 우주선은 정말 고도로 자동화된 것이 분명하다고 말했다. 놀라울 정도로 성차별적 발언이었을 뿐 아니라 양국에서 이전까지 개나 원숭이, 침팬지 등 여러 동물을 '조종사'로 태웠다는 점을 상기하면 너무나 이상한 발언이었다.

은 그 사업을 지지했다. 2년 후 케네디가 암살당했지만, 오히려 그로 인해 달 착륙이라는 목표는 더욱 굳건해졌다. 미국이 소련과의 우주 경쟁에서 초반에 승리했다면 달에 가는 일은 없었을 것이다. 하지만 미국은 경쟁에서 졌고 패배를 만회하기 위해 새로운 목표를 설정했으며 꼭 승리해야만 했다.

소련은 여전히 우주 경쟁에서 앞서나갔고, 그런 상황은 한동안 계속될 것만 같았다.* 소련은 매우 신중하게 검토한 끝에 달 탐사를 목표로 정했다. 소련에 아주 힘든 도전이 될 수밖에 없었기 때문이다. 소련의 신중함은 미국에 따라잡을 수 있는 시간을 벌어주었다. 1961년 당시에 미국은 달이 얼마나 멀리 있는지도 알지 못했다. 게다가 미국의 기술력은 우주인이 처음으로 우주의 가장자리에 가서 고작 몇 분간 머무는 수준이었다. 우주에서 인간이 오랫동안 생존할 수 있는지, 달에는 어떻게 갈 수 있는지, 어떻게 착륙하는지, 달에서 주변을 둘러보기 위해 착륙선 밖으로 어떻게 나가는지 아무도 알지 못했다. 미국은 그 모든 것의 해답을 얻기 위해 서둘러 '제미니 계획Gemini program'(1965~1966년)을 시작했다. 그리고 난이도에 따라 우주 유영, 더 오랜 우주 비행, 궤도에서의 랑데부, 우주선 도킹을 위한 기동 연습 등의 순서로 진행해나갔다. 1967년 NASA는 우주선을 궤도에 진입시키고 우주인이 폭스바겐 비틀 자동차보다 작은 캡슐에서 2주 동안 건강하게 생존할 수 있음을 입증했다.

한편 폰 브라운과 로켓 연구팀은 그들의 역작이자 사상 최고의 출력을 가진 새턴 5호 로켓을 준비했다. 추진력이 3,580여 톤에 달하는 새턴 5호는 150톤, 그러니까 아프리카코끼리 27마리에 달하는 중량을 궤

---

* 소련이 최초로 달성한 업적은 다음과 같다. 최초로 위성을 발사함, 최초로 인류를 우주에 보냄, 최초로 여성 우주인을 우주에 보냄, 최초로 우주를 유영함, 최초로 달 탐사선을 제작함, 최초로 달 뒤쪽을 사진 촬영함, 최초로 무인 비행을 해 달에 착륙함, 최초로 다른 행성(금성)을 사진 촬영함.

도에 올릴 수 있었다. 처음에는 여러 대의 로켓을 발사하고 궤도에서 거대한 우주선으로 조립한 뒤 달에 착륙시키려 했지만 1962년에 '달 궤도 랑데부lunar orbit rendezvous'라는 새로운 개념이 나왔다. 로켓을 하나만 발사해 달에 작은 우주선을 보낸 다음, 최종적으로 더 작은 착륙선이 달 표면에 내려앉는 개념이었다. 실제로 달에 가는 우주선은 사령선과 기계선, 하강 단계의 달착륙선, 상승 단계의 달착륙선 등 네 부분으로 구성되었다. 그중에서 지구로 돌아오는 것은 맨 처음 지구에서 발사한 전체 중량의 불과 0.2퍼센트에 해당하는 사령선뿐이었다. 새턴 5호의 전체 길이는 '자유의 여신상'보다 20퍼센트 더 길었지만, 우주인들이 우주여행 내내 머무는 사령선은 미니밴만 한 크기였다.

아폴로 계획의 첫 번째 우주 비행은 원래 시험비행으로 계획되었지만, 1968년 말이 되자 소련을 앞서야 한다는 위기감이 한층 고조되었다. 케네디 대통령이 제시했던 목표 날짜가 불과 1년 앞으로 다가왔는데도 달착륙선 개발은 지연되고 있었다. 한편 소련은 괄목할 만한 성과를 보이며 언제든 달 착륙 경쟁에서 승리할 것만 같았다.* 목표 날짜가 다가오자 NASA는 조직 역사상 가장 대담했다고 할 만한 결정을 내렸다. 아폴로 8호 계획과 9호 계획의 순서를 바꿔 (원래 계획과 달리) 우주인을 태우고 달착륙선 없이 아폴로 8호를 발사하기로 한 것이다. 아폴로 계획에서 사람을 태운 것은 아폴로 8호가 고작 두 번째였다. 아폴로 8호는 1주일간 달을 한 바퀴 돌 예정이었으며 문제가 생겨도 우주인을 구조할 방법이 없었다. 1968년 내내 미국은 북한의 푸에블로 호 납치 사건과 베트남전에서 북베트남의 구정 공세, 마틴 루터 킹 주니어와

---

* 소련은 달 착륙 계획을 '궤도'와 '착륙'으로 나누어 별개의 계획으로 운영했다. 하지만 두 계획 모두 시험이 실패하면서 어려움을 겪었는데, 하나에 집중했다면 성공을 거두었을지도 모른다. 소련은 달 착륙 경쟁에서 패배한 뒤, 경쟁 포기를 선언하고 다시는 달 착륙을 시도하지 않았다.

296

로버트 케네디 상원의원 암살 사건 등을 해결하느라 여념이 없었다. 그리고 그해 크리스마스이브에 NASA의 아폴로 8호에 탑승한 우주인 프랭크 보먼Frank Borman과 제임스 러벌James Lovell, 윌리엄 앤더스William Anders는 사상 처음으로 지구에서 아주 멀리 떨어진 곳에서 지구를 바라볼 수 있었다. 세 명의 우주인이 달을 도는 동안 촬영한 「지구돋이Earthrise」는 아마도 역사상 가장 인상적인 사진일 것이다. 사진을 보고 있노라면 우주라는 암흑 공간에 떠 있는 파란색 오아시스인 지구의 외로움과 연약함이 느껴진다. 익명의 독자는 보먼에게 "아폴로 8호가 1968년을 구원했다"고 말하기도 했다.

그로부터 몇 달이 지난 1969년 7월 20일, 전 세계에서 약 5억 3,000만 명이 텔레비전 앞에 모여 앉았다. 아폴로 11호의 사령관 닐 암스트롱Neil Armstrong이 달착륙선에서 나와 인류 최초로 다른 천체에 발을 내딛는 순간이었다. 우주선 아폴로는 1969년부터 1972년까지 여섯 차례에 걸쳐 달에 착륙했고 총 열두 명의 우주인을 달 표면에 내려놓았다.* 아폴로 계획 중에서 마지막 세 차례는 우주인들의 활동 범위를 넓히기 위해 월면 이동차를 가져갔으며, 마지막 탐사였던 아폴로 17호에는 해리슨 슈미트라는 지질학자가 탑승했는데 그는 다른 천체에 간 유일한 과학자였다. 그렇지만 아폴로 계획은 수박 겉 핥기였다고 할 수 있다. 우주선이 착륙한 곳은 모두 지구에서 가까운 쪽의 적도 인근이었고, 전체 계획을 통틀어 달 표면을 탐험한 시간은 총 24시간이었다. 우리가 달을 '탐험했다'고 말하는 것은 어떻게 보면 여섯 군데의 쇼핑몰 주차장에 가보고 지구를 탐험했다고 주장하는 것이나 다름없다.

---

* 아폴로 13호도 달에 착륙할 예정이었지만, 폭발 사고가 일어나 착륙하지 못했다. 그로 인해 (영화 「아폴로 13」에서 톰 행크스가 연기했던) 제임스 러벌은 아폴로 8호와 13호를 타고 두 번이나 달에 갔지만 한 번도 표면을 밟지 못했다.

궁극적으로 NASA는 임무를 완수한 후 그 성공의 희생양이 되었다. 달 착륙 경쟁에서 소련에 승리하며 목표가 달성되자 대중의 관심은 시들해졌다. 닉슨 대통령은 암스트롱, 올드린, 콜린스 등 아폴로 11호 우주인들과 함께 가두행진을 벌였지만 마지막으로 남아 있는 세 차례의 아폴로 계획을 취소해버렸다. NASA는 예산이 80퍼센트나 깎이는 바람에 어려운 선택을 해야만 했다. 원래 계획은 달에 영구적인 기지를 건설하고, 지구 궤도를 도는 우주정거장을 건설하고, 우주선으로 소행성과 금성을 근접 통과하고, 재사용이 가능한 우주선을 제작하고, 화성을 탐사하는 등의 임무를 계속 진행하는 것이었다. 1980년대까지는 모든 계획이 예정대로 진행되었고 1990년 이전에 탐사선을 화성에 착륙시키려는 계획도 순조롭게 진행되고 있었다. 하지만 예산이 삭감될 위기에 처한 NASA는 여러 계획 중에서 하나에만 집중하기로 했는데, 결국 재사용이 가능한 우주선 사업이 선택되었다. 우주여행 비용을 줄일 수 있고 그것을 기반으로 좀 더 야심 찬 계획을 세울 수도 있기 때문이었다. 그렇게 탄생한 우주왕복선은 경이로운 발명품이었지만 설계할 때 너무 현실과 타협하는 바람에 전략적으로 크게 실패하고 말았다. 우주여행 비용을 줄이기는커녕 오히려 '증가'시켰기 때문이다. 우주왕복선은 지구 궤도보다 더 먼 우주로 나갈 수 없기 때문에, 수행할 수 있는 임무가 우주정거장 건설 정도밖에 없었다. 따라서 전 세계적으로 우주개발의 목표는 국제우주정거장에 국한되었다. 그것이 최선이기 때문이 아니라 그것밖에 할 수 없었기 때문이다. 우주의 다른 천체를 탐험하는 임무는 무인 우주선이나 미래 세대의 탐험가들에게로 넘어갔다.

19

태양계 탐사

'스푸트니크'라는 작은 무인 우주선, 즉 로봇 탐험가는 우주 경쟁의 개막을 알리면서 전파 신호를 안정적으로 지구에 전송했다.* 당시 사람들이 이념에 따라 냉전을 벌이는 동안, 양 진영의 로봇 탐험가들도 그에 따라 나뉘어 경쟁을 벌였다. 탐험을 할 때 로봇의 장점은 음식이나 물, 공기를 소비하지 않으므로 어디든 보낼 수 있고 복귀시킬 필요도 없다는 것이다. 우주는 진공상태이기 때문에 우주를 비행하는 탐사선은 엔진조차 필요 없다(그렇긴 하지만, 방향을 바꾸거나 지구에 착륙할 때는 종종 엔진을 사용한다). 무인 토성 탐사선인 '카시니Cassini' 같은 우주선은 탐사로봇, 혹은 더 작은 우주선을 내보내 좀 더 세밀한 임무를 수행한다. 카시니의 경우 '하위헌스Huygens' 착륙선이 토성에서 가장 큰 위성인 '타이탄Titan'의 두꺼운 대기를 뚫고 표면으로 내려갔다. 그런 탐사선 중에는 다른 천체의 표본을 채취해 지구로 귀환한 것들도 있다.

스푸트니크 호가 발사되고 채 2년이 지나지 않은 1959년, 소련은

---

* 스푸트니크는 '여행 동반자'라는 뜻이다. 스푸트니크에서 전송하는 펄스는 위치를 알리는 것 이외의 목적은 없었다.

사상 최초로 무인 우주선을 다른 천체로 보냈다. 소련의 과학자들은 원래 달 탐사선 루나Luna 1호를 굳이 달 궤도에 진입시키지 않고 초속 9.6킬로미터로 달 표면에 충돌시키려 했다. 하지만 루나 1호는 (거리를 고려하면 너무나 작은 표적인) 달을 비껴나가 태양계의 영원한 방랑자가 되었다. 짧은 생애를 마감하는 대신, 사실상 영생을 얻게 된 것이다. 그 뒤를 이은 루나 2호는 달에 충돌하는 데 성공하면서 최후를 맞았지만 다른 천체에 '착륙'한 최초의 지구 탐험가로 기록되었다.* 세 번째 탐사선인 루나 3호(1959년)는 달을 지나가면서 달 뒷면을 사진으로 찍어 지구에 전송했다.** (2019년 1월, 중국은 세계 최초로 달 뒷면에 우주선 창어嫦娥 4호를 착륙시켰다.)

1961년 소련의 탐사선 베네라Venera 1호는 인류가 다른 행성에 보낸 최초의 인공 물체가 되었다. 당시만 해도 금성에 관해 알려진 것이라곤 크기가 지구만 하고 암석으로 이루어져 있으며 두꺼운 구름에 덮여 있을 것이라는 추정뿐이었다. 잘은 모르지만, 금성에서는 어떤 문명이 그곳의 화창한 날씨를 만끽하면서 번성하고 있었는지도 모른다. 그런데 유감스럽게도 베네라 1호는 최종적으로 금성에 접근할 무렵 무선 신호가 끊겼고 베네라 2호도 비슷한 운명을 맞았다. 베네라 3호는 가까스로 지구에 자료를 전송했지만 두꺼운 구름 위를 뚫고 들어갈 때 갑자기 신호가 끊기고 말았다. 베네라 4호도 마찬가지였다. 어떻게 된 것일까? 금성을 두껍게 감싸고 있는 대기의 밀도는 지구보다 90배나 높은 것으로 밝혀졌다. 따라서 극단적인 온실효과로 인해 금성의 기온은 자

---

* 충돌을 탐험이라고 하는 것이 조금 이상해 보이지만, 충돌하는 물체는 천체의 표면으로 내려가면서 유용한 자료를 측정해 전송하고 충돌 시 파편을 튀게 하여 지구에서 그 파편의 형태를 분석할 수 있게 해준다.

** 달은 조석고정潮汐固定, Tidal Locking(어떤 천체가 자신보다 질량이 큰 천체를 공전 및 자전할 때 공전주기와 자전주기가 그 천체와 일치하는 경우 – 옮긴이)이 되어 지구에서 달을 볼 때 늘 같은 면만 보인다. 다만 달 뒷면은 어둡지 않다. 태양이 달의 앞뒤 양쪽 면을 고르게 비추기 때문이다.

그마치 섭씨 462도에 이른다.* 금성은 '태양의 압력밥솥'이며 납이 녹아내릴 정도로 뜨거운 것이다. 황산 성분인 금성의 구름도 특별히 매력적이지는 않다. 그런데 소련은 금성에 어떤 집착 같은 것이 생겼는지 1961년부터 1984년까지 열여섯 대의 탐사선을 보냈다. 나중에는 탐사선에 단단한 외피를 장착했기 때문에 일부 탐사선은 금성 표면에 착륙해 사진을 전송했다. 금성의 두꺼운 구름 아래쪽을 찍은 것은 지금까지도 그 사진들밖에 없다. 가장 성공적이었던 베네라 12호는 그 혹독하고 황량한 금성의 풍경 속에서 거의 두 시간 동안 생존했다.

소련은 화성도 탐사했지만, 결과는 금성에 훨씬 미치지 못했다. 1960년부터 1964년까지 총 일곱 대의 탐사선을 화성으로 보냈는데, 전부 실패하고 말았다. 그러는 사이에 미국은 1965년 7월 마리너Mariner 4호가 당시로는 화성에 가장 근접한 9,656킬로미터 거리까지 도달함으로써 화성 탐사에 처음 성공했다고 주장했다. 역사적으로 화성 탐사의 결과는 아주 형편없었는데, 러시아가 특히 그러했다. 서른한 번의 탐사 중 성공한 것은 단 두 번이었다. 그런데 미국은 거의 정반대였다. 다섯 번 실패하고 열일곱 번 성공했다. 최초로 화성에 착륙한 로봇은 1970년대 중반에 미국이 두 차례 발사한 무인 탐사선 '바이킹'이었다. 바이킹 1호와 2호는 각각 궤도선과 착륙선으로 구성되었다. 착륙선이 화성 표면으로 내려가는 동안 궤도선은 화성 상공에서 사진을 찍으면서 통신 중계기 역할을 수행했다. 탐사선 바이킹은 화성 표면의 고해상도 사진과 화성의 화학·기상학·지진학, 그리고 (잠재적으로는) 생물학적으로도 중요한 자료를 지구에 전송함으로써 화성에 대한 인류의 지식에 일대 혁명을 일으켰다.

---

* 실제로 '온실효과'라는 현상 자체가 금성을 통해 알게 된 것이다. 이와 비슷하게 화성을 통해서는 핵겨울의 위험성을 알게 되었다.

화성은 차가운 사막이지만 얼음 형태로 물이 풍부하다. 모든 얼음이 녹는다면, 화성 표면은 전부 물에 잠기고 그 깊이는 30~300미터에 이를 것이며 지하는 한층 더 많은 물로 채워질 것이다. 화성 표면은 기온과 압력이 낮아 물이 액체 상태로 오래 존재할 수 없지만 2015년 NASA는 화성 표면에서 소금물 형태로 액체 상태의 물이 스며 나온 흔적을 확인했다. 지구에서는 물이 있는 곳에 반드시 생명체가 존재한다. 화성은 한때 수십억 년 동안 지금보다 더 따뜻하고 바다도 존재했을 것으로 추정된다. 수십억 년이면 지구에서 생명체가 진화하는 데 걸린 시간보다 열 배나 길다. 그리고 '케플러 우주망원경' 같은 탐사 사업을 통해 알아낸 바로는, 우주의 행성들은 서로 아주 비슷하며 생명체가 살 수 있는 행성이 우리 은하에만 수십억 개가 있다. 여기서 한 가지 의문이 생긴다. '생명체가 살 수 있는 환경이 생명체를 성장시키는 걸까? 혹은 생명체라는 것은 아주 드문 현상일까?' 화성에서 아주 오래전에 멸종한 미생물의 흔적이 발견된다면, 우주 전체에 많은 생명체가 있고 지구가 생명체가 있는 유일한 행성이 아니라는 증거가 될 수 있을 것이다.

바이킹 착륙선은 화성에 생명체가 있었는지 알아보기 위해 실험을 했는데, 세 가지 실험은 화성에 유기 분자가 없는 것으로 부정적인 결과가 나왔지만 생명체의 대사 작용에 관한 실험만큼은 긍정적인 결과가 나왔다. 그러나 화성에는 유기물이 없기 때문에, 긍정적인 결과가 나온 실험은 화학반응이 일어난 결과라며 무시되었다. 하지만 그와 다르게 볼 여지도 있다. 2008년 NASA의 '피닉스Phoenix' 착륙선은 화성에서 과염소산염 성분을 발견했다. 과염소산염은 온도가 올라가면 유기물을 파괴하는 특성이 있다(바이킹 착륙선이 채취한 과염소산염 표본도 마찬가지였다). 따라서 과거에 바이킹 착륙선이 생명체의 흔적을 탐지했을 가능성은 여전히 남아 있다. 왜냐하면 그때 화성 표면에서 채취한 표본에 유기물이 있는지 확인하려고 가열했을 때, 표본 속에 있었을지도 모르는 유기물을 과염소산염이 파괴했을 수도 있기 때문이다. 화성의 환경이 수백만 년 동안 계속 변화했고 액체 상태의 물이 지하에 여전히 존재하며 지구의 가장 혹독한 환경에서도 생명체가 산다는 점을 고려할 때, 화성에 정말 생명체가 있었다면 지금도 어딘가에 생명체의 집단 서식지가 존재할 가능성이 있다. 사실 가끔씩 일어나는 충돌로 인해 화성의 파편이 우주로 분출되는데, 그 일부가 지구에 떨어져서 발견되기도 한다. 일부 세균 같은 생명체는 우주에서 생존하고 생명체의 거주 가능성 측면에서 지구와 화성이 비슷한 부분이 있기 때문에, 지구에 있는 생명체가 먼 옛날 화성에서 왔을 가능성도 있다. 그 말은 우리가 화성인일 수도 있다는 뜻이다.

지금까지 화성으로 무인 탐사선을 발사한 것은 거의 50회에 이르며 그중 절반가량이 성과를 거두었다. 느리지만 조금씩 발전하고 있는 것이다. 예를 들어 '큐리오시티' 탐사로봇은 이동속도가 '아주' 느려서 6년 동안 이동한 거리가 16킬로미터를 넘지 않는다. 그런 속도로는 화성을 한 바퀴 도는 데 7,000년이 걸리므로 화성 전체를 탐사하기란 불가능하다. 지구로 비유하면 6년 동안 뉴욕의 센트럴파크 정도를 썩 괜찮게 탐사한 셈이다. 그렇긴 해도 탐사가 거듭되면서 화성에 관해 새로운 것을 알게 되었고 '왜 화성에는 대기가 사라지고 추운 사막만 남게 되었을까?', '그런 일이 우리 지구나 항성 주위를 도는 다른 행성에서도 일어날 수 있었을까?'라는 식의 흥미로운 질문을 하게 되었다.

우리는 화성을 탐사하는 동시에 태양계 밖으로도 탐사선을 보냈다. 1972년과 1973년에 파이어니어Pioneer 10호와 11호는 각각 목성과 토성에 가장 가까이 접근하여 사진을 찍고 여러 가지 측량을 했다. 하지만 그것은 시작에 불과했다. 1977년 한 쌍의 무인 우주선인 보이저 Voyager 1호와 2호는 드물게 외행성(태양계의 행성 중에서 지구보다 멀리 있는 화성부터 해왕성까지를 일컫는 말 - 옮긴이)이 일직선을 이루는 시점을 노리고 태양계로 '장거리 여행'을 떠났다. 보이저 1호의 항로는 좀 더 일직선이었지만, 보이저 2호의 항로는 목성과 토성뿐 아니라 천왕성과 해왕성(이 두 얼음 행성*을 방문한 우주선은 지금까지 보이저 2호가 유일하다)까지 근접해서 통과했다. 보이저 1호와 2호는 우리가 외행성에 관해 현재 갖고 있는 사진 대부분을 촬영했으며 외행성들의 위성 대부분을 발견했다.** 우주선 보이저는 그렇게 주요 임무를 완수한 뒤 우주 공간으로 사라졌다. 1990년 보이저 1호는 마지막으로 사진 한 장을 찍으라는 명령을 받고 카메라를 태양 쪽으로 돌려 아주 먼 곳에서 태양계의 모든 행성을 담은 '가족사진'을 찍었다. 64만 개의 화소로 구성된 그 사진에서 지구가 차지한 화소는 채 한 개가 되지 않았다. 그야말로 희미하고 푸른 점 하나였던 것이다.

보이저 1호와 2호는 40년간 우주를 비행한 후 지금은 우주의 아주 먼 곳을 비행하고 있다. 각 우주선에는 언어가 통하지 않더라도 외계인들이 지구의 위치를 알 수 있도록 펄서 지도가 들어 있다. 그리고 55개 언어로 된 인사말과 고래가 내는 환영의 소리(정확하게는 흑등고래의 소리이며 정확히 그 소리가 무슨 의미인지는 모른다) 등 지구에 존재하는 소리를 담은 금색 원판도 들어 있다. 보이저 1호나 2호 중에서 하나라도 다른 생명체를 만날 가능성은 낮지만, 어쩌면 우주선 속에 담긴 메시지는 다른 생명체뿐 아니라 인류를 위한 것일지도 모른다. '우리 여기 있어요'라는 말은 우주에서 우리 지구라는 존재의 중요성을 일깨워준다. 탐사선 보이저는 우주에서 오랜 세월을 견뎌낼 것이다. 태양이 지구를 집어삼

---

* 목성과 토성, 천왕성, 해왕성은 중력에 의해 단단하게 뭉친 거대한 가스공이다. 그런데 천왕성과 해왕성에는 높은 비율로 얼음이 존재한다.

** 최종적으로 발견된 외행성들의 위성 수는 다음과 같다. 목성 67개, 토성 62개, 천왕성 27개, 해왕성 14개.

키고 난 다음에도 아주 오랫동안 말이다. 그때 우주 멀리에서 무슨 일이 생길지 누가 알 수 있을까?

1989년부터 1995년까지 무인 목성 탐사선인 갈릴레오는 금성과 지구에서 '슬링샷slingshot'(우주선이 약한 동력으로 먼 거리를 항해하기 위해 다른 천체의 주위를 돌면서 그 천체의 중력을 이용해 가속하거나 감속하는 것을 말하는데 '스윙바이swingby', '플라이바이flyby'라고도 한다 – 옮긴이)을 하여 목성까지 비행했다.* 망원경으로 목성을 관찰해 위성을 발견하고, 그것을 근거로 지구가 우주의 중심이 아님을 증명한 과학자의 이름을 최초의 목성 탐사선에 붙인 것은 적절해 보인다. 탐사선 갈릴레오는 소행성 '아이다Ida'를 발견하고 아이다에 작은 위성 '다크틸Dactyl'이 있다는 것을 알아냈다. 그리고 1994년 목성에 접근하면서 마치 천둥이 치는 것처럼 격렬했던 '슈메이커-레비Shoemaker-Levy 9' 혜성과 목성의 충돌 장면을 촬영했다. 지구에서 공룡을 멸종시킨 혜성보다 더 강력한 불덩어리가 목성에 충돌한 것이다. '슈메이커-레비 9' 혜성은 히로시마에 투하된 원자폭탄의 1만 배에 달하는 폭발력으로 목성 표면에 지구보다 큰 자국을 남겼다. (따라서 이제 목성에는 공룡이 존재하지 않을 것이다.)

이듬해 목성 궤도에 진입한 탐사선 갈릴레오는 목성의 위성들을 조사하면서, 유로파 위성의 빙하 밑에 액체 상태의 바다가 있으며 그 바닷물이 지구의 바닷물보다 많다는 것을 확인했다. '이오Io' 위성에서는 기둥 모양으로 솟아오르는 화산 연기의 표본을 채취했는데, 이산화황 성분의 그 화산재는 우주로 수백 킬로미터 거리까지 분출되고 있었다. 목성에 토성처럼 고리가 있다는 것도 알아냈는데, 토성의 고리보다는 훨씬 희미했다. 탐사선 갈릴레오는 목성 궤도를 8년간 돈 다음, 2003년

---

* 우주탐사선 갈릴레오는 지구를 지나가면서 시험 삼아 생명체를 탐색해보았다. 대기 중의 메탄이나 전파 신호를 기반으로 탐색했는데, 지구에 생명체가 존재할 가능성은 있지만 확실하지 않다는 결과가 나왔다.

에 목성과 충돌하면서 사라졌다. 탐사선에 묻어 있을지도 모르는 지구의 미생물이 목성의 위성들을 오염시키지 않도록 조치한 것이다.

이듬해인 2004년, 무인 탐사선인 카시니가 토성에 도착한 후 하위헌스 착륙선을 보내 토성의 위성 타이탄을 조사했다. 하위헌스 착륙선은 타이탄의 구름을 뚫고 하강한 뒤 표면에 착륙할 때까지 90분 동안 지구로 자료를 전송했다. 그때까지만 해도 가장 멀리 떨어진 천체의 표면에 착륙한 것이었다. 그리고 탐사하는 동안 타이탄에 있는 호수*의 지도를 그렸으며, 분명 다른 천체에 있지만 불가사의하게도 지구에 있는 것과 비슷하게 생긴 그 호수들의 사진을 촬영했다. 탐사선 카시니는 보이저와 마찬가지로 먼 거리에서 우리 지구가 희미하고 푸른 점같이 나온 사진을 촬영하여, 그 점같이 작은 행성이 우리에게 얼마나 소중한지 다시금 일깨워주었다. 또한 탐사선 카시니가 토성의 고리를 연구한 결과는 그동안 행성의 형성 과정에 대해 우리가 갖고 있던 생각을 크게 바꿔놓았다. 토성의 고리는 먼 옛날 초기 태양계에서 소용돌이치는 먼 지구름과 비슷한 존재였다. 타이탄 같은 일부 위성에 흥미로운 점이 많다는 것은 이미 알려져 있었지만, 무엇보다도 놀라운 것은 브리튼 섬보다도 작은 위성인 '엔셀라두스Enceladus'의 표면 아래에도 바다가 있으며, 그래서 태양계에서 생명체가 살 수 있는 몇 안 되는 천체에 포함된다는 것이었다.

태양계에서 지구보다 먼 행성에 대한 탐사는 빠른 속도로 진행되고 있다. 2016년 무인 목성 탐사선인 '주노Juno'는 탐사선 갈릴레오가 소멸된 지점을 찾기 위해 목성 궤도에 진입해 행성을 구성하는 물질과 자기장을 측정했다. 그리고 현재 NASA는 목성의 위성인 유로파에 대

---

* 타이탄은 지구를 제외하면 표면에 물이 있는 유일한 천체이고, 금성과 지구를 제외하면 두꺼운 대기가 존재하는 유일한 천체다.

한 탐사 계획을 수립하는 중이다. 그 계획은 탐사선 바이킹에 이어 두 번째로 다른 천체에서 생명체를 찾는 것이 주목표인 탐사가 될 것이다. 여기에 사용될 탐사선 '유로파 클리퍼Europa Clipper'는 궤도에서 데이터를 수집할 뿐 아니라 실제로 유로파 위성 표면에 착륙해 얼어붙은 표면의 표본을 채취할 예정이다.

태양계에서 가장 많은 천체는 소행성과 혜성이다. 두 천체는 얼음과 바윗덩어리로 이루어져 있으며 아주 작은 먼지 입자부터 왜행성 '세레스Ceres'처럼 달 크기의 4분의 1인 것까지 다양하다. 2006년 탐사선 '스타더스트Stardust'는 한 혜성의 먼지 표본을 채집해 지구로 돌아왔다. 마치 젤리 덩어리로 가득한 곳에서 총알을 골라내듯이 에어로젤aerogel(고체 상태의 물질로, 액체 대신 기체로 채워져 있는 젤이라고 할 수 있다 - 옮긴이)에서 작은 먼지 알갱이를 모아 온 것이다. 몇 년 후에는 일본의 탐사선 '하야부사(송골매)'가 어렵게 소행성 '이토카와Itokawa'의 표면에서 표본을 채집해 지구로 돌아왔다. 유일하게 달보다 더 먼 천체에서 지구로 가져온 물질이었다. (비슷한 몇 건의 탐사가 현재 진행 중이다.) 2007년에는 탐사선 '돈Dawn'이 화성과 목성 사이에 있는 소행성대에서 가장 큰 천체인 '베스타Vesta'와 '세레스'를 연구하기 위해 발사되었다. 그런데 가장 유명한 탐사선은 아마도 '로제타Rosetta'일 것이다. 탐사선 로제타는 2014년 '67P/추류모프-게라시멘코67P/Churyumov-Gerasimenko' 혜성 주위를 돌면서 작은 크기의 '필레Philae' 착륙선을 혜성 표면에 착륙시켰다. 태양계의 기원을 밝히는 것뿐 아니라 착륙선을 소행성이나 혜성 표면에 착륙시킨다는 측면에서도 매우 중요한 탐사였다. 그런 천체의 표면에서 어떤 작용이 일어나는지 알게 되면, 지구에 충돌해 공룡을 멸종시킨 혜성처럼 잠재적으로 지구에 위험한 혜성을 사전에 막을 수도 있을 것이다.

지금 우리 탐사선들은 태양계 바깥의 세상까지 탐험하고 있다. 그리고 그 시작은 2015년 탐사선 '뉴호라이즌New Horizons'이 9년간 비행한 뒤 명왕성에서 '플라이바이flyby'를 한 시점이었다. 명왕성에서 벗어나면 태양으로부터 나오는 열은 보름달이 지구에 전달하는 열보다 작아진다. 2019년의 첫날, 탐사선 뉴호라이즌은 그동안 탐사했던 천체 중 가장 먼 '울티마 툴레Ultima Thule'의 사진을 찍었다. '울티마 툴레'는 2,000년 전 미지의 땅으로 탐험을 떠났던 그리스인 피테아스의 기록에 나오는 북극의 지명에서 따온 것이다. 탐사선 뉴호라이즌은 끝없는 우주 공간으로 향하고 있으며, 최소한 2021년 '카이퍼대Kuiper belt'('카이퍼-에지워스대'라고도 하며 해왕성 너머 명왕성 인근에 혜성이나 암석 등의 천체가 다수 존재하는 영역을 말한다 - 옮긴이)에 있는 작은 얼음 천체들에 닿을 때까지 계속 비행할 것이다.

언젠가는 다른 항성에도 무인 우주선을 보내는 날이 올지 모른다. 하지만 망원경으로 어둠 속을 살펴보는 일은 지금 당장 할 수 있다. 지구의 불빛과 대기에 방해받지 않는 우주망원경은 우주 관측에 특히 효과적이어서 극초단파부터 감마선까지 전자기 스펙트럼의 모든 영역을 관찰할 수 있다. 그중에서도 가장 유명한 '허블 우주망원경'은 1990년에 발사되었으며 지금까지도 잘 작동하고 있다. 먼 우주를 최초의 탄생 시점부터 살펴보고 있는* 허블 망원경은 과학적으로나 대중적 인기로나 역사상 가장 성공적인 우주 탐사 임무를 수행하는 것으로 평가받는다.

지난 수십 년 동안 인류는 태양계를 넘어 다른 항성 주위를 도는

---

* 우주를 살펴보는 것은 시간을 거슬러 올라가는 것이나 다름없다. 왜냐하면 빛이 우리에게 닿을 때까지 오랜 시간이 걸리기 때문이다. 만약 200만 광년이 떨어진 곳에 있는 안드로메다자리의 외계인이 거대한 망원경으로 지구를 본다면, 그들의 눈에 보이는 것은 200만 년 전 인류가 탄생하는 무렵의 모습일 것이다. 우주에서 가장 멀리 있는 물체는 수십억 광년이나 떨어져 있으며 빅뱅 직후 탄생한 초기 우주에서 나온 것이다.

행성('태양계외 행성'이라고 부른다)을 관찰하기 위해 꾸준히 기술을 개발했다. 이와 관련해 가장 성공적인 탐사선은 2009년에 발사한 '케플러 우주 망원경'이다. 케플러 망원경은 14만 5,000개의 항성을 동시에 관찰하면서, 항성들의 앞을 지나가는 동안 아주 작은 검은 점처럼 보이는 행성들을 살펴보았다. 그것은 마치 뉴욕에 서서 파리에 있는 탐조등 앞을 날아가는 파리를 관찰하는 것과 같다. 케플러 망원경은 감도가 높은 기계여서, 행성을 찾아내는 것은 물론이고 질량과 크기, 성분, 태양으로부터의 거리 등 행성에 관한 많은 정보를 알아낼 수 있다. 이런 식으로 수많은 행성이 발견되었으며 그중에는 지구와 비슷한 행성도 많았다. 우리의 푸른 별 지구가 아주 예외적인 존재는 아닌 것 같다. 우리 은하에는 지구와 비슷한 행성이 지구의 전체 인구수보다 많으며, 전 우주로 확대하면 지구의 모든 해변에 있는 모래알 개수보다 많다. 그렇게 거대한 우주가 지구 밖에서 우리를 기다리고 있는 것이다.

제4부

우주여행 시대를 열다

20

다시 미지의
바다 앞에 서다

지구의 나이는 약 46억 년(우주 나이의 3분의 1)이며 최초의 생명체가 탄생하기까지는 그리 오래 걸리지 않았다. 지구 생명체의 역사에서 80퍼센트 정도의 기간은 단세포 유기체의 세상이었지만 다세포 생명체는 완전히 다른 문제였다. 원시 동식물이 등장한 것은 6억 년 전으로 지구의 역사에서 76퍼센트가 흐른 시점이었으며, 미생물보다 큰 생명체가 바다에서 육지로 올라온 것은 그 후로 다시 수억 년이 흐른 뒤였다. 포유동물은 2억 5,000만 년 전, 영장류는 5,000만 년 전, 유인원은 1,300만 년 전에 등장했으며 인류가 등장한 지는 채 100만 년이 되지 않았다. 지구의 역사를 하루로 줄여보면, 최초의 생명체는 오전 4시에 탄생했고 물고기는 오후 10시 24분, 공룡은 오후 11시 15분, 인류는 오후 11시 59분에 등장했다. 기록으로 남아 있는 모든 역사는 최근 0.25초 동안 일어난 일이며 콜럼버스의 항해는 자정을 100분의 1초 앞두고 시작되었다.

생물의 진화뿐 아니라 기술의 발전도 이렇게 현재에 가까워지면서 속도가 기하급수적으로 빨라지는 모습을 보인다. 기술적으로 최초의 진보라고 할 수 있는 석기나 불, 가죽옷이 나오기까지는 수십만 년이 필요했지만 농업과 글자, 법체계가 나오기까지는 수천 년이 걸렸다. 불과 1,000년 전만 해도 사람들은 일생 동안 기술의 변화를 거의 느끼지 못했고, 몇백 년 동안은 오히려 기술이 퇴보하기도 했다. 200년 전만 해도 인류는 동물의 근력을 뛰어넘지 못했고 바다에서는 바람을 이용하는 범선을 타고 다녔다. 그러다가 증기선이 등장하면서 보통 몇 년씩 걸리던 위험한 세계 일주가 불과 몇 주 만에 가능해졌다. 철도는 대륙 횡단이라는 힘든 여정을 재미 삼아 며칠 만에 할 수 있는 여행으로 바꿔놓았다. 또한 전신과 해저 케이블이 등장하면서 서신을 사람이 나르는 것보다 훨씬 더 빨리 전할 수 있게 되었고, 전 세계 어느 곳이든 소식을 전하는 데 채 하루가 걸리지 않게 되었다.

1899년 미국의 특허청장이 '발명할 수 있는 모든 것이 이미 발명되었다'는 말을 했다고 한다. 사실인지는 정확히 알 수 없지만, 인간에게는 그런 습성이 있다. 무엇이든 쉽게 익숙해지는 것이다. 인류의 신체기관은 수천 년 전과 똑같으며, 창을 던져 영양을 사냥하는 것만큼 슈퍼컴퓨터를 사용하는 데도 이미 익숙해져 있다. 주변을 둘러보면서 우리에게 무엇이 있는지 확인하기는 쉽지만, 미래에 우리가 어떻게 될지 상상하는 데는 창의력이 필요하다. 그런데 기술은 우리 주변에서 늘 발전하고 있다. 어린 시절에 개인용 컴퓨터 없이 자란 사람도 많다. 과거 달 착륙 우주선에 실려 있던 컴퓨터보다 더 강력한 성능으로 무장한 스마트폰은 말할 것도 없다. 소셜 미디어가 등장한 지는 10여 년밖에 되지 않았다. 30년 전만 해도 인터넷은 컴퓨터에 빠진 괴짜들의 전유물이었다.

1965년 반도체 기업 인텔의 창업자 고든 무어Gordon Moore는 컴퓨터 칩에 들어 있는 트랜지스터의 수가 2년마다 두 배가 될 거라고 내다보왔다.* 이것이 소위 '무어의 법칙'인데, 이후 50년간 정말 그의 말대로 컴퓨터 성능이 2년마다 두 배로 증가했다. 1971년 인텔의 컴퓨터 칩에 들어 있는 트랜지스터는 2만 개 남짓이었고 트랜지스터 하나당 가격은 1달러였다. 그런데 40년이 지난 후에는 컴퓨터 칩에 70억 개의 트랜지스터가 들어갔고 트랜지스터 하나당 가격은 1페니에 불과했다. 이렇게 기술이 빠르게 발전하고 성능 향상이 100만 배 단위로 이루어지는 것을 보면, 다음 1세기 동안의 기술 발전은 과거의 100년이 아니라 1,000년에 더 가까울 것이다. 실제로 컴퓨터 성능이 빠르게 증가하면서 레이 커즈와일Ray Kurzweil 같은 전문가들은 기하급수적인 발전으로 인공 초지능이 탄생하는 '특이점singularity'이 가까워졌다고 말한다.

자동화는 인간 노동력의 필요성을 극적으로 줄이면서 생산성과 효율을 높이지만 적은 비용으로 더 많은 것을 창출하려는 시도는 사회적으로 항상 대가를 치러야 했다. 기계에 일자리를 뺏길지 모른다는 노동자들의 두려움은 산업혁명 때부터 있었다. 하지만 앞으로 노동자들은 자동화로 인해 대량으로 일자리를 잃는다기보다 더 숙련된 기술이 필요한 일자리로 옮겨가게 될 것이다.

신기술은 해당 산업 분야의 지형을 크게 바꾸면서 어떤 산업은 없애고, 또 어떤 산업은 활성화시킨다. 물론 이런 균형이 영원히 계속된다는 보장은 없지만 자동화된 미래에는 생산성이 한층 높아지면서 인간이 더 원대한 포부를 갖게 될 가능성이 높다. 미국 드라마 「스타트렉Star Trek」에서 장 뤽 피카르 선장은 24세기에 관해 이렇게 말했다. "300년간 많은 변화가 일어나 사람들은 '물건'을 축적하려는 강박에서 벗어나게 될 것이다. 배고픔과 결핍, 소유욕도 사라질 것이다. 인류는

---

* '트랜지스터transistor'는 전기신호로 작동하는 작은 스위치다.

더 나은 자신이 되기 위해, 그리고 다른 인류를 위해 일하게 될 것이다."

인공지능이 우리에게 어떤 이익이 될지 상상하기란 쉽지 않다. 인공지능은 문제에 접근할 때 강력한 계산 능력뿐 아니라 인간과 다른 관점을 갖게 될 것이다. 질병과 굶주림, 빈곤을 완전히 없앨 수도 있겠지만 그에 따른 위험 또한 매우 높을 수 있다. 인공지능이 인류에게 적대감이 없다 해도 예기치 않은 결과로 인해 재앙이 일어날 수 있는 것이다. 테슬라의 CEO인 일론 머스크Elon Musk가 말했듯이, 헤지펀드를 관리하는 인공지능이 수익을 극대화하기 위해 소비주를 팔고 방위산업주를 산 다음 전쟁을 일으킬지 누가 알겠는가. 『원숭이 손Monkey's Paw』*에 나오는 유명한 이야기처럼, 모든 우발사태에 대처하기는 어려운 법이다. 만약 인간이 빨간색 신호등이 켜지면 절대로 달리지 않는 자율주행 프로그램을 만들었는데, 인공지능이 신호등 시스템을 해킹해 빨간색을 녹색으로 바꾸려 할지도 모른다. 과거 개미탑에 모여 행복하게 살았던 개미처럼, 인간은 어느 한순간에 존재 자체가 장애물이 되어 강제로 폐기되는 신세가 될지도 모른다. 감정이 없거나 인간과 사고방식이 다른 컴퓨터는 본질적으로 소시오패스(반사회적 인격 장애 - 옮긴이)인 것이다.

인공지능의 부상은 우리가 계속 살아남아 「스타트렉」을 보기 위해서 헤쳐 나가야 하는 하나의 시험대에 불과하다. 적대적인 로봇에서부터 기후변화, 핵전쟁, 치명적인 바이러스, 소행성 충돌, 초신성의 접근, 초대형 화산 폭발, 외계인의 공격**에 이르기까지 인류 문명의 멸망을 가져올 수 있는 위협의 종류는 갈수록 많아지고 있으며, 아직 우리가 인식하지 못하는 위협도 있을 수 있다.

---

* 1902년 W. W. 제이쿱스W. W. Jacobs가 쓴 책으로, 세 가지 소원을 들어준다는 원숭이 손을 얻은 뒤 실제로 소원이 이루어지지만 뜻하지 않게 악몽 같은 결과로 이어진다는 내용이다.
** 지구에서는 인류의 존재를 알리는 무선 신호를 거의 100년간 우주로 전송하고 있다. 따라서 지구 근처에서 누군가가 듣고 있다면 우리가 이곳에 있다는 것을 곧 알게 될 것이다.

지금 우리는 아주 특이한 시대에 살고 있다. 사상 처음으로 인류는 스스로를 눈 깜짝할 사이에 파멸시킬 수 있는 기술을 손에 넣었다. 그와 동시에 사상 처음으로 지구를 떠나 우주로 영역을 확장할 수 있게 되었다. 수백만 년 동안의 진화를 거친 인류는 이제 다른 천체로 여행할 수 있는 시점에 도달한 것이다. 하지만 우리가 알기로는 지구가 가장 거주하기 좋은 행성인데, 왜 그렇게나 번거로운 일을 해야 할까?

아마도 가장 단순한 이유는 기본적인 생존 때문일 것이다. 지구 밖에 지속 가능한 주거지가 있다면 우리가 당면한 많은 위협에 대비해 최후의 안식처라는 일종의 보험을 든 셈이 된다. 그리고 그 주거지를 조성하는 데 드는 비용이 아주 적다면* 인류 멸종에 대한 예방책을 수립하지 않는 것이야말로 업무태만이 아닐까? 지구 밖에 거주한다면 지구에서 벌어지는 재난을 피할 수 있을 뿐더러 재난을 막는 데도 도움이 된다. 인류가 지금 위험에 처해 있다는 사실을 깨닫게 된 것은 이웃 행성을 연구하면서부터였다. 이산화탄소 성분인 금성의 두꺼운 담요 같은 대기를 보면서 우리는 통제할 수 없는 온실효과의 위험성을 알게 되었다. 그리고 화성에 부는 먼지폭풍에서 냉전 시대의 지구에 핵겨울이 올 위험성을 미리 깨달았으며 '상호확증파괴'라는 벼랑 끝 대결에서 한걸음씩 물러나야 할 이유를 하나 더 알게 되었다. 지구의 자연계를 공학적으로 조종하여 기후변화에 신중하게 대처할 생각이라면, 우선 비슷한 행성의 사례를 연구해보는 것이 바람직하지 않을까?

물론 지구에 계속 거주하는 것이 다른 천체에 주거지를 건설하는 것보다 훨씬 중요하다. 하지만 지구에 계속 거주하기 위한 기술 개발과는 별개로 우주로 나가기 위한 기술을 개발하면 지구의 거주 여건도 훨

---

* 많은 사람이 NASA의 예산이 국방 예산과 비슷하다고 생각하지만 실제로는 국방 예산의 2.5퍼센트(연방 예산의 0.5퍼센트)에 불과하다.

씬 더 좋게 바꿀 수 있다. 우주 비행은 지금까지 기술 진보의 원동력이 되어왔다. 획기적인 기술의 대부분이 우주 개발을 하면서 뜻하지 않게 발견한 부산물이었기 때문이다. 항생물질은 알렉산더 플레밍의 부주의로 인해 살균되었어야 할 세균 배양접시에 곰팡이가 자라면서 시작되었다. 전자레인지는 한 기술자가 레이더를 사용하다가 우연히 초콜릿이 녹는 모습을 보고 발명했다. 첨단 기술에 대한 투자는 으레 파생 기술을 낳게 마련이지만 우주 비행에 관한 연구는 특히나 많은 혁신을 가져왔다. 우주 비행 연구에서 파생된 기술로는 항공교통관제, 폭탄탐지기, 방탄조끼, 카메라폰, 무선 기기, 디지털 컴퓨터, 방화복, 인슐린 감시 장치, 노트북 컴퓨터, 생명 유지 기술, 경량 합금, 질병 검사 기술, 원격조종, 긁힘 방지 렌즈, 태양광 패널, 원격의료, 정수기, 일기예보, 무선 스위치 등이 있다.* 과학자들이 유방암을 진단하기 위해 허블 망원경으로 블랙홀을 탐색한 것은 아니었다. 하지만 그렇게 촬영한 천문 분광 사진이 블랙홀만큼이나 종양을 찾는 데도 효과적이라는 사실이 알려지면서 유방암 진단에 쓰이게 된 것이다.

무릇 기술이란 시간이 지나면 발전하게 마련이니 우주여행도 금방 가능해지지 않을까? 대답은 한마디로 '아니오'다. 1960년대 이후로 컴퓨터 기술은 눈부시게 발전했지만 우주 비행 기술은 거의 발전하지 않았다. 기술의 한계를 넘어서려 하지 않았기 때문이다. 획기적인 기술은 가만히 앉아서 기다리면 저절로 오는 것이 아니다. 목표를 세워야 기술이 개발되며, 그러지 않으면 불가능하다. 우리가 가진 기술로 할 수 있는 연구를 시작하지 않는다면 '워프 항법Warp Drive'(두 지점 사이의 공간

---

* 많은 사람의 생각과 달리 '탕Tang'(미국 최초의 유인 우주선 '프렌드십 7호'의 탑승자인 존 글렌이 우주 비행을 할 때 먹으면서 유명해진 오렌지 음료 - 옮긴이)과 벨크로, 테플론 같은 것은 NASA의 발명품이 아니다. 다만 그 제품들이 유명해지는 데 일조했을 뿐이다. NASA는 우주 비행 기술을 개발하면서 부차적으로 얻은 기술을 홈페이지에 공개하고 있다.

을 4차원으로 일그러뜨려 거리를 크게 줄인 뒤, 두 점 사이를 광속보다 빠르게 이동하는 방법 - 옮긴이)은 고사하고 '최첨단 추진 장치hyperadvanced propulsion'도 발명하지 못할 것이다. 콜럼버스가 탔던 배는 장거리 항해를 엄두도 못 낼 만큼 엉성한 배였다. 그때까지 장거리 항해에 적합한 선박이 나오지 않았기 때문이다. 장거리 항해를 통해 얻는 이익이 없다면 장거리 항해용 선박은 결코 나오지 않았을 것이다. 발전하려면 한계를 초월해야 한다.

인류는 인구 증가와 자원 감소라는 중대한 위기에 직면해 있다. 하지만 그 '부족'이라는 것은 오롯이 기술의 문제다. 매시간 지구에는 인류가 1년 동안 사용할 수 있는 태양에너지가 쏟아지고 있다. 또한 지구에는 엄청난 양의 물이 있는데, 왜 인류는 물 부족에 시달리고 있을까? 기술은 모든 사람의 생활수준을 지속적으로 높여줄 최고의(그리고 어쩌면 유일한) 대책이다. 우주에서 생존하는 데 필요한 기술은 지구를 구원하는 데 필요한 기술과 동일하지만 우주 정착에 좀 더 긴요하게 쓰일 수 있다. 휴대용 정수기나 효율 높은 소규모 식량 생산 기술, 태양에너지를 이용한 발전 및 전기 저장, 즉석 3D프린팅 같은 기술이 지구에서는 시급해 보이지 않지만 우주에서는 기본적인 생존을 위해 반드시 필요하다.

탐험하는 종족인 인류에게 우주여행은 통찰을 제공한다. 우주 궤도에서 내려다보면 지구에서 티격태격하는 모습이 얼마나 사소하고 하찮아 보일까? 우주 비행은 유일한 오아시스인 지구를 보전하는 것이 얼마나 중요한지 분명히 깨닫게 해준다. 그리고 이런 자각은 환경 운동의 추진력이 된다. 1968년 우주선 아폴로 8호가 달 궤도를 돌며 촬영한 「지구돋이」라는 극적인 사진도 환경 운동에 도움이 되었다. 우주로 나가기 위해 전 세계적으로 협력하면서 인류는 화합할 수 있을 것이다. 우주에 정착민이 생겼을 때 사회적으로 어떤 영향을 미칠지 상상해보

라. 그 정착민은 또 어떤 독특한 관점을 갖게 될까? 그래서 어떤 문제를 해결하게 될까? 그들이 우리에게 무엇을 가르쳐줄 수 있을까?

역사적으로 가장 역동적인 사회는 끊임없이 외부로 진출하려 했다. 탐험은 곳곳에서 분출하는 사회적 에너지를 생산적으로 사용하도록 유도한다. 삶이라는 기본적인 생존이 전부가 아니다. 우주여행은 미래의 더 가치 있는 삶을 약속하고 아침에 침대에서 일어나는 이유를 제공한다. 우주에 정착하려는 것은 젊은이들에게 과학기술의 발전이라는 동기를 부여하기 위해서이고, 그러한 동기가 생기면 젊은이들도 우리 시대의 가장 위대한 모험에 동참할 것이다. 인류는 역사상 이런 모험을 여러 차례 감행했고, 도전은 인간 본성의 핵심이다. 한때 아프리카 평원의 방랑자였던 인류는 이제 다시 출발선에 섰다. 인류는 절대 길들여지지 않는 우주라는 바다의 해변에 서 있다. 이제는 너무나 작아진 이 세계에서, 우리는 영원히 그 크기를 짐작할 수 없을 만큼 거대한 우주로 나아가고 있다.

21

달은 기지로,
화성은 거주지로

우주는 정말 가까운 곳에 있다. 자동차를 타고 하늘을 향해 똑바로 간다면 한 시간 안에 닿을 것이다. 땅 위에서는 수천 킬로미터 떨어진 곳도 있지만 국제우주정거장의 우주인들과 지구에 사는 모든 인류의 90퍼센트 정도는 거리가 수백 킬로미터밖에 떨어져 있지 않다.* 그런데 우주는 국제우주정거장보다 더 가깝다. 상공 100킬로미터 정도에서부터 우주가 시작되기 때문이다. 그 우주의 가장자리에 있는 발판에서 뛰어내리면 지구로 떨어진다.** 그렇다면 우주선은 왜 떨어지지 않을까? 사실 우주선도 떨어진다. 우주에서 물체가 충분히 빠른 속도로 비행하지 않으면 지구 대기를 뚫고 내려가 산소가 희박한 대기를 압축하면서 불덩이가 되어 떨어진다. 어떤 물체가 밑으로 떨어지지 않고 지구 궤도를 도는 유일한 이유는 옆으로 아주 빠르게 비행하고 있기 때문이다. 지구 대기로 떨어지기 전에 그보다 더 빠른 속도로 이동하는 것이

---

* 우주정거장은 51.6도 기울어진 채 400킬로미터 상공에서 지구 궤도를 돌고 있다. 그리고 인류의 90퍼센트가 거주하는 북위 51.6도~남위 51.6도 사이에 사는 사람들의 머리 위를 지나간다.
** 2012년 펠릭스 바움가트너Felix Baumgartner는 (우주까지 거리의 절반이 안 되는) 38킬로미터 상공의 헬륨 기구에서 뛰어내렸다. 그럼으로써 바움가트너는 인류 최초로 엔진 없이 음속보다 빠르게 비행했다.

다. 떨어지지 않고 궤도에 계속 머물려면 총알보다 열 배 빠른 초속 8킬로미터로 비행해야 한다.

지구 궤도에 올라가는 것은 인류의 기술로 무척이나 어려운 일이다. 현대 수학의 로켓 방정식을 풀어보면 아무리 최고의 로켓이라도 처음에 발사한 중량의 극히 일부만 궤도에 올릴 수 있다. 궤도까지 비행하는 동안 여러 단계를 거치면서 로켓 대부분을 분리해야 가능한 것이다. 인류가 그 정도로 우주여행이 어려운 환경에 살게 된 것은 천문학적 관점에서 그저 우연일 뿐이다. 만약 인류가 중력이 지구의 38퍼센트에 불과한 화성에 살았다면 우주여행은 훨씬 쉬웠을 것이다. 반면 중력이 지구의 253퍼센트인 목성에 살았다면 우주여행은 사실상 불가능했을 것이다.* 태양계 밖을 보면 태양에서 39.6광년 떨어진 '트라피스트-1 TRAPPIST-1' 항성계의 '생물체 생존 가능 지역 habitable zone'에 최소 세 개의 행성이 있다. 그 행성들은 중력이 약해서 우리 로켓보다 크기가 절반인 로켓으로도 우주여행이 가능하다. 더욱이 그곳에 거주민들이 있다면 우리와 달리 우주여행의 다른 목적지를 군이 찾을 필요가 없을 것이다. 거주 가능한 행성이 우리의 달만큼이나 가까운 거리에서 커다랗게 빛나고 있기 때문이다.

비록 인류가 1969년 이후로 엄청난 기술 발전을 이루었지만 달에 가는 것만큼은 별로 쉬워지지 않았다. 컴퓨터가 더 작아지고 빨라졌지만 우주선 중량에서 컴퓨터가 차지하는 부분은 아주 작으며, 특히나 로켓의 경우에는 더욱더 작다. 실제 우주 비행을 준비하는 측면에서 인류의 우주 기술은 오히려 퇴보했다. 새턴 5호는 역사상 최강의 로켓이지만 마지막으로 발사된 것은 1973년이었다. 그 이후로 인류의 우주 비행

---

* 물론 목성은 거대 가스 행성으로 지표면이 없다. 지구처럼 안정적인 암석 행성은 크기가 아무리 커봐야 지구의 열 배, 목성의 30분의 1을 넘지 못한다.

프로그램은 우주왕복선과 국제우주정거장에 집중되었다. 정치와 예산 측면의 제약으로 인해 좀 더 대담한 계획은 허용되지 않았다. 미국 대통령이나 의회 모두 우주 사업을 취소할 생각까지는 없었지만 우주 사업을 사치로 여기는 국민이 많기 때문에 예산을 늘리려 하지 않았다. 할당된 예산이 연방 예산의 고작 0.5퍼센트에 불과한데다 경영진의 지도력 부재까지 겹치면서 NASA는 50년 동안 그저 숨만 쉬면서 연명해야 했다.

우주왕복선을 개발하고 운영할 때 역점을 두었던 사항들은 나중에 우주왕복선이 기대 이하의 성과를 내게 된 원인으로 비난받았다. 우주왕복선의 큰 문제점은 화물과 승무원이 모두 탈 수 있도록 설계되는 바람에 굳이 승무원이 탈 필요가 없는 위성 발사 임무에도 매번 승무원이 함께 타야 했다는 것이다. 하지만 정기적으로 화물을 실어나르는 데 굳이 위험을 감수하며 사람까지 보낼 필요는 없으며, 그렇게 불필요한 승객을 보내면서 추가 비용을 들일 필요도 없다. 많은 화물을 탑재할 수 있어야 한다는 요구사항 때문에 유인 우주선에 너무 큰 화물칸을 만든 것도 부담이었다. 처음에 우주왕복선은 하나의 우주선으로 미국의 모든 우주 탐사를 수행하려고 개발되었지만 냉전 시대였던 당시에 군에서 정찰위성을 발사할 수 있어야 한다는 요구사항을 추가하면서 일이 꼬이고 말았다. 그런데 군에서는 나중에 우주왕복선의 성능이나 보안성에 절대 만족할 수 없다고 불평하면서 발을 뺀 다음 전통적인 로켓 추진 방식으로 시선을 돌렸다. 그 결과 우주왕복선은 지나치게 복잡하고 운용하는 데 너무 많은 비용이 드는 우주선이 되고 말았다. 온갖 대책을 강구했지만 우주왕복선은 결국 아무런 성과도 내지 못한 채 폐기되었다.

발사용 로켓이라는 측면에서 우주왕복선의 효율은 새턴 5호 로켓과 정반대로 사상 최악이었다. 로켓에 드는 비용을 산정하는 방법에는 1회 비행당 소요 비용, 총 사업비, 특정 기간당 평균 비용 등 여러 가지가 있다. 그런데 우주왕복선은 그 어떤 방법에서도 기대에 미치지 못한다. 현재 가치로 환산하면 새턴 5호는 1회 비행할 때마다 1조 2,000억 원이 든다. 지구 저궤도에 125톤짜리 구조물을 올리는 비용 23억 원을 추가하더라도 전체 비용은 궤도에 올리는 중량 1킬로그램당 1,100만 원 정도다. 한편 우주왕복선은 1회 비행할 때마다 5,200억 원이 든다. 이때 궤도에 올릴 수 있는 중량이 25톤에 불과해서 궤도에 올리는 중량 1킬로그램당 2,100만 원이 드는 셈이다. 비용이 새턴 5호의 두 배에 달하는 것이다. 물론 개발 비용까지 포함한다면 우주왕복선이 유리할 수도 있다. 우주선을 더 많이 재사용할수록 '비순환 비용'(우주선을 발사할 때마다 추가적으로 드는 비용 - 옮긴이)의 부담이 줄어들기 때문이다(최대 재사용 횟수가 우주왕복선은 135회인 반면, 새턴 5호는 13회다). 하지만 우주왕복선은 설계나 비행에 더 많은 비용이 들기 때문에, 종합해보면 새턴 5호에 드는 비용이 우주왕복선의 대략 3분의 1에 불과하다!*

우주왕복선 사업은 과학적으로 많은 성과를 거두고 500명이 넘는 우주인을 우주로 보냈다. 하지만 단순히 궤도로 보낸 우주인의 수로 사업 성과를 평가할 수는 없다. 사실 우주선을 더 많이 발사할수록 여론에 좋지 않은 인상을 주고 우주여행에 관한 대중의 관심을 떨어뜨린다. 우주 비행은 적은 횟수로 더 큰 인상을 심어주는 것이 비용 대비 효과가 높다. 우주 비행 사업을 효율적으로 추진하려면 일관성 있는 계획과 구체적인 목표가 필요하다. 다행히도 이제는 인류의 우주 비행 사업이

---

* 새턴 5호는 단순히 발사체일 뿐이지만 우주왕복선은 위성을 수리하거나 회수하는 작업도 가능하다고 말한다. 그러나 우주왕복선으로 그런 임무를 수행한 경우는 거의 없었다. 새로 위성을 만들어 기존의 위성을 대체하는 것이 더 저렴하기 때문이었다.

지구 저궤도에서 벗어날 때가 되었다는 여론이 점차 힘을 얻고 있다. 이번에는 화성을 목표로 삼아야 할 것이다.

달 착륙을 두고 경쟁했던 것처럼 화성에 가려는 경쟁이 재현될 거라는 말이 언뜻 현실적으로 와닿지 않을 수도 있다. 만약 정치적 목적으로 탐사를 하게 된다면 NASA의 예산은 군부의 예산과 맞먹을 정도로 증가할 것이고 바다뿐 아니라 우주에서도 원자력으로 추진되는 거대한 우주선이 등장할 것이다. 미국의 국민들이 달 탐사 비용을 기꺼이 부담했던 것은 이념의 충돌로 발생한 냉전 때문이었다. 1961년 케네디 대통령은 의회 연설에서 '인간을 달에 착륙시키고 다시 지구로 안전하게 귀환시키려는' 목적을 그보다 앞서 말한 두 개의 단락에서 명확히 밝혔다. 모든 우주 사업은 소련에 집중되어 있는 스포트라이트를 미국으로 돌리기 위한 홍보 캠페인이라는 내용이었다.* 케네디가 암살당한 뒤 우주 사업은 그가 남긴 유산이 되었고, 죽은 대통령의 비전을 이루려는 만장일치에 가까운 지지가 없었다면 예산이 그렇게 안정적으로 지원되지 못했을 것이다.

우주 사업에서 아폴로 계획 같은 성과가 다시 나올 수도 있다. 세계 2위의 경제대국으로 확고하게 자리잡은 중국은 최근 들어 우주 사업에서 꾸준한 행보를 보이고 있다. 지금까지 우주인 10여 명을 우주로 보냈고 우주정거장을 만들었으며 두 대의 월면 이동차를 달에 착륙시켰다(그중 하나는 달 뒷면에 착륙시켰다). 그리고 향후 20년 안에 달에 영구적인 기지를 건설할 계획이다. 러시아와 유럽, 일본도 저마다 우주 사업을 활발하게 진행 중이다. 인도도 우주 경쟁에 뛰어들어 화성 탐사를 다룬

---

* 연설문에서 관련된 부분은 다음과 같다. "끝으로, 지금 전 세계에서 진행 중인 자유와 독재 간의 전쟁에서 승리하려면 최근 몇 주간 우주에서 일어났던 극적인 성과를 통해 사람들에게 확신을 줘야만 합니다. …… 세상 사람들, 그러니까 어느 쪽을 선택할지 결정하려는 모든 사람의 마음속에 우리의 모험을 각인시켜야 합니다."

할리우드 영화의 제작비보다도 적은 비용으로 화성 탐사선을 보냈으며,* 몇 년 안에 첫 우주인을 우주에 보낼 계획이다. 미국은 역사적으로 뛰어난 혁신뿐 아니라 모든 면에서 최초, 최고가 되려는 야심이 있었다. 그런데 경쟁국이 가장 먼저 다른 행성으로 탐험을 떠나 달 착륙을 넘어서는 성과를 올린다면, 과연 미국 국민들은 어떤 반응을 보일까?

결국 우주 탐험에서 성과를 거두려면 많은 돈을 투자해야 한다. 새로운 운송 기술에 대한 정부의 대규모 투자는 이례적인 것이 아니라 당연한 것이었다. 증기선과 철도, 비행기는 개인이 발명했지만 그 뒤로 정부의 지원을 받아 상용화할 수 있었다. 앞에서 보았듯이, 콜럼버스의 탐험은 정부가 비용을 댔고 바스코 다 가마나 마젤란, 허드슨, 쿡 등 역사상 거의 모든 탐험가의 경우도 마찬가지였다. 해외 정착지 조성은 대부분 정부가 주도한 사업이었다. 대항해 시대에 전 세계에 건설된 스페인과 포르투갈, 영국, 네덜란드의 전초기지는 일부 혹은 전부가 정부의 자금으로 건설되었다. 심지어 겉으로는 민간기업인 버지니아 회사나 동인도회사, 허드슨 베이 컴퍼니조차 왕의 보호와 지원이 없었다면 유지되지 못했을 것이다.

정부의 주된 역할은 민간 부문이 투자하는 영역에서 한 걸음 더 나아가 장기적으로 그 사업이 번창하도록 돕는 것이다. 하지만 정부는 재정 운용 면에서 민간기업만큼 책임감이 높지 않기 때문에 효율이 떨어질 수 있다. 민간기업은 보상을 극대화하고 비용은 최소화하면서 주변 상황에 더 유연하게 대처한다. 가장 이상적인 것은 정부가 철도를 건설하고 민간기업이 그 철도를 활용해 사업을 하는 것이다. 우주 비행의 경우 민간기업이 기술을 개발해 견실하게 성장하도록 정부가 지원할 수 있다.

---

* 인도는 '화성 궤도 탐사선'을 첫 번째 시도에서 바로 화성 궤도에 진입시킨 최초의 나라가 되었다. 그것도 발사를 포함해 총 7,300만 달러라는 놀라울 정도의 적은 비용으로 해냈다.

위성을 궤도에 올리는 일(관련 산업의 전체 규모가 290조 원에 달한다) 외에도 민간기업은 우주 관광을 통해 수익을 올릴 수 있다. 2001년부터 2009년까지 일곱 명의 부자가 230억~460억 원을 내고 러시아의 로켓에 올라 국제우주정거장에 갔다. 비글로 에어로스페이스라는 회사는 빔Bigelow Expandable Activity Module, BEAM을 비롯한 몇 가지 확장형 주거 모듈을 만들었다. 그리고 빔은 2016년에 우주정거장으로 발사되었다. 회사는 최소 2020년까지 지구와 계속 통신하면서 빔 모듈의 가스 누설률, 온도, 방사선 피폭량 등을 관찰할 예정이었다. 여기에서 더 나아가 억만장자들에게 식사를 제공하는 호화 우주 호텔을 생각해볼 수도 있다. 그런 우주 궤도 여행은 대부분의 지구인에게 경제적으로 그림의 떡이지만 궤도 가까운 곳까지만 잠시 다녀오는 우주여행은 지금도 2억 3,000만 원 정도면 가능해서 훨씬 더 가능성이 높다.* (그래도 억만장자까지는 아니라도 백만장자 정도는 되어야 한다!)

가장 성공적인 민간 우주 회사는 스페이스X로, 2002년 페이팔 창업자인 일론 머스크가 화성으로 가는 교통수단을 개발하기 위해 설립했다. 민간 회사로는 최초로 액체연료 로켓을 궤도에 진입시켰고(2008년 팰컨 1호), 우주선을 발사해 궤도에 진입시킨 후 회수하는 데 성공했으며 (2010년 드래건 호), 우주정거장으로 화물 우주선을 보내기도 했다(2012년). 우주정거장에 정기적으로 화물 우주선을 보내고 회수할 수 있는 스페이스X의 우주선 드래건Dragon은 우주정거장의 과학 장비를 지구로 회수할 수 있는 유일한 수단이기도 하다.** 2019년 1월까지 스페이스X는

---

* 대포를 더 높게, 더 빠른 속도로 발사하는 것을 상상해보라. 궤도 가까운 곳까지 비행하는 '준궤도' 비행은 우주로 발사된 대포알이 다시 지구로 떨어지는 것과 비슷하다. 최초의 미국 우주인인 앨런 셰퍼드가 1961년에 준궤도 비행을 했다.

** 러시아의 우주선 소유즈는 우주인을 지구로 귀환시킨 적이 있지만 커다란 화물을 싣고 돌아온 적은 없다. 보통은 화물선에 폐기물을 실은 후 대기권에서 불태워버린다.

60회가 넘는 발사에 성공했으며, 곧 NASA와 계약해 상업적 임무를 띤 우주인을 우주로 보낼 예정이다. 2018년 2월에는 세계 최대의 탐사용 로켓인 '팰컨 헤비Falcon Heavy'를 발사했다. 팰컨 헤비는 일론 머스크의 전기차인 선홍색 '테슬라 로드스터'와 마네킹 운전사인 '스타맨Starman' 을 화성으로 데려갔다. 그리고 스페이스X 직원의 이름이 모두 새겨진 명판이 실렸는데, 저자의 이름도 들어가 있다.* (팰컨 9호에는 아홉 개의 엔진으로 구성된 추진 로켓 하나가 장착되었던 반면, 팰컨 헤비에는 총 스물일곱 개의 엔진으로 구성된 세 개의 추진 로켓이 장착되어 있다.)

지금까지 스페이스X가 달성한 가장 중요한 성과는 역사상 처음으로 로켓을 재사용했다는 것이다. 그동안 대부분의 로켓은 연료를 다 쓰면 지구로 떨어져 대기 중에서 분해되거나 지표면에 충돌해 산산조각이 나곤 했다.** 처음에는 그것이 당연해 보였다. 로켓에서 중요한 것은 무엇인가를 우주로 보내는 것이고, 그러려면 연료가 아주 많이 들기 때문이다. 그럼 연료는 얼마나 많이 들까? 로켓 무게의 90퍼센트가 연료 (사실상 로켓은 날아가는 연료탱크다)이기 때문에 텅 빈 로켓은 아주 가볍다. 그리고 로켓은 여러 단으로 구성되기 때문에 다음 단계로 진입한 후 우주인이나 화물***이 실린 우주선이 분리되어 궤도를 향해 떠나면, 남은 1단계 '추진 로켓'은 오로지 자기 몸만 감당할 수 있으면 된다. 그 말은 텅 빈 추진 로켓은 생각보다 아주 적은 연료로도 충분히 귀환시킬 수 있다는 뜻이다. 처음 우주의 가장자리까지 올라갈 때보다 필요한 연료가

---

* 팰컨 헤비에는 다음과 같은 재미있는 물건들도 실렸다. '*지구에서 인간이 만들었음*'이라고 적힌 전자회로 기판, '놀라지 마세요!'라고 표시된 자동차 계기판(영화 「은하수를 여행하는 히치하이커를 위한 안내서」에서 따왔다), 스타맨이 타고 있는 작은 모형 자동차, 디지털 매체에 저장된 아이작 아시모프Isaac Asimov의 『파운데이션』 세트, 데이비드 보위David Bowie의 「화성에서의 삶Life on Mars?」이 흘러나오는 라디오.

** 로켓은 보통 바다 위에서 비행하도록 해안에서 발사한다(러시아나 중국은 황무지에서 발사한다).

*** 여기서 화물은 곧 발사되는 모든 것을 말하는데 위성이나 승무원 모듈, 화물선 등이 포함된다.

훨씬 적다. 추진 로켓을 선박 위에 착륙시키거나 해안에 있는 착륙장으로 귀환시키는 데 드는 비용은 전체 비용에서 극히 일부에 불과하다.

로켓의 전체 제작 비용 중에서 1단계 추진 로켓이 차지하는 비용이 80퍼센트에 이르기 때문에, 추진 로켓을 재사용할 수 있다면 엄청난 비용을 절약하게 되는 것이다. 그리고 2단계 이상의 추진체나 '페어링fairings' 이라고 부르는 로켓 맨 앞쪽 유선형 보호덮개까지 재사용할 수 있으며 아마도 앞으로는 재사용하게 될 것이다. 스페이스X의 페어링에는 낙하산이 장착되어 있어서 커다란 그물이 달린 '미스터 스티븐Mr. Steven'이라는 애칭의 배 위로 낙하한다. 일론 머스크가 말했듯이, 70억 원짜리 화물이 하늘에서 떨어지고 있다면 가서 받는 것이 당연하지 않을까?

스페이스X의 로켓에서 재사용이 가능한 부분은 점점 더 많아지고 있다. 로켓에 소요되는 비용 중 대부분은 로켓 본체를 만드는 데 들어가므로(연료가 차지하는 비용은 전체의 0.5퍼센트도 안 된다), 재사용은 우주 비행의 비용을 절감하는 가장 확실한 방법이다.* 최종적인 목표는 우주선을 비행기처럼 사용하는 것이다. 비행기가 착륙하고 승객이 내리면 몇 가지의 의례적인 검사를 하고 연료탱크를 채운 뒤 새로운 승객을 태우고 다시 비행하게 된다. 여객기의 가격도 로켓과 비슷한데, 만약 첫 비행을 하고 나서 여객기를 폐기한다면 항공요금이 얼마나 비싸지겠는가!

로켓을 재사용하게 되면 우주 비행은 더 일상화되고 신뢰성이 높아지는 동시에 가격도 저렴해지는 선순환이 일어난다. 초창기의 용감무쌍한 조종사들의 비행부터 현대의 상업 비행까지 그런 식으로 진화해왔다. 재사용할 수 있는 로켓이 나온다면 앞으로 지구 밖 여행은 물론 상업용 로켓으로 세계 일주도 가능하다. 또한 로켓을 이용하면 준궤

---

* 우주왕복선도 부분적으로 재사용할 수 있었지만 상당한 유지·보수 작업이 필요했다. 게다가 재사용이 가능한 궤도선이 아주 무거워서 우주왕복선 전체의 화물 적재량은 크게 줄어들 수밖에 없었다.

도 비행을 통해 지구의 어느 곳이라도 탑승자를 한 시간 안에 데려갈 수 있다. 그동안 뉴욕에서 상하이까지 열다섯 시간 동안 비행하느라 녹초가 되었던 여행자들이 로켓을 이용하면 39분 만에 갈 수 있다. 유럽에서 오스트레일리아까지 배를 타고 가면 보통 한 달이 걸리지만 조만간 몇 분이면 갈 수 있을 것이다. 그때가 되면 오히려 목적지보다 우주 공항까지 가는 시간이 더 걸릴 것이다. 어떤 식으로든 앞으로 등장하게 될 재사용 로켓은 우주를 여행하려는 사람들뿐 아니라 집에 머무는 사람들의 삶에도 직접적인 도움이 될 것이다.

로켓 재사용을 연구하고 있는 또 다른 회사들도 있다. 2015년 아마존의 창업주 제프 베조스가 설립한 블루 오리진Blue Origin의 '뉴셰퍼드New Shepard' 로켓은 우주의 가장자리(100킬로미터 상공)를 가로질러 비행한 뒤 지상에 무사히 착륙했다. 원래 뉴셰퍼드는 관광객을 태우고 우주의 가장자리까지 짧은 여행을 하는 것이 목표였다. 그런데 지금은 더 크고 궤도 진입이 가능하며 재사용할 수 있는 새로운 등급의 로켓을 설계하고 있다. 결국 우주 경쟁이 벌어질 수도 있는 것이다. 한편 NASA는 자체 유인 우주선 '오리온Orion' 개발의 최종 단계를 진행 중이며 새로운 거대 발사체인 '스페이스 런치 시스템Space Launch System, SLS' 설계를 마무리하고 있는데, 추진력이 3,260톤으로 과거의 새턴 5호 로켓 다음으로 강력하다. NASA는 오리온과 스페이스 런치 시스템을 이용해 1972년 이후 처음으로 인간을 지구 궤도 너머로 보낼 계획이다. 따라서 인류는 다시 한 번 우주라는 바다를 항해할 수 있게 된 것이다. 그렇다면 과연 어디로 가야 할까?

우리가 살고 있는 태양계에는 갈 수 있는 곳이 많지만, 여행 후보지로 삼을 만한 곳은 몇 군데 되지 않는다. 편도 여행으로 10년 정도 걸리는 명왕성으로 인간을 보내기란 분명 단기적으로 불가능하다. 8만 년이나 걸리는 다른 항성으로의 여행은 더 말할 것도 없다. 미래에는 태양계 밖으로 여행하는 것이 좋은 목표가 될 수 있겠지만 지금 당장은 좀 더 가까운 곳에서 시작할 수밖에 없다. 지구 밖에 우주기지가 건설되면 기술을 발전시키고 비용을 줄이려는 연구가 매우 활발해질 것이다. 멀리 있는 전초기지에 물자를 공급하는 상업 활동이 시작되면 우주 비행은 지속적으로 더 저렴하고 간편해질 것이므로, 언젠가는 지금의 비행기 여행처럼 일상적인 일이 될 것이다.

그렇다면 지구 주변에서 가장 좋은 목적지는 어디일까? 얼마 안 되는 후보지 목록에서 맨 위에 자리한 것은 달과 화성이다. 달이 훨씬 더 가깝지만 장기적인 잠재력은 화성이 훨씬 크다. 달까지는 며칠이 걸리고 화성까지는 몇 달이 걸리지만, 화성이 지구와 환경이 비슷한 반면 달은 생명체가 없는 곳이기 때문이다. 달 기지의 가장 큰 장점은 지구에서 물자를 공급받기 쉽고 비상 상황이 생겼을 때 구조되기 쉽다는 것이다. 게다가 몇 가지의 유용한 과학 실험도 할 수 있다. 아폴로 우주인들은 달 표면의 아주 작은 지역을 탐사했을 뿐이며, 달에 착륙했던 여섯 차례의 아폴로 계획에서 우주인들이 표면에서 활동했던 시간은 모두 합쳐봐야 24시간밖에 되지 않는다. 달 뒷면에 고감도의 전파망원경을 설치할 수도 있다. 달 뒷면에서는 인류가 끊임없이 우주로 보내는 무선 간섭 신호에서 보호받을 수 있을 것이다. 달에 가야 하는 이유로 자주 언급되는 논리는, 로켓의 추진연료와 달에 있는 얼음을 합성하면 달을 거대한 연료창고로 탈바꿈시킬 수 있다는 것이다. 그런 구상에도 나름 장점이 있지만 달이 기적의 연료창고는 아니다. 가끔 그렇다고 얘기하는 사람들이 있지만 말이다. 달의 얼음은 대부분 극지방처럼 인간이 접근하기 어려운 곳에 있을 뿐 아니라 지구에서도 로켓에 연료를 주입하고 발사하기가 어려운데 달 기지처럼 기반 시설이 부족한 곳에서는 더 말할 것도 없다.*

목적지를 정하려면 먼저 우리의 목적이 무엇인지 자문해보는 것이 중요하다. 우주 비행의 목적은 단지 목적지에 도착하는 것이 아니라 그곳을 통해 다른 곳으로 여행하는 것이다. 우주 관광을 제외하면 그저 궤도에서 떠다니기 위해 인류를 지구 궤도에 올리는 건 아니다. 우리는 바다를 건너고 사람과 물자, 사상을 실어나르기 위해 배를 만든다. 우주선을 만드는 것도 그와 마찬가지다. 달을 연료창고로 여기는 생각이 달을 디딤돌로 삼기 위해서라고 하자. 그렇다면 그 디딤돌을 밟고 어디로 갈 것인가?

답은 명확하다. 단시일 내에 인간이 영구히 거주할 만한, 다양한 자원을 갖춘 목적지는 화성이 유일하다. 나중에는 마침내 또 다른 별을 찾아 떠나겠지만 화성은 인간이 지구 밖에 정착할 수 있는지를 확인하는 실험장이 될 것이다. 태양계의 네 번째 행성인 화성은 태양계에 있는 생물체 생존 가능 지역의 가장 바깥쪽에 있으며 태양에서 지구보다 50퍼센트 더 멀리 떨어져 있다. 적도의 기온이 섭씨 20도에서 영하 70도인 곳이지만 아주 극심한 추위는 아니어서 주거지에 난방을 하면 살 수 있고 우주복을 입은 채 탐험할 수도 있다. 적도에서는 스칸디나비아 남부나 알래스카 정도의 햇빛을 받을 수 있다. 그런데 대기의 밀도가 낮기 때문에 비슷한 온도의 지구와 비교했을 때 열손실이 훨씬 적다. 밀도가 높은 물과 밀도가 낮은 공기의 온도 차이를 생각해보면 된다. 예를 들어 타이타닉 호의 승객이 차가운 바다에 빠지지 않고 추운 대기

---

* 내가 보기에, 화성에 비해 달의 가장 큰 이점은 지구에서 보인다는 것밖에 없다. 다만 사람들이 하늘을 올려다보면서 "저 위에 사람들이 살고 있어"라고 말하며 영감을 품는 효과는 강력할 것이다. (물론 화성을 보면서 그렇게 말할 수도 있지만, 화성은 많은 별과 섞여 있어서 그 존재가 부각되지 않으므로 밤마다 사람들에게 존재감을 뽐낼 가능성은 낮다. 화성에 지구와 같은 정착지를 건설하려면 사람들에게 그와 같은, 아니 그 이상의 경이로움을 불러일으킬 홍보 전문가가 필요하다.)

속에 있었다면, 몇 분 만에 죽는 대신 몇 시간 혹은 며칠 동안 생존했을 것이다. 화성에서는 우주복을 입고 별문제 없이 걸어 다닐 수 있으며, 언젠가 화성의 환경이 지구처럼 바뀐다면 일상복을 입고 돌아다니게 될 것이다. 화성과 달리 달에는 대기가 없고 (인간의 건강에 중요한) 중력이 지구의 절반에도 미치지 못하며* 자원 또한 부족하다.

화성의 전체 육지 면적은 지구와 비슷하다.** 지구처럼 계절이 있고 화성의 1년은 지구의 2년에 가깝다. 화성은 지구보다 계절의 변화가 조금 더 뚜렷하다. 자전축의 기울기가 지구는 23.5도인 데 비해 화성은 25도로 조금 더 기울어 있기 때문이다. 화성의 하루는 지구의 하루보다 아주 조금 더 길어서 24시간 39분 정도다. 이는 결정적으로 화성의 온실에서 자연광으로 식물을 재배할 수 있다는 뜻이다. 그에 반해 달에서는 14일간 지속되는 밤에 식물이 말라죽을 것이다(달에서는 낮과 밤이 번갈아 14일씩 지속된다). 화성 대기의 주성분인 이산화탄소는 식물 재배에 중요하며 산소와 메탄으로 변환해 로켓 연료로 사용할 수도 있다. 화성의 자원 중에서 가장 주목할 만한 것은 풍부하게 존재하는 물이다. 지표면에서는 기온과 압력이 낮아 물이 액체 상태로 오래 유지될 수 없지만 탐사로봇이 땅속에서 물이 스며 나오는 것을 확인했다. 과거에 한때 그랬듯이, 미래에 화성 표면에는 호수와 바다가 생길 수도 있다. 화성에는 풍부한 물과 지구에서 볼 수 있는 거의 모든 종류의 자원이 있기 때문에 인류는 그곳에서 문명을 유지할 수 있을 것이다.

화성에 가는 방법은 공학적으로 최소한 세 가지가 있다. 첫 번째 방법은 여러 개의 로켓을 발사한 뒤 지구 궤도에서 하나 혹은 그 이상의 우주선으로 조립해, 필요한 보급품을 모두 싣고 화성에 다녀오는 것

---

* 달과 화성의 중력은 각각 지구의 17퍼센트, 38퍼센트 정도다.
** 바다를 제외하면 지구의 육지 면적은 화성보다 겨우 11퍼센트 더 크다.

이다. 그런데 지구 궤도에서 우주선을 조립할 때 많은 문제가 발생할 것으로 예상된다. 모든 장비는 몇 년간 지구에서 설계하고 제작한 것이므로 로켓에 실어 지구 궤도로 발사할 때 하나라도 어그러지면 계획 전체가 실패하고 만다. 또한 지구에서 만든 장비를 우주에 너무 오래 두면 안정성이 떨어질 수 있고 로켓 연료가 끓거나 얼어서 손실될 수도 있다. 지구 궤도에서 거대한 비행체를 조립한다는 발상은 NASA가 달 탐사를 계획하면서 맨 처음 내놓았지만, 이후 새턴 5호 로켓 한 대를 발사해서 모든 장비를 직접 달로 가져간다는 '달 궤도 랑데부' 방식으로 대체되었다. 당시는 아폴로 계획의 일정이나 비용이 모두 계획을 초과한 상황이었다. 그래서 지구 밖에서 거대 우주선을 조립하는 방식으로는 설령 달에 갈 수 있다 해도 케네디 대통령이 정한 목표 날짜를 맞출 수 없다는 것이 1960년대에 NASA가 내린 결론이었다. 지구 궤도에서 거대 우주선을 조립해 화성에 가는 것은 분명 '가능하지만', 가장 효율적인 방법은 아니다.

두 번째 방법은 최소한의 노력으로 최대의 성과를 얻는 '미니멀리스트 방법'이다. 우선 화성으로 직접 가는 로켓 몇 대를 최소 규모로 발사한다. 그리고 화성에서 지구로 돌아올 때는 화성에서 합성한 메탄-산소 연료를 사용한다.* 이 방법은 물이나 산소, 연료처럼 대량으로 필요한 소모품을 비롯해 가능한 한 많은 것을 화성에서 자체 생산하는 것이다. 화성에 짓는 숙소 건물 위에 화성의 '표토(토양)'를 덮어 방사선을 차단하며 화성의 표토로 벽돌을 만들어 사용할 수도 있다. 기본 구조물을 우선 지구에서 만들어 운송한 다음, 화성에 있는 물질을 사용하거나 용암동굴처럼 화성의 지형지물을 활용해 기본 구조물을 더 크게 확장

---

* 이 '화성 직행Mars Direct' 계획에 관한 추가 정보는 로버트 주브린Robert Zubrin의 『화성 탐사The Case for Mars』를 참조하라.

할 수도 있다. 미니멀리스트 방법을 사용할 때는 우주인들이 화성으로 가기 전에 하나 이상의 로켓을 미리 발사한 뒤, 원격으로 조종해 화성에 숙소 건물이나 보급품을 사전에 설치한다(이것은 사실 어느 방법을 쓰든 활용할 수 있다). 모든 시설이 갖춰진 기지가 건설되면 정착민들은 화성 표면에 필수 시설이 갖춰져 있다는 것을 알기 때문에 편안하게 출발할 수 있다.

세 번째 방법은 거대한 로켓으로 커다란 행성 간 우주선을 단번에 지구 궤도에 올리는 것이다. 현재의 기술 수준에 맞게 우주선의 중량을 최대한 줄여야 하므로, 우주선의 연료는 화성으로 향하기 전에 지구 궤도에서 급유하도록 해야 한다. 이 방법을 통해 지구와 화성 간에 승객과 화물을 대량으로 실어나르는 기술을 확보하게 될 것이다. 다만 메탄-산소 연료를 화성에서 생산하는 등의 미니멀리스트 방법을 일부 도입하면 금상첨화가 될 것이다. 2016년 9월, 일론 머스크는 이 세 번째 방법을 적용한 '행성 간 운송 시스템Interplanetary Transport System'의 기본 계획을 공개했다. 행성 간 운송 시스템은 지구와 화성을 오가는 '행성 간 우주선'과 연료탱크, 그리고 그 우주선과 연료탱크를 지구 궤도에 올리는 거대 로켓으로 구성되며 그 모두를 재사용할 수 있다(2018년 11월, 행성 간 우주선은 '스타십Starship'으로, 로켓은 '슈퍼헤비Super Heavy'로 명명되었다). 이 운송 시스템이 본격적으로 시작되면(최근까지의 상황을 보면, 현지 시각으로 2021년 2월 2일에 스타십의 시제 모델인 SN9가 시험비행에서 고도 약 10킬로미터까지 비행하는 데 성공했지만 착륙 과정에서 폭발했다. 이보다 앞선 2020년 12월 9일에 시제 모델인 SN8도 6분 42초간 비행해 시험비행 중 최고 높이에 도달했지만 착륙 과정에서 폭발했다 - 옮긴이) 처음부터 대규모의 화성 이주가 가능해질 것이다. 그리고 이런 기술 발전을 통해 이제는 향후 수십 년간 화성에 정착하려는 시도가 이어질 것으로 상상해볼 수 있다.

.

22

지구 밖
이주 프로젝트

　인류 앞에는 두 개의 갈림길이 놓여 있다. 하나는 지구에 남아서 결국 멸종하는 것이고, 다른 하나는 우주로 나가는 것이다. 인류가 수많은 다른 천체로 퍼져나가면 재난을 피할 수 있을 뿐 아니라 기술과 생각을 서로 나누면서 다양한 행성 간 문화의 혜택을 누리게 될 것이다. 일정이나 세부 계획은 마음먹기에 따라 달라질 수 있지만, 우주로 나간다는 것 자체는 생존을 위해 불가피한 선택이 될 것이다. 그것은 2,000년 전에 배를 타고 우주를 지나 다른 세계로 가는 사람들의 이야기를 썼던 고대 로마의 소설가인 사모사타의 루키아노스Lucian of Samosata*가 꾸었던 꿈의 정수이기도 하다. 하지만 공상과학소설에서는 생략할 때가 많은, 중요한 중간 단계가 있다. 우주에 나가기로 마음먹었다면, 우선 태양계 안의 다른 천체로 영역을 확장해야 한다는 것이다.

　우리 태양계는 아주 광활한 곳이다. 사람들은 대부분 태양계의 행성 이름을 알고 있으며, 아마도 명왕성이 태양계 행성의 일원인지 아닌

---

* 루키아노스는 시리아 출신의 로마인이며 그리스어로 소설을 썼다.

지를 논쟁하고 있을 것이다.* 하지만 태양 주위를 도는 주요 행성의 이름을 아는 사람들에게도 사실 태양계는 모호한 개념이다. 행성들이 얼마나 멀리 있고 어떻게 생겼으며 주변의 천체와 어떻게 상호 작용하는지를 아는 사람은 별로 없다. 그리고 사람들은 지구의 환경오염에 대한 대책이 '결국에는' 더 안정적인 행성에 식민지를 건설하는 것이라는 막연한 생각을 받아들인다 해도, 그 식민지 건설을 당장 우리가 해야 한다고 생각하지 않을 때가 많다.

그런 사람들에게 나는 이렇게 이야기하고 싶다. 탐험은 우리 유전자에 각인되어 있고 우리에게 공통의 목표를 부여한다. 그리고 우주로 나가는 일에는 부정적인 면이 없다. 역사적으로 영토 확장은 현지 원주민이나 환경에 재앙이 되는 경우가 많았지만 우주로의 확장은 그런 대가를 치르지 않아도 된다. 오히려 뜻밖의 횡재를 거둘 수도 있다. 태양계의 다른 천체에 비해 지구 표면에는 자원이 많지 않은 편이다. 지금까지 채굴된 금이나 백금은 모두 지구 밖에서 만들어진 후 오랜 시간이 지나 지구에 떨어진 것이다. 철이나 니켈 같은 금속은 지표면에서도 아주 조금 발견되지만 지구에 떨어지는 일이 많았던 소행성에는 풍부하게 함유되어 있다.** 지름 1.6킬로미터짜리 철-니켈 소행성 하나면 역사적으로 인류가 지금까지 캐낸 것보다 더 많은 철을 얻을 수 있다. 그런데 우주에는 그런 소행성이 무수히 많다.

우주를 개척하면 지구에도 엄청난 이익이 될 것이다. 자석이나 스

---

* 내 생각에 그 문제는 중요하지 않다. 명왕성은 그냥 명왕성이다. 해왕성 너머에 있는 중간 크기의 얼음덩이인 것이다. 명왕성을 '왜행성'으로 분류하는 것이 좋은 절충안이 될 수 있는데, 그렇게 되면 세레스나 하우메아Haumea, 에리스Eris 같은 왜행성도 태양계 가족의 일원이 된다.

** 인류는 3,000년 전에 비로소 철을 녹일 줄 알게 되었지만, 철로 만든 무기는 그 전에도 가끔씩 등장했다. 소행성에서 얻은 철을 제련해 만들었던 것이다. '하늘에서 마법처럼 떨어진' 칼이 아서 왕의 엑스칼리버 같은 전설적인 칼의 기원인지도 모른다.

마트폰, 컴퓨터, 모터, 의료용 영상기기, 원자로, 풍력터빈, 태양광 패널, 배터리 등을 만들려면 지구에 극소량만 존재하는 희토류 금속이 반드시 필요하다. 희토류 금속은 비록 이름만큼 극단적으로 희귀하지는 않지만 광물에 함유되어 있는 농도가 아주 낮기 때문에 추출하는 데 비용이 많이 들고 그 과정에서 환경이 오염된다. 몇 톤의 광물을 처리해도 얻을 수 있는 희토류 금속은 아주 적은 양에 불과하다. 그런 희토류 금속을 얻기 위해 지구의 넓은 지역을 파헤치는 대신 소행성에서 더 손쉽게 얻을 수 있다. 소행성에는 수백 년 동안 사용할 수 있을 정도로 희토류 금속이 풍부하기 때문이다.

위험하고 지저분한 제조 공장을 지구 궤도에 떠 있는 우주정거장으로 옮겨서 로봇에게 일을 맡길 수도 있다. 식량도 지구 궤도로 옮겨서 생산할 수 있다. 예를 들어 수경 농장을 지어 태양광에너지로 운영하면 땅 위의 농장보다 효율을 몇 배나 높일 수 있다. 24시간 태양광을 이용할 수 있는데다 지구 표면에서와 달리 태양광이 대기를 통과할 때 생기는 에너지 손실도 걱정할 필요가 없다. 제조업과 광산업, 농업을 지구 밖으로 내보냄으로써 지구의 대부분 지역은 태초의 원시 상태로 돌아가게 될 것이다.

지구는 인구 과밀로 신음하고 있지만 기술로 그 문제를 해결할 수 있다. 태양계에는 현재 지구의 인구보다 수천 배에서 수십억 배 많은 인구를 먹여 살릴 수 있는 자원과 에너지가 있다. 물론 지금 우주에서 필요한 자원을 얻으려면 엄두를 낼 수 없을 만큼 막대한 비용이 든다. 하지만 태양계 전체에 광범위하게 정착지가 건설되면 자연스레 우주에서 자원을 채굴하려는 시도가 이루어질 것이고, 그에 따라 기술이 발달하면서 모든 것이 바뀌게 될 것이다. 가장 먼저 필요한 자원은 물이나 산소, 로켓 연료처럼 대량으로 소모되는 것들일 텐데, 그런 자원은 우주 어디에나 존재한다. 금성을 제외하면 태양계의 모든 천체에는 비록 고체 형태이지만 물이 존재한다. 사실 많은 위성과 소행성, 혜성에는 암석보다 얼음이 더 많으며 그 얼음에는 물과 메탄, 이산화탄소, 암모니아 같은 질소화합물이 섞여 있다. 목성의 위성인 유로파 같은 천체에는 지구보다 더 '많은', 엄청난 양의 물이 존재한다. 그리고 고대의 지하 화석층에서 뽑아내는 석유는 잊어도 된다. 토성의 위성인 타이탄에는 지구보다 수백 배 많은 탄화수소가 바다와 호수를 가득 채우고 있기 때문이다.

우리가 우주여행을 어렵게 생각하는 것은 대부분 지구의 중력을 뚫고 나가는 데 필요한 에너지 비용이 너무 많이 들기 때문이다. 하지만 지구가 아니라 우주에서 시작한다면 우주여행은 저렴하고 한결 간편해질 것이다. 거대 로켓에 실려 발사되는 작은 캡슐만 고집할 필요는 없다. 상업적인 목적으로 소행성 기지 사이를 오갈 때는 지구 가까이에서 운행하는 우주선보다 연료가 훨씬 적게 드는 성간 순항 우주선을 이용하면 된다. 사실 소행성을 벗어나는 것은 지구를 벗어나는 것보다 훨씬 쉬워서, 마치 트램펄린의 반동을 이용해 다른 천체에 간다고 생각하면 된다. 화성과 달을 오가는 데 필요한 연료는 달과 지구를 오가는 데 필요한 연료의 절반에 불과하다.* 어떤 물질을 지구 표면으로 내려보내는 경우에도 그 물질이 지구 궤도에서 수확된다거나 대기권을 통과할 때 발생하는 열을 견딜 수 있다면 문제되지 않는다. 지구에서는 우주로 나가는 것보다 돌아오는 것이 훨씬 더 쉽기 때문이다.

중력과 싸우지 않아도 된다면 할 수 있는 일은 많다. 인류는 이미

---

* 달에는 3일이면 갈 수 있지만 화성은 7개월이 걸릴 정도로 멀기 때문에 이 말이 이상하게 들릴지도 모른다. 하지만 우주에는 항력(물체가 유체 속을 진행할 때 물체의 진행 방향과 반대쪽으로 작용하는 유체의 저항력 ─ 옮긴이)이 없기 때문에 거리보다는 오직 출발하는 천체의 중력이 중요하다.

소행성과 혜성에 무인 우주선을 착륙시켰다. 우주선을 사용해 작은 소행성을 지구 궤도에 진입시키는 데 필요한 핵심 문제가 이미 해결된 것이다. 그렇게 소행성을 지구 궤도에 진입시키면 소행성의 자원을 손쉽게 수확할 수 있다. 다만 주의해야 할 점은 거대한 소행성이 자칫 잘못해서 지구에 떨어진다면 엄청난 피해를 입을 수 있다는 것이다. 우주 진출이 중요한 또 다른 이유가 여기에 있다. 지구는 소행성과 혜성이 날아다니는 길목에 자리하고 있으며 혹시나 그 천체들과 충돌한다면 치명적일 수 있다. 지구에는 도시 하나를 파괴할 수 있는 크기의 소행성이 평균적으로 100년마다 한 번씩 떨어진다. 게다가 아주 희박하지만 거대한 천체와 충돌해 전 인류가 단번에 멸망할 가능성도 있다. 그렇다면 그런 위험에서 벗어나는 '대책'이 있어야 하지 않을까? 공룡에게 우주 계획이 있었다면 지금까지 살아남았을지도 모른다.

몇 개의 기업이 소행성 채굴 사업에 뛰어들고 있다. '플래니터리 리소스Planetary Resources'는 '엑스프라이즈XPRIZE'(인류가 당면한 중대 문제를 해결하기 위해 활동하는 국제적인 재단 - 옮긴이)의 피터 디아만디스와 영화감독 제임스 카메론, 그리고 구글 창업자 래리 페이지가 투자자로 참여해 2012년에 설립되었다. 이 기업은 현재 우주 탐사 망원경을 제작하고 있으며 자원 채굴을 위한 우주선을 만들 계획이다. 그리고 우주에서 철을 채굴해 지구에 판매하고 물과 산소, 수소를 추출해 현재 진행 중인 우주 계획에 사용할 예정이다. 또 다른 기업인 '딥 스페이스 인더스트리Deep Space Industries'는 비슷한 목표로 2013년에 설립되었다. 우주 광산업은 초기 비용이 많이 들지만, 투자 대비 기대수익이 매우 크다. 지구와 충돌할 가능성이 있는 소행성은 지름 수십 미터의 작은 크기(이 정도는 현재의 기술로도 진행 방향을 바꿀 수 있다)라 해도 금속 매장량의 가치가 수조 원에 달한다. 16세기의 포르투갈 항해사들은 향신료 무역에 뛰어들 때 수백 배의 이익을 노리면서 대양을 건넜는데, 우주 광산업에서 기대할 수 있는 이익의 규모도 그와 비슷한 셈이다. 일부 거대한 소행성의 몸값은 지구 전체의 총생산보다 몇 배나 더 크다.* 풍요로운 세상을 원한다면 고개를 들어 하늘을 봐야 한다.

우주 정착민들이 태양계 곳곳에 정착지를 만들고 나면, 통합된 우주 경제권을 형성하게 될 것이다. 중력이 약한 천체에서는 다른 곳으로 자원을 보낼 때 전자기 레일건으로 자원을 그냥 우주로 쏘면 된다. 그런 일종의 투석기 같은 장치를 달에 지어놓고 지구로 화물을 쏘아 보낼 수 있다. 화성에도 '올림푸스몬스Olympus Mons' 화산에 터널을 뚫어 비슷한 장치를 만들 수 있다. 그 산은 에베레스트 산보다 세 배나 높기 때문에 산 정상에는 화성 대기의 불과 2퍼센트밖에 존재하지 않는다. 따라서 거의 항력에 영향받지 않고 화물을 우주로 쏘아 보낼 수 있다. 낮은 비용으로 화물을 궤도까지 보내는 또 다른 방법으로 '우주 엘리베이터'를 들 수 있다. 우주 엘리베이터는 지표면에서 우주에 떠 있는 우주정거장까지 연결해놓은 줄을 말한다. 모터를 사용해서 줄을 따라 화물을 궤도까지 올릴 수 있다(그래서 '엘리베이터'다). 이론적으로 지구에서는 적도의 한 지점에서 정지궤도에 있는 우주정거장까지 우주 엘리베이터를 만들 수 있다. 중력이 약한 화성이나 달에서는 우주 엘리베이터를 만들기가 훨씬 더 쉽다.

우주 정착지에서 환경을 파괴하지 않고 계속 생활할 수 있는 방법은 아주 많다. 국제우주정거장에서는 우주인들이 오줌과 땀을 재사용한다. 오염물질을 걸러내고 남은 물로 건조식품에 수분을 공급하거나 목욕을 하거나, 심지어 마시기도 한다. 수경재배와 수기경재배('분무재배'

---

* 가장 큰 철-니켈 소행성으로 알려진 '16 프시케16 Psyche'는 현재의 소비량을 기준으로 지구에 수백만 년 동안 금속을 공급할 수 있다.

라고도 하며 뿌리를 배양액에 담그지 않는 대신 물을 분무하여 식물을 재배하는 방법이다 - 옮긴이)는 특히나 유용하다. 처음에는 주식인 건조식품을 보완하기 위해 상추나 토마토, 완두콩, 콩, 당근, 무, 딸기 같은 원예작물을 중점적으로 재배하게 될 것이다. 앤디 위어가 쓴 『마션 The Martian』에도 등장하는 감자는 재배면적당 칼로리가 가장 높은 작물이다. 따라서 우주에서는 최고의 선택이다. 최고의 건강식품인 고구마도 마찬가지다. 사실 '아일랜드 식단'이라고 부르는 우유와 감자는 거의 모든 필수영양소를 제공한다. 주요 영양 성분 중에서 부족한 것은 몰리브덴 정도인데, 아일랜드인들은 오트밀을 통해 몰리브덴을 섭취한다. 우주 비행에서는 일반적인 우유 대신 분말 우유를 사용하며 우주선 창고에는 오트밀 깡통 몇 개도 실려 있다. 하지만 우주 식량을 선택할 때는 영양소만큼이나 사람들의 기호도 중요하다. 먼 우주의 전초기지에서 고향을 그리워하는 정착민들에게 신선하게 재배된 먹을거리는 지구에서 먹던 맛을 떠올리는 데 중요한 역할을 한다.

정착하기 위한 초기 비행 때는 동물을 데려가지 않기 때문에 육류 섭취는 단백질이 풍부한 청록색 조류인 스피룰리나 같은 대체 음식에 만족할 수밖에 없다.* 버섯은 필수영양소인 비타민 B를 제공하면서도 햇볕 없이 재배할 수 있다는 장점이 있다. 북아메리카 사람들에게는 큰 충격이 될 수도 있겠지만, 또 다른 훌륭한 식단은 바로 곤충이다. 곤충은 좁은 공간에서 쉽게 기를 수 있을 뿐 아니라 쓰레기를 먹으면서 빠르게 성장하고 우리가 아는 동물 중에서 효율이 가장 높은 동물이다. 가축으로서 귀뚜라미는 사료 및 물 소모량 대비 단백질 생산량이 소보다 열두 배나 높으며, 오메가-3 지방산 대 오메가-6 지방산의 비율도

---

* (고기와 감자를 지금보다 더 많이 먹던 시절인) 우주 계획 초창기에 NASA는 가장 효율적으로 고기를 제공할 수 있는 포유류를 데려가려 했다. 당시에 가장 유력한 후보는 쥐였다.

훨씬 좋아서 더 영양가 높은 고기를 제공한다.* 세계적으로 인류의 3분의 2인 수십억 명이 수천 종의 곤충을 음식으로 먹는다. 바닷가재나 게, 새우는 게걸스럽게 먹으면서 곤충은 먹지 않는 서양인들이 오히려 이상하다고 할 수 있다.

우주여행자들은 대마나 대나무, 다른 천연섬유 식물처럼 성장 속도가 빠르면서 산소를 배출하는 식물을 현지에서 아주 많이 재배하게 될 것이다.** 플라스틱도 쓰임새가 많은 재료다. 과학자들은 이미 식물 쓰레기에서 바이오 플라스틱을 합성하고, 화성이나 다른 천체의 대기 중에 있는 이산화탄소와 물을 전기분해하여 얻은 산소로 에틸렌을 만드는 과정을 보여주었다. 에틸렌은 폴리에틸렌이나 폴리프로필렌, 폴리카보네이트처럼 가장 많이 사용되는 플라스틱의 원재료다. 폴리카보네이트는 투명한 창문을 만드는 데 사용되기도 한다. 세라믹과 유리는 주변에 흔한 점토와 이산화규소로 만든다. 아마도 가장 중요한 것은 3D프린터로 거의 모든 것을 만들 수 있다는 점이다. 주요 부품을 실어나르는 대신 부품의 사양을 빛의 속도로 전송하기만 하면 된다. 결국 미래에는 태양계의 어디서나 구할 수 있는 재료로 필요한 모든 것을 만들게 될 것이다.

우주에서 생활하는 데 필요한 에너지는 고효율 에너지원인 태양에서 공급받을 수 있다(24시간 공급받을 수 있고 대기를 통과할 때 발생하는 에너지 손실도 없다). 태양에서 너무 먼 곳에 사는 사람들은 원자력을 사용할 수 있다. 그리고 나중에는 핵융합로에서 헬륨-3을 태워 방사선 없이 풍부한 에너지를 얻게 될 것이다. 헬륨-3은 지구에 거의 존재하지 않지만 우

---

* 우주에서 곤충과 감자를 식량으로 사용하는 것에 관해 더 알고 싶다면 나의 유튜브인 '화성 요리법Cooking on Mars'을 참조하라.

** 대마로는 밧줄과 옷, 종이, 단열재, 경량 벽돌, 그리고 무엇보다도 바이오 연료를 만들 수 있다. 대나무는 목재를 대신해 가구나 구조물을 만들 수 있는 훌륭한 재료다. 둘 다 부분적으로 먹을 수도 있다.

주에는 훨씬 더 흔하며, 특히 달의 표토와 거대 가스 행성의 구름 속에 많다. 헬륨-3의 핵융합 반응은 실험을 통해 증명되었지만 실제로 사용 가능한 큰 규모로는 아직 증명되지 않았으며 헬륨-3 추출 과정의 경제성도 확인되지 않았다. 특히 공중에 뜬 상태로 정교하게 연결된 정거장들이나 대기를 채취하는 비행선이 필요한 거대 가스 행성에서는 경제성 검증이 더욱 필요하다.

지구보다 태양에 더 가까운 수성에 정착하는 일은 아마도 매우 흥미로울 것이다. 수성의 극지방에는 (특히 크레이터의 그림자 속에) 얼음층과 높은 산봉우리가 있는데, 항상 태양이 비치기 때문에 태양광 패널을 설치하면 막대한 에너지를 얻을 것이다(자전축의 기울기가 작은 달에도 태양이 항상 비치는 높은 산봉우리가 있다). 태양계에서 가장 뜨거운 행성인 금성은 인간이 정착하기에 적당해 보이지 않는다. 숨이 막힐 듯한 대기는 밀도가 지구의 90배(북극곰이 우표 크기의 면적에서 춤출 때 받는 압력보다 크다)에 달하며 하늘에서 쏟아지는 황산 성분의 비는 전혀 매력적이지 않다. 하지만 금성의 구름 속 특정 고도에서는 기압이 지구의 해수면과 비슷해진다. 그곳에서는 호흡할 수 있는 질소-산소로 구성된 공기가 금성의 고밀도 이산화탄소 대기 속에서 마치 풍선처럼 떠다니므로, 그 높이의 구름 속에 도시를 건설할 수 있다.* 금성은 적어도 그 높이에서만큼은 낙원 같은 행성이며 반팔 셔츠에 마스크만 쓰고 밖에서 걸어 다닐 수 있다.

태양계 밖에도 충분히 정착할 곳이 있을 것 같지만, 멀리 갈수록 암석은 줄어들고 얼음이 늘어난다. 그 말은 물과 로켓 연료는 더 풍부해지지만 금속처럼 더 무거운 물질은 소행성 같은 곳에서 실어 와야 할 수도 있다는 뜻이다. 태양계 안의 전략적 요충지에는 연료 충전소가 설

---

* 영화 「스타워즈 에피소드 5 : 제국의 역습」(1980년)에 나오는 '클라우드 시티Cloud City'와 비슷하다. 물론 그런 공중도시를 왜 건설해야 하는지는 나도 알 수 없다.

치될 것이다. 화성과 목성 사이의 소행성대에 있는, 지름 480킬로미터 짜리 얼음덩이 왜행성인 세레스를 예로 들 수 있다. 세레스 주변에는 소행성이 많아서 원료가 되는 광물을 쉽게 얻을 수 있다. 다만 소행성 대 내부에서 소행성들은 생각만큼 가까이 붙어 있지 않다. 우주에는 지름 1.6킬로미터가 넘는 소행성이 100만 개 이상 존재하지만 약 53조 세 제곱킬로미터나 되는 우주 전체에 퍼져 있기 때문에 소행성 사이의 평균 거리는 지구에서 달까지의 거리보다 멀다.

목성에서 갈릴레오가 발견한 네 개의 위성*은 얼음과 암석이 적절하게 섞여 있으며 대기에는 미량의 산소와 이산화탄소가 존재한다(이오에는 이산화황이 있어서 지표면에 화산재가 눈처럼 떨어져 내린다). 칼리스토Callisto와 가니메데Ganymede는 목성의 강한 중력과 방사선대에서 멀리 떨어져 있어서 더 쉽고 안전하게 접근할 수 있기 때문에 더욱 매력적이다. 더 멀리 있는 거대 가스 행성의 위성들도 거주할 수는 있지만 태양에서 너무 멀기 때문에 에너지를 원자력에 의존할 수밖에 없을 것이다. 하지만 태양계에 있는 천체들은 대부분 그보다 더 먼 곳에 있다. 해왕성 너머의 카이퍼대에는 지름 100킬로미터가 넘는 얼음덩이가 수십만 개 이상이 있으며, 그중에서 가장 유명한 소행성은 서로 크기가 비슷한 명왕성과 에리스다. 해왕성 너머에서는 끊임없이 새로운 천체가 발견되고 있으며, 어쩌면 온전한 행성 하나가 어둠 속에 숨어 있을지도 모른다. 더욱 신비로운 것은 수조 개의 혜성으로 이루어진 '오르트 구름Oort cloud'이다. 오르트 구름의 전체 크기는 태양에서 지구까지 거리의 1만 배가 넘는다. 태양계는 엄청나게 광활한 곳이며, 그 안에는 우주를 여행하는 수천억 명의 인구를 먹여 살릴 수 있는 자원과 거주 공간이 있다.

---

* 이오, 유로파, 칼리스토, 가니메데 등 네 개이며 1610년 목성 주위를 도는 모습이 갈릴레오의 망원경에 포착되었다. 그로 인해 지구가 우주의 중심이 아니라는 것이 증명되었다.

그중에서 가장 인상적인 곳은 토성의 위성인 타이탄이다. 태양계에 있는 위성 중에서 두 번째로 큰* 타이탄의 환경은 여러모로 화성보다 지구에 더 가깝다. 지구를 제외하면 지표면에 액체가 있는 유일한 천체이기도 하다. 지표면에 메탄이나 에탄 같은 탄화수소 성분의 호수가 있는 타이탄은 천연가스 매장량이 지구의 수백 배에 달한다. 또한 태양계의 천체 중에서 대기 성분이 지구와 가장 비슷하고 질소와 메탄으로 구성된 대기의 밀도는 지구보다 약간 더 높은 수준이다. 즉 우주복을 입지 않고 타이탄의 지표를 편안하게 걸어 다닐 수 있다는 뜻이다. 다만 표면의 기온이 섭씨 영하 179도이므로 바로 얼음덩이가 될 것이다. 설상가상으로 비슷한 온도에서 지구보다 열손실이 훨씬 빠르기 때문에 건축물이나 타이탄의 정착민들이 입을 방한복에 대한 단열이 가장 큰 문제다. 추운 기온만 극복할 수 있다면 타이탄은 물과 탄소화합물이 지구보다 훨씬 더 많을 뿐더러 각종 자원이 풍부하다는 장점이 있다. 재미있는 것은, 중력이 약하고 대기 밀도가 높기 때문에 팔에 날개를 묶고 날갯짓을 하는 것만으로 새처럼 하늘을 날아다닐 수 있다는 것이다. 낙하산 없이도 스카이다이빙을 할 수 있으며, 이때 가장 빠른 낙하 속도는 시속 15킬로미터 정도가 될 것이다. 그리고 공중에 떠다니는 운송 수단을 이용하기 쉽고 구름 속에 떠 있는 도시를 건설할 수도 있을 것이다.

궁극적으로 인류가 우주로 가는 주된 이유는 하나 이상의 천체를 '테라포밍 Terraforming'(사람이 살 수 없는 천체를 지구처럼 사람이 살 수 있게 만드는 작업 - 옮긴이)하여 인류가 거주할 수 있게 만드는 것이다. 금성과 달을 포함한 여러 천체를 테라포밍할 수 있겠지만, 가장 유력한 후보지는 화성이다.

---

* 가니메데가 타이탄보다 2퍼센트 정도 더 크지만, 두꺼운 대기까지 포함하면 타이탄이 더 크다. 타이탄은 달보다 50퍼센트 더 크며 수성보다 조금 더 크다.

화성을 테라포밍하는 것은 밀도 높은 대기와 바다가 있었던 수십억 년 전의 화성으로 되돌리는 작업이다. 지구와 화성이 젊은 행성이었을 때는 둘 다 기온이 따뜻하고 물이 풍부해서 생명체가 살 수 있는 곳이었다. 지구에서는 생명체가 번성했지만 화성에서는 기온이 내려가고 대기가 희박해지면서 지표면에 액체 상태의 물이 존재할 수 없게 되었고 춥고 건조한 사막만 남게 되었다.* 그런데 화성의 대기는 왜 사라졌을까? 지구에서는 지각 활동과 화산 활동이 끊임없이 일어나면서 대기가 보충되었지만 화성은 그런 활동 없이 훨씬 더 조용했다. 게다가 중력이 약해서 대기를 구성하는 기체를 붙잡아두지 못했고 자기장마저 약해서 상황이 한층 악화되었으며, 그로 인해 태양의 고에너지 양성자들이 화성의 대기를 소멸시키고 말았다.

그런 과정을 되돌리기 위해 기온을 올리고 대기를 보충하는 것이 화성을 테라포밍하는 작업이다. 우리가 지구에 하고 싶은 것과는 정반대로 화성에 급격한 온실효과를 일으키는 것이다. 화성의 극지방에는 엄청난 양의 드라이아이스가 덮여 있다. 기온이 올라가면 드라이아이스가 녹으면서 그 속에 있는 이산화탄소가 대기로 방출되고, 그렇게 방출된 이산화탄소가 태양열을 가두면서 기온은 더욱 빠르게 올라갈 것이다. 화성의 극지방에 있는 얼음층과 영구동토층에는 엄청난 양의 물이 얼음 상태로 존재한다. 기온과 압력이 올라가면 화성 표면에 액체 상태의 물이 나타날 것이고, 결국 호수와 바다가 형성될 것이다. 일단 대기압이 스무 배 정도(에베레스트 산 정상의 기압보다 조금 낮은 정도) 올라가면 사람들은 우주복 없이 편안하게 화성을 돌아다닐 수 있게 된다. 생존력이 강한 화성의 미생물과 식물들은 일부 테라포밍된 지역에 살면서 산소

---

* 화성에서 액체 상태의 물은 기온이 섭씨 0~10도인 곳에서만 볼 수 있다. 기온이 그 아래로 떨어지면 얼고 그 위로 올라가면 끓는다.

를 뿜어내어 결국 화성을 인류가 호흡할 수 있는 행성으로 변화시킬 것이다(사실 지구의 박테리아 중 일부는 지금도 화성에서 생존할 수 있을 것이다).

그렇다면 무엇을 어떻게 해야 할까? 화성을 테라포밍하는 가장 영구적인 방법은 대기의 누출을 막는 것이다. 인공적으로 자기장을 만들거나 화성에 자기차폐층을 만들어 태양풍으로부터 화성을 보호하는 것도 하나의 방법이다. 그런데 그런 단계를 거칠 필요가 없을지도 모른다. 화성의 대기는 수십억 년에 걸쳐 조금씩 사라졌다. 대기가 아주 느리게 누출된 것이다. 현재 화성의 대기가 누출되는 속도는 초당 450그램을 밑도는데, 이보다 빠르게 대기를 보충하면 고독한 얼음 행성으로 변해가는 화성을 되살릴 수 있다. 화성을 테라포밍하려면 궤도에 거대한 거울을 설치한 다음 햇빛을 반사시켜 온도를 높이거나 열을 흡수하는 물질을 뿌려 극지방의 얼음을 녹일 수도 있다. 소행성 혹은 혜성의 방향을 바꿔 화성에 충돌시키거나, 핵폭발을 일으키거나, 아니면 유전자 조작 미생물을 사용해 메탄가스를 생성하게 할 수도 있다. 아마도 가장 간단한 것은 지구에서 인류가 완벽하게 습득한 방법, 즉 고성능 온실가스를 화성의 대기에 대량으로 방출하는 것이다. 염화불화탄소CFCs는 이산화탄소보다 1만 배 이상 효과가 좋기 때문에 세계 각국의 공장에서 생산한다면 화성의 테라포밍 작업을 시작하는 데 그리 오래 걸리지 않을 것이다.

화성을 테라포밍하려면 시간이 얼마나 걸릴까? 특정 지역에 투명 돔을 설치하고 그 지역을 상대적으로 빠르게 변화시켜 정착민들이 지구와 같은 환경에서 생활하고 작물을 재배하게 만들 수도 있다. 하지만 화성 전체를 바꾸는 데 필요한 시간은 구체적으로 말하기 어려우며 얼마나 노력하느냐에 따라 달라질 수 있다. 일단 테라포밍 작업을 시작하면 분명 더 좋은 방법을 발견하게 될 것이다. 기술은 늘 그런 식으로 발전해왔다. 200년 전에는 공기보다 무거운 비행체를 만들 수 없었다. 똑똑한 사람들이 조금씩 발전시키면서 가능해진 것이다. 그동안 우리가 직면했던 일부 난제와 달리 화성을 테라포밍하는 일은 생각보다 획기적인 과학기술이 필요하지 않다. 그저 시간과 투자와 의지의 문제다. 지금까지 생각지 못했던 거대한 규모의 공학 프로젝트라고 할 수 있다. 하지만 우리는 가능하다고 확신한다. 일단 화성을 테라포밍하면 다른 천체도 가능할 것이므로 언젠가 태양계는 지구라는 행성의 후손인 다양한 사람들, 문화, 그리고 문명으로 넘쳐날 것이다.

23

머나먼 우주

고속도로를 달리는 속도로 지구에서 가장 가까운 항성인 '프록시마 센타우리Proxima Centauri'*까지 가려면 5,000만 년이 걸린다. 그런데 가속페달을 밟아서 시속 6만 1,000킬로미터까지 높인다고 가정해보자. 그러면 얼마나 걸릴까? 인류가 만든 우주선 중에서 가장 먼 곳을 비행하고 있는 인공위성 보이저 1호가 지금 그런 상상하기 어려운 속도로 먼 우주를 비행하고 있다. 하지만 그런 보이저 1호조차도 프록시마까지 7만 5,000년이 걸린다. 물론 프록시마로 향하는 경우에 그렇다는 말이다(보이저 1호는 다른 방향으로 가고 있다). 역사상 가장 빠른 우주선인 NASA의 태양 탐사선 파커Parker는 태양에 가까워질수록 속도가 더욱더 빨라지고 있다. 그리고 결국에는 시속 69만 2,000킬로미터라는 상상을 초월하는 속도에 도달할 것이다. 총알보다 수백 배나 빠른 속도다. 그렇게나 놀라운 속도도 광속의 0.064퍼센트에 불과하며 그 속도로 프록시마

---

* 당연히 태양을 제외하고 가장 가까운 항성을 말한다. 4.2광년 떨어진(그래서 맨눈으로 보기에 너무 어두운), 작은 적색왜성인 프록시마는 쌍둥이 항성인 '알파 센타우리Alpha Centauri' 주위를 55만 년 주기로 공전한다. 2016년에는 프록시마에 생명체가 살 수 있는 행성이 적어도 한 개가 있다는 사실이 알려졌다.

까지 6,500년이 넘게 걸린다.

사람의 수명 내에 다른 항성으로 가려는 생각은 이내 물리학의 견고한 벽에 부딪히고 만다. 운동에너지는 속도의 제곱에 비례하므로,* 태양 탐사선 파커보다 1,000배 빠른 속도(가속과 감속을 하지 않고 그 속도로 가더라도 프록시마 센타우리까지 6년 반이 걸린다)를 내려면 100만 배의 에너지가 필요하다. 50년 안에 우주선을 다른 항성으로 보내려면 미국에서 1년 동안 소비하는 것보다 더 많은 양의 에너지가 필요하며 그 에너지를 어떻게든 우주선에 집어넣어야 한다. 단순히 연료를 좀 더 넣는 차원의 문제가 아니다. 얼마가 되건 추가되는 에너지만큼 우주선의 중량이 늘어나는데, 그러면 추진력이 더 강력해져야 하고 에너지를 더 실어야 하는 악순환에 빠진다. 그래서 화학결합으로 에너지를 얻는 기존의 로켓은 연료탱크에 연료를 무한정 넣을 수 없기 때문에 한계가 있다. 사람의 수명 내에 다른 항성으로 가려면 지금까지와 다른 방식을 찾아야 한다.

그렇다면 어떤 추진 방식이 있을까? 먼저 이온 엔진은 전기장을 이용해 추진연료의 하전입자(전하를 띠고 있는 입자 - 옮긴이)를 아주 높은 속도로 가속하는 엔진이다. 많은 행성 간 우주선에 장착되었으며 효율이 아주 높기 때문에 연료를 많이 소모하지 않고도 오랫동안(며칠 혹은 몇 주인 경우도 많다) 비행할 수 있다. 이런 이온 엔진에도 단점은 있다. 추진력이 종이에 입김을 부는 수준으로 약하고 전기를 많이 소모하며, 행성 간 비행을 할 때 결국 연료탱크의 크기에 제한을 받는다는 것이다. 또 다른 추진 방식으로 핵추진 엔진을 꼽을 수 있다. 핵추진 엔진은 추진연료를 원자로에서 고온으로 가열한 후 로켓 분사구로 고속 분사한다. 실제로 사용된 적은 없지만 1950년대부터 1970년대 초까지 몇 차례 시험

---

* 추진 효과나 상대론적 효과 등 다른 효과는 무시한다.

이 진행되었으며, 달에 갔던 새턴 5호 로켓의 파생형 기종에 사용하려는 계획도 있었다.*

로켓에는 뉴턴의 제3법칙('모든 운동에는 작용과 반작용이 있다')이 적용되는데, 이는 총을 쏠 때 반동이 생기는 원리와 기본적으로 같다. 헤엄칠 때 물을 뒤로 밀면서 앞으로 나아가는 것과 비슷하지만, 우주에는 뒤로 밀어낼 물질이 없기 때문에 로켓에서 추진연료를 분사한다는 것만 다를 뿐이다. 화학 엔진을 사용하는 로켓은 추진연료를 대량으로 분사해 커다란 추진력을 만든다. 반면 이온 엔진과 핵추진 엔진은 소량의 연료를 고속으로 분사하므로 추진력이 약하지만 오랫동안 높은 효율을 유지한다. 다만 연료탱크의 크기라는 한계는 여전히 존재한다. 다시 말해 태양계를 비행할 때는 더없이 좋지만 다른 항성으로 가기엔 적합하지 않다. 현존하는 로켓으로는 충분한 양의 연료를 실을 수 없기 때문이다.

엔진을 아예 사용하지 않는 것은 어떨까? 1610년 요하네스 케플러Johannes Kepler는 갈릴레오에게 보낸 편지에서 혜성을 관측해보니 혜성의 꼬리가 진행 방향의 반대쪽이 아니라 태양의 반대쪽에 생기더라고 말했다. 그러면서 태양으로부터 '천상의 산들바람' 같은 것이 나오며 우주 공간을 지날 때 그 산들바람을 포획할 수 있을 것으로 생각했다.** 그것은 실제로도 완벽하게 가능한 일이다. 태양 복사압(태양에서 나오는 빛이나 전자기파가 물체에 닿았을 때 물체에 미치는 압력 - 옮긴이)은 돛이 없는 우주선에서도 측정되는데, 우주선의 비행 궤도를 계획할 때 미리 고려해야 할 정도의 영향을 미친다. 그렇다 해도 사실 복사압의 크기는 아주 작다.

---

* 핵추진 엔진 개발은 로켓 발사가 실패할 경우 주변의 광범위한 지역이 방사성 잔해로 오염될 위험이 있어서 취소되었다. 하지만 상대적으로 소량의 (비폭발성) 핵물질이 견고하게 제작된 원자로에 담긴 채 바다 위에서 발사되므로 실제로는 위험성이 그리 높지 않았다.

** 케플러가 갈릴레오에게 쓴 글은 다음과 같다. '천상의 산들바람에 맞게 개조된 배와 돛이 있다면, 저렇게 광활한 공간에서도 겁먹지 않는 사람들이 나오게 될 겁니다.'

약 2.6제곱킬로미터 면적의 '태양 돛'(태양 복사압을 우주선의 자세 안정이나 추진용으로 사용하기 위해 장착하는 돛 - 옮긴이)에 작용하는 태양 복사압은 모두 합해도 450그램을 넘지 않는다. 태양 돛은 중량을 최소화하기 위해 사람의 머리카락 두께 정도로 아주 얇게 만든다. 우주선에 커다란 태양 돛 하나만 달면 목성까지도 몇 년 안에 갈 수 있는데, 현재는 적정 면적보다 넓은 돛을 장착한다. 궤도를 향해 발사할 때나 기계장치로 돛을 펼칠 때 파손되는 경우에 대비하는 것이다.

지구 궤도에서 가장 가벼운 고체 원소인 리튬으로 초박막 돛을 제작한다면 이론적으로 현재 두께의 10분의 1, 그러니까 종이 한 장 두께의 5,000분의 1까지 얇게 만들 수 있다. 그런 돛을 단 우주선은 명왕성까지 1~2년이면 갈 수 있다. 하지만 성간 비행에는 문제가 있다. 우주선이 태양에서 멀어질수록 햇빛이 급격히 줄어들고, 우주선이 태양계를 벗어날 때쯤이면 속도가 너무 빨라진다는 것이다. 그렇다면 '바람'을 직접 만들어내는 건 어떨까? 먼 우주에 있는 우주선의 돛에 레이저를 쏘면 햇빛이 사라진 후에도 계속해서 우주선을 밀어 추진할 수 있을 것이다. 단, 우주선이 아주 작아야 하고 우주에서 그렇게 멀리 있는 우주선에 레이저를 집중시켜야 하므로 에너지가 많이 들 수 있다. 하지만 잘되면 작은 탐사선으로 프록시마 센타우리까지 50년 안에 갈 수 있을지도 모른다. 다만 그러기 위해서는 지름 100킬로미터의 둥근 돛을 2만 6,000기가와트 출력의 레이저로 밀어주어야 한다. 2만 6,000기가와트는 전 세계에서 생산하는 전력량의 두 배에 달한다.

현대의 기술 중에서 사람의 수명 내에 다른 항성으로 갈 수 있는 기술이 딱 하나 있는데, 어쩌면 아주 엉뚱해 보일 수도 있다. 1950년대에 과학자 몇 명이 핵폭탄을 써서 우주선을 추진하는 연구를 했다. '오리온 계획Project Orion'으로 불렸던 그 연구의 개념은 단순했다. 우주선 뒤에서 핵폭탄을 터뜨린 다음 특별하게 설계된 추진 원판을 뒤에 달고 그 충격파에 올라타는 것이다. 이 방법의 장점은 핵반응으로 우주선을 직접 가속하기 때문에 화학결합보다 수백만 배나 큰 에너지를 이용할 수 있다는 것이다. 우주선의 크기에도 제한이 없다. 우주선이 클수록 폭탄을 더 많이 실을 수 있고 충격파에도 더 잘 견딜 수 있기 때문이다. 오리온 계획의 과학자들은 행성 간 비행은 물론이고, 나아가 항성 간 비행을 하는 도시만 한 크기의 우주선을 꿈꾸었지만 1963년 우주에서 핵무기 사용을 금지하는 조약이 체결되면서 사업이 종료되고 말았다. 게다가 당시는 아폴로 계획마저도 사업비를 승인받기 어려운 때였으니 도시 크기의 핵추진 우주선은 더 말할 것도 없었을 것이다. 하지만 그 기본 원리만큼은 타당성이 있었고, 핵추진 우주선이 광속의 5퍼센트에 달하는 속도를 내면서 다른 항성까지 100년 정도면 도착할 수도 있었다. 100년이면 여전히 긴 시간이지만, 대략 사람이 살아생전에 갈 수 있을 법한 시간이다. 물론 고성능 소형 핵무기를 우주에 대량으로 발사해야 한다는 문제가 있긴 하다. 그 자체로 아주 위험해 보이는 일이기 때문이다. 우주선의 추진력을 얻기 위해서 그야말로 '기술적'으로는 가능한 방법이지만 세계 각국의 지도자들이 가까운 시일 내에 그 계획을 승인할 것으로 기대하기는 어렵다.

다른 항성에 가고 싶은데 핵폭탄에 올라타기는 싫다면, 다른 방법은 없을까? 핵융합은 잠재적으로 화학반응보다 1,000만 배나 큰 에너지를 낼 수 있다. 이론적으로 핵융합은 지속 가능하고 무공해인 청정 에너지원이며 전 세계의 에너지 문제를 단숨에 해결할 수 있다. 유일한 문제는 아직 핵융합 기술을 완성하지 못했다는 것이다. 최소한 아직까지는 반응을 일으키기 위해 투입해야 하는 에너지가 그로 인해 생산되는 에너지보다 더 크다. 핵융합은 늘 '20년쯤 지나면 완성될 것'이라

고 말해온 기술 중 하나다. 일단 핵융합 기술이 완성되면 로켓 추진에
도 사용할 수 있다. 융합로의 종류에 따라 달라지겠지만 핵융합 로켓은
아주 효율적인 이온 엔진의 에너지원이 될 수도 있고 그냥 핵융합 배
기 생성물을 로켓 뒤로 분사할 수도 있다. 언젠가 핵융합 로켓이 우리
를 다른 별에 데려다주는 날이 오겠지만, 그래도 여전히 수십 년은 걸
릴 것이다. 게다가 로켓에 1,000톤짜리 수소 탱크를 달아야 한다. 수소
1,000톤이면 작은 전함의 무게와 맞먹고 지구의 모든 국가에서 1년 동
안 로켓을 발사할 수 있는 양이다.

　　그렇다면 수소를 우주선에 싣지 않고 비행 중에 우주에서 채취할
수는 없을까? 우주의 밀도가 극단적으로 낮긴 하지만 완전히 비어 있
지는 않다. 항성 간의 공간에는 1세제곱센티미터당 한 개의 원자가 있
다. 지구 대기의 100경('1' 다음에 '0'이 열여덟 개가 붙는다) 분의 1에 불과한 밀
도지만, 거대한 숟가락이 있다면 수소 원자를 퍼 담고 농축해서 핵융합
에 사용할 수 있다. 1960년 물리학자 로버트 버사드가 이런 거대한 숟
가락인 '버사드 램제트Bussard ramjet'* 엔진을 고안했다. 그 엔진은 폭이
수 킬로미터에 이르는 자기장을 사용해 흩어져 있는 수소 원자를 거대
한 구멍으로 모은다. 이론적으로는 가능하지만 먼 우주에 핵융합에 사
용할 만큼의 수소 원자가 있는지, 별을 향해 가는 동안 램제트가 그 별
의 태양풍을 견딜 수 있을지는 장담할 수 없다. 그럼 도대체 핵융합 로
켓이 가능하다는 말인가, 불가능하다는 말인가? 아마도 가능할 것이
다. 하지만 항성 간 핵융합 램제트 엔진은 분명히 의문의 여지가 남아
있다.

　　핵융합보다 에너지가 1,000배나 큰 '반물질'이라는 것이 있다. 물

---

* 램제트는 (보통 우주선에 사용하는) 엔진이며 흡입한 공기를 압축해 앞으로 나아가는 데 사용한다. 즉 고속
으로 비행하는 경우에만 사용할 수 있고 정지 상태에서 출발하는 경우에는 사용할 수 없다.

질과 반물질이 반응하면 아인슈타인의 'E=mc²' 공식에 따라 질량이 엄청난 양의 에너지로 바뀐다. 이상하게 들릴지 모르지만, 모든 입자에는 질량이 같고 양자수가 반대인 반물질이 있다. '원자의 도플갱어'라고 할 수 있는 반물질은 자연에서 주기적으로 생성되지만 오래 지속되지는 않는다. 물질과 반물질이 서로 만나는 즉시 파괴되면서 엄청난 양의 에너지를 폭발적으로 쏟아내기 때문이다. 핵융합과 마찬가지로 반물질을 전기 엔진의 동력으로 사용할 수 있지만, 효율을 극대화하려면 반응으로 생기는 생성물을 로켓 뒤로 분사해 추진력을 일으키는 방법을 찾아야 한다.* 반물질 배출 속도는 상대론적인 속도를 따르기 때문에 로켓은 광속과 상당히 가까운 속도까지 가속할 수 있다. 그래서 반물질의 생산과 보관, 치명적인 감마선 문제만 해결한다면 다른 항성까지 몇 년 만에 갈 수 있다. 하지만 현재의 기술로 만들 수 있는 반물질 원자는 고작 몇 개에 불과하며 그나마도 주변의 모든 것과 반응해서 곧바로 사라질 것이다. 주변의 모든 것이 '물질'이기 때문이다. 반물질은 현존하는 가장 비싼 상품이기도 하다. NASA의 추정으로는 반물질 1그램을 만드는 데 '7경 원'이 든다고 한다. 그런데 실제 사용하려면 1그램으로는 어림도 없다.

다른 항성으로 가는 더 빠른 방법은 없을까? 우리가 알고 있는 물리법칙 안에서는 없다. 그렇다고 앞으로도 영원히 찾을 수 없다는 말은 아니다. 빛의 속도보다 빠른 것은 없다는 불편한 문제를 해결하는 방법 중 하나는, 우주선은 가만히 두고 주변 공간을 '구부러지게warp' 하는 것

---

* 「스타트렉」에 나오는 우주선이 반물질을 사용하지만, '워프 항법'(우주에서 빛의 속도보다 빠르게 이동하는 방법 - 옮긴이)에만 사용하며 직접 우주선을 추진하는 데는 사용하지 않는다. 「스타트렉」에 나오는 모든 우주선이 그렇다. 로뮬란 종족의 우주선은 블랙홀 같은 특이점을 인공적으로 만들어 동력으로 사용한다. 그런데 두 가지 동력원 모두 노심의 밀봉 상태가 풀리거나 내부에서 폭발을 일으켜 붕괴하면 아주 격렬하게 폭발할 수 있다는 매우 불편한 특성이 있다.

이다. 이 개념은 「스타트렉」에서 사용되면서 다소 모호하게 설명되었지만 최소한 우주의 특성 하나와 일치한다. 우주의 나이는 '고작' 138억 년이지만 우주의 지름은 눈에 보이는 것만 930억 광년이라는 점이다. 그렇다는 것은 우주의 일부가 어떤 이유로든 광속보다 더 빠른 속도로 멀어졌다고 해석할 수 있다. 하지만 그보다는 우주가 팽창할 때 어느 한 지점을 중심으로 팽창하는 것이 아니라 여러 지점(지점의 수가 무한할 수도 있다)을 중심으로 팽창하고 있다는 것을 의미한다. (밀가루 반죽에 들어 있는 건포도를 '은하'라고 상상해보자. 반죽을 구우면 부풀어오르면서 건포도 사이의 거리가 멀어진다.) 우주는 팽창할 수도 있고 수축할 수도 있으니, 빛의 속도보다 빠르게 비행하는 대신 우주선 앞쪽 공간은 수축시키고 뒤쪽 공간은 팽창시켜서 그 왜곡된 공간인 '워프 버블warp bubble'에 올라타서 비행하는 것은 어떨까?

1994년 멕시코의 물리학자 미겔 알쿠비에레Miguel Alcubierre는 진 공보다 밀도가 낮은 에너지장을 만들어 '워프 버블'을 생성하는 방법을 제안했다. 이론적으로는 가능하지만 엄청난 양의 음에너지나 음물질negative matter이 있어야 하는데, 음물질은 아직 존재조차 확실하지 않다.* 다른 복잡한 문제도 있다. 우주선을 조종하거나 정지시킬 수 없다는 것이다. 전파 신호가 버블을 통과할 수 없고 호킹 복사가 버블 안의 모든 것을 흔적도 없이 지워버릴 것이기 때문이다.** 그래서 지금은 알쿠비에레마저도 워프 버블이 불가능하다고 생각하게 되었지만, 그런 문제가 해결될 가능성이 전혀 없다고 할 수는 없다. 언젠가 실험실에서 워프 버블을 만든다 해도 그것을 기반으로 실용적인 운송 체계를 구축

---

* 음물질은 혼란스럽지만 반물질과 다르다. 반물질은 실험실에서 만들어지지만 음물질은 지금까지 관찰된 적이 없다. 음에너지는 극소량이 만들어졌다.
** 호킹 복사는 빛마저도 빠져나오지 못하는 블랙홀에서 방출되는 열복사선, 혹은 그 현상을 말한다.

하는 것은 또 다른 이야기다. 따라서 워프 버블을 이용하는 '워프 항법'은 '언젠가 될 수도 있고 안 될 수도 있는' 항목으로 분류하는 것이 좋을 것 같다.

우리가 항성 사이를 이동할 수 있는 실용 속도인 '성간 속도'에 도달하려면 시간이 얼마나 걸릴까? 만약 지구의 중력가속도1G 수준으로 계속 가속한다면 빛의 속도에 도달하는 데 채 1년(정확하게는 354일)이 걸리지 않는다.* 1G 수준의 일반적인 가속은 로켓을 발사할 때 생기는 가속력의 20퍼센트가 안 되지만, 그 정도의 가속을 오래 유지할 수만 있다면 항성 간 비행이 가능해진다. 우리 은하는 매우 거대하며 4,000억 개의 항성이 수십만 광년의 범위에 퍼져 있다. 하지만 우리가 빛의 속도를 내지 못한다 해도 언젠가는 은하에 정착지를 건설할 수 있을 것이다. 광속의 5퍼센트에 불과한 속도로도 인류는 200만 년 안에 우리 은하의 전역에 정착지를 만들 수 있다. 200만 년은 무척 긴 시간이지만 인류의 역사는 그보다 더 오래되었다. 현재의 기술로는 우리가 낼 수 있는 가장 빠른 속도로 비행해도 우리 은하를 횡단하는 데 수억 년이 걸린다. 하지만 수억 년은 지구 나이의 10분의 1도 안 되며 지구에서 포유동물이 살아온 시간보다 그렇게 많이 길지도 않다. 물론 인간의 수명과 비교하면 엄청나게 긴 시간이지만 말이다.

그런데 광속보다 느리게 비행한다 해도 항성 간 비행에는 몇 가지 문제가 있다. 우주선이 극한의 속도로 가속하면(그에 따라 에너지 수준도 올라간다) 개별 원자들의 상태는 아주 위험해진다. 사실 인공위성이 지구 궤도를 도는 속도를 뜻하며 초당 수 킬로미터인 '궤도 속도'에 이르기만

---

* 로켓의 뒤쪽에 바닥이 있다면 가속은 지구에 있을 때와 완전히 동일하게 느껴질 것이다. 엘리베이터가 바닥을 밀어내면서 상승하는 것과 같은 것이다. 물론 빛의 속도에 도달할 때까지 계속 가속하는 것은 불가능하지만, 계속 가속하다 보면 속도는 더욱더 빨라진다.

해도 비행 물체의 금속판에서 작은 조각들이 떨어져나간다. (국제우주
정거장의 창문에는 작은 입자들이 유리를 긁고 지나간 줄무늬 형태의
흠집이 나 있다. 그리고 우주인들은 작은 물체가 우주정거장의 태양광
패널을 뚫고 지나갈 때마다 '핑' 하는 소리가 난다고 말한다.) 따라서 상
대론적인 비행을 할 때 항성 사이의 공간에 드물게 존재하는 원자들과
의 충돌을 방지하는 방법을 찾아야 한다.* 레이저 같은 것으로 원자를
이온화한 뒤 자기장으로 이온의 방향을 바꿀 수도 있고, 버사드 램제트
엔진처럼 원자의 흐름을 바꿀 수도 있다. 항성 간 여행에서 또 다른 문
제는 본국의 기지와 통신하기가 어렵다는 것이다. 무선 신호는 거리의
제곱에 비례해 약해지기 때문이다. NASA의 '심우주 통신망Deep Space
Network'에서는 명왕성보다 멀리 간 우주선 뉴호라이즌과 통신하기 위해
폭이 60미터가 넘는 무선 안테나를 사용한다. 프록시마 센타우리는 그
보다 수천 배는 더 먼 곳에 있으며, 그런 경우 무선 신호는 수백만 분의
1로 줄어든다. 신호 감쇠를 해결하는 방법은 출력이 극도로 높은 레이
저로 통신하거나 아주 작은 우주선에 물리 메모리 매체를 실어서 보내
고 받는 것이다. 하지만 그렇게 해도 메시지를 보내는 데만 몇 년이 걸
리며, 다시 메시지를 받는 데도 비슷하게 걸린다.

다른 항성으로 가는 오랜 시간, 어쩌면 수백 년이 될 수도 있는 그
시간 동안 승무원들의 생명은 어떻게 유지시켜야 할까? 한 가지 방법
은 '세대 우주선generation ship'을 보내는 것이다. 목적지에는 그 우주선에
처음 탄 사람들의 증손자 세대만 도착하게 된다. 그렇게 하려면 아주
거대한 우주선을 만들어 항성 간을 이동하는 혜성에 올라타야 한다. 그
리고 혜성이 목적지로 날아가는 동안 자원을 수확해 정착지를 세우거

---

* 「스타트렉」에서는 자주 언급되지만 결코 설명한 적이 없는 '비행 전향 장치'로 이 문제를 해결한다.

나 혜성의 방향을 조정해야 할 수도 있다. 아니면 항성 간의 공간에 섬처럼 떠 있는 수많은 '떠돌이 행성'에 정거장을 만드는 방법도 있다. 우리 은하에는 수십억 개에 달하는 일반 행성보다 몇 배 더 많은 떠돌이 행성이 있는 것으로 추정되지만 실제로 찾아내기는 매우 어렵다. 지금까지 떠돌이 행성으로 확인되었거나 강력한 후보로 여겨지는 천체는 스무 개 남짓에 불과하다. 그중 일부는 태양에서 멀고 어둡지만, 그럼에도 위성을 갖고 있는 경우가 있다. 그 위성들은 모행성母行星의 조석력을 통해 따뜻한 온기를 얻는데, 목성의 위성이 그런 경우이며 그런 천체에는 생명체가 존재할 가능성이 있다. 항성 사이를 지나다니는 떠돌이 혜성처럼, 떠돌이 행성은 우주선의 에너지 충전소나 그 자체로 천연 우주선 역할을 하면서 이주민들에게 자원을 제공한다. '세대 우주선'처럼 여러 세대에 걸친 비행이 완전히 새로운 개념은 아니다. 아프리카를 떠나 결국 북아메리카에 정착한 인류는 여정을 끝마칠 때까지 5만 년, 즉 수천 세대가 걸렸다.

우주선에 처음 탄 승무원의 생명을 목적지에 도착할 때까지 유지하는 방법은 없을까? 곰벌레*나 일부 곤충, 거북, 개구리 같은 생물은 냉동시킨 후 다시 살려낼 수 있다. 사람도 그렇게 될 수 있을지는 불확실하지만, 그렇게 될 수 있기를 바라면서 죽음을 앞두고 냉동인간이 된 사람이 수백 명이나 된다(죽음에 이르게 된 원인이 무엇이건 간에 치료법이 나온 후에 해동되기를 바라는 것이다). 동면은 냉동보다 더 쉽다. 동면에 들면 체온이 낮아지고 신진대사가 느려지면서 혼수상태와 비슷해진다. 그런 상태에서 승무원들의 몸 상태를 관찰하고 혈관 속으로 영양분을 투입한다. 많은 포유동물과 조류가 동면 상태로 겨울을 보내며 병원에서도 심정지

---

* 곰벌레는 아주 작은 애벌레처럼 생겼는데, 산꼭대기부터 깊은 바다까지 어디서나 볼 수 있으며 극단적인 온도나 압력, 치명적인 방사선, 심지어 진공상태인 우주에서도 견딘다.

환자의 수명을 몇 시간 혹은 며칠 동안 연장하기 위해 저체온 치료법을 이미 사용하고 있다. 승무원의 생명을 유지하는 대신 냉동 배아를 보내는 방법도 있다. 새로운 고향으로 가는 동안 로봇 유모들이 배아를 돌보는 것이다. 이런 승무원 생명 유지 방법을 핵융합 로켓, 반물질 로켓과 함께 사용하면 금세기 말에 다른 항성을 향한 비행이 시작되는 모습을 기대할 수도 있다.

궁극적으로 인류가 살아남으려면 다른 별로 떠나야 한다. 하지만 기존의 물리학 연구에서 획기적인 돌파구가 마련되지 않는다면 항성 간 여행이라는 어려운 문제는 그저 끔찍할 정도로 오래 걸리는 비행을 의미하게 될 것이다. 인류의 항성 간 여행은 「스타트렉」이나 「스타워즈」에 나오는 것과 달리 거대한 성간 우주선으로 먼 우주를 가로지르는 대규모의 편도 여행이 될 것이다. 이미 인류는 정착지를 탐색하고 있다. 다른 항성 주변의 행성을 찾아 망원경으로 하늘을 샅샅이 뒤지고 있는 것이다. 조금 지나면 무인 탐사선을 보낼 것이고, 그렇게 되면 가상으로도 탐사에 참여하게 될 것이다. 가상현실을 통해 우리 은하의 아주 먼 곳으로 휴가를 떠나는 모습을 상상해보라. 수조 킬로미터 떨어져 있는 무인 탐사선이 보내온 자료를 기반으로 완벽하게 재구성한 가상의 휴가지에서 가상으로 휴가를 보내는 것이다. 이런 상상이 물론 매혹적이긴 하지만 우리를 영원히 만족시키지는 못할 것이다. 우리 인류는 오래전부터 타고난 탐험가였다. 언젠가는 용감한 선구자들이 따뜻한 태양의 품에서 벗어날 것이다. 끊임없이 이동하는 것이 인류의 천성이기 때문이다.

24

다른 별의 생명체

　'케플러 우주망원경'으로 관측한 결과를 보면, 우리 은하에 지구와 비슷한 행성이 수십억 개가 있는 것으로 추정된다. 평균적으로 항성마다 최소 하나씩 있는 것이다. 우주에 수십억 개의 은하가 있다는 점을 고려하면, 지구와 비슷한 행성의 수는 대략 지구의 모든 해안가에 있는 모래알의 수인 1자秭(10^{24} - 옮긴이) 개를 넘는다. 얼음덩이 위성의 표면 아래에 있는 바다처럼 특이한 환경에서도 생명체가 살 수 있다면, 생명체가 있을 만한 천체의 개수는 열 배 이상 늘어난다. 따라서 우주에는 생명체가 있을 만한 천체가 엄청나게 많다고 확실하게 말할 수 있다. 지금까지 살펴보았듯이, 인류의 비행 속도가 광속의 5퍼센트를 넘지 못한다고 해도 은하 전체에 정착지를 세우는 데 200만 년이면 충분하다. 그런데 은하의 나이는 200만 년보다 6,500배나 긴 135억 년이다. 따라서 그동안 어떤 외계 문명이 우주로 나왔다면 지구를 포함한 은하계 전체에 이미 정착지를 세우고도 남았을 것이다. 그런데 왜 지구에는 그 외계 문명이 아니라 우리 인류가 살고 있는 걸까?

　이 의문은 이탈리아의 물리학자인 엔리코 페르미Enrico Fermi가 처음

던진 이래로 '페르미의 역설'이라고 알려져 있으며, 사실 꽤나 당혹스러운 문제이기도 하다. 외계인들이 우주여행을 지독히 싫어하기 때문에 그렇다고 가정해도, 그들이 존재한다는 단서 정도는 발견되었어야 하지 않을까? 우주에서 어떤 전파 신호라도 잡혀야 하는 게 아닐까? 이 까다로운 질문에 몇 개의 해답이 제시되었지만 충분히 만족스러운 것은 없었다. 외계에 생명체가 존재하지 않거나, 아니면 존재하더라도 지능이 발달하지 않았다고 여겨야 할까? 다른 행성의 생명체가 지구에 관심이 없어서일까? 아니면 그들이 너무 멀리 있어서 우리와 접촉할 수 없는 걸까? 인류보다 진보한 생명체가 있지만 자신들의 별에서 다른 오락거리에 빠져 있는 걸까? 아니면 이미 생물학적인 몸을 초월해 자신들의 의식을 컴퓨터에 업로드한 걸까? 우리가 너무 둔하거나 멍청해 보여서 신경 쓰지 않는 걸까? 아니면 아직 우리 존재를 모르는 걸까? 이유야 어떠하건, 우주는 매우 광활하며 망원경으로도 우리 은하의 아주 일부분만 볼 수 있다. 천문학자인 닐 디그래스 타이슨이 말했듯이, 우리가 아직 발견하지 못했다고 해서 우주에 생명체가 없다고 단정하는 것은 컵에 담긴 바닷물을 보고 바다에 고래가 없다고 말하는 것과 같다.

1961년 천문학자 프랭크 드레이크Frank Drake는 생명체가 존재할 만한 행성의 수, 지적 생명체와 기술이 탄생할 확률, 문명의 지속 기간 등과 같은 변수를 근거로 발견 가능한 외계 문명의 수를 추정했다.* 하지만 최근까지도 드레이크 방정식의 각 변수에 대입할 수치를 추정하기조차 어려웠고, 어떻게 추정하느냐에 따라 결과의 편차가 너무 크다는

---

* 지능을 갖춘 외계 문명의 수=항성이 탄생하는 비율×행성을 가진 항성의 비율×항성이 갖고 있는 행성 중에서 생명체가 존재할 만한 행성의 수×그런 행성에서 실제로 생명체가 탄생할 확률×생명체가 지적 생명체로 진화할 확률×지적 생명체가 통신 기술을 개발할 확률×문명의 지속 기간

것이 문제였다. 그런데 최근 들어 태양계 밖의 행성에 관한 연구 결과
가 나오면서 마침내 드레이크 방정식의 일부 변수에 대입할 정확한 수
치를 얻게 되었다. 우리 은하에서는 매년 두 개의 항성이 탄생하며 그
항성은 대부분 행성을 갖고 있다. 생명체가 살 수 있는 이런 행성이 우
리 은하에는 수백억 개가 있다. 한편 문명이 생기려면 결국 지능이 발
달해야 하는데, 생명체가 탄생할 확률과 지적 생명체로 진화할 확률,
문명의 지속 기간 등은 아직 개념이 명확하지 않다. 그래서 그 수치를
어떻게 추정하느냐에 따라 드레이크 방정식에서 도출되는 우리 은하
의 문명 개수는 1(지구)부터 수백만까지 달라진다. 페르미의 역설을 고
려해보면 외계 문명의 수가 그리 많지는 않을 것이다. 그렇다고 해서
우주에 생명체가 드물다는 말은 아니다.

　지구는 아주 사랑스러운 암석 덩어리 행성이고 아직까지 우리가
아는 가장 살기 좋은 곳이지만, 그렇다고 생명체가 살 수 있는 유일한
행성은 아니다. 우리는 저 하늘에서 최적의 환경을 갖춘 이 행성에 아
주 우연하게, 마치 마법과도 같이 떨어진 것이 아니라 지구에서 수십억
년 동안 진화한 끝에 현재의 모습을 갖추게 된 것이다. 인류가 살기에
지구가 더없이 좋아 보이는 것은 우리가 지구에 살면서 계속 진화했기
때문이다. 만약 인류가 자외선이 폭우처럼 쏟아지는 행성에서 진화했
다면 오존층이 있는 지구에서는 살 수 없을 것이다. 충분한 양의 자외
선을 흡수할 수 없기 때문이다. 지구 환경이 지구 생명체의 형태를 바
꾸기도 했지만, 반대로 지구 생명체가 지구 환경을 바꾸기도 했다. 우
리 발밑의 암석도 오랫동안 해양생물의 사체가 쌓여서 형성된 것이다.
인류 문명은 고대 생명체의 사체를 태워 발전소나 자동차, 비행기를 작
동시킨다. 지구에 생명체가 처음 등장했을 때만 해도 대기 중의 산소는
희박했다. 그런데 약 24억 년 전부터 일부 미생물이 독성 부산물인 산

소를 배출하기 시작했다. 그리고 마침내 지구 대기에 산소가 풍부해지자, 산소를 호흡하는 새로운 형태의 생명체가 등장했다. 생명체가 지구 환경을 바꾸고, 또 그 환경에 적응한 것이다.

지구 환경이 처음부터 생명체가 살기에 좋았던 것은 아니다. 생명체가 처음 탄생했을 때만 해도 지구는 타는 듯 뜨겁고 방사선이 가득하며 화산재로 뒤덮인 지옥 같은 곳이었고, 우주에서 날아온 물체가 끊임없이 땅 위로 떨어졌다. 지질학자들은 이 시기를 '지옥'을 뜻하는 그리스어를 빌려 '하데스대'라고 부른다. 지구는 지질학적으로 수많은 단계를 거쳤으며, 그중에는 추측컨대 수백만 년 동안 지속된 '눈덩이snowball' 시기도 있다. 그 시기에 바다는 완전히 얼어붙어서, 누군가가 우주에서 지구를 내려다보았다면 아마도 목성의 위성처럼 생명체가 없다고 생각했을 것이다. 하지만 생명체는 끈질기게 살아남았다. 지금도 생명체는 아주 다양한 환경에서 번성하고 있다. 박테리아는 대기 상층부에서부터 지각의 깊은 곳까지 사실상 모든 곳에 서식한다. 강력한 방사선과 극한의 기온이나 압력에도 견디며 빛이 많든 적든 가리지 않고 물과 영양소가 전혀 없는 곳에서도 생존한다. 산성화된 뜨거운 물속에도 있으며 화산 분화구에서 생성되는 화학물질을 먹고 살기도 한다. 석유가 나오는 유정의 깊은 곳에서도 번성하고 있으며 남극 빙상의 수 킬로미터 밑에서도 살아간다. 암석 속에 갇힌 채 광물질만 먹고 사는 박테리아도 있다. 사실 지구에는 지표면 위보다 아래에 더 많은 생명체가 살고 있으며, 수백조 톤에 달하는 박테리아가 땅 밑에서 살고 있다. 그 박테리아를 땅 위로 한데 모으면 지구 전체에 1.5미터 두께로 쌓일 것이다.

우주에는 생명체가 살 수 없는 곳도 있다. 항성 표면이 바로 그런 곳이다. 항성은 표면 온도가 매우 높아서, 만약 생명체가 있다면 곧바로 증발하고 말 것이다.* 지금까지 밝혀진 바로는, 천체에 유기화합물과 (아마도) 그 유기화합물이 녹아 있는 액체 같은 종류가 안정적으로 유지될 수 있는 온도 범위가 있다. 그런 액체로 가장 이상적인 것은 물이지만 다른 물질이 있을 수도 있다. 목성의 위성인 타이탄에는 지표면에 물 대신 탄화수소로 가득한 호수가 있는데, 탄화수소의 온도는 액체 질소보다도 낮다. 그렇게 차가운 탄화수소 안에서도 미생물이나, 심지어 그보다 더 큰 생명체가 존재할 가능성을 배제할 수는 없다. 다만 정말로 생명체가 있다면, 그 생명체는 우리와 화학적 특성이 다를 것이다 (생명체이지만, 우리 생각과 다른 모습일 것이다). 하지만 우리가 생명체가 있다고 확실하게 알고 있는 행성은 지구밖에 없기 때문에, 다채로운 지구 환경이 생명체가 살기에 최적이라고 가정하는 것이 신중한 태도일 것이다. 지구 우월주의자로 보일 수도 있지만, 어쩔 수 없는 노릇이다.

　지구에서는 생명체의 거주 조건이 갖춰지자마자 생명체가 생겨났다. 그런데 생명체가 존재한 시간의 80퍼센트 이상은 엄밀히 말해 단세포생물의 세상이었다. 그 말은 우주에 생명체가 흔할 수도 있지만 고등생명체는 아주 드물 수 있다는 뜻이다. 박테리아가 풍부한 곳이나 해조류로 가득한 바다가 있는 곳은 많을지 몰라도 물고기나 도마뱀, 나무, 염소, 사자가 있는 곳은 많지 않을 것이다. 하지만 지구 역사에서 아주 일찍부터 생명체가 시작되었다는 우리의 경험적 지식은 생각보다 큰 의미가 없을지도 모른다. 생명은 우연히 시작되었을 수도 있다. 생명체가 진화해온 지구를 하나의 실험이라고 볼 때, 단 한 번의 실험에서 얻은 결과는 사실 큰 의미가 없다. 결과를 관찰하려면 우리도 지구에 있

---

* 항성이 오래전에 죽어서 온도가 낮아졌다면 생명체가 존재할 수도 있다. 하지만 죽은 뒤 그렇게 온도가 내려갈 정도로 오랜 시간이 흐른 항성은 아직 없다. 손을 대도 괜찮을 만큼 냉각되려면 수조 년이 걸리기 때문이다. 그리고 냉각되었더라도 중력이 워낙 강하기 때문에 그곳에서 인간이 생존할 수는 없을 것이다.

어야 하므로 다른 비교 사례를 알 수가 없는 것이다. 설령 인류가 우주에서 유일한 생명체라고 해도, 그 사실을 확인할 도리는 없다. 생명체가 없는 그 천문학적으로 많은 천체에는 지구와 비교 관찰하며 실험할 사람이 아무도 없기 때문이다.* 반면에 인류가 우리 은하계를 포함한 다른 천체에서 생명체를 발견한다면, 그리고 그 생명체의 기원이 지구 생명체와 다르다면 우주 전역에 생명체가 풍부하게 존재할 가능성이 있다고 할 수 있다.

우주에서 외계 생명체를 찾아볼 만한 곳은 아주 많다. 태양계에서 액체 상태의 물이 지표면 아래에 존재할 것으로 추정되는 천체는 적어도 10여 개에 이른다.** 토성의 위성인 엔셀라두스에는 간헐천이 있어서 물이 우주로 분출되는데, 그 물은 이내 얼어서 안개처럼 자욱한 얼음결정이 되어 쏟아져 내린다. NASA의 우주선 카시니가 그 수증기 기둥의 일부를 채취해 분석한 결과, 지표 밑의 따뜻한 물 저수지는 지구의 바다와 다르지 않을 것으로 추정되었다. 엔셀라두스에서 생명체가 생겨난다면, 아마도 그 미생물들은 물에 섞여 우주로 분출되면서 지나가는 우주선이 자신들을 태워주기를 바랄지도 모른다. 목성의 위성인 유로파에 생명체가 존재할 가능성은 더 높다. 지표면의 빙상 밑에 전부 합하면 지구보다 더 많은 양의 바닷물이 있기 때문이다. 유로파의 바다 밑에는 암반으로 된 바닥이 있으며, 그 바닥은 공전하는 동안 목성의 중력장에 영향을 받아 수축하거나 팽창하기 때문에 강력한 지각변동이 일어나 해저에 화산 분출구가 많이 생겼을 것으로 추정된다. 지구의

---

* 이 논리를 '인류 원리anthropic principle'라고 한다. 인류 원리를 기반으로 지구의 물리법칙이 생명체가 살 수 있도록 '정밀하게 조정되었는지'는 알 수 없다고 말할 수 있다. 생명체가 관찰할 수 있는 우주는 오직 자신을 성장시킨 우주뿐이어서 비교 대상이 없기 때문이다.

** 유로파, 가니메데, 칼리스토(이상 목성의 위성), 타이탄, 엔셀라두스, 미마스(이상 토성의 위성), 트리톤(해왕성의 위성), 명왕성, 세레스(이상 소행성), 화성 등 열 개다.

해저에 있는 화산 분출구는 따뜻한 영양 성분을 뿜어내기 때문에 영양분이 풍부한 환경을 조성하는데, 이는 지구에서 생명체가 탄생했던 먼 옛날의 생태계와 비슷한 환경이다. 그렇다면 암흑천지인 유로파의 바다에도 미생물이나 다세포생물이 헤엄치고 있는 건 아닐까?

화성의 지표면 밑에 저수지가 있고, 한때 따뜻하고 물이 풍부한 행성이었다는 점을 고려하면 화성에도 과거에 생명체가 존재했을 것으로 보인다. 화성은 수백만 년 동안 서서히 지금처럼 차갑고 건조한 사막 행성으로 변했다. 그렇다면 그동안 생명체가 땅속에 서식지를 마련하거나, 아니면 새로운 환경에 적응해 집단 거주지를 이루었을 가능성은 없을까? 화성에 생명체가 존재할 가능성이 있는지에 대해서는 아직 결론이 나지 않았다. 우리는 1976년 화성에 생명체가 있는지 알아보기 위해 탐사선 바이킹 1호와 2호를 보냈으며, 모두 네 차례의 우주생물학 실험을 수행한 것이 전부였다. 그중 세 차례의 실험에서 생명체의 존재에 관해 부정적인 결과가 나왔지만 마지막 실험에서는 긍정적인 결과가 나왔다.* 생명체의 필수 요소인 유기물은 발견되지 않았지만, 그 이유가 최근의 탐사에서 고농도로 검출된 과염소산염 때문일 수도 있다. 과염소산염은 열을 가하면 유기물과 반응하여 클로로메탄과 디클로로메탄을 생성하는데, 두 물질 모두 탐사선 바이킹을 보냈을 때 검출되었다. 그리고 그것은 과거에 탐사선 바이킹의 실험에서 유기물이 검출되기 전에 과염소산염에 의해 파괴되었을 수도 있다는 뜻이다. 실제로 과학자들이 화성의 토양과 비슷한 남아메리카 아타카마 사막의 토양에

---

* 네 차례의 실험은 다음과 같다. ①질량분석계로 유기화합물을 찾아보았다. ②크로마토그래프를 사용해 산소와 이산화탄소, 다른 기체의 존재 유무를 확인했다. ③'탄소고정'(이산화탄소를 사용해 탄소화합물을 만드는 화학 반응 – 옮긴이)이 일어나는지 확인하기 위해 광합성 실험을 진행했다. ④방사성 탄소-14에 영양소를 더해 대사 활동이 일어나는지 지켜보았다. 네 번째 실험에서 영양소를 처음 주사했을 때 긍정적인 결과가 나왔지만 추가로 주사했을 때는 아무런 반응이 없었다(처음에만 알 수 없는 다른 화학반응에서 긍정적인 결과가 나왔을 수도 있고, 처음 주사할 때는 유기체 생물이 있었지만 곧 죽어서 추가로 주사했을 때는 반응하지 않았다고 해석할 수도 있다).

과염소산염을 첨가해 탐사선 바이킹의 실험을 똑같이 재현했을 때도 같은 결과가 나왔다. 자, 그렇다면 결국 화성에는 생명체가 존재한다는 말인가?

탐사선 바이킹의 실험 결과를 부정적으로 본다고 해도, 그 결과만으로 화성 전체에 생명체가 존재하지 않는다고 결론지을 수는 없다. 그것은 미국의 텍사스 주와 러시아의 시베리아에서 한 번씩 토양을 채취한 다음 지구에 생명체가 존재하지 않는다고 결론짓는 것이나 다름없다. 사실 화성에서 생명체를 찾는 일은 이제 갓 시작했을 뿐이며, 탐사를 할수록 지표 밑에 존재할지 모를 생명체의 안식처에 관해 더 많은 것을 알아내고 있다. 물론 그런 안식처가 반드시 존재한다는 보장은 없다. '우리' 지구에도 있듯이, 안식처 대신 생명체들이 엄청난 인내로 견디면서 살아가는 극한의 환경이 있을지도 모른다. 지구에 사는 특정 종류의 박테리아가 현재 화성의 표면에서 살고 있을지도 모르는 일이다. 이러한 가정이 특히나 흥미로운 것은 화성의 암석 조각이 가끔 어떤 충돌에 의해 우주로 튀어나가 한동안 떠다니다가 운석처럼 지구에 떨어지는 경우가 있기 때문이다. 지구에서 수집된 운석 중에서 최소 132개는 화성에서 온 것이다. 그중 일부가 먼 옛날 화성의 생명체를 지구로 옮겨놓지는 않았을까?

생명체가 어떤 물체에 올라타서 우주를 비행한다는 소위 '범종설汎種說'은 생명의 기원을 설명하는 손쉬운 방법이다. 생명체가 탄생한 다음 성간을 오가는 혜성에 올라타고 전 우주를 돌아다닌다는 것이다. 그렇다면 인류도 아주 먼 옛날 다른 태양을 도는 다른 천체에서 생겨난 걸까? 그럴지도 모르지만 생명의 기원을 설명할 때 꼭 범종설만 거론할 필요는 없다. 아무것도 없는 곳에서 생명체가 갑자기 탄생했다고 생각하지는 않지만 우주에 생명체가 아주 드물다고 가정할 이유도 없다.

생명체의 기본 구성 요소인 유기 분자와 아미노산은 어디에나 있으며 지구에 쏟아져 내리는 운석에도 존재한다. 게다가 아미노산은 합성하기가 어렵지 않다. 사실 1952년 실험에서 스탠리 밀러와 해럴드 유리가 입증했듯이, 전하를 가하면 바로 합성된다. 밀러와 유리는 지구의 원생액原生液(지구에서 생명체를 탄생시킨 유기물 혼합 용액 - 옮긴이)과 비슷하게 물과 메탄, 암모니아, 수소를 플라스크에서 섞은 뒤 번개가 치는 효과를 주기 위해 전기 스파크를 가했다. 그리고 1주일이 지나지 않아 생명체에서 볼 수 있는 모든 아미노산이 플라스크 안에서 발견되었다.

여기서 어려운 문제는 단백질 합성이다. 단백질은 수백 개에서 수천 개의 아미노산으로 이루어진 경우가 많다. 단백질이 복잡한 것은 단지 아미노산 수가 많기 때문이 아니라 올바른 순서로 조립되어야 하고 복잡한 3차원 형태로 접혀야 제 기능을 발휘할 수 있기 때문이다. 아미노산이 단백질이 되는 것은 아주 큰 도약이며, 천문학자 프레드 호일*은 그것을 토네이도가 폐차장을 휩쓸고 간 뒤 난데없이 보잉 747 여객기가 생겨난 것과 같다고 말했다. 물론 단백질이 갑자기 생겨날 가능성은 없어 보이며, 실제로도 그렇게 생겨나지 않았을 것이다. 하지만 생명체가 처음부터 그렇게 큰 규모로 시작되었다고 생각할 필요는 없다. 기본적인 생명체는 정보를 저장하고 화학반응을 일으켜 에너지를 얻고 생식을 하는 정도면 된다. 우리 몸의 세포에서 DNA는 정보를 저장하고 단백질은 화학반응을 유도한다. 하지만 짧은 시간 동안 DNA와 단백질 간에 정보를 전달하기 위해 RNA라고 하는 단순한 형태의 핵산도 사용한다. RNA는 꼬여 있는 이중나선인 DNA와 달리 즉석에서 조립될 수 있는 단순한 사슬로 구성된다. 그리고 편리하게도 DNA와 단

---

* 프레드 호일은 '빅뱅Big Bang'이라는 말을 처음 사용했다. 그런데 그는 그 이론을 조롱하면서 반대하는 의미로 그 말을 사용했다.

백질의 역할을 모두 수행할 수 있다. 사실 RNA는 바이러스 같은 특정한 원시 유기체 안에서도 이런 역할을 정확하게 수행한다. 따라서 생명체가 자가복제를 하는 단순한 RNA 사슬에서 시작했으며, 그 RNA 사슬이 특수한 일을 하기 위해 단백질과 DNA로 진화했다고 상상할 수 있다.

유기 분자가 각 세대별로 가능한 범위 내에서 변이(돌연변이)하며 자가복제를 했다면 자연선택에 의해 진화한 것으로 볼 수 있다. 진화는 고등 생명체가 출현할 수 있는 유일한 방법이다. 작은 변화가 수백만 년 혹은 수십억 년 동안 조금씩 누적되면서 발현되는 것이다. 돌연변이는 무작위로 발생하기 때문에 진화 자체를 무작위적이라고 할 수도 있지만, 사실은 정반대다. 진화는 시행착오를 통해 해답을 얻기 위해 미리 계획된 수단이다. 세대가 지나면서 일반적으로 생식을 이어가는 데 도움이 되는 변이는 전달되지만 그렇지 않은 것은 (죽음으로써) 버려진다. 먹이를 추적하는 한 무리의 동물을 떠올려보자. 무작위적인 돌연변이에 따라 아주 다양한 형태의 몸을 가진 개체가 탄생하겠지만, 그중에서 가장 강하고 빠른 개체만 살아남을 것이다. 그래서 모든 개체는 결국 큰 근육과 유선형 몸을 갖게 된다. 달리기를 위해 설계된 것 같은 몸 형태를 갖추게 되는 것이다. 물리학 법칙에 따라 멀리 있는 행성과 항성, 은하가 만들어지듯이 외계 생명체도 진화에 의해 만들어질 수밖에 없을 것이다.

그렇다면 외계 생명체는 어떤 모습일까? 우선 우리와 '매우' 다를 것이다. 항상 같은 쪽이 태양을 향하고 있는* 행성에 사는 생명체를 생각해보자. 태양이 비치는 쪽은 너무 뜨겁고 밤이 계속되는 쪽은 너무

---

* '조석고정'이라고 한다. 달처럼 천체의 공전주기와 자전주기가 모행성과 일치하는 경우를 말한다.

춥지만, 변함없이 유지되는 경계선 주변에 다양한 생명체가 서식할 가능성이 있다. 아니면 목성 같은 거대 가스 행성을 생각해보자. 날아다니는 생명체가 구름 속에서 급상승하거나 급강하하며 공중에 떠 있는 박테리아를 먹고 사는 생태계다. 독특한 환경의 제약과 다양성이 갖춰지면 자연선택은 분명 만화경에 나오는 것처럼 매혹적인 생명체를 만들어낼 것이다. 하지만 생명체의 생물학적 기능은 크게 다르지 않을 것이다. 우주 어느 곳에서나 물리법칙은 동일하기 때문이다. 물론 외계 생명체가 지구 생명체와 달리 탄소 분자 대신 실리콘 같은 분자로 되어 있을 가능성도 없지는 않다. 그런데 지구 생명체가 탄소 분자로 구성된 데는 화학적으로 그만한 이유가 있다. 물론 실리콘도 탄소처럼 다른 원자를 묶어서 사슬을 만들 수 있지만, 실리콘 사슬은 탄소 사슬보다 쉽게 끊어진다. 그리고 우리는 이산화탄소를 배출하면서 노폐물을 몸 밖으로 내보내는데, 실리콘 사슬은 이산화탄소보다 단단해서 호흡을 통해 내보내기가 불편하다.

혹시 물고기나 도마뱀, 양서류, 공룡, 새, 포유동물 등 지구에 사는 척추동물의 생김새가 어떤 면에서 상당히 비슷하다고 생각해본 적이 있는가? 물론 형태나 크기, 색깔은 아주 다양하지만 머리와 몸, 네 개의 부속물(팔, 다리, 날개, 지느러미 등)이 있고 몸속에 소화관이 있으며 몸의 구조가 좌우대칭이라는 점은 모두 같다. 그 이유는 모든 척추동물이 같은 조상에서 갈라져 나왔기 때문이다. 5억 4,000만 년 전까지 지구라는 동물의 왕국에는 산호와 지렁이, 해파리 정도밖에 없었다. 그런데 '캄브리아기 대폭발Cambrian explosion'이 발생하면서 (지질학 관점에서) 갑자기 눈과 다리, 지느러미, 가벼운 아가미를 갖춘 수없이 많은 종류의 동물이 출현했다. 사상 처음으로 포식자가 먹이를 추적해 이가 있는 턱으로 먹이를 깨물어 먹게 되었다. 지구에 있는 모든 고등동물은 이때부터 시작된 것이다.

1909년 미국의 고생물학자 찰스 월컷Charles Walcott*은 캐나다 로키 산맥에서 아주 잘 보존된 캄브리아기 화석층을 발견했다. '버제스 혈 암Burgess Shale'이라고 불리는 이 화석층에는 매우 다양한 생명체가 있을 뿐 아니라 보존 상태가 아주 양호했는데, 눈이나 세포처럼 연한 조직의 흔적까지 남아 있었다. 화석층을 처음 발견한 월컷은 화석 속의 생명체 를 현존하는 생명체와 비교하면서 기존의 분류체계에 따라 나누려 했 다. 하지만 어떤 분류체계와도 맞지 않는 이상한 종이 많았다. 그런 종 들은 오랫동안 단순히 호기심의 대상으로만 남아 있었다. 그렇게 반세 기가 지난 후, 1960년대 들어 과학자들이 화석에서 볼 수 있는 생명체의 다양성에 폭넓은 관심을 갖기 시작했다. 그중에는 (공룡시대까지 2억 7,000만 년 동안 바다를 헤엄쳐 다녔던) 삼엽충처럼 널리 알려진 생명 체의 화석도 있었지만, 나머지는 매우 특이하고 과학적으로도 알려지 지 않은 이상한 생명체였다.**

눈이 다섯 개인 생명체도 있었다. 팔이 머리에 달린 것도 있었고, 꽃처럼 생긴 줄기를 뻗어 고대 지구의 바다에서 먹이를 걸러 먹던 생 명체도 있었다. 거대한 포식자 새우, 집게발이 있는 바다전갈, 몸에 뾰 족한 바늘이 달리고 몸길이가 수십 센티미터인 벌레도 있었다. 대다수 는 일시적인 돌연변이로 탄생한 탓에 지금까지 이어지는 후손은 없는 것 같았다. 그런 독특한 생물들 중에 작고 보잘것없으며 장어같이 생긴

---

* 1916년 로버트 고다드에게 맨 처음으로 로켓 연구 보조금을 전달한 사람이 월컷이었다. 따라서 월컷은 인류 가 우주로 나가는 데도 도움을 주었다.

** 아주 다양한 종의 화석을 본 사이먼 콘웨이 모리스Simon Conway Morris라는 조사관은 탄식을 하며 유명한 말을 했다. "이런 제기랄, 또 새로운 문門이잖아!" '문'은 생물 분류 등급 중에서 최상위인 '계界' 바로 밑의 등급 이다. 동물계에는 34개의 '문'이 있는데, 가장 친숙한 것은 아마도 포유류나 조류, 어류, 파충류가 속한 '척삭동 물문'일 것이다. 곤충이나 거미, 게는 '절지동물문'에 속하고 오징어나 달팽이는 '연체동물문'에 속한다. 나머 지 31개의 문에 속하는 동물들은 생물학적으로 매우 다양하지만, 언뜻 비슷해 보이는 벌레가 대부분이다.

'피카이아Pikaia'가 있었다. 돌연변이를 통해 최초로 원시적인 등뼈를 갖게 된 생물로, 전혀 특별해 보이지는 않는다. 가장 크거나 가장 힘이 센 생명체도 아니고 개체수가 가장 많은 생명체도 아니었다. 그런데 인간을 포함해 우리에게 가장 친숙한 동물 대부분이 바로 그 피카이아로부터 시작되었다. 피카이아의 그 찬란한 업적은 순전히 우연이었을까? 아니면 다른 이유가 있었을까? 피카이아의 몸 구조가 우월했던 이유는 무엇일까? 생물학자인 스티븐 제이 굴드가 의문을 제기했듯이, 시간을 과거로 되돌려 다시 새롭게 시작해도 지금과 같은 결과가 나올까?

이 의문에 대한 해답을 통해 다른 천체에 존재하는 생명체에 관해 많은 것을 알 수 있다. 조건이 비슷하다면 진화는 비슷한 모습으로 진행될까, 아니면 알아볼 수 없을 정도로 완전히 다른 형태로 진행될까? 확실하게 알 수는 없지만, 진화에는 큰 영향을 미치는 중요한 요소가 몇 가지 있다. 먼저 눈은 지구 생명체의 진화에서 그 어떤 생체기관보다도 중요하다. 동물에게는 눈 같은 감각기관이 있어서 먹이를 사냥하고 포식자로부터 달아나며 적극적으로 먹이를 찾아다닐 수 있다. 감각기관이 없다면 이곳저곳을 다니면서 먹이가 입속에 들어오기를 바랄 수밖에 없다. 그런데 동물의 눈은 그 형태가 매우 다양하다. 미생물에는 빛의 방향과 강도를 감지하는 수용체가 달려 있다. 초점을 맞출 수 있는 복잡한 형태의 눈조차도 지구에서 독립적으로 50회 이상 진화한 것으로 보인다. 인간에게도 눈이 있지만, 모든 동물 중에서 인간의 눈이 최고는 아니다. 야행성 동물은 우리보다 야간시력이 훨씬 더 뛰어나고, 맹금류는 훨씬 더 멀리까지 볼 수 있으며, 일부 동물은 훨씬 더 넓은 범위의 색깔을 감지할 수 있다.*

---

* 예를 들어 갯가재는 10여 종류의 색 수용체가 있어서 자외선까지 볼 수 있다. (인간의 색 수용체는 세 종류이며, 개는 두 종류다.)

지구에서는 눈이 아주 유용하기 때문에 동물들은 지속적으로 눈을 발전시켰다. 태양은 막대한 양의 방사선을 광자 형태로 우주에 내뿜는 거대한 핵융합로다. 이 광자의 상당수가 지구에 와서 부딪히고 반사된다. 지구에서는 광자에너지가 특정 단백질을 자극하고, 그 단백질이 빛을 생화학 신호로 바꾸는 형태로 진화가 일어났다. 빛을 받아들이는 광수용체들은 서로 다른 빛의 파장을 각각 다르게 흡수하거나 반사하는 방법으로 색을 구별한다.* 생명체가 존재할 수 있는 천체는 대부분 항성 주위를 돌고 있기 때문에, 모든 고등 생명체에는 눈을 발달시켜야 할 이유가 있다. 하지만 모든 항성이 똑같지는 않다. 인류가 적색왜성처럼 어두운 항성 주변에 살았다면 가시광선보다 적외선을 더 잘 볼 수 있게 진화했을 것이다. 인류가 지구에 있는 빛의 파장을 볼 수 있는 것은 우리의 감각기관이 그렇게 진화했기 때문이다. 지구에 있는 동물들의 눈도 그 종류가 매우 다양하다. 뉴질랜드 큰도마뱀**은 정수리에 세 번째 눈이 있고, 그 외에 아주 이상한 곳에 눈이 달린 동물들도 있다. 딱지조개류 같은 바다 생물은 껍데기 표면 전체에 빛을 감지하는 '눈'이 달려 있다. 일부 서관충(산호처럼 군집 생활을 하는 바다 생물로, 해저화산 분출구에 서식한다 - 옮긴이)은 먹이를 잡는 촉수에 눈이 달려 있다. 상자해파리는 네 종류의 눈을 스물네 개나 갖고 있어서 360도의 범위를 볼 수 있다.

우리는 지구에서 엄청나게 다양한 생명체를 보면서 다른 천체에도 다양한 생명체가 있을 거라고 추정한다. 그런데 외계의 '지적' 존재는 생김새가 우리와 크게 다르지 않을 수도 있다. 그 이유를 들자면, 우선 지적 생물은 커다란 뇌를 유지할 수 있도록 몸집이 어느 정도 커야

---

* 어떻게 보면, 각 물체의 색깔은 실제로 보이는 색깔과 '정반대'다. 눈은 그 물체가 반사하는 빛을 보기 때문이다. 예를 들어 녹색 물체는 녹색 빛을 반사한다. 그 말은 그 물체가 녹색 빛 외에 다른 빛은 모두 흡수한다는 뜻이다.

** 큰도마뱀은 도마뱀처럼 생겼지만 실제로는 대부분의 공룡이 등장하기 전에 계통도상에서 갈라져 나갔다.

한다. 곤충은 지구에서 가장 번성한 동물군이지만, 지적인 곤충을 찾아볼 수 없는 이유는 기본적으로 곤충의 몸 크기가 더 커질 수 없는 한계가 있기 때문이다. 곤충은 피부에 있는 작은 구멍으로 호흡하는데, 몸집이 커지면 표면적보다 체적이 더 많이 증가한다(몸길이가 커지면서 몸의 표면적이 제곱으로 증가하면, 몸의 체적은 세제곱으로 증가한다). 그래서 곤충은 몸집이 커지면 피부를 통해 충분한 산소를 흡입하지 못하고 질식사하게 된다(곤충의 몸길이가 두 배로 커지면 실제 산소 흡입량은 필요량의 절반으로 감소한다).* 곤충보다 몸집이 더 큰 인간은 그 문제를 폐 속에 있는 수백만 개의 허파꽈리로 해결했다. 허파꽈리의 표면적은 모두 합치면 테니스 코트 면적과 맞먹을 정도로 넓다. 곤충의 또 다른 약점은 몸집이 클수록 탈피를 할 때 외골격을 벗는 시간이 오래 걸리기 때문에, 그만큼 포식자에게 약점이 오래 노출된다는 것이다(외골격을 벗을 때마다 소모되는 에너지는 제외한다). 몸집이 큰 바닷가재도 이미 이런 문제를 겪고 있을 정도인데, 지능이 발달한 곤충은 그 바닷가재보다도 덩치가 훨씬 더 커야 한다.

지적 존재의 기본적인 몸 형태는 어떻게 생겼을까? 진화는 서로 다른 방향으로 진행되면서 동일한 해답에 도달하는 경우가 많다. 물고기나 포유류, 파충류는 매우 다르지만 상어나 돌고래, 선사시대의 어룡은 모두 독자적으로 진화했는데도 몸 형태가 비슷하다. 지구 생물의 몸 형태에는 두 종류의 대칭이 존재한다. 하나는 인간처럼 몸의 좌우가 마치 거울에 비친 모습처럼 똑같은 '좌우대칭'이고, 또 하나는 불가사리처럼 몸의 중심에서 주변부로 가면서 동일한 형태인 '방사대칭'이다. 이러한 대칭은 몸의 균형을 맞출 수 있고 유전자 코드를 재사용할 수

---

* 현재 가장 큰 곤충은 뉴질랜드에 서식하는 '자이언트 웨타giant weta'로, 귀뚜라미처럼 생겼으며 몸길이가 20센티미터에 달한다. 그런데 공룡시대에는 지구상에 산소가 더 많아서 날개의 폭이 수 미터인 잠자리처럼 거대한 곤충이 많았다.

있기 때문에 효율적이다. 따라서 다른 천체에 사는 생명체도 대칭 구조일 것으로 추정할 수 있다. 물론 진화를 처음부터 다시 시작한다면, 인류가 다섯 개의 눈과 세 개의 귀를 갖게 될 가능성도 있다. 하지만 정말 그렇게 될까? 인간의 신체에는 한 쌍으로 된 기관이 많다. 좌우대칭 때문이기도 하지만, 여분이라는 의미도 있다(눈 하나를 잃어도 여전히 보는 데는 큰 문제가 없다). 심장과 위가 하나밖에 없는 이유는 하나를 더 갖추는 데 대가가 많이 들고 한 쌍이 동시에 작동하면 혼란에 빠질 수 있기 때문이다.

생물은 생존을 위해 에너지가 필요하므로 위나 소화관, 그리고 영양소와 노폐물을 몸 전체로 운송하는 순환기관도 필요하다. 이런 기관들은 저마다 생김새가 다를 수 있다. 예를 들어 불가사리는 먹이를 먹기 위해 위를 몸 밖으로 꺼낸다. 하지만 일반적으로는 음식을 몸 안으로 집어넣는 구조여야 한다. 생물은 신체의 각 기관에 명령을 내려야 하므로 중추신경계도 반드시 있어야 한다. 외부와 상호 작용할 때 사용하는 눈이나 귀 같은 주요 감각기관은 뇌와 가까운 것이 좋다. 감각기관은 기회를 포착하고 위험을 회피할 수 있도록 가능한 한 지면에서 높은 곳에 위치해야 하며, 뇌와 감각기관은 작은 보호용 외피 안에 함께 들어 있는 것이 좋다. 그래서 오늘날 인간은 목 위에 두개골이 있고 두개골이 소화기관과 순환기관, 신경, 눈, 귀, 뇌 등을 보호하는 형태가 된 것이다.

지적 존재는 행동을 조정하고 지식을 교환하기 위해 서로 의사소통한다. 의사소통을 하는 손쉬운 방법은 음의 높이를 변화시켜 전달함으로써 직접 보지 않고도 정보를 주고받는 것이다. 소리를 내는 발성법은 지구의 바다나 육지에서 거듭 발전을 거쳤다. 실제로 고래의 노래는 수백 킬로미터에서 수천 킬로미터까지 전달되므로 지구의 광활한 지역에 있는 고래 개체끼리 '말'로 소통할 수 있다. 보통 포식자는 사냥감보다 지능이 높게 마련인데, 사냥감을 잡으려면 더 복잡한 전략을 짜야 하기 때문이다. 늑대나 돌고래, 범고래, 침팬지처럼 조직적으로 움직이며 단체로 사냥하는 동물들은 특히 그렇다.* 인간은 혼자서 매머드를 사냥할 수 없지만 무리를 지어 협력하면서 매머드의 주의를 분산시키고 함정에 빠뜨려 쓰러뜨릴 수 있다. 그런데 무리 안에서 공유하는 언어 같은 것이 없다면 그런 사냥은 불가능하다. 기술적으로 고등 생물에게는 도구를 잡고 이용할 수 있는 손 같은 부속기관이 필요하고, 그렇게 도구를 사용하게 되면 뇌의 크기와 복잡도가 급격히 증가한다. 인간이 그랬듯이 말이다. 육상동물에게 있는 네 개의 다리는 좌우대칭에 부합한다. 또한 두 발로 일어서게 되면 두 손이 자유로워지면서 도구를 사용할 수 있게 된다. 그래서 외계인이 머리와 몸, 눈과 귀, 두 팔과 두 다리가 있으며 지능을 갖추고 말을 할 뿐만 아니라 조상이 사냥꾼이었을 거라고 생각하는 것이다.

그런데 정말 그럴까? 문어는 호기심이 많고 지능이 있다. 문어는 코코넛 껍데기로 몸을 보호하며 수족관 유리를 깨려고 돌을 던지는 등 도구를 사용한다. 팔로 다른 물체를 다루고 훈련을 통해 병뚜껑을 열수 있다. 미로에서 길을 찾거나 형태와 문양을 구별할 수도 있다. 장난기가 많아서 순전히 재미 삼아 장난감을 조류 속으로 던졌다가 도로 가져오기도 한다. 그리고 부드러운 몸을 작은 틈새로 밀어 넣어 수조에서 탈출하고 먹이를 찾아 낚싯배 위로 기어오르기도 하는 것으로 알려졌

---

* 지능이 생길 가능성은 수렵채집민 쪽이 더 높지만, 문명에 필요한 특별한 기술은 농업을 통해 익힐 수 있다. 그렇다면 외계인은 잡식성일까? 그럴 가능성이 높다. 다양한 음식을 먹을수록 지능이 뛰어날 가능성이 높다. 잡식을 하려면 다양한 음식을 활용할 줄 알아야 하기 때문이다. 돼지나 곰, 오소리, 주머니쥐, 미국너구리 등 지능이 뛰어난 일부 동물은 잡식성이다. 지구에서 인류 다음으로 지능이 뛰어난 침팬지도 인간처럼 협동하면서 사냥하는 잡식성 동물이다.

다. 밤에 수족관에서 사냥 기술을 발휘해 몰래 숨어 있다가 상어를 공격해 잡아먹었다는 사례가 자세한 기록으로 남아 있다. 하지만 아홉 개의 뇌와 세 개의 심장을 가졌으며 지능이 꽤나 높은 문어는 우리가 일반적으로 상상하는 외계인의 모습과 다르다.

그 이유는 아마도 문어가 무시무시해 보이지 않기 때문일 것이다. 문어는 지능을 계발하고 유연한 전략을 발전시켜 먹이를 사냥하고 위험을 회피했다. 날카로운 이빨 같은 무기가 없기 때문에 우선 적을 평가하고 다음 행동을 결정한다. 그 결정에 따라 주변 환경에 맞춰 몸의 색깔을 바꾸거나, 포식자 흉내를 내거나, 그냥 그 자리를 피하거나, 아니면 먹물을 뿌리고 도망친다. 달팽이나 민달팽이와 같은 과에 속하는 문어는 분명히 지구에서 진화를 통해 고유의 지능을 갖추었다. 외계의 바다 세계에는 물속에 문명을 구축하고 서로 협력해서 먹이를 사냥하는 문어 같은 생물이 있을지도 모른다.

사실 우리는 외계 생명체가 어떤 모습일지 전혀 예측할 수 없을지도 모른다. 물론 지구의 다양한 생명체에서 실마리를 얻어, 어떻게든 외계 생명체의 모습을 추측해보는 것이 어려운 일은 아니다. 하지만 그들과 실제로 마주치기 전까지는 추측에 불과하다. 우리가 말할 수 있는 것은, 그들이 누구이고 어디에 있든 간에 우리와 똑같은 물리법칙 속에서 살며 수십억 년의 진화 과정을 거쳐왔을 거라는 점이다. 우리는 오랫동안 계속된 어떤 사건들의 결과물이며 그들 또한 마찬가지다. 하지만 그런 진화의 최종 목표가 꼭 지능일 것이라고 생각하면 안 된다. 지구의 모든 생명체는 오랫동안 계속된 불가사의한 사건의 결과물이고, 그것은 가장 하등한 박테리아도 예외가 아니다. 우리는 우주에서 가장 엄청난 복권에 당첨되었고 살아 있는 것 자체가 크나큰 행운이지만, 그것은 감기 바이러스도 마찬가지다. 지금까지 지구에 존재한 생물종 중에서 여태껏 살아남은 종은 1,000종당 하나에 불과하다. 지구에서 활보하던 ('사람'속屬*에 속하는) 최소 10여 종의 인류 중에서 지금까지 살아남은 것도 현생인류가 유일하다.

지구에 사는 많은 생물로 판단해보면, 커다란 뇌는 환경에 적응하는 진화의 방향과 맞지 않다. 대다수의 동물은 이빨이나 발톱, 아니면 생식기관을 키우는 데 에너지를 쓴다. 지능을 뽐내는 생물도 있지만, 기술을 개발하는 인간 수준의 지능은 어찌 보면 지나칠 정도로 화려한 공작새의 깃털과 같다고 할 수 있다. 우리 조상들은 어쩌면 아프리카에서 기후변화가 일어나 숲이 초원으로 바뀌는 상황에 적응하기 위해 지능을 계발했는지도 모른다. 먹이를 찾아 먼 곳까지 이동하기 위해 직립보행을 해야 했고, 넓은 평원에서 사냥하기 위해 더 복잡한 사냥 전략을 개발할 수밖에 없었던 것이다. 대다수의 동물은 그렇게 급격한 환경 변화에서 살아남지 못했을 것이고 인류도 거의 그럴 뻔했을 것이다. 인류는 뇌가 진화하면서 독특한 전략과 환경에 알맞은 도구를 만든 덕분에 생존할 수 있었다. 인류의 재능은 어떤 한 가지의 위협에 맞서도록 특화된 것이 아니라 보편적인 위험에 두루 맞설 수 있게 특화되었다. 인류는 다방면으로 박학다식하며, 그래서 외계의 지적 존재들도 우리와 같을 거라고 생각하는지도 모른다.

그런데 지적 존재는 반드시 발달된 기술을 보유하게 되는 걸까? 수백만 년 동안 인류 최고의 발명품은 석기였다. 기술의 발전은 대부분 그쯤에서 끝났다. 대다수의 살아남지 못한 인류 종족이 그랬던 것처럼 말이다. 다른 천체에서 진보된 문명이 출현하려면 지적인 생물종이 오

---

* 사람속에 속하는 주요 인류를 나열해보면 다음과 같다. 호모 안테세소르Homo antecessor, 호모 에렉투스Homo erectus, 호모 에르가스테르Homo ergaster, 호모 플로레시엔시스Homo floresiensis, 호모 하빌리스Homo habilis, 호모 하이델베르겐시스Homo heidelbergensis, 호모 네안데르탈렌시스Homo neanderthalensis, 호모 로덴시엔시스Homo rhodensiensis, 호모 루돌펜시스Homo rudolfensis, 그리고 (현생인류인) 호모 사피엔스Homo sapiens.

랫동안 계속해서 새로운 발견을 하면서 많은 인구를 먹여 살릴 방법을 찾아내야 한다. 그러한 사전 조건이 갖춰져야 기술과 산업, 통치제도가 생겨나게 된다. 그리고 계속해서 정보를 기록하고 공유하는 수단을 발견하고 과학과 수학, 기계를 제작하고 에너지를 활용하고 자신들과 생산품을 운송하는 공학 기술을 발명하게 될 것이다. 그런 생명체는 한편으로 호기심이 많고 창조적이다. 그래서 밤하늘을 자세히 살피면서 우주에서 자신들의 위치를 알아내려 애쓸 것이고, 새로운 기회와 자원을 찾아 자신들의 세계를 확장하려 할 것이다. 그들은 탐험가가 되려 할 것이다.

그런데 우주에는 그런 존재가 얼마나 많을까? 우주에는 이미 진보한 문명이 가득한데 우리가 모르고 있을 수도 있다. 아니면 진보한 문명이 우리 말고는 아예 없을 수도 있다. 하지만 역사적으로 '코페르니쿠스 원리'*는 항상 옳은 것으로 증명되었다. 한때 우리는 지구가 우주의 중심이라고 믿었지만 지금은 우주는 물론 우리 은하, 심지어 태양계의 중심도 아니라는 사실을 잘 알고 있다. 우주에 진보한 문명이 얼마나 많은지, 아니면 얼마나 적은지 알지 못하기 때문에 우리나 우리 환경이 전혀 특별할 것이 없으며, 그래서 우리는 혼자가 아니라고 가정하는 것이 안전해 보인다. 드레이크 방정식을 아주 보수적으로 계산해보면 우리 은하에는 궁극적으로 최소한 50개의 다른 문명이 생겨날 것이라고 한다. 물론 이런 문명들이 모두 동시에 발전하지는 않을 것이다. 진화 과정은 수십억 년이 걸리지만 기술 발전은 수천 년밖에 걸리지 않기 때문에, 우리보다 기술이 아득하게 앞선 문명도 있을 것이고 우리보다 크게 뒤처져서 문명이 아직 발달하지 않은 곳도 있을 것이다.

---

* 지구가 우주의 중심이 아니라고 주장한 천문학자 코페르니쿠스의 이름을 딴 원리로, 지구는 전혀 특별할 게 없는 천체라는 것이다.

외계 문명이 우리보다 훨씬 더 앞서 있다면 우리는 그 문명을 찾아 낼 수 없을지도 모른다. 그들이 사용하는 통신 방식을 우리가 인식하지 못할 수도 있기 때문이다. 하지만 그들에게 호기심이 있다면, 우리 같은 새로운 원시 문명이 어둠 속으로 보내는 신호를 수신하기 위해 구식 전파탐지기를 계속 켜둘지도 모른다. 우리가 보내는 안쓰러울 정도로 약한 신호를 탐지하려면 아주 강력한 전파망원경이 필요하겠지만, 진보한 기술을 보유한 그들에게는 큰 문제가 아닐 것이다.* 다만 그들은 아직 우리가 찾아내기엔 너무 먼 곳에 있는지도 모른다. 인류가 우주로 신호를 보낸 지 한 세기가 다 되었지만, 한 세기는 은하의 일생에 비하면 눈 한 번 깜빡이는 순간에 지나지 않는다. 마치 거품이 부풀 듯 밖으로 퍼져나간 우리의 전파 신호는 현재 500개 정도의 항성을 포함하는 우주의 아주 작은 영역(우리 은하 전체 영역의 0.0001퍼센트 미만)에 도달했을 뿐이다. 만약 우리 은하에 '정말' 50여 개의 문명이 고르게 퍼져 있다면, 가장 가까운 문명은 수천 광년 거리에 있을 테니 앞으로도 한참 동안 그들이 우리의 전파 신호를 감지하지 못할 것이다. 한편으로는 누군가가 우리 신호를 이미 들었는지도 모른다. 충분한 시간을 두고 결정한 후 마침내 신호를 조사하러 나설지도 모를 일이다.

외계의 지적 존재와 인류의 만남이 어떤 모습일지는 예상하기 어렵다. 우리 인류가 개별적으로나 문화적으로 이방인에 보이는 반응은 아주 다양하다. 적대감이나 의심, 협력, 공감일 수도 있고 상대를 이상적인 존재로 숭배할 수도 있다.** 인류 역사를 보면 최초의 접촉은 보통 원시적인 문명에 재앙을 안겼다. 하지만 진보한 모든 문명은 기술을 발

---

* 우리의 전파 신호는 거리에 따라 급격히 줄어들기 때문에 1광년 이상 떨어지면 신호를 감지하기 어려워진다.
** 공상과학소설에서는 같은 종족 사람들 모두가 똑같이 행동하는 경우가 많다. 「스타트렉」을 보면 벌컨족Vulcans은 논리적이고, 클링온족Klingons은 폭력적이며, 베타조이드족Betazoids은 감성적이고, 페렌지족Ferengi은 탐욕스럽다. 인류에게 이러한 특성이 모두 있는 만큼, 외계인들 역시 다양한 특성이 있을 것이다.

전시키는 동안 자멸로 가는 위험한 길을 피해왔을 것이므로, 어쩌면 원시적인 문명을 멸종시키려는 충동을 오래전에 버렸을 수도 있다. 그것이 어쩌면 페르미의 역설에 대한 답이 될지도 모르겠다. 외계인이 우리 주변에 없는 이유는 우리 주변에 있을 이유가 없기 때문인지도 모른다. 진보한 지적 존재가 자신들에게 위협이 되지 않고 기술적으로 교류할 것도 없는 문명의 발전을 방해할 이유가 없지 않은가!* 결국은, 그런 깨달음을 얻어 자멸의 길로 가지 않고 살아남은 종족만 행성 간 회의에 참여할 수 있을 것이다. 우리 인류에게도 그런 행운이 따르길 바란다.

---

* 페르미의 역설에 대한 이 해답은 '동물원 가설'(인류보다 훨씬 더 진보한 외계 종족이 우주 생태계를 해치지 않고 다른 종의 보존과 유지를 위해 지구에 접근하지 않는다는 이론 - 옮긴이)이라는 달갑지 않은 이론으로 알려져 있다. 「스타트렉」에서 이 '기본 지침'은 (지구를 포함하는) 행성 연방의 절대적인 원칙이다.

궁극의 목적지

현재 인류는 우주의 역사에서 갈림길 앞에 서 있다. 수십억 년의 진화와 수천 년의 기술 발전을 거치면서, 인류는 지구를 떠나 우주로 이주를 시작할 수 있는 역량을 갖추게 되었다. 1964년 천문학자 니콜라이 카르다셰프Nikolai Kardashev는 문명의 기술 발전 수준을 3단계로 나누는 '카르다셰프 척도'를 발표했다. 그 척도에서 '유형 1'은 거주하는 행성에서 나오는 모든 에너지를 이용하는 단계이고, '유형 2'는 문명이 속해 있는 항성에서 나오는 모든 에너지를 이용하는 단계*이며, '유형 3'은 문명이 속해 있는 은하의 모든 에너지를 이용하는 단계를 말한다. 이 척도를 기반으로 추정해보면, 인류는 현재 '유형 0.7' 정도에 해당하며 현재의 발전 속도로 보았을 때 한두 세기 안에 '유형 1'에 도달하게 된다. 하지만 저절로 그렇게 되는 것은 아니다. 에너지 활용 방법이 근본적으로 변화되어야 한다. 화석연료에서 재생에너지, 가능하면 핵융

---

* 이렇게 하려면 항성 주위에 에너지를 추출하는 거대한 '다이슨 구Dyson sphere'(특정 항성을 완전히 둘러싸서 그 항성이 내는 에너지를 대부분 받아 쓸 수 있다는 가설 속의 거대 구조물 – 옮긴이)를 만들면 된다. 다이슨 구는 1960년에 처음 그 개념을 제안한 물리학자 프리먼 다이슨Freeman Dyson의 이름을 따서 지은 것이다. 멀리 있는 항성 주변에서 다이슨 구를 발견했다고 생각하는 천문학자가 가끔 있었지만 지금까지 확인된 것은 없다.

합에너지를 광범위하게 사용하는 쪽으로 완전히 바뀌어야 하는 것이다. 또한 인류는 생존을 이어가야 하는데, 세상의 멸망 가능성이 계속 증가하는 지금 세상에서 결코 간단한 일이 아니다. 「스타트렉」의 등장인물인 스팍은 비관적으로 이렇게 말했다. "우주 역사에서는 항상 창조보다 파괴가 쉬웠다."

은하 곳곳에는 이런 변화에 실패한 문명의 잔해가 널려 있을지도 모른다. 만약 인류가 실패한다면, 먼 훗날 외계인 고고학자가 오래전에 멸망한 인류의 유적을 찾아 지구에 올지도 모른다. 그리고 지구에서는 또 다른 지적 생명체가 생겨나 1억 년 후에 다시 그런 변화를 시도하게 될 것이다. 인류가 멸망이라는 대재앙을 피한다 해도, 계속 발전할 것이라는 보장은 없다. 역사적으로는 기술이 후퇴하면서 인류가 퇴보했던 사례도 많다. 고대에 축적되었던 지식은 이후 1,000년 동안 묻혀버리고 말았다. 명나라의 정화 함대가 인도양을 항해하고 아프리카 해안을 탐험했지만 그다음 황제는 함대와 항해 기록을 불태웠다. 이슬람 황금시대에 세계적인 학문의 중심지였던 바그다드는 몇백 년 후 잿더미가 되었고 도서관은 불탔으며 주민들은 목숨을 잃었다. 우주 사업조차도 1960년대 이후로 취소되었고 새턴 5호 로켓은 해체되었으며 수많은 설계도가 폐기되어 지금은 복원하고 싶어도 복원할 길이 없다.

하지만 그런 퇴보가 영원히 계속되지는 않았다. 우리는 전 지구적으로 문명이 붕괴될 확률을 예측할 수 없다. 현재의 인류 문명이 우리가 아는 유일한 문명이라 비교할 대상이 없기 때문이다. 지금이 과연 대재앙이 닥치기 전에 우주로 떠날 절호의 기회일까, 아니면 아직은 시간적 여유가 있는 걸까? 인류는 차츰 우주에 대한 관심을 잃고 쇠퇴하게 될까, 아니면 우주로 나가 탐험을 즐기며 살게 될까? 우리 사회는 가짜 뉴스와 유사과학에 무릎을 꿇게 될까? 미국에는 천문학자보다 더 전문적인 점성가들이 있으며 미국인 네 명 중 한 명은 그 둘을 구분하지 못한다. 과거에 '러닝 채널 Learning Channel'*이라는 이름으로 알려졌던 한 방송사에서 방영한 외계인 납치와 유령 목격에 관한 '다큐멘터리'를 보면서 많은 계층의 사람들이 과학과 유사과학을 구분하지 못한다는 사실은 새삼스럽지도 않다. 요즘 사람들은 대부분의 정보를 소셜 미디어의 대화방에서 얻는다. 그리고 요즘은 현실과 가짜 뉴스를 구분하기가 그 어느 때보다도 어렵다.

어떻게 보면 사람들은 항상 문명이 몰락할 거라고 예측했다. 하지만 세상은 모든 면에서 계속 발전하고 있다. 빈곤율과 문맹률은 급락하고 평균수명은 늘어났으며 전쟁과 범죄는 감소하고 있다. 미국과 중국, 러시아, 심지어 시리아에서 가장 위험한 도시라고 해도 수렵채집을 하던 선사시대보다는 100배 이상 안전하다. 우리 뇌는 나쁜 소식에 더 예민하게 마련이라 나쁜 소식을 더 오래 기억한다. 총격 사건이나 굶주림, 지진, 비행기 충돌이 뉴스의 머리기사를 장식하지만 수십만 대의 비행기가 매일 안전하게 착륙한다는 사실은 보도되지 않는다. 요즘은 과학을 이해하지 못하는 사람도 많지만, 과학자도 어느 때보다 많다. 고대 아테네의 전성기에는 1,000여 명의 학자가 있었던 것으로 추정되지만 지금은 수백만 명의 과학자와 공학자들이 세상을 발전시키고 있으며 그 모두가 저마다 성과를 올리고 있다. 2009년 돼지독감이 유행할 조짐을 보이자 과학자들은 하루 만에 바이러스 유전자의 배열 순서를 밝히고 몇 달 만에 백신을 만들어 인증받기도 했다. 장차 인류는 독창성을 십분 활용해 녹색혁명과 지속 가능한 기술로 기후변화를 해결할지도 모른다. 재생에너지의 생산 규모는 순조롭게 증가하고 있다. 캘리

---

* NASA와 미국 교육부에서 설립한 '러닝 채널'은 위성을 통해 전 세계에 무료로 방송되었다. 지금은 'TLC'라는 이름의 민간기업이 되었으며, 더 이상 교육적인 내용을 방송하지 않는다.

포니아 주에서는 이미 전기 소비량의 절반 정도를 일조량이 가장 많은 시간에 태양으로부터 얻고 있다. 그런 좋은 소식에 안주해도 된다는 말은 아니지만 장기적으로는 그런 식으로 문제가 해결될 가능성도 있는 것이다.

인류가 우주에서 유일한 생명체인지는 알 수 없지만, 정말 그렇다면 더욱더 인식의 빛을 우주로 비춰야 할 이유가 된다. 인류가 우주의 수많은 천체로 정착지를 넓히면 분명 각자 다른 종으로 분화하게 될 것이다. 그러면 외계인은 없을지 몰라도 「스타트렉」에 나오는 각 행성의 거주민(다들 조금씩 다르게 생겼지만 왠지 비슷해 보인다)으로 구성된 의회는 현실이 될 수도 있다. 각 행성의 거주민들은 모두 인류에서 갈라져 나간 종족이다. 그런 분화는 (각자 거주하는 곳의 특징에 맞춘) 유전자 조작이나 일종의 선택 과정을 통해 의도적으로 일으킬 수도 있다. 자연선택에 의해 서서히 진행되는 변화는 지구에서 일어나는 진화의 주된 힘이지만 유일한 힘은 아니다. 역사적으로 인류는 원하는 특성을 선택하는 방법으로 개를 포함한 여러 가축의 모습을 자연선택보다 1,000배나 빠르게 바꾸었기 때문이다.

인류가 중력이 약한 화성 같은 곳으로 가면 에너지를 아끼기 위해 뼈의 무게를 줄이는 쪽으로 진화할지도 모른다. 방사선이 쏟아지는 곳에서는 방사선에 내성을 갖도록 유전자를 조작해 적응할 수도 있다. 사람들은 아마도, 지구의 고산지대 주민들이 희박한 공기에 적응했듯이, 대기나 압력이 다른 곳에서도 호흡할 수 있게 적응할 것이다. '자연 표류natural drift'(생명체의 진화가 DNA에 각인된 계획에 따르는 것이 아니라 주변 환경에 맞춰 자연스럽게 진행된다는 이론 - 옮긴이)가 수천 년에 걸쳐 점진적으로 일어나게 될 것이다. 부분적으로는 환경에 정교하게 대처하는 기술이 '생존에 유리하게 진화한 특성'을 앞설 때도 있기 때문이다. 1만 년 전만 해도 좋지 않은 시력은 생존에 치명적인 단점이었다. 하지만 지금은 시력이 좋지 않아도 안경이나 콘택트렌즈를 사용하면 생존이나 종족 유지에 아무런 문제가 없다. 생존을 위해 시급하게 변화해야 할 이유가 없다고 해도 광범위한 지역으로 퍼져나간 인류는 더 다양한 모습으로 분화될 것이며 많은 사람이 새로운 정착지의 조건에 맞게 신체적으로 변화하게 될 것이다.

인류의 수명은 더욱더 길어질 것이다. 오래 산다는 것은 분명 개인적으로 좋은 일이고 종족의 효율성이라는 측면에서도 좋은 일이다. 인간은 자식 세대를 양육하는 데 막대한 자원을 투자하므로, 양육 기술을 가능한 한 오래 보존하는 것이 생존에 도움이 된다. 우리의 DNA에는 노화가 각인되어 있지만 새로 재생되는 세포도 많다. 따라서 영생으로 가는 길이 근본적으로 막혀 있지는 않은 것이다. 우선 우리 몸에서는 세포가 생성되기 때문에 그 세포가 무한히 재생되게 해야 한다. 어찌 보면 그게 불가능하다는 것이 더 이상한 일이다. 두더지쥐나 악어, 조개, 바닷가재 같은 동물에서는 노화의 징후를 찾아볼 수 없기 때문이다. 2017년에 포획된 그린란드 상어의 나이는 512세로 추정되었는데, 콜럼버스가 배를 타고 아메리카로 가던 시절에 태어난 것이다. 인류의 제한된 수명은 자연선택에서 나온 부산물일 뿐이다. 일정 수명보다 더 오래 살아봐야 이로울 게 없다고 여겼던 것이다. 영생을 꾀하는 인간의 기술은 세포 수준에서 이미 상당한 성과를 거두었다. 쥐의 특정 유전자를 조작해 노화를 가속하거나 늦출 수도 있다. 따라서 언젠가는 우리 세포에 영구적으로 젊음을 각인할 수 있는 날이 올지도 모른다.

영생으로 가는 또 다른 방법은 육신을 초월하는 것이다. 인간의 자의식을 컴퓨터에 업로드하게 될지도 모른다. 우리는 이미 아주 기본적인 뇌-컴퓨터 접속 장치를 사용하고 있다. 신경 신호를 음파로 바꿔서 청각장애인이 소리를 들을 수 있게 해주는 '인공 와우'가 그것이다. 2014년 월드컵에서는 장애인이 이런 신경 접속 장치를 사용해 시축을 하기도 했다. 그런 장치가 좀 더 발전하면 거실 소파에 앉은 채 열대우림의 휴양지로 휴가를 가서 앵무새의 노래를 듣거나 태양의 온기를 느낄 수 있다. 조금만 있으면 인류는 신경을 직접 치료하거나, 혹은 뇌가 인공 팔다리를 움직이게 함으로써 뇌나 근육 장애를 치료하게 될 수도 있다. 과학자들은 쥐의 뇌에 가짜 기억을 이식하고 어떤 쥐의 기억을 다른 쥐로 옮기는 데 성공했다. 이런 개념을 좀 더 크게 확장할 수 있다면 인간의 기억을 클라우드 저장소로 업로드할 수도 있지 않을까? 그렇게 되면 생각뿐 아니라 인격 전체를 전자화해 클라우드 저장소에 저장할 수도 있다. 그렇게 우리가 컴퓨터 속에서 재창조되면 옛날에 세상을 떠난 친척이나 유명 인사들과 대화할 수도 있게 될 것이다.

우리의 의식 전체를 컴퓨터로 전송하는 것은 좀 더 어려운 문제다. 특히 의식이 어떻게 작동하는지 정확히 알지 못하기 때문에 더욱 그렇다. 하지만 사람의 뇌는 곧 그 사람 자체다. 뇌 속의 신경세포를 한 번에 하나씩 복제해 총 1,000억 개의 신경세포를 상호 연결 부분까지 모두 복제할 수 있다면 인간의 의식을 컴퓨터로 옮기는 것이 가능해진다. 그렇게 물리적 신체에서 벗어난 인간의 의식은 빛의 속도로 이동할 수도 있다. 물리적 신체를 이동시키는 「스타트렉」의 이동장치는 잊어도 되는 것이다. 신경 패턴을 몸 밖으로 추출할 수 있다면 미래에는 인간의 의식을 은하 전체에 전송하는 것도 가능할 것이다. 의식을 로봇에 업로드하면 극한의 온도나 압력에 직접 노출되지 않고도 금성처럼 지옥 같은 천체를 탐험할 수 있다. 뿐만 아니라 거대한 가스 행성의 구름 속을 통과하고, '독수리 성운Eagle Nebula'에 있는 '창조의 기둥the Pillars of Creation'(독수리 성운에서 볼 수 있는 거대한 기둥들을 일컫는 말 – 옮긴이)을 만져볼 수 있고, 세포 크기만큼 작아져서 몸의 순환기관을 따라 여행할 수도 있다. 그렇게 육신이 없는 상태에서도 지금과 같은 모든 자극을 느낄 수 있고, 추가로 아직 경험하지 못한 자극까지 느끼게 될 수 있을 것이다. 그리고 결국에는 컴퓨터 속에 산다는 사실조차 의식하지 못하게 될지도 모른다.

어쩌면 우리는 '이미' 어떤 모의실험 속에서 살고 있는지도 모른다. 우주 전체가 고도로 진보한 외계인의 노트북 컴퓨터에서 실행 중인 하나의 프로그램에 불과한 것은 아닐까? 정말 그럴지도 모른다. 우리도 항상 모의실험을 하고 있으니, 기술이 우리보다 수백만 년 혹은 수십억 년 앞서 있는 외계인들은 우리보다 훨씬 더 잘할 것이다. 그렇게 모의실험으로 우주를 창조하는 기술을 갖게 되면 수백만 개의 우주를 만들어낼 수도 있다. 그러면 마치 인형 속에 인형이 들어 있는 마트료시카 인형처럼 우주 안에 다른 우주가 사실상 무한하게 존재하는 우주를 만들 수 있다. 그 말은 가상 우주가 실제 우주보다 훨씬 더 많을 수 있다는 뜻이다. 그리고 확률에 따라 우리 우주는 실제일 가능성보다 모의실험 속의 가상 세계일 가능성이 더 높다. 모의실험을 할 때는 꼭 우주 전체를 대상으로 삼을 필요 없이 우리 주변과 우주 저 멀리 있는 은하를 포함하는 정도면 충분할 것이다. 한편 우리의 몸과 뇌도 모의 자극에 반응하게 하는 방식으로 모의실험을 할 수 있다. 이것은 페르미 역설의 소프트웨어 버전이라 할 수 있다. 우리는 이미 외계인들의 모의실험 속에 살고 있는지도 모른다. 그게 아니라면 외계인들이 아직 모의실험을 할 수 있는 단계에 도달하지 못했거나, 어떤 이유로든 모의실험을 하지 않기로 결정한 것이다.

하지만 세상은 모의실험이라기엔 너무 진짜 같다. 볼에 닿는 바람과 해변에 부서지는 파도와 아침에 마시는 커피의 향, 이 모든 것이 너무나 완벽하게 생생하다. 영화 「매트릭스」처럼, 생물학적인 존재인 우리는 우리가 사는 곳이 현실이기를 바라는 이상한 열망이 있는지도 모른다. 하지만 우리의 뇌가 그저 전기 자극을 해석할 뿐이라는 점을 고려하면 우리가 가상과 현실을 구별할 수 있을 것 같지는 않다. 게다가 정말 우리가 모의실험 속에서 산다면 '현실'을 경험한 적이 없을 테니, 무엇이 현실인지 알지 못할 것이다. 현실과 모의실험을 구분하는 유일한 방법은 프로그램의 결함을 찾아내는 것이다. 물리법칙에서 어긋나는 오류를 찾아내면 된다. 사실 물리법칙은 수상쩍은 구석이 많아 보인다. 중력이나 전자기력, 핵력은 여러 상수에 의해 결정되는데 항성이나 행성, 생명체, 그리고 우리가 존재하려면 그 상숫값이 아주 좁은 특정 범위 안에 있어야 한다. 그 상수를 조작해 값을 올리거나 내리면 모든 것이 무너지고 만다. 물론 이렇게 말한다고 해서 우주가 꼭 누군가의 손에 의해 설계되었다는 뜻은 아니다. 평행우주가 무수히 존재할 수도 있지만 우리가 현재의 우주에 사는 것은 이곳이 우리가 '살 수 있는' 유일한 우주이기 때문일 수도 있다. 아니면 물리학 법칙에 지금 이렇게 될 수밖에 없는 우리가 알 수 없는 어떤 이유가 있는지도 모른다.

우리의 미래는 어떤 모습일까? 우리가 과거에서 배운 게 있다면, 그것은 우리가 합리적으로 예측하는 미래와 실제 미래의 모습은 다를 것이라는 점이다. 먼 미래의 기술은 어떤 모습일지 모르지만 클라크의 제3법칙*에서 말하듯, 우리에게는 마법과도 같을 것이다. 비행기는 지금 우리에게 평범하다 못해 진부해 보이지만, 우리 조상들이 본다면 해괴한 물건이라고 생각할 것이다. 사실 어떻게 보면 우리가 비행만큼 놀

---

* 아서 C. 클라크Arthur C. Clarke의 세 가지 법칙은 다음과 같다. ①유명하지만 나이 든 과학자가 어떤 것이 가능하다고 말한다면, 그 말은 거의 확실하게 옳다. 그가 어떤 것이 불가능하다고 말한다면, 그 말은 틀렸을 확률이 아주 높다. ② 가능성의 한계를 알아내는 유일한 방법은 위험을 무릅쓰고 불가능의 영역으로 살짝 들어가보는 것이다. ③충분히 발달한 기술은 마법과 구별할 수 없다.

라운 경험을 진부하다고 느끼게 된 것은 참으로 서글픈 일이다. 고대 그리스인들은 오직 신들만이 하늘을 날 수 있다고 생각했다. 우리는 그런 놀라운 것에 지루해하면서 오직 새로운 것에만 흥미를 느끼게 된 것 같다. 그 말은 우리가 영생을 얻고 그로 인해 우리의 모든 의문을 풀 수 있게 되더라도, 그것이 행운이 아니라 저주가 될 수도 있다는 뜻이다. 아, 다시 어려져서 아이가 되고 싶다면 방법이 있다. 자연스러운 호기심을 품고 주저 없이 질문하며 우리가 모르는 일에 푹 빠지는 것이다.

그런데 우주의 규모와 끊임없는 팽창에 관해서는 늘 풀어야 할 수수께끼가 있다. 우리 중 그 누구도, 그리고 우리가 지금까지 만나지 못한 외계인들도 우주의 경계까지 가본 적은 없다. 따라서 무엇인가 배우고 탐험해야 할 새로운 불가사의는 항상 존재한다.

인류가 탐험에 대한 열망을 잃고 지구에 안주하게 될 수도 있을까? 스마트폰이나 3D 영화, 소셜 미디어에 빠져서 「타임머신」에 나오는 일로이Eloi들처럼 따분한 삶을 살게 될 수도 있을까? 약간의 불편함이 더 좋을 수도 있다는 점을 상기하지 못한다면 정말 그렇게 될 수도 있다. 인생이란 결국 살아남을 확률이 0퍼센트인 편도 여행이다. 그런데 그 무서운 확률을 피하려고 성취의 기쁨 대신 완벽한 안전을 추구하는 것은 분명 좋은 생각이 아니다. 탐험은 위험을 감수할 만한 가치가 있다. 삶에 의미를 부여하기 때문이다.

수십억 년의 진화를 거친 인류는 마침내 우리 행성을 떠나 우주를 직접 마주할 준비가 되었다. 우리가 이 모험을 선택한다면, 역사를 뒤돌아볼 때 인류가 지금까지 했던 결정 중에서 가장 중요한 것임은 분명하다. 수 세기 전만 해도 세계 여행을 하려면 금방이라도 부서질 것 같은 배를 타고 비좁고 컴컴하며 눅눅한 객실에서 몇 달 동안 지내야 했다. 갑판으로 올라가 신선한 공기 한번 들이마시기도 힘들었을 것이다.

그리고 여행 중에 해적이나 전쟁, 폭풍, 난파, 영양실조, 전염병 같은 갖가지 위험과 마주쳤을 것이다. 그런 위험은 이미 잘 알려진 항로를 따라가면서도 늘 겪는 일이었다. 미지의 세계로 가는 항해는 그보다 훨씬 더 위험했으며 살아 돌아오지 못한 사람도 많았다. 우리 선조들은 그런 위험을 감수했고 그 대가로 번영을 누렸다.

오늘날 우리 앞에 놓인 위험은 과거보다 크지 않으면서도 결코 적지 않은 성과를 기대할 수 있다. 인류의 영역을 넓히고 같은 목적으로 인류를 통합시키는 가장 좋은 방법은 바로 현재 우리가 살고 있는 영역을 밖으로 넓히는 것이다. 과연 인류는 이런 사명을 외면하고 탐험을 포기하게 될까? 나는 그렇게 생각하지 않는다. 우리 중에는 언제나 방랑자들이 있을 것이다.

2015년 6월 28일은 일요일이었다. 우리 스페이스X의 직원들 대부분은 국제우주정거장으로 발사되는 우주선 '드래건'을 보기 위해 캘리포니아 주의 호손에 있었다. 우리는 주말에 진행하는 로켓 발사에 너무나 익숙했다. 발사 시각은 대부분 궤도의 상황에 따라 정해지기 때문이다(궤도의 정확한 위치로 로켓을 발사해야 한다). 이번에는 발사 시각이 아침으로 정해졌다. 평소보다 많은 군중이 모였는데, 사상 최초로 추진 로켓이 땅 위에 착륙하는 모습을 보기 위해서였다. 지난번의 착륙은 거의 성공할 뻔했다. 우리는 매번 시도할 때마다 무엇이든지 잘못된 점을 고쳐가면서 배우고 있었다. 내 친구는 세 살배기 아들과 그가 돌보고 있는 아이들을 데리고 발사 장면을 보러 왔다. 모두가 잔뜩 기대하며 흥분한 상태였다.

직원들 몇 명은 위층에 있는 컴퓨터 주변에 모여 수신되는 데이터를 지켜보고 있었다. 5, 4, 3, 2, 1…… 1단 로켓 점화! 680톤의 추진력으로 팰컨 9호 로켓이 하늘로 솟아올랐다. 원격측정 결과는 정상이었다. 모든 것이 순조로웠다. 그러다가 비행 시작 139초 만에 모니터 화면에서 갑자기 빛이 번쩍이더니 많은 연기가 뿜어져 나왔다. 연기에 가려 로켓은 보이지 않았다.

보통 로켓이 대기 상층부에 진입하면 엔진에서 나오는 수증기가 희박한 대기에서 급격히 팽창하고 연기도 아주 많이 뿜어진다. 집중해서 보고 있다면, 그리고 그런 모습을 처음 본다면 깜짝 놀랄 수도 있다. 특히 밤에는 배기가스가 밝게 빛나고 연기도 붉게 타는 것처럼 보인다. 처음 1~2초 동안은 그런 현상이 아닐까 생각했다. '카메라가 평소보다 엔진에서 나오는 연기를 더 오래 보여주는 것 같은데?'라고 생각했던 것이다. 하지만 곧이어 현실이 우리를 덮쳤다. 시간을 되돌리고 싶은, 허공에서 추락하는 그 공포스러운 느낌 말이다. 내 친구는 믿을 수 없다는 듯 "폭발했어"라고 말했다. 발사 광경을 지켜보던 아이들은 상황을 이해하기엔 너무 어렸지만 우리 표정을 보고 뭔가 잘못되었다는 것을 눈치챈 것 같았다. 친구는 벌떡 일어나면서 "자, 아이스크림 먹으러 가자!"라고 말하더니 계획에도 없던 디즈니랜드 구경을 떠났다. 로켓 발사가 실패한 모습을 아이들의 기억에서 지우는 데 놀이공원만 한 것은 없을 것이다.

다른 사람들은 숨소리조차 내지 않고 전문가답게 데이터를 철저하게 긁어모았다. 조금이라도 의심스러운 점은 잠재적인 원인 목록에 추가되었고 목록은 점차 늘어났다. 잠재적인 모든 원인을 조사하고 문제의 근원을 추적했다. 철저한 조사가 이루어진 후 원인이 밝혀졌고 안전장치가 마련되었으며, 불과 6개월 후인 2015년 12월 21일에 팰컨 9호는 다시 발사 준비를 마쳤다.

그날 팰컨 9호는 성공적으로 발사되었을 뿐 아니라 사상 최초로 궤도 진입용 로켓 추진체가 비행을 마치고 무사히 지상에 착륙했다. 10여 회의 비행을 더 거친 지금은 추진체의 지상 착륙이 예외가 아니라 표준으로 자리잡았다. 2017년 3월 30일에는 앞서 착륙에 성공했던 로켓 추진체가 '두 번째' 비행을 한 후 다시 한 번 지상에 성공적으로 착륙했다. 재사용 로켓은 우주로 가는 길을 활짝 열어주는 혁명적인 기술이지만 한계를 넘으려는 노력이 없었다면 불가능했을 것이다. 가끔 무엇인가 부서지고 깨지는 일이 일어나지 않는다면, 충분히 노력하고 있다고 할 수 없는 것이다.

실패하지 않으려고 너무 애쓰다 보면 성공을 거둘 만큼 충분한 노력을 기울이지 못한다. 그렇다고 무모한 시도를 하라는 말은 아니다. 그보다는 기술력의 한계에서 마주칠 수 있는 위험까지 계산해야 한다는 뜻이다. 그런 위험까지 감수하지 않으려 한다면 다른 종류의 실패를 맛보게 될 뿐이다. 탐험의 역사에서 인류가 배운 것이 있다면, 지금까지 아무도 해본 적이 없는 일을 하려고 노력할 때 놀라운 일이 생긴다는 것이다. 우리 선조들이 기꺼이 위험을 감수하려 하지 않았다면 인류는 지금까지도 아프리카의 리프트 밸리에 갇혀 있는, 흥미롭긴 하지만 대수롭지 않은 생물종에 그쳤을 것이다. 하지만 우리는 굳은 의지로 불가능에 도전해 스스로 미래를 개척하고 후손을 낳은 탐험가들의 후예다. 우리에게는 정말 놀라운 일을 해낼 수 있는 능력이 있다. 중요한 것은 하고자 하는 의지다.

| 감사의 말 |

나는 항상 역사에 관심이 많았다. 하지만 점진적으로 발전하는 작금의 우주 탐험이 인류의 미래에 반드시 필요하다고 생각했던 것은 아니다. 그러다가 대학에서 친구 이언 Iain의 끈질긴 설득으로 인해 비로소 깨닫게 되었다. 이언은 내가 만난 사람들 중에서 누구보다도 많은 깨달음을 주었다. 그는 내게 그냥 앉아서 미래를 기다리면 안 되고 미래를 창조해야 한다고 말했다. 초창기에 내가 그런 생각을 갖는 데 큰 영향을 준 사람들 중에는 로저 다구치 Roger Taguchi도 있다. 세계에 대한 무한한 호기심이 있으며 상식을 사랑하는 교사인 다구치는 다른 사람에게 영향력이 큰 인물이었다. 나는 몇몇 대학의 교수님들께도 영향을 받았다. 특히 석사과정을 지도해준 프레드 아패그 Fred Afagh 교수님, 박사과정을 지도해준 척 오먼 Chuck Oman 교수님과 댄 머펠드 Dan Merfeld 교수님께 감사한다.

비행기에서 우연히 만난 크리스틴 로버그 Kristin Loberg와 보니 솔로 Bonnie Solow가 없었다면 이 책은 세상에 나오지 못했을 것이다. 나를 돌봐준 그 두 사람에게 늘 감사한다. 릭 호건 Rick Horgan과 스크라이브너 출판사에도 매우 감사하며, 특히 낸 그레이엄Nan Graham과 콜린 해리슨Colin Harrison, 로즈 리펠Roz Lippel, 에밀리 그린월드Emily Greenwald, 폴 오핼러런Paul O'Halloran, 애슐리 길리엄Ashley Gilliam, 자야 미셀리Jaya Miceli, 로지 마호터Rosie Mahorter, 브라이언 벨필료Brian Belfiglio, 제이슨 채펄Jason Chappell(그리고 캐나다 팀원들, 매켄지 크로프트Mackenzie Croft와 제시카 스콧Jessica Scott)에게 감사한다. 이 책을 완벽하게 편집하고 소중한 의견을 주었던 아야 폴락Aja Pollock과 제니퍼 라쿠신Jennifer Racusin, 애나로사 스키아보네Annarosa Schiavone, 줄리언 스미스Julian Smith, 존 레이넌John Reynen, 피터 코드런Peter Cawdron에게 감사한다. 마지막으로, 지친 기색 없이 원고를 검토하고 조력을 아끼지 않았으며 늦은 밤과 긴 주말에도 글을 쓰고 있는 나를 참을성 있게 지켜봐준 아내 리사Lisa에게 특별히 감사의 말을 전한다.

| 참고문헌 |

제1부 그들은 왜 떠났을까?

1 · 인류의 이동

아프리카에서 시작된 인류의 집단 이주는 다소 불분명한 점이 있다. 다양한 종의 인류에 관해 우리에게 남아 있는 증거는 단편적인 것들밖에 없기 때문이다. 예를 들어 '호모 에렉투스' 이후로 아프리카를 떠난 최초의 인류인 '호모 안테세소르'에 관해서는 여섯 명에게서 나온 불완전한 화석만 남아 있다. 일부 저자들은 '호모 안테세소르'가 '호모 사피엔스'와 '호모 네안데르탈렌시스'의 직계라고 말하지만(e.g., José-Maria Bermúdez de Castro et al., "A Hominid from the Lower Pleistocene of Atapuerca, Spain: Possible Ancestor to Neanderthals and Modern Humans," *Science* 276, no. 5317 [1997]:1392-95), 다른 사람들은 '호모 안테세소르'의 후손은 없다고 주장한다(e.g., Richard Klein, "Chapter 3: Hominin Dispersals in the Old World," in *The Human Past: World Prehistory and the Development of Human Societies*, second edition, edited by Chris Scarre, [London: Thames & Hudson, 2009], 84-123). 대부분의 고고학자들은 '호모 하이델베르겐시스'가 아프리카의 현생인류뿐 아니라 유라시아에 살던 네안데르탈인의 조상이었다는 데 동의한다(Luigi Luca Cavalli-Sforza and Francesco Cavalli-Sforza, *The Great Human Diasporas*, translated by Sarah Thorne [New York: Perseus Books, 1996]). 입문자들이 보기에는 스미스소니언 국립자연사박물관 홈페이지(www.humanorigins.si.edu/evidence/human-fossils/species/)에 그 내용이 잘 정리되어 있다.

7만 5,000년 전 토바 초화산 폭발은 완전히 입증되었지만(e.g., Stanley Ambrose, "Late Pleistocene Human Population Bottlenecks, Volcanic Winter, and Differentiation of Modern Humans," *Journal of Human Evolution* 34, no. 6 [1998]: 623-51), 그 폭발로 인구 증가가 지체되

었다는 주장은 논란이 되고 있다(e.g., Christine Lane et al., "Ash from the Toba Supereruption in Lake Malawi Shows No Volcanic Winter in East Africa at 75 ka," *Proceedings of the National Academy of Sciences* 110, no. 20 [2013]: 8025-29).

아프리카에서 현생인류가 출현했다는 관련 증거는 많다(Christopher S. Henshilwood et al., "A 100,000-Year-Old Ochre-Processing Workshop at Blombos Cave, South Africa," *Science* 334, no. 6053 [2011]: 219-22). 그리고 현생인류가 네안데르탈인과 DNA의 상당 부분을 공유한다는 사실에 대한 증거도 많다(Kay Prufer et al., "A High-Coverage Neandertal Genome from Vindija Cave in Croatia," *Science* 358, no. 6363 [2017]: 655-58). 돌니 베스토니체에서 발견된 바위와 매머드 뼈로 만들어진 정착지는 다음 문헌에 정리되어 있다. Gene Stuart, "Ice Age Hunters: Artists in Hidden Cages," *Mysteries of the Ancient World*(Washington, DC: National Geographic Society, 1979).

2 · 미지의 땅

재레드 다이아몬드의 『총, 균, 쇠』(New York: W. W. Norton, 1997)는 오스트레일리아 원주민이 사는 어촌 마을의 발전에 관해 다루었다. 고고학적 증거의 개요는 오스트레일리아 환경에너지부의 홈페이지(www.environment.gov.au/heritage/places/national/budj-bim/)에서 볼 수 있다.

대륙 빙상의 두께에 관해서는 다음 문헌을 참조하라. Richard Foster Flint, *Glacial and Quaternary Geology*(New York: John Wiley, 1971). 아시아에서 온 이누이트족의 북아메리카 도착 및 확산에 관한 역사는 다음 문헌을 참조하라. *The Cambridge History of the Native Peoples of the Americas: Volume 1*, edited by Bruce G. Trigger and Wilcomb E. Washburn(Cambridge: Cambridge University Press, 1996). 이누이트족과 바이킹의 경쟁은 다음 문헌에 생생하게 설명되어 있다. 재레드 다이아몬드, 『문명의 붕괴』(New York: Viking, 2006).

유럽인이 도착하기 전 아메리카 대륙의 추정 인구는 1,000만 명 미만에서부터 1억 명 이상까지 범위가 매우 넓다. 찰스 C. 만Charles C. Mann은 *1491: New Revelations of the Americas Before Columbus*(New York: Knopf, 2005)에서 추정 범위의 상단이 타당하다고 확신한다. 유럽인이 오기 전부터 아메리카 대륙에 이미 매독균이 있었다는 사실은 다음 문헌에 기록되어 있다. Bruce Rothschild et al., "First European Exposure to Syphilis: The Dominican Republic at the Time of Columbian Contact," *Clinical Infectious Diseases* 31, no. 4(2000): 936-41.

3 · 지상 최대의 바다를 누비다

폴리네시아 정착민의 확산 과정에 대한 DNA 증거와 연대표는 다음 문헌을 참조하라. Pontus Skoglund et al., "Genomic Insights into the Peopling of the Southwest Pacific," *Nature* 538(2016): 510-13.

폴리네시아인의 항해술, 그리고 한 번도 가본 적이 없는 섬에서 보여준 투파이아의 통역에 관한 멋진 설명은 다음 문헌에 나와 있다. Joan Druett, *The Remarkable Story of Captain Cook's Polynesian Navigator*(New Jersey: Old Salt Press, 1987). 폴리네시아인의 항해술에 관해서는 다음 문헌에도 잘 설명되어 있다. 재레드 다이아몬드, 『문명의 붕괴』(New York: Viking, 2006), 그리고 Geoffrey Irwin, *The Prehistoric Exploration and Colonization of the Pacific*(Cambridge: Cambridge University Press, 1992).

폴리네시아 섬들 간의 언어적 관계, 그리고 투파이아와 마오리족의 만남에 관해서는 다음 문헌을 참조하라. Michael King, *The Penguin History of New Zealand*(Auckland: Penguin Books, 2003).

폴리네시아인이 남극을 향해 남쪽으로 항해한 이야기는 다음 문헌을 참조하라. Atholl Anderson and Gerard O'Regan, "To the Final Shore: Prehistoric Colonisation of the Subantarctic Islands in South Polynesia," *Australian Archaeologist: Collected Papers in Honour of Jim Allen*, edited by Atholl Anderson and Tim Murray(Canberra: Coombs Academic Publishing, Australian National University, 2000), 440-54. 그리고 오스트레일리아 남극연구소 홈페이지(www.antarctica.gov.au/about-antarctica/history/stations/macquarie-island)도 함께 참조하라.

4 · 기록되지 않은, 놀라운 탐험

13만 년 전으로 거슬러 올라가는 크레타 섬의 석기 유물에 대한 증거는 다음 문헌을 참조하라. Andrew Lawler, "Neandertals, Stone Age People May Have Voyaged the Mediterranean," *Science*, online edition, http://dx.doi.org/10.1126/science.aat9795(2018).

펀트에서 이집트로 돌아온 개코원숭이 미라에 관한 DNA 증거는 제84회 미국 자연인류학자회의 연례 회의에서 나타니엘 J. 도미니Nathaniel J. Dominy 등이 'Mummified Baboons Clarify Ancient Red Sea Trade Routes'라는 제목으로 발표했다. 이 발표의 요약본은 다음 문헌을 참조하라. the AAPA Presentation Schedule, *American Journal of Physical Anthropology* 156(2015): 122-23. 『난파된 선원의 이야기』에 관한 설명은 다음 문헌을 참조하라. Vejas Gabriel Liulevicius, *History's Greatest Voyages of Exploration*, "Lecture 1: The Earliest Explorers,"(Chantilly, VA: The Great Courses, 2015). 이집트인이 아프리카 내륙 깊숙이 들어갔다는 내용은 다음 문헌을 참조하라. Paul Herrmann, *The Great Age of Discovery*, translated by Arnold J. Pomerans(New York: Harper, 1958; reprinted by Whitefish, MT: Kessinger, 2007). 이집트인과 오카피 간의 관계는 다음 문헌을 참조하라. Captain C. H. Stigand, "The Lost Forests of Africa," *Geographical Journal* 45(London: The Royal Geographical Society, 1915), 513-20.

'항해자 한노'의 여정은 다음 문헌을 참조하라. Jona Lendering, "Hanno the Navigator," Livius, https://www.livius.org/articles/person/hanno-1-the-navigator/(last modified April 21, 2019).

알렉산드리아 대도서관과 에라토스테네스의 과학 업적에 대한 서술은 다음 문헌의 영향을 받았다. Carl Sagan's masterpiece televised series(*Cosmos: A Personal Voyage*, episode 1, "The Shores of the Cosmic Ocean," aired September 28, 1980, on PBS), *Cosmos*(New York: Random House, 2002).

5 · 멈출 줄 모르는 탐험 욕망

페르시아 제국의 인구가 세계 인구의 거의 절반이었다는 주장은 다음 문헌을 참조하라. Rein Taagepera, "Size and Duration of Empires: Growth-Decline Curves, 600 B.C. to 600 A.D.," *Social Science History* 3, no. 3/4(1979): 115-38. 아테네의 부상과 그리스 문화의 탁월함에 관해서는 다음 문헌을 참조하라. Eric Weiner, *The Geography of Genius: Lessons from the World's Most Creative Places*(New York: Simon & Schuster, 2016), 그리고 Carl Sagan, *Cosmos*(New York: Random House, 2002). 더욱 자세한 설명은 다음 문헌을 참조하라. Susan Wise Bauer, *The History of the Ancient World: From the Earliest Accounts to the Fall of Rome*(New York: W. W. Norton, 2007), 그리고 Herodotus, translated by A. D. Godley, *The Persian Wars, Volume 1: Books 1-2*, book 117 in the Loeb Classical Library series(Cambridge, MA: Harvard University Press, 1920).

알렉산드로스 대왕의 원정에 관해 자세히 알고 싶다면 다음 문헌을 참조하라. Philip Freeman, *Alexander the Great*(New York: Simon & Schuster, 2011). 피테아스의 여행에 관한 내용은 다음 문헌을 참조했다. Barry Cunliffe, *The Extraordinary Voyage of Pytheas the Greek: The Man Who Discovered Britain*, revised edition(New York: Walker, 2002). 피테아스의 여행과 관련해 아일랜드인들이 식인종이었다고 주장하는 브리튼인들에 관한 재미있는 이야기는 다음 문헌을 참조하라. Vejas Gabriel Liulevicius, *History's Greatest Voyages of Exploration*, "Lecture 2: The Scientific Voyage of Pytheas the Greek"(Chantilly, VA: The Great Courses, 2015).

로마 제국에 관한 설명은 다음 문헌을 참조했다. Mary Beard, *SPQR: A History of Ancient Rome*(New York: Liveright, 2015). 로마의 해군 기술에 대한 설명, 특히 카르타고 선박의 잔해를 연구한 이야기는 다음 문헌을 참조하라. J. F. Lazenby, *The First Punic War: A Military History*(Stanford, CA: Stanford University Press, 1996). 로마와 인도의 무역, 그리고 로마의 후추 무역을 훗날의 베네치아, 포르투갈의 후추 수입과 비교한 내용은 다음 문헌에 기록되어 있다. G. V. Scammell, *The World Encompassed: The First European Maritime Empires c. 800-1650*(Berkeley and Los Angeles: University of California Press, 1981).

'카르하이 전투'를 치른 뒤 중국으로 간 로마 병사들이 있다는 주장은 다음 문헌을 참조하라. H. H. Dubs, "A Roman City in Ancient China," *Greece and Rome* 4, no. 2(1957): 139-48. 이 주장은 아주 흥미롭지만(어느 정도 타당성이 있는 것 같기도 하다), 그렇게 오랜 옛날에 복잡하게 얽힌 사건에 근거한 이론은 매우 회의적인 시각으로 접근해야 한다. 더 많은 논의에 관해서는 다음 문헌을 참조하라. Erling Hoh, "Lost Legion," *Far Eastern Economic Review*(January 14, 1999): 60-62.

제2부 알려진 세상 너머로

6 · 새로운 정착지를 찾아나서다

로마 시대 이전의 북유럽 주민과 기술에 관한 놀라울 정도로 생생한 설명은 다음 문헌을 참조하라. Julius Caesar, *The Gallic Wars*, translated by W. A. McDevitte and W. S. Bohn, hosted on the Massachusetts Institute of Technology's classics website(http://classics.mit.edu/Caesar/gallic.html). 베네티족과의 해전에 관해서는 같은 문헌의 다음 부분을 참조하라. book 3, chapter 13.

로마군의 아일랜드 원정과 고대 로마의 유물을 보존했던 아일랜드인의 공로에 관해서는 다음 문헌을 참조하라. Vittorio Di Martino, *Roman Ireland*(Doughcloyne, Ireland: The Collins Press, 2006), 그리고 Thomas Cahill, *How the Irish Saved Civilization: The Untold Story of Ireland's Heroic Role from the Fall of Rome to the Rise of Medieval Europe*(New York: Doubleday, 1995).

아일랜드 수도사들과 성 브렌던의 항해에 관해서는 다음 문헌을 참조하라. T. C. Lethbridge, *Herdsmen and Hermits: Celtic Seafarers in the Northern Seas*(Cambridge: Bowes & Bowes, 1950), 그리고 Vejas Gabriel Liulevicius, *History's Greatest Voyages of Exploration*, "Lecture 3: St. Brendan: The Travels of an Irish Monk"(Chantilly, VA: The Great Courses, 2015). 콜럼버스가 아메리카 대륙에 갈 때 '성 브렌던 섬'이 그려진 지도를 갖고 갔다는 주장은 다음 문헌을 참조하라. *The Classical Tradition and the Americas*, edited by Wolfgang Haase and Reinhold Meyer(Berlin: Walter de Gruyter, 1993).

바이킹 사회와 'berserk'라는 단어의 기원에 대한 설명은 다음 문헌을 참조하라. Liulevicius, "Lecture 5: Leif Eriksson the Lucky." 바이킹이 괴혈병을 방지하기 위해 사우어크라우트나 양파, 무를 먹었다는 설명은 다음 문헌을 참조하라. Paul Herrmann, *The Great Age of Discovery*, translated by Arnold J. Pomerans(New York: Harper, 1958; reprinted by Whitefish, MT: Kessinger, 2007). 바이킹이 흐린 날 편광 효과가 있는 광물을 사용했다는 증거는 다음 문헌을 참조하라. Albert Le Floch et al., "The Sixteenth Century Alderney Crystal: A Calcite as an Efficient Reference Optical Compass?," *Proceedings of the Royal Society A: Mathematical, Physical and Engineering Sciences* 469, no. 2153(2013), https://doi.org/10.1098/rspa.2012.0651.

바이킹의 생활양식과 세력 확장에 대한 설명은 주로 다음 문헌을 참조했다. 재레드 다이아몬드, 『문명의 붕괴』(New York: Viking, 2006). 바이킹의 북아메리카 대륙 진출에 관한 상세한 이야기는 다음 문헌을 참조했다. "The Saga of Erik the Red," translated by J. Sephton in 1880, Icelandic Saga Database, sagadb.org/eiriks_saga_rauda.en(accessed April 24, 2019). 뉴펀들랜드에서 발견된 버터너트 잔해에 관해서는 다음 문헌을 참조하라. Birgitta Wallace, "The Norse in Newfoundland: L'Anse aux Meadows and Vinland," special issue, *New Early Modern Newfoundland: Part 2* 19, no. 1(2003). 11세기에 제작된 노르웨이 동전에 관해서는 다음 문헌을 참조하라. Patricia Sutherland, "The Norse and Native Norse Americans," *Vikings: The North Atlantic Saga*, edited by William F. Fitzhugh and Elizabeth Ward(Washington, DC: Smithsonian Books, 2000). 그린란드에서 발견된 바이킹의 유물을 방사성탄소연대측정법으로 측정한 결과, 1450년경의 유물로 판명되었다는 주장은 다음 문헌을 참조하라. Jette Arneborg et al., "Change of Diet of the Greenland Vikings Determined from Stable Carbon Isotope Analysis and ^{14}C Dating of Their Bones," *Radiocarbon* 41, no. 2(1999): 157-68.

7 · 신대륙과 구대륙의 첫 만남

신대륙과 구대륙의 초기 접촉에 관해서는 다음 문헌을 참조하라. Paul Herrmann, *The Great Age of Discovery*, translated by Arnold J. Pomerans(New York: Harper, 1958; reprinted by Whitefish, MT: Kessinger, 2007). 하지만 이 문헌이 출판된 후 중요한 증거가 새로 나와 저작의 일부 주장은 강화된 반면, 일부 주장은 근거가 약해졌다. 특히 고구마를 근거로 한 폴리네시아와 북아메리카의 접촉에 대한 증거가 늘어나고 있는데, 그에 관해서는 다음 문헌을 참조하라. Brian Switek, "DNA Shows How the Sweet Potato Crossed the Sea," *Nature News*(2013), http://dx.doi.org/10.1038/nature.2013.12257, 그리고 Caroline Roullier et al., "Historical Collections Reveal Patterns of Diffusion of Sweet Potato in Oceania Obscured by Modern Plant Movements and Recombination," *Proceedings of the National Academy of Sciences* 110, no. 6(2013): 2205-10, 그리고 Alvaro Montenegro et al., "Modeling the Prehistoric Arrival of the Sweet Potato in Polynesia," *Journal of Archaeological Science* 35, no. 2(2008): 355-67.

코코넛 확산에 근거한 콜럼버스 이전 시대의 접촉에 관한 증거를 더욱 강화한 기록은 다음 문헌을 참조하라. Luc Baudouin et al., "The Presence of Coconut in Southern Panama in Pre-Columbian Times: Clearing Up the Confusion," *Annals of Botany* 113, no. 1(2014): 1-5, 그리고 John L. Sorenson and Carl L. Johannessen, "Scientific Evidence for Pre-Columbian Transoceanic Voyages," *Sino-Platonic Papers* 133(2004).

남아메리카의 해양 기술에 대한 아델베르트 폰 샤미소의 관찰에 관련된 설명은 다음 문헌을 참조하라. Isabel Ollivier's review of *A Voyage Around the World with the Romazov Exploring Expedition in the Years 1815-1818 in the Brig Rurik in Journal of the*

Polynesian Society 98, no. 1(1989): 97-99. 콜럼비스 이전 시대의 남아메리카 원주민의 항해 및 뗏목 제작 기술에 관해서는 다음 문헌을 참조하라. Jeff Emanuel, "Crown Jewel of the Fleet: Design, Construction, and Use of the Seagoing Balsas of the Pre-Columbian Andean Coast," *Proceedings of the 13th International Symposium on Boats and Ship Archaeology*(October 2012), 그리고 Thor Heyerdahl and Arne Skjolsvold, "Archaeological Evidence of Pre-Spanish Visits to the Galapagos Islands," *Memoirs of the Society for American Archaeology* 12(1956).

폴리네시아와 아메리카 대륙 간의 카누 및 도구 형태의 유사성에 관해서는 다음 문헌을 참조하라. José-Miguel Ramírez-Aliaga, "The Polynesian-Mapuche Connection: Soft and Hard Evidence and New Ideas," *Rapa Nui Journal* 24, no. 1(2010): 29-33, 그리고 Terry L. Jones and Kathryn A. Klar, "Diffusionism Reconsidered: Linguistic and Archaeological Evidence for Prehistoric Polynesian Contact with Southern California," *American Antiquity* 70, no. 3(2005): 457-84. 언어학적 관계는 다음 문헌을 참조하라. Willem F. H. Adelaar with Pieter C. Muysken, "Genetic Relations of South American Indian Languages," *Languages of the Andes*, 41(Cambridge: Cambridge University Press, 2004), 그리고 Simon Greenhill et al., "Entries for KUMALA.1 [LO] Sweet Potato(Ipomoea)," *POLLEX-Online: The Polynesian Lexicon Project Online*(2010). 닭의 DNA를 근거로 초기 접촉을 설명한 내용은 다음 문헌을 참조하라. Vicki A. Thompson et al., "Using Ancient DNA to Study the Origins and Dispersal of Ancestral Polynesian Chickens Across the Pacific," *Proceedings of the National Academy of Sciences* 111, no. 13(2014): 4826-31.

헤르만Herrmann이 처음 제시한 '백인 신white god' 신화의 현대적 해석에 관해서는 다음 문헌을 참조하라. Camilla Townsend, "Burying the White Gods: New Perspectives on the Conquest of Mexico," *American Historical Review* 108, no. 3(2003): 659-87.

8 · 진정한 세상의 중심

포르투갈인의 인도양 진출과 '우리가 그들을 발견한 게 아니라 그들이 우리를 발견했다'는 마누엘 1세의 말에 대해서는 다음 문헌을 참조하라. Anthony Pagden, *Peoples and Empires: A Short History of European Migration, Exploration, and Conquest, from Greece to the Present*(New York: Modern Library, 2001).

인도양의 마자파힛 왕국과 아랍 뱃사람들에 관한 자세한 이야기는 다음 문헌을 참조하라. Bertold Spuler, *The Muslim World: A Historical Survey*(Brill Archive, 1981). 그리고 마자파힛 왕국에 사절단으로 갔던 포르데노네의 오도릭 수도사에 관해서는 다음 문헌을 참조하라. Georges Maspero, *The Champa Kingdom: The History of an Extinct Vietnamese Culture*, translated by E. J. Tips(Banglamung, Thailand: White Lotus Press, 2002).

이븐 바투타의 여행에 관해서는 다음 문헌을 참조하라. Ross E. Dunn, *The Adventures*

of Ibn Battuta: A Msulim Traveler of the Fourteenth Century(Berkeley and Los An-
geles: University of California Press, 2005), 그리고 Vejas Gabriel Liulevicius in *History's
Greatest Voyages of Exploration*, "Lecture 7: Ibn Battuta: Never the Same Route
Twice"(Chantilly, VA: The Great Courses, 2015).

바스코 다 가마의 인도 항해일지(*A Journal of the First Voyage of Vasco da Gama, 1497-
1499*, translated by E. G. Ravenstein [New Delhi: Asian Educational Services, 1995])에는 스와힐
리 해안을 따라가는 동안 바스코 다 가마가 아랍 뱃사람들과 대화하기 위해 유대인 통역사
를 데려갔다는 등의 흥미로운 이야깃거리가 들어 있다.

향신료 무역에서 베네치아와 포르투갈의 상대적 경쟁력, 소금과 후추가 우리 식탁에
오르게 된 이유 등에 대한 분석은 다음 문헌을 참조하라. Ken Albala, *Food: A Cultural
Culinary History*(Chantilly, VA: The Great Courses, 2013). 서고트족의 알라리크 왕이 후추
열매를 요구한 이야기에 관해서는 다음 문헌을 참조하라. *Black Pepper: Piper nigrum*,
edited by P. N. Ravindram(Boca Raton, FL: CRC Press, 2000).

오스만 제국의 해군력과 인도양에서 포르투갈의 패권에 도전하는 오스만 해군에 관해
서는 다음 문헌을 참조하라. Giancarlo Casale, *The Ottoman Age of Exploration*(New
York: Oxford University Press, 2010).

9 · 중국의 대항해 시대는 왜 단절되었을까?

해군 기술의 발전에 중국이 미친 영향은 다음 문헌을 참조하라. Joseph Needham,
Science and Civilization in China, volume 4, *Physics and Physical Technology*(Tai-
pei: Caves Books, 1986), 그리고 David Graff and Robin Higham, *A Military History of
China*(Boulder, CO: Westview Press, 2002).

몽골 제국의 정복과 그들이 기술 확산에 미친 영향은 다음 문헌을 참조하라. Jack
Weatherford, *Genghis Khan and the Making of the Modern World*(New York: Crown,
2004). 또 다음 문헌은 다루는 범위가 훨씬 더 넓기에 추천한다. S. Frederick Starr,
*Lost Enlightenment: Central Asia's Golden Age from the Arab Conquest to Tamer-
lane*(Princeton, NJ: Princeton University Press, 2013).

마르코 폴로의 여행에 대한 개요는 다음 문헌을 참조하라. Henry Hersch Hart, *Marco
Polo, Venetian Adventurer*(Norman: University of Oklahoma Press, 1967), 그리고 Vejas
Gabriel Liulevicius, *History's Greatest Voyages of Exploration*, "Lecture 6: Marco
Polo and Sir John Mandeville"(Chantilly, VA: The Great Courses, 2015). 후자의 저작에서
는 마르코 폴로를 '최초의 현대적이며 세속적인 인본주의자'로 칭했다.

중국과 유럽의 대조적인 면, 그리고 1400년에 유럽이 육지 면적은 세계의 10퍼센트이고
인구는 세계의 15퍼센트였다는 사실은 다음 문헌을 참조하라. Niall Ferguson, *Civiliza-
tion: The West and the Rest*(New York: Penguin Books, 2012). 고대 중국인이 맥주를 마셨
다는 증거는 다음 문헌을 참조하라. Jiajing Wang et al., "Revealing a 5,000-Y-Old Beer

Recipe in China," *Proceedings of the National Academy of Sciences* 113, no. 23(2016): 6444-48.

정화 함대의 항해와 함대에 실린 보물에 관해서는 다음 문헌을 참조하라. Edward L. Dreyer, *Zheng He: China and the Oceans in the Early Ming, 1405-1433*(Old Tappan, NJ: Pearson Longman, 2006), 그리고 Louise Levathes, *When China Ruled the Seas: The Treasure Fleet of the Dragon Throne, 1405-1433*(New York: Oxford University Press, 1996).

10 · 아프리카를 돌아 동쪽으로 향하다

포르투갈의 성립과 국명에 관한 기록은 다음 문헌을 참조하라. Paul Herrmann, *The Great Age of Discovery*, translated by Arnold J. Pomerans(New York: Harper, 1958; reprinted by Whitefish, MT: Kessinger, 2007). '항해왕 엔히크'와 포르투갈의 해외 진출에 관해서는 다음 문헌을 참조하라. Bailey W. Diffie and George D. Winius, *Foundations of the Portuguese Empire, 1415-1580*(Minneapolis: University of Minnesota Press, 1977). 1790년부터 1806년까지 보가도르 곶Cape Bogador 인근에서 최소한 30척의 배가 난파되었다는 주장은 다음 문헌을 참조하라. Dean H. King, *Skeletons on the Zahara: A True Story of Survival*(New York: Little, Brown, 2004).

바스코 다 가마의 인도 항해에 관한 설명은 다 가마의 항해일지(*A Journal of the First Voyage of Vasco da Gama, 1497-1499*, translated by E. G. Ravenstein [New Delhi: Asian Educational Services, 1995]), 그리고 다음 문헌을 참조하라. Herrmann, *Great Age of Discovery*, 그리고 the excellent summary by Vejas Gabriel Liulevicius in *History's Greatest Voyages of Exploration*, "Lecture 8: Portugal's Great Leap Forward"(Chantilly, VA: The Great Courses, 2015).

또한 유럽인의 아시아 탐험에 대한 멋진 설명은 다음 문헌을 참조하라. *The Itinerary of Ludovico di Varthema of Bologna from 1502 to 1508*(New Delhi: Asian Educational Services, 1997).

11 · 노다지인가, 대재앙인가

콜럼버스의 생애와 탐험에 관해서는 다음 문헌을 참조하라. Paul Herrmann, *The Great Age of Discovery*, translated by Arnold J. Pomerans(New York: Harper, 1958; reprinted by Whitefish, MT: Kessinger, 2007), 그리고 Vejas Gabriel Liulevicius, *History's Greatest Voyages of Exploration* "Lecture 9: The Enigmatic Christopher Columbus"(Chantilly, VA: The Great Courses, 2015).

바르톨로메 데 라스 카사스 신부의 인본주의적 투쟁, 그리고 콜럼버스와 대조적인 면에 관해서는 다음 문헌을 참조하라. David M. Traboulay, *Columbus and Las Casas: The*

Conquest and Christianization of America, 1492-1566(Lanham, MD: University Press of America, 1994).

유럽인이 도착하기 전, 아메리카 원주민 사회의 실태와 스페인 정복자들의 아메리카 정복에 관해서는 다음 문헌을 참조하라. 재레드 다이아몬드, 『총, 균, 쇠』(New York: W. W. Norton, 1997), 그리고 Charles C. Mann, *1491: New Revelations of the Americas Before Columbus*(New York: Knopf, 2005). 이 문헌에서 찰스 C. 만은 아메리카 원주민 사회의 인구가 추정치의 상단(멕시코의 경우 6,000만 명)일 것으로 예측했으며 아스텍인이 매년 제물로 바치는 사람의 수가 2만 명이라고 주장했다. 그는 *1493: Uncovering the New World Columbus Created*(New York: Knopf, 2011)에서 콜럼버스의 항해가 미친 영향에 관해 엄청난 조사 결과를 보여주었다. 그리하여 이 장에 전반적인 지적 사료를 제공했으며 다른 장의 내용에도 영향을 미쳤다.

12 · 마지막 마디

아메리고 베스푸치와 마르틴 발트제뮐러가 아메리카 대륙의 이름에 미친 영향은 다음 문헌을 참조하라. John Wilford, *The Mapmakers: The Story of the Great Pioneers in Cartography-from Antiquity to the Space Age*, revised edition(New York: Knopf, 2000). 마젤란의 세계 일주에 대한 개요는 다음의 흥미진진한 문헌을 참조하라. Laurence Bergreen, *Over the Edge of the World: Magellan's Terrifying Circumnavigation of the Globe*(New York: William Morrow, 2003). 마젤란의 선원들 중 상당수가 죄수라는 등의 자세한 사실은 다음 문헌을 참조했다. Paul Herrmann, *The Great Age of Discovery*, translated by Arnold J. Pomerans(New York: Harper, 1958; reprinted by Whitefish, MT: Kessinger, 2007), 그리고 Vejas Gabriel Liulevicius, *History's Greatest Voyages of Exploration*, "Lecture 10: Magellan and the Advent of Globalization"(Chantilly, VA: The Great Courses, 2015).

스페인령 마닐라와 아카풀코 간에 갤리언선이 오갔던 항로에 관해서는 다음 문헌을 참조하라. J. H. Parry, *The Spanish Seaborne Empire*(New York: Knopf, 1967), 그리고 Charles C. Mann, *1493: Uncovering the New World Columbus Created*(New York: Knopf, 2011).

제3부 세상의 끝을 향한 열망

13 · 유럽을 일으킨 동력

이 장에서 유럽의 부상에 관한 내용 중 상당수는 다음 문헌에 크게 의존했다. 니얼 퍼거슨Niall Ferguson, 『시빌라이제이션』(New York: Penguin Books, 2012). 유럽의 부상과 탐험 간의 관계에 대한 분석(비록 대부분 간접적이지만)은 다음 문헌을 참조하라. Anthony Pagden, *The Enlightenment: And Why It Still Matters*(New York: Random House, 2013). 유럽 경제의 번영에 관한 설명은 다음 문헌을 참조하라. Angus Maddison, *Growth and Interaction in the World Economy: The Roots of Modernity*(Washington, DC: AEI Press, 2001). 문맹률과 인쇄술이 미친 영향에 대한 세부적인 설명은 다음 문헌을 참조하라. Robert Houston, *Literacy in Early Modern Europe: Culture and Education, 1500-1800*, second edition(Chicago: Addison-Wesley Longman, 1989), 그리고 Elizabeth L. Eisenstein, *The Printing Revolution in Early Modern Europe*, Canto Classics, second edition(Cambridge: Cambridge University Press, 2012).

네덜란드의 부상과 세계로 진출한 네덜란드 함대에 관해서는 다음 문헌을 참조하라. Jonathan Israel, *The Dutch Republic: Its Rise, Greatness and Fall, 1477-1806*(New York: Oxford University Press, 1995). 1650년에 세계 대양을 누비던 네덜란드 선박이 1만 6,000척을 넘었다는 주장은 다음 문헌을 참조하라. Steven Mintz and Sara McNeil, "The Middle Colonies: New York," *Digital History*(http://www.digitalhistory.uh.edu/disp_textbook.cfm?smtID=2&psid=3586).

네덜란드의 식민지 '뉴암스테르담'의 영향에 관한 논의는 다음의 탁월한 문헌을 참조하라. Russell Shorto, *The Island at the Center of the World: The Epic Story of Dutch Manhattan and the Forgotten Colony That Shaped America*(New York: Vintage, 2005). 프랑스와 영국 식민지의 지리적 팽창과 경제 번영 사이의 명암에 관해서는 다음 문헌을 참조하라. Niall Ferguson, *The Ascent of Money: A Financial History of the World*(New York: Penguin Books, 2008).

미국의 마룬 사회를 좀 더 깊이 들여다보려면 탁월한 설명이 돋보이는 다음 문헌에서 시작하는 것이 좋다. Charles C. Mann, *1493: Uncovering the New World Columbus Created*(New York: Knopf, 2011).

14 · 지도의 빈 곳을 채우다

헨리 허드슨의 항해에 관해서는 다음 문헌을 참조하라. Doug Hunter, *God's Mercies: Rivalry, Betrayal, and the Dream of Discovery*(Toronto: Doubleday Canada, 2007). 북극으로 흐르며 나중에 자신의 이름이 붙게 된 강을 따라갔던 알렉산더 매켄지에 관해서는 다음 문헌을 참조하라. Barry Gough, *First Across the Continent: Sir Alexander Mackenzie*(Norman: University of Oklahoma Press, 1997).

이 장에 나오는 루이스와 클라크의 탐험에 관해서는 '발견부대'에 관한 걸작이라고 할 수 있는 다음 문헌에 크게 의존했다. Stephen E. Ambrose, *Undaunted Courage: Meriwether Lewis, Thomas Jefferson, and the Opening of the American West*(New York: Simon & Schuster, 1997). 흰머리수리 대신 매머드가 미국의 상징 동물이 되었을지도 모른다는 재미있는 이야기는 다음 문헌을 참조하라. Vejas Gabriel Liulevicius, *His-*

tory's Greatest Voyages of Exploration, "Lecture 16: Jefferson Dispatches Lewis and Clark"(Chantilly, VA: The Great Courses, 2015).

러시아의 팽창과, 특히 비투스 베링의 놀라운 항해에 관해서는 다음 문헌에서 영감을 받았다. Orcutt Frost, *Bering: The Russian Discovery of America*(New Haven, CT: Yale University Press, 2003).

15 · 탐험의 동반자

존 해리슨의 경도 계산법에 관해서는 아주 멋진 다음 문헌을 참조하리. Dava Sobel, *Longitude: The True Story of a Lone Genius Who Solved the Greatest Scientific Problem of His Time*(London: Walker, 1995). 경도 계산법의 발견으로 어떻게 쿡 선장의 항해가 가능해졌는지를 살펴보려면 다음 문헌을 참조하라. Brian Richardson, *Longitude and Empire: How Captain Cook's Voyages Changed the World*(Vancouver: University of British Columbia Press, 2005).

쿡 선장의 항해에 관해서는 다음 문헌을 참조하라. Peter Aughton, *Endeavour: The Story of Captain Cook's First Great Epic Voyage*(Glouchestershire, UK: Windrush Press, 1999), 그리고 Philip Edwards, *James Cook: The Journals*(London: Penguin Books, 2003), 그리고 Paul Herrmann, *The Great Age of Discovery*, translated by Arnold J. Pomerans(New York: Harper, 1958; reprinted by Whitefish, MT: Kessinger, 2007).

알렉산더 폰 훔볼트의 여행에 관해서는 다음 문헌에서 영감을 받았다. Andrea Wulf, *The Invention of Nature: Alexander von Humboldt's New World*(New York: Knopf, 2015). 훔볼트가 '인류애를 지닌 보통 시민'을 자처한 것은 다음 문헌에 나온다. Vejas Gabriel Liulevicius, *History's Greatest Voyages of Exploration*, "Lecture 15: Alexander von Humboldt: Explorer Genius"(Chantilly, VA: The Great Courses, 2015). 다만 당시 사람들이 그렇게 자처하는 경우가 많았다고 하는데, 그에 관해서는 다음 문헌을 참조하라. Anthony Pagden, *The Enlightenment: And Why It Still Matters*(New York: Random House, 2013). 아이다 파이퍼의 여행에 관해서는 다음 문헌을 참조했다. Liulevicius, "Lecture 18: Ida Pfeiffer: Victorian Extreme Traveler."

16 · 얼음과 눈의 땅

이 장에 나오는 존 프랭클린 경의 탐험에 관해서는 다음의 탁월한 문헌에 의존했다. Owen Beattie and John Geiger, *Frozen in Time: The Fate of the Franklin Expedition*(London: Bloomsbury, 1987), 그리고 그보다는 덜하지만 다음 문헌도 참조했다. Gillian Hutchinson, *Sir John Franklin's Erebus and Terror Expedition: Lost and Found*(London: Bloomsbury, 2017). "무슨 말입니까? 나는 59세입니다만"이라는 말은 다음 문헌을 참조하라. Vejas Gabriel Liulevicius's summary in *History's Greatest Voyages of Explo-*

ration, "Lecture 17: Sir John Franklin's Epic Disaster"(Chantilly, VA: The Great Courses, 2015).

프람 호의 북극 여행에 관해서는 프리드쇼프 난센의 개인적인 설명이 담긴 다음 문헌을 참조하라(원래는 1897년에 처음 발간되었다). *Farthest North: The Incredible Three-Year Voyage to the Frozen Latitudes of the North*(abridged edition; New York: Modern Library, 1999).

비행선을 이용한 옴베르토 노빌레의 북극 탐험과 사고, 구조에 관해서는 다음 문헌을 참조하라. Wilbur Cross, *Disaster at the Pole: The Tragedy of the Airship Italia and the 1928 Nobile Expedition to the North Pole*(Lanham, MD: Lyons Press, 2000).

이 장에 나오는 남극점 탐험 경쟁에 대한 설명은 다음 문헌을 참조하라. Stephen R. Brown, *The Last Viking: The Life of Roald Amundsen*(Boston: Da Capo, 2012), 그리고 Roland Huntford, *Scott and Amundsen: The Last Place on Earth*(New York: Abacus, 2012). 그런데 남극 탐험에 관한 저작 중에서 어니스트 섀클턴의 생존을 위한 투쟁을 서사적으로 그린 다음 문헌만큼 강렬한 것은 없다. Alfred Lansing, *Endurance: Shackleton's Incredible Voyage*, second edition(New York: Carroll & Graf, 1999).

17 · 창공에 이름을 새기다

이 장에 나오는 아멜리아 에어하트의 생애와 비행 경력은 다음 문헌을 참조했다. Susan Butler, *East to the Dawn: The Life of Amelia Earhart*(Philadelphia: Da Capo, 2009), 그리고 Donald M. Goldstein and Katherine V. Dillon, *Amelia: The Centennial Biography of an Aviation Pioneer*(London: Brassey's, 1997).

에어하트와 누년 수색 작업에 관해서는 주로 다음 문헌을 참조했다. Randall Brink, *Lost Star: The Search for Amelia Earhart*(New York: W. W. Norton, 1994).

'역사적 항공기 회수를 위한 국제 그룹International Group for Historic Aircraft Recovery'에서는 에어하트와 엘렉트라 호의 실종을 두고 대립하는 여러 이론에 관해 증거를 수집했다. 여러 가설의 개요와 증거는 다음 문헌을 참조하라. "The Post-Loss Radio Signals," TIGHAR. org(https://tighar.org/Projects/Earhart/Overview/AEhypothesis.html).

18 · 우주 경쟁의 신호탄

이 장에서 말하는 '공학에서는 근본 원리보다 실용적 기술이 더 중요할 때가 많다'는 개념이나 소련과 미국의 달 착륙 프로그램에 관해서는 다음 강의를 많이 참조했다. Professor David Mindell's course Engineering Apollo: The Moon Project as a Complex System, Massachusetts Institute of Technology, https://ocw.mit.edu/courses/science-technology-and-society/sts-471j-engineering-apollo-the-moon-project-as-a-complex-system-spring-2007/(attended in 2006).

그 외에 다음 문헌을 참조했다. Michael J. Neufeld, *Von Braun: Dreamer of Space, Engineer of War*(New York: Vintage Books, 2008), 그리고 Annie Jacobsen, *Operation Paperclip: The Secret Intelligence Program That Brought Nazi Scientists to America*(New York: Little, Brown, 2014), 그리고 Andrew Chaikin, *A Man on the Moon: The Voyages of the Apollo Astronauts*(New York: Penguin Books, 2007).

19 · 태양계 탐사

로봇을 이용한 태양계 탐사에 관해서는 다음의 탁월한 문헌을 참조하라. Chris Impey and Holly Henry, *Dreams of Other Worlds: The Amazing Story of Unmanned Space Exploration*(Princeton, NJ: Princeton University Press, 2013). 다음 문헌도 이번 장의 주제에 관해 전반적으로 참조하기에 좋다. *Worlds Beyond: The Thrill of Planetary Exploration as told by Leading Experts*, edited by S. Alan Stern(Cambridge: Cambridge University Press, 2003).

무인 우주탐사선의 임무가 어떻게 조직되고 설계되고 실행되는지 아주 흥미로운 설명을 보고 싶다면 다음 문헌을 참조하라. Alan Stern and David Grinspoon, *Chasing New Horizons: Inside the Epic First Mission to Pluto*(New York: Picador, 2018). 다음 문헌을 언급하지 않는다면 나는 업무태만이 될 것이다. Carl Sagan, *Pale Blue Dot: A Vision of the Human Future in Space*(New York: Random House, 1994). 칼 세이건이 쓴 이 책은 왜 우주 탐사에 그만한 비용을 들일 가치가 있는지 설득력 있게 주장하고 태양계를 순회하는 보이저 1호와 2호의 계획도 논의한다.

탐사선 바이킹의 실험에 관해서는 다음 문헌을 참조하라. Paul Chambers, *Life on Mars: The Complete Story*(London: Blandford, 1999), 그리고 G. V. Levin and P. A. Straat, "Viking Labeled Release Biology Experiment: Interim Results," *Science* 194, no. 4271(1976): 1322-29, 그리고 Rafael Navarro-González et al., "Reanalysis of the Viking Results Suggests Perchlorate and Organics at Midlatitudes on Mars," *Journal of Geophysical Research*, 115, E12(2010), https://doi.org/10.1029/2010JE003599.

제4부 우주여행 시대를 열다

20 · 다시 미지의 바다 앞에 서다

이 장에서 인공지능에 관한 논의 중 상당수는 다음의 환상적인 다큐멘터리 영화에서 영감을 받았다. *Do You Trust This Computer?*, directed by Chris Paine, http://doyoutrustthiscomputer.org/(Papercut Films, 2018). 또한 다음 문헌도 참조했다. Ray Kurzweil,

The Singularity Is Near: When Humans Transcend Biology(New York: Penguin Books, 2006).

인공지능과 인류의 미래에 대한 추가적인 사색에 관해서는 다음 문헌을 참조하라. Michio Kaku, *The Future of Humanity: Terraforming Mars, Interstellar Travel, Immortality, and Our Destiny Beyond Earth*(New York: Doubleday, 2018), 그리고 Peter Diamandis, *Abundance: The Future Is Better Than You Think*(New York: Free Press, 2012), 그리고 최고의 걸작인 Carl Sagan, *Pale Blue Dot: A Vision of the Human Future in Space*(New York: Random House, 1994) and *Cosmos*(New York: Random House, 2002).

21 · 달은 기지로, 화성은 거주지로

이 장의 앞부분에 나오는 NASA의 발자취에 대한 사색은 다음 강의에서 크게 영감을 받았다. Aircraft Systems Engineering(with a focus on the Space Shuttle), a course taught by Professor Jeffrey Hoffman and Aaron Cohen(former director of NASA's Johnson Space Center), Massachusetts Institute of Technology, https://ocw.mit.edu/courses/aeronautics-and-astronautics/16-885j-aircraft-systems-engineering-fall-2005/ (attended in 2005).

새턴 5호의 1회 비행당 비용이 10억 달러(약 1조 2,000억 원)를 넘는다는 추정은 다음 문헌을 참조했다. Roger E. Bilstein, *Stages to Saturn: A Technological History of the Apollo/Saturn Launch Vehicles*(Washington, DC: NASA History Office, 1997). 우주왕복선의 1회 비행당 비용이 4억 5,000만 달러(약 5,200억 원)라는 추정은 다음 문헌을 참조했다. Pat Duggins, *Final Countdown: NASA and the End of the Space Shuttle Program*(Gainesville: University Press of Florida, 2009).

화성이 인류에게 최고의 목적지라는 논의는 다음 문헌에서 크게 영감을 받았다. Robert Zubrin, *The Case for Mars: The Plan to Settle the Red Planet and Why We Must*(New York: Free Press, 1996). 나는 그 멋진 책을 보고 처음 화성에 대해 흥미를 느꼈다. 또한 같은 저자의 다음 문헌도 참조했다. *How to Live on Mars: A Trusty Guidebook for Surviving and Thriving on the Red Planet*(New York: Three Rivers Press, 2008), 그리고 *Mars Direct: Space Exploration, the Red Planet, and the Human Future*(New York: Jeremy P. Tarcher/Penguin, 2013).

22 · 지구 밖 이주 프로젝트

이 장에서 다룬 몇 가지 예측, 특히 에너지 생산과 자원 채굴에 관한 예측은 다음 문헌에서 영감을 얻었다. Robert Zubrin, *The Case for Mars: The Plan to Settle the Red Planet and Why We Must*(New York: Free Press, 1996), 그리고 Peter Diamandis, *Abundance: The Future Is Better Than You Think*(New York: Free Press, 2012). 로버트 주브린은 화

성 너머로 여행하는 개념을 다음 문헌에서 제시했다. "Colonizing the Outer Solar System," in *Islands in the Sky: Bold New Ideas for Colonizing Space*, edited by Stanley Schmidt and Robert Zubrin(New York: John Wiley, 1996), 85-94.

우주 비행의 미래가 어떤 모습일지, 특히 타이탄에 인류의 정착지를 세우는 세부 사항에 관한 구체적인 생각은 다음 문헌을 보고 시작되었다. Charles Wohlfort and Amanda R. Hendrix, *Beyond Earth: Our Path to a New Home in the Planets*(New York: Pantheon, 2016). 이 장에 나오는 수성의 인류 정착지에 대한 생각은 걸작이라고 할 수 있는 다음 문헌에서 처음 등장했다. Arthur C. Clarke, *Rendezvous with Rama*(Orlando, FL: Harcourt Brace, 1973). 과학에 영감을 주는 공상과학소설의 사례라고나 할까?

이 장에서는 다음 문헌도 참조했다. Chris Impey, *Beyond: Our Future in Space*(New York: W. W. Norton, 2016). 우주에서 식량을 생산하는 부분은 의심할 여지 없이 아주 재미있는 다음 문헌을 참조했다. Mary Roach, *Packing for Mars: The Curious Science of Life in the Void*(New York: W. W. Norton, 2011).

23 · 머나먼 우주

이 장에서는 다음과 같은 여러 문헌을 참조했다. 발전된 형태의 추진 방식, 특히 알쿠비에레 항법에 대한 개요는 다음 문헌을 참조했다. Chris Impey, *Beyond: Our Future in Space*(New York: W. W. Norton, 2016). 그리고 알쿠비에레 항법은 다음 문헌에서 처음 제시되었다. Miguel Alcubierre, "The Warp Drive: Hyper-Fast Travel within General Relativity," *Classical and Quantum Gravity* 11, no. 5 [1994], https://doi.org/10.1088/0264-9381/11/5/001. 추진 방식에 대한 개요는 다음 문헌도 참조했다. I. A. Crawford, "The Astronomical, Astrobiological, and Planetary Science Case for Interstellar Spaceflight," *Journal of the British Interplanetary Society* 62(2009): 415-21, 그리고 Crawford, "Some Thoughts on the Implications of Faster-Than-Light Interstellar Space Travel," *Quarterly Journal of the Royal Astronomical Society* 36, no. 3(1995): 205-18, 그리고 Geoffrey Landis, "The Ultimate Exploration: A Review of Propulsion Concepts for Interstellar Flight," *Interstellar Travel and Multi-Generation Space Ships*, edited by Yoji Kondo et al.(Burlington, Canada: Apogee Books, 2003).

핵폭탄으로 우주선을 추진하는 개념은, 내가 알기로는 다음 문헌에서 처음 제안했다. C. J. Everett and S. M. Ulam, "On a Method of Propulsion of Projectiles by Means of External Nuclear Explosions," *Los Alamos Scientific Laboratory*(August 1955), reprinted in S. M. Ulam, *Analogies Between Analogies: The Mathematical Reports of S.M. Ulam and His Los Alamos Collaborators*(Berkeley and Los Angeles: University of California Press, 1999), 그리고 http://ark.cdlib.org/ark:/13030/ft9g50091s/.

레이저로 비행하는 우주여행에 관해서는 1994년 8월 29일부터 9월 1일까지 뉴욕 주의 뉴욕 대학교에서 열린 '실용적인 항성 간 무인 비행' 학회에서 발표되었던 다음 발표를 참소하라. Geoffrey Landis, "Laser-Powered Interstellar Probe". 세대 우주선의 타당성에 관해서는 다음 문헌을 참조하라. Adam Crowl et al., "Embryo Space Colonisation to Overcome the Interstellar Time Distance Bottleneck," *Journal of the British Interplanetary Society* 65(2012): 283-85.

이 장에서는 다음 문헌도 참조했다. Michio Kaku, *The Future of Humanity: Terraforming Mars, Interstellar Travel, Immortality, and Our Destiny Beyond Earth*(New York: Doubleday, 2018), 그리고 Robert Zubrin, *Entering Space: Creating a Spacefaring Civilization*(New York: Penguin Putnam, 1999).

24 · 다른 별의 생명체

다른 천체에 생명체가 존재할 가능성에 대해 우리가 알고 있는 지식에 관한 상세한 검토는 다음 문헌을 참조하라. *The Handbook of Astrobiology*, edited by Vera M. Kolb (Boca Raton, FL: CRC Press, 2019). 생명체에 필요한 조건에 대해 우리가 알고 있는 지식에 관한 검토는 다음 문헌을 참조하라. Chris McKay, "Requirements and Limits for Life in the Context of Exoplanets," *Proceedings of the National Academy of Sciences* 111 no. 35(2014): 12628-33.

범종설에 관한 배경지식은 다음 문헌을 참조하라. Fred Hoyle and Chandra Wickramasinghe, *Evolution from Space: A Theory of Cosmic Creationism*(New York: Simon & Schuster, 1982), 그리고 Chandra Wickramasinghe, "Bacterial Morphologies Supporting Cometary Panspermia: A Reappraisal," *International Journal of Astrobiology* 10, no. 1(2011): 25-30. DNA가 출현하기 전까지 RNA가 그 역할을 했을 가능성에 대해서는 다음 문헌을 참조하라. Marc Neveu et al., "The 'Strong' RNA World Hypothesis: Fifty Years Old," *Astrobiology* 13, no. 4(2013): 391-403.

이 장에 등장하는 극한 환경에 사는 미생물과 진화, 버제스 혈암은 다음 문헌에서 영감을 받았다. Bill Bryson, *A Short History of Nearly Everything*(New York: Broadway Books, 2003), 그리고 Michael Land and Russell Fernald, "The Evolution of Eyes," *Annual Review of Neuroscience* 15(1992): 1-29. 다음의 멋진 책도 참조했다. Richard Dawkins, *The Greatest Show on Earth: Evidence for Evolution*(New York: Free Press, 2009), 그리고 *The Blind Watchmaker: Why the Evidence of Evolution Reveals a Universe without Design*(New York: W. W. Norton, 1996).

25 · 궁극의 목적지

'카르다셰프 척도'에 관해서는 다음 문헌을 참조하라. Nikolai S. Kardashev, "On the Inevitability and the Possible Structures of Supercivilizations," *The Search for Extraterrestrial Life: Recent Developments, Proceedings of the 112th Symposium of the*

International Astronomical Union Held at Boston University, Boston, Mass., USA, June 18-21, 1984, edited by M. D. Papagiannis(Dordrecht, Netherlands: D. Reidel, 1984), 497-501.

미국인 네 명 중 한 명이 천문학자와 점성가를 구분하지 못한다는 주장은 다음 문헌을 참조하라. Elizabeth Palermo, "1 in 5 Americans Confuse Astrology and Astronomy," *LiveScience*(www.livescience.com/52135-american-science-knowledge-poll.html). 여론조사의 결과는 22퍼센트였다.

이 장에 나온 전반적인 지적 사료는 다음 문헌을 참조했다. Ray Kurzweil, *The Singularity Is Near: When Humans Transcend Biology*(New York: Penguin Books, 2006), 그리고 Michio Kaku, *The Future of Humanity: Terraforming Mars, Interstellar Travel, Immortality, and Our Destiny Beyond Earth*(New York: Doubleday, 2018), 그리고 Michael Shermer, *Heavens on Earth: The Scientific Search for the Afterlife, Immortality, and Utopia*(New York: Henry Holt, 2018).

인간의 탐험

초판 1쇄 인쇄 | 2021년 3월 15일
초판 1쇄 발행 | 2021년 3월 24일

지은이 | 앤드루 레이더
옮긴이 | 민청기
펴낸이 | 박남숙

펴낸곳 | 소소의책
출판등록 | 2017년 5월 10일 제2017-000117호
주소 | 03961 서울특별시 마포구 방울내로9길 24 301호(망원동)
전화 | 02-324-7488
팩스 | 02-324-7489
이메일 | sosopub@sosokorea.com

ISBN 979-11-88941-60-5 03900
책값은 뒤표지에 있습니다.